Filmlehren
Ein undogmatischer Leitfaden für Studierende

Béatrice Ottersbach
(© Pascal Versini)

Thomas Schadt
(© Filmakademie
Baden-Württemberg)

Béatrice Ottersbach, in Paris geboren. Nach dem Geschichtsstudium an der Sorbonne arbeitete sie von 1988 bis 1992 in der Pressestelle von RTL und war anschließend Redakteurin bei Cat Entertainment. 1995 wechselte sie zur Verlagsgruppe Lübbe, dort war sie für den Bereich Verfilmungsrechte verantwortlich und initiierte auch die Reihe *Buch & Medien*. Seit 1999 ist sie als freie Herausgeberin tätig und hat mehr als 50 Bücher zur Theorie und Praxis von Film und Fernsehen herausgegeben. Sie lebt seit ein paar Jahren in Frankreich und arbeitet dort als Literatur-Scout für ein deutsches Verlagshaus.

Thomas Schadt, geboren 1957. Nach dem Abitur Fotografenlehre, 1980 bis 1983 Studium an der Film- und Fernsehakademie in Berlin. 1983 Gründung der Filmproduktionsfirma ODYSSEE-FILM, seitdem Arbeiten als Dokumentarist, Fotograf, Kameramann und Buchautor. Seit 2000 Professor an der Filmakademie Baden-Württemberg im Studienfach Regie/ Dokumentarfilm und seit 2007 Geschäftsführer der Filmakademie Baden-Württemberg.
Filme (Auswahl): DAS GEFÜHL DES AUGENBLICKS (1988 bis 1989); DER AUTOBAHNKRIEG (1991 – Grimme-Preis); DIE VERGESSENE STADT (1992); DER KANDIDAT (1998 – u.a. Deutscher Fernsehpreis »Bester Dokumentarfilm«); BERLIN: SINFONIE EINER GROSSSTADT (2002); CAROLA STERN: DOPPELLEBEN (2004 – Deutscher Fernsehpreis); AMOK IN DER SCHULE (2004 – Dokumentarfilmpreis Baden-Württemberg); BERUF LEHRER (2006); DER MANN AUS DER PFALZ (2009).
Publikationen (Auswahl): Herausgabe der siebenbändigen Reihe *Filmbekenntnisse*. Konstanz, 2006 bis 2010 (zusammen mit Béatrice Ottersbach); *Das Gefühl des Augenblicks*. Konstanz, 2012.

Béatrice Ottersbach / Thomas Schadt (Hg.)

Filmlehren

Ein undogmatischer Leitfaden für Studierende

BERTZ+FISCHER

Bibliografische Information der Deutschen Nationalbibliothek
Die Deutsche Nationalbibliothek verzeichnet diese Publikation in der
Deutschen Nationalbibliografie; detaillierte bibliografische Daten
sind im Internet über <http://dnb.dnb.de> abrufbar.

In Zusammenarbeit mit
der Filmakademie Baden-Württemberg,
der Deutschen Film- und Fernsehakademie Berlin,
der Hochschule für Fernsehen und Film München,
der Hochschule für Film und Fernsehen »Konrad Wolf« Potsdam
und der internationalen filmschule köln

Lektorat:
Maria Grohme-Eschweiler

Redaktionelle Mitarbeit:
David Becker, Barbara Heitkämper, Eva-Maria Rosemann

Foto Umschlag: © Peter Hacker

Alle Rechte vorbehalten
© 2013 by Bertz + Fischer GbR, Berlin
Wrangelstr. 67, 10997 Berlin
Druck und Bindung: druckhaus köthen, Köthen
Printed in Germany
ISBN 978-3-86505-220-9

Inhalt

Vorwort — 7
Von Béatrice Ottersbach und Thomas Schadt

Filmschulen
Deutsche Film- und Fernsehakademie Berlin (DFFB) — 10
Filmakademie Baden-Württemberg — 11
Hochschule für Fernsehen und Film München (HFF München) — 12
Hochschule für Film und Fernsehen »Konrad Wolf« — 14
ifs internationale filmschule köln — 15

Die perfekte Filmschule — 17
Über Träume, Kunst und Kommerz / Von Heiner Stadler

Ist Film lehrbar? — 27
Von Dieter Wiedemann

Die ifs: Filmemachen im digitalen Zeitalter — 34
Von Simone Stewens

Systemresistente Persönlichkeiten — 40
Von Thomas Schadt

Es reicht nicht, auf den Record-Button zu drücken — 49
Peter C. Slansky im Gespräch mit Béatrice Ottersbach

Die Suche nach Produzentenpersönlichkeiten — 60
Filmlehre im Fach Produktion an der Filmakademie Baden-Württemberg
Von Christian Rohde

Ich will die Gegenwehr provozieren — 66
Nico Hofmann im Gespräch mit Thomas Schadt

Der Wunsch, Filme zu machen, reicht nicht — 79
Gerd Haag im Gespräch mit Simone Stewens

Fetzen und Bonmots — 89
Ein Text für Filmanfänger / Von Isabelle Stever

Auf den eigenen Horizont schießen — 102
Von Torsten C. Fischer

Die Angst des Regisseurs vor dem Schauspieler – — 112
oder: Wieso glaube ich nicht, was der oder die da macht?
Eine Annäherung an die erste Phase des Studiums / Von Hans-Erich Viet

Vom Glück des Loslassens — 123
Notizen zur Dokumentarfilm-Ausbildung an der ifs / Von Dominik Wessely

Mit der eigenen Stimme über die Welt singen — 131
Doris Dörrie im Gespräch mit Béatrice Ottersbach

Schreiben 144
Von Sylke Rene Meyer

Schreiben für die Serie 152
Von Dennis Eick

Dramaturgie lehren 158
oder: Dem Geheimnis des Erzählens auf den Grund gehen / Von Kerstin Stutterheim

Über die Hebammenkunst 168
Von Andrea Kuhn

Sagen, was man denkt – Tun, was man sagt – Sein, was man tut 173
Von Sibylle Kurz

Working Together: Einzel- und Teamcoaching 178
Von Angelika Niermann

»Ein Teil von uns« 183
Künstlerische Arbeit als Begegnung
Von Andrea Kuhn, Sibylle Kurz und Angelika Niermann

Immer mit einem Bein in der Kunst 189
Fragen an Jochen Kuhn – Ein Interview per E-Mail von Béatrice Ottersbach

Kameraarbeit: Regeln lernen, Regeln brechen 198
Von Axel Block und Peter Zeitlinger

Bilder in die Dunkelheit 206
Von Michael Bertl

In der Kunst kann man nicht mogeln 212
André Bendocchi-Alves im Gespräch mit Su Nicholls-Gärtner

Montage lehren 223
Ein Gespräch zwischen Marlis Roth, Stephan Krumbiegel und Gerhard Schumm

Wie kann ich als Lehrender interessieren? 241
Hans Beller im Gespräch mit Béatrice Ottersbach

Mein Job ist Probleme zu machen, wo vorher keine waren 250
Michaela Krützen im Gespräch mit Béatrice Ottersbach

Angewandte Medienwissenschaften 263
Integration künstlerischer und wissenschaftlicher Perspektiven
in Lehre und Forschung / Von Gundolf S. Freyermuth

Neue Medien in der Filmlehre 279
Von Inga von Staden

Twist to Product: Klimaschutz und Nachhaltigkeit 292
Ein Förderprojekt mit Filmstudierenden an der ifs / Von Andrea Gschwendtner

Danksagung 304

Vorwort

Filmlehren ist das siebte Buch, das wir gemeinsam herausbringen. In unseren vorherigen Publikationen, die stets die Gewerke der Filmbranche zum Thema haben, sind wir der Frage nachgegangen, welche Wirkung Filmberufe auf diejenigen haben, die sie ausüben und warum beispielsweise Regisseure, Kameraleute, Drehbuchautoren oder Cutter genau diesen Beruf gewählt haben. Schließlich haben wir uns gefragt, wie es mit denjenigen aussieht, die ihr Wissen, ihre Erfahrungen und ihre Gedanken Filmstudenten – den »Entscheidern von Morgen«, wie Andrea Gschwendtner sie nennt – vermitteln.

Warum machen sie das, diese Filmlehrenden? Was nehmen sie sich vor, wie gehen sie die Aufgabe, die Herausforderung an? Erinnern sie sich dabei an ihre eigene Zeit als Filmstudenten? Was überrascht sie, was macht sie wütend oder glücklich? Wie arbeiten sie mit den Studierenden, mit ihren lehrenden Kollegen oder mit anderen Institutionen? Woran scheitern sie, woran wachsen sie? Wie bringen sie die Lehre mit der eigenen filmischen Arbeit, die einige unter ihnen parallel ausüben, in Einklang? Wie kann das eine von dem anderen profitieren, die Lehre von der eigenen Praxis oder umgekehrt?

Im Herbst 2011 haben wir unsere *Filmlehren*-Buchidee, die wir schon lange mit uns herumtrugen, in der Filmhochschulerektoren-Konferenz vorgetragen. Die Filmakademie Baden-Württemberg hat für dieses Projekt die Federführung angeboten, und wir konnten als Partner die DFFB Berlin, die HFF München, die HFF Potsdam und die ifs köln für dieses Vorhaben gewinnen. Insofern ein ungewöhnliches Projekt, als erstmals Leiter(innen), Professor(inn)en und Dozent(inn)en der diversen Institutionen in einem gemeinsamen Buch persönlich über ihre Arbeit berichten. (Zum Thema Kollegialität und Konkurrenz zwischen den deutschen Filmhochschulen hat sich Peter C. Slansky u.a. geäußert).

Sammelbände implizieren immer eine Art Willkür. Das trifft zweifellos auch für dieses Buch zu. Warum findet man die Stimme dieser und nicht die jener Lehrpersönlichkeit? Die Frage ist berechtigt. Vielleicht, weil wir die eine nicht angesprochen haben? Vielleicht hatte die andere kein Interesse oder keine Zeit? Der Faktor Zeit findet in diesem Band immer wieder Erwähnung. »Zeit ist nicht objektiv«, schreibt Hans-Erich Viet, und sie ist bereits in der Ausbildung ein Gut, das einen pfleglichen Umgang erfordert – auch das Bändigen der »Zeitdiebe« (Sibylle Kurz) ist ein Teil des Lernprozesses.

Wir haben uns um einen repräsentativen Querschnitt der in Deutschland Filmlehrenden bemüht und haben mehr als 50 potenzielle Autoren angeschrieben. 33 sind unserer Einladung gefolgt und daraus sind 30 Beiträge entstanden, denn einige sind Gemeinschaftsprojekte. Es sind sehr unterschiedliche Texte – in der Form, im Ton, im Ansatz, in den Schwerpunkten und im Umfang. Wir haben den Autoren keine Vorgaben genannt, sie wussten, welche Kollegen wir angesprochen haben, aber nicht, welche sich schließlich beteiligen und was diese schreiben werden. Zehn Interviews und 20 Texte

Vorwort

sind im Sommer/Frühherbst 2012 entstanden – bebildert oder unbebildert, emotional oder sachlich, nüchtern oder ironisch bis poetisch, praxisnah oder theoriebezogen und somit reich an Fußnoten oder fußnotenfrei. Diese Uneinheitlichkeit spiegelt eben die Palette an Lehrpersönlichkeiten wider, denen Filmstudenten in ihrer Ausbildung begegnen.

Die richtige Chemie ist bekanntlich ein wesentlicher Faktor im Prozess des Filmemachens – »Film ist Teamarbeit. Das ist leicht gesagt, aber mitunter schwer umzusetzen« (Axel Block und Peter Zeitlinger) – und das ist er natürlich auch bereits in der Vermittlung und im Aneignen der Tools, der Sprache und eines Verständnisses vom Film der Fall. Simone Stewens spricht von »meteorologischen Bedingungen«.

Wie ordnet man ein solches Buch an? Wieder mit wohlmeinender Willkür. Wir haben uns dafür entschieden, in etwa den Fachrichtungen zu folgen, wie sie in Filmschulen vorzufinden sind. Lehre allgemein, Produktion, Regie, Drehbuch, Dramaturgie/Coaching, Kamera, Montage, Medienwissenschaften und, als Ausblick in die (schon eingetretene) Zukunft, Neue Medien. Man hätte sich gewiss auch für eine andere Anordnung entscheiden können, doch wir halten uns an die Worte von Marlis Roth in einem Gespräch mit ihren Kollegen Stephan Krumbiegel und Jochen Schumm: »Es ist eben nicht nur ein Spruch, dass es Richtig und Falsch nicht gibt.« Außerdem glauben wir, dass die wenigsten Leser dieses Buch ordentlich von der ersten bis zur letzte Seite lesen werden, vermutlich werden sie sich eher an Namen, Schulen, Fachrichtungen, die sie interessieren, orientieren. Sollte es ein Buch sein, das man immer wieder aus dem Regal nimmt und darin nachschlägt, dann wäre das ganz in unserem Sinne.

Apropos Leser: Auf den nachfolgenden Seiten liest man immer wieder, dass Filmstudenten keine Leseratten sind und ihren Informationsbedarf in erster Linie über das Internet stillen. Während der Konzeption und Arbeit an diesem Buch sind wir jedoch davon ausgegangen, dass Filmstudenten daran interessiert sind, etwas über Motivationen, Einstellungen, Erfahrungen und Hintergründe der Persönlichkeiten zu erfahren, die sich der Vermittlung eines kreativen, künstlerischen Berufes widmen. Für sie wollten wir das Angebot an Filmschulen und an pädagogischen Ansätzen aufblättern, um ihnen – vielleicht – bei der Auswahl der geeigneten Institution Anhaltspunkte zu bieten, die weit über die Informationen hinausgehen, die auf den Websites der Filmhochschulen vermittelt werden können. Wir hoffen also, dass (angehende) Studierende in diesem bewusst undogmatischen Leitfaden, Antworten, Anregungen und Erklärungen finden werden.

Praktische Informationen zu den Curricula der diversen Filmschulen lassen sich ausführlich und stets aktualisiert im Internet abrufen. Deshalb haben wir die beteiligten Filmschulen gebeten, sich sehr knapp in den an den Anfang des Buches gesetzten Texten zu präsentieren. Die Autor(inn)en und/oder Gesprächspartner(innen) haben wir hingegen um individuelle Aussagen gebeten, die über das rein Sachlich-Informative hinausgehen. Es ist über weite Strecken ein sehr persönliches Buch geworden und darüber freuen wir uns besonders. Genau das hatten wir uns erhofft.

Glücklich, wer heute in Deutschland Film studieren kann. »Das Studium an einer Filmakademie bedeutet im ideellen Sinne eine ›geschenkte Zeit‹. Für einige Jahre begibt man sich in eine geschützte Nische, eine Art Forschungslabor, in dem man sich unabhängig vom Druck des Filmmarkts entwickeln kann«, schreibt Thorsten C. Fischer. Kontakte, die ein Berufsleben lang Bestand haben können, werden geknüpft, und ei-

Vorwort

gentlich müssten die Studenten schon früh morgens um acht darum betteln, hereingelassen zu werden und nicht vor Mitternacht wieder raus wollen. Tun sie natürlich nicht. Denn es ist – wie in vielen Beiträgen zu lesen ist – kein leichtes Studium. Nach dem Bestehen der Aufnahmeprüfung haben die Studierenden »das Gefühl, dass sie eine irrsinnige Hürde überwunden haben und dass erst einmal alles gut ist. Das stimmt natürlich nicht. Dann geht es erst richtig los«, erinnert Doris Dörrie.

Druck und Angst sind Begriffe, die immer wieder Erwähnungen finden – vielleicht, weil »kein Mensch weiß genau, wie ein Film zu machen ist« (André Bendocchi-Alves), weil jeder Vorgang Kreativität beinhalte und erfordere, schreibt Christian Rohde und sicherlich auch, weil die Curricula sehr ausgetüftelt und eben so dicht sind, dass sie hohe Erwartungshaltungen schüren. Die, die an die Studenten gestellt werden, aber vor allem diejenigen, die die Studenten an sich selbst stellen. Die Konkurrenz unter den Studenten, die Befürchtung, vielleicht doch nur unzureichend talentiert zu sein, die Angst vor der technischen Versiertheit der anderen, vor falschen Entscheidungen, vor dem Scheitern ist groß und belastend. So gesehen bieten Filmschulen im Kleinen das, was in der realexistierenden Film- und Fernsehwelt verbreitet ist.

»Unsere Welt ist wie nie zuvor bestimmt vom Bild und vom Bilder-Machen« (Michael Bertl). Damit müssen die angehenden Filmemacher umgehen können, auch als Digital Natives, die als Kleinkinder in den digitalen Trank gefallen sind. Die Technik entwickelt sich rasant, auch wenn die »Studenten oft das bessere Gespür für die aktuellen Entwicklungen und Trends haben« (Inga von Staden), auch wenn Technik bei Weitem nicht alles ist, muss man mit ihrem Tempo Schritt halten und sie beherrschen. Dieter Wiedemann erinnert daran, dass »… die Studierenden mit anderen Voraussetzungen und Erfahrungen das Studium beginnen als ihre Kommilitonen vor 20 Jahren und dass ihre filmischen Projekte auf ein ebenfalls anders medial erfahrenes Publikum treffen«. Damit müssen die Lehrenden umgehen können.

Kerstin Stutterheim hofft, »durch mein Lehrangebot der Formatierung der Handschriften und der Köpfe, der Gedanken und der Träume, der Rollenmuster und Lebensentwürfe entgegenzuwirken«. Das Lehren hat viel mit Verunsicherung zu tun: »Ich gebe zu, es bereitet mir eine diebische Freude, den Zweifel zu säen«, schreibt Dominik Wessely; Michaela Krützen fasst es mit anderen Worten zusammen: »Ich bin da, um Probleme zu machen, wo vorher keine waren«, während Nico Hofmann es noch dezidierter formuliert: »Ja, ich will verletzen, provozieren. Ich will die Gegenwehr provozieren.« Wie auch immer: »Das Lehren über Film sehe ich als Dialog zwischen Erwachsenen«, schreibt Isabelle Stever. Im besten Falle wird die Filmlehre ein Gewinn für beide Seiten – für die Studierenden an erster Stelle, das ist ja das eigentliche Ziel, aber auch für die Lehrenden, wie die folgenden Seiten zeigen werden. »Ja, wer mit Filmstudenten arbeitet, ist privilegiert«, freut sich Hans Beller.

Bevor es losgeht, verraten wir soviel vorweg: Im ersten Beitrag sagt der Student Michael Schmitt in einem Gespräch mit Heiner Stadler und drei Kommilitonen: »Wie lehrt man an so einer Schule? Wenn dieses Buch das zum Thema hat, dann wird sie, glaube ich, unbeantwortet bleiben.« Wir laden Sie dazu ein, in diesem Buch – egal in welcher Reihenfolge Sie es lesen – die unterschiedlichen Antworten auf diese Frage aufzuspüren und wünschen eine spannende Lektüre.

Im Dezember 2012
Béatrice Ottersbach, Thomas Schadt

Filmschulen

Deutsche Film- und Fernsehakademie Berlin (DFFB)

Die 1966 gegründete Deutsche Film- und Fernsehakademie Berlin (DFFB) bietet eine professionelle Ausbildung für künstlerische Berufe in Film und Fernsehen und ist eine der ältesten und angesehensten Filmhochschulen Deutschlands. Sie wird vom Land Berlin finanziert und ist unabhängig von wirtschaftlichen Interessen und Einflüssen.

Die DFFB fokussiert sich in der Ausbildung auf die grundlegenden Bereiche des Filmemachens: Drehbuch, Regie, Kamera und Produktion. Insgesamt 34 Studenten werden jedes Jahr aufgenommen. Die Akademie legt besonderen Wert darauf, dass die Studenten während des Studiums im jeweiligen Fachbereich eine eigene Handschrift entwickeln, die wichtig ist, um später auf dem Film- und Fernsehmarkt zu bestehen. Deshalb werden sowohl deutsche als auch internationale Experten aus der Filmindustrie sowie Filmschaffende engagiert, die mit den Studenten in Seminaren und Workshops arbeiten.

In den letzten Jahren waren unter anderem Luc und Jean-Pierre Dardenne, Jacques Doillon, Bela Tarr, Michael Ballhaus, Ellis Freeman, Linda Aronson, Christian Berger, Tag Gallagher, Claire Denis, Christine Vachon und viele andere an der DFFB.

Die DFFB pflegt den Austausch mit Filmschulen weltweit, zum Beispiel mit der LFS London, La fémis in Paris, Columbia University of the Arts in New York, California Institute of the Arts in Los Angeles, FAMU in Prag sowie Yolanda and David Katz Faculty of the Arts der Tel Aviv University.

Eine große Rolle bei der Ausbildung spielt die technische Ausstattung der DFFB, insbesondere die Möglichkeiten der Postproduktion. Die DFFB hat gerade die gesamte Produktion und Postproduktion servergestützt auf digitale Technologien aufgerüstet, inklusive eines digitalen 2K-Kinos.

Filmhaus (© DFFB)

Filmschulen

Viele der etwa 250 pro Jahr entstehenden Produktionen der DFFB werden auf den weltweit renommiertesten Festivals gezeigt und ausgezeichnet.

Zu den Alumni gehören unter anderem Wolfgang Petersen, Helke Sander, Wolfgang Becker, Christian Petzold, Detlev Buck, Thomas Arslan und Chris Kraus.

Deutsche Film- und Fernsehakademie Berlin GmbH (DFFB)
Potsdamer Str. 2
10785 Berlin
Tel. +49 (0) 30 257 59-0

info@dffb.de
www.dffb.de

Filmakademie Baden-Württemberg

Die Filmakademie Baden-Württemberg wurde 1991 gegründet. Sie genießt national wie international einen ausgezeichneten Ruf. Betreut und unterrichtet werden die 500 Studierenden von mehr als 300 Film- und Medienprofis. Die Filmakademie Baden-Württemberg wird seit 2005 vom Direktor und Geschäftsführer Prof. Thomas Schadt geleitet und ist in der Rechtsform einer gemeinnützigen GmbH organisiert. Sie wird finanziert durch das Land Baden-Württemberg. Jedes Jahr werden etwa 100 Studierende aufgenommen, weitere rund 100 Absolventen schließen jährlich ihr Studium ab und erhalten das Diplom der Filmakademie Baden-Württemberg.

Vom ersten Semester an erarbeiten die Studierenden der drei Studiengänge Film + Medien (mit den Studienschwerpunkten Animation, Bildgestaltung/Kamera, Bildungs- und Wissenschaftsfilm, Dokumentarfilm, Drehbuch, Interaktive Medien, Montage/Schnitt, Motion Design, Szenenbild, Szenischer Film, Werbefilm), Produktion sowie Filmmusik + Sounddesign (mit den Studienschwerpunkten Filmmusik und Filmton/Sounddesign) ihre Filme gemeinsam. An der Filmakademie entstehen so jährlich mehr als 250 Filme aller Genres und Formate, die auf nationalen und internationalen Filmfestivals regelmäßig Spitzenplätze einnehmen. Herausragende Beispiele hierfür sind drei Studenten-Oscars, ein Goldener Leopard und ein Goldener Bär.

Das Vollstudium dauert in der Regel acht Semester, in einigen Studienschwer-

Innenhof Filmakademie (© Filmakademie Baden-Württemberg)

Filmschulen

punkten ist ein Quereinstig ins Projektstudium möglich, das verkürzt die Regelstudienzeit auf vier Semester. Studiengebühren werden seit Sommersemester 2012 nicht mehr erhoben.

Ein weiterer wichtiger Aspekt ist die internationale Ausrichtung der Filmakademie. Bekannte Dozenten aus dem Ausland unterrichten regelmäßig in Ludwigsburg. Austauschprogramme mit renommierten Partnerhochschulen in den USA, Kanada, Israel, Polen oder Frankreich (u. a. University of California Los Angeles, Ryerson University Toronto, Istanbul Bilgi University, South African School of Motion Picture Kapstadt, Bezalel Academy of Arts and Design Jerusalem, National School for Film and Television Lódz, La fémis Paris) ermöglichen den Studierenden Einblicke in fremde Filmwelten. An die Filmakademie angegliedert ist zudem das Atelier Ludwigsburg/Paris, ein einjähriges Weiterbildungsprogramm für Stoffentwicklung, Finanzierung, Produktion, Vertrieb und Marketing für den europäischen Filmmarkt.

Darüber hinaus verfügt die Filmakademie über ein eigenes, 2002 gegründetes Institut für Animation, Visual Effects und digitale Postproduktion. Es ist zuständig für die Ausbildung in den Studienschwerpunkten Animation und Interaktive Medien, bietet digitale Postproduktion für alle Abteilungen der Filmakademie, führt Forschungsprojekte durch und organisiert jährlich die von der Filmakademie veranstaltete FMX – Conference on Animation, Effects, Games and Transmedia.

Filmakademie Baden-Württemberg
Akademiehof 10
71638 Ludwigsburg
Tel. +49 (0) 7141 / 969-0

info@filmakademie.de
www.filmakademie.de
facebook.com/filmakademiebw

Hochschule für Fernsehen und Film München (HFF München)

Geschichte

Gegründet am 19. Juli 1966 nahm die Hochschule für Fernsehen und Film München den Lehrbetrieb am 6. November 1967 auf. Seitdem durchliefen etwa 1800 Studentinnen und Studenten das Studium an der HFF München. Von 1967 bis 1988 war die Münchner Filmhochschule in einer alten Villa in der Kaulbachstraße untergebracht. Mit dem Umzug in die ehemalige Bettfedernfabrik im Münchner Stadtteil Giesing bekam die HFF München 1988 endlich ihr erstes eigenes Film- und Fernsehstudio. 2007 feierte die Filmhochschule nicht nur ihr 40-jähriges Bestehen, sondern auch die Grundsteinlegung für den Neubau im Münchner Kunstareal gegenüber der Alten Pinakothek. Die feierliche Einweihung des prachtvollen Baus im September 2011 eröffnete den aktuellen und künftigen Studierenden im wahrsten Sinne neue Räume.

Das Leitbild der HFF München

Die Hochschule für Fernsehen und Film München will begabte junge Menschen in ihrer Entwicklung zu künstlerischen Persönlichkeiten fördern und sie auf ihrem Weg zu einem individuellen filmischen Ausdrucksvermögen ermutigen und begleiten.

Filmschulen

Sie legt gleichermaßen besonderen Wert auf umfassende gestalterische, filmhandwerklich-technische, medienwirtschaftliche und medienwissenschaftliche Ausbildung, auf Freiraum für ästhetische Experimente, auf filmsprachliche Innovation und auf einen komplexen inhaltlichen Diskurs über das filmische Erzählen als Reflexion der gesellschaftlichen Wirklichkeit. Dabei steht das »Lernen durch Tun« als zentraler methodischer Ansatz im Mittelpunkt der Ausbildung, im Besonderen das Filmschaffen der Studierenden. Dieser gestalterische Schaffensprozess der Studierenden wird intensiv betreut und begleitet.

Außenansicht HFF München (© Melanie Meinig industrieBAU)

Die Hochschule für Fernsehen und Film München will im eigentlichen Wortsinn von Avantgarde im aktuellen filmischen Diskurs wie auch bei formalen Standards einen Schritt vorangehen. Damit setzt sich unsere Hochschule zum Ziel, über die aktuellen Erfordernisse des Film- und Fernsehmarktes hinaus, diesen nicht allein zu bedienen, sondern mit künstlerischen Persönlichkeiten zu bereichern und somit dem Filmschaffen in Deutschland prägende Impulse zu geben.

Organisation und Studium

Die Hochschule für Fernsehen und Film München ist eine staatliche Kunsthochschule. Der Träger ist der Freistaat Bayern. Der Bayerische Rundfunk, das Zweite Deutsche Fernsehen, die Landeshauptstadt München und die Bayerische Landeszentrale für neue Medien tragen zu den Kosten mit Sach- und Dienstleistungen bei.

Zur Zeit bietet die HFF München fünf Studiengänge an:
- Kino- und Fernsehfilm
- Dokumentarfilm und Fernsehpublizistik
- Produktion und Medienwirtschaft
- Drehbuch
- Kamera

Das Studium in den Abteilungen Technik sowie Medienwissenschaft ist für alle an der HFF Studierenden obligatorisch. Darüber hinaus wird der Ergänzungsstudiengang Theater-, Film- und Fernsehkritik angeboten. Die Regelstudienzeit beträgt acht Semester; das Studium schließt mit dem Diplom der Hochschule für Fernsehen und Film München ab.

Bewerbung:
http://www.hff-muc.de/bewerbung/
Hochschule für Fernsehen und Film München
Bernd-Eichinger-Platz 1
80333 München
Tel. +49 (0) 89 / 689 57-0
info@hff-muc.de
www.hff-muc.de

Filmschulen

Hochschule für Film und Fernsehen »Konrad Wolf«

Gegründet 1954 ist die Hochschule für Film und Fernsehen (HFF) »Konrad Wolf« die älteste und zugleich eine der modernsten und größten Filmhochschulen in Deutschland. Direkt auf dem Gelände der berühmten Babelsberger Filmstadt gelegen, wurde die HFF zum integralen Bestandteil des Medienstandorts Berlin-Brandenburg mit einer einzigartigen gewachsenen Dreieinigkeit aus Filmausbildung, Filmproduktion und Filmdistribution.

Als Kunsthochschule bildet die HFF heute in zwölf Studiengängen fast das gesamte Spektrum der auf dem Medienmarkt tätigen Kreativkräfte aus. Neben den klassischen Studiengängen wie Regie, Cinematography, Sound, Montage, Drehbuch/Dramaturgie und Film- und Fernsehproduktion gehören auch Fächer wie Medienwissenschaft, Digitale Medienkultur, Filmmusik, Szenografie, Schauspiel und Animation ins Ausbildungsrepertoire der Hochschule.

Neben dieser europaweit einzigartigen Breite an hoch spezialisierten gewerkeorientierten Lehrangeboten zeichnet sich die HFF durch eine außerordentliche berufsvorbereitende Projektarbeit aus, die Studierende aus den einzelnen Gewerken gezielt zusammenführt, um unter wirklichkeitsnahen Bedingungen zu agieren. Der international renommierte wie praxiserfahrene Lehrkörper der HFF garantiert eine hervorragende Betreuung und individuelle Förderung. 41 hauptamtliche, acht Honorar-Professor(inn)en und 32 akademische Mitarbeiter(innen) sowie etwa 65 Lehrbeauftragte ermöglichen eine individuelle Förderung der rund 550 Studierenden.

Denn das besondere Anliegen der Hochschule ist die Ausbildung von Spezialisten, die – mit vielfältigen Kompetenzen ausgerüstet – die Medien der Zukunft künstlerisch und innovativ mitgestalten können. Auch Forschung gehört zum Selbstverständnis der HFF: Die kreative Erarbeitung künstlerischer Inhalte, das Entwickeln neuer Technologien und die wissenschaftliche Analyse sind unter einem Dach vereint.

Der im Jahr 2000 eingeweihte HFF-Neubau ist hervorragend aus-

Haupteingang HFF »Konrad Wolf« (© HFF »Konrad Wolf«)

Filmschulen

gestattet. Von der Dramaturgie bis zum SFX-Finish ist alles unter einem Dach vereint, genau wie bei einem Full-Service-Studio. Hier werden jährlich etwa 170 (filmische) Projekte zum Abschluss gebracht, häufig als Koproduktion mit Praxispartnern. Diese finden immer schneller ihren Weg auf die Bildschirme und Leinwände. HFF-Studierendenfilme sind auf mehr als 300 Festivals in über 50 Ländern präsent und erfolgreich. In den vergangenen Jahren konnte die HFF stets zwischen 60 und 80 Preise im Jahr für sich verbuchen. Intensive Kontakte und Kooperationen mit anderen Film- und Fernsehhochschulen, Forschungseinrichtungen und Unternehmen aus der freien Wirtschaft, national aber auch weltweit in über 50 Ländern sorgen für fruchtbare Impulse. Ebenso hat sich ein konsequenter und intensiver Wissenstransfer etabliert, Firmenausgründungen werden gezielt gefördert.

Zusammen mit postgradualen und berufsbegleitenden Weiterbildungsangeboten, Film- und Theateraufführungen und vielfältigen Veranstaltungen ist die HFF in der Region als eine Stätte des kulturellen, sozialen und politischen Diskurses etabliert.

Hochschule für Film und Fernsehen
»Konrad Wolf«
Marlene-Dietrich-Allee 11
14482 Potsdam-Babelsberg
Tel. +49 (0) 331 / 6202-0

info@hff-potsdam.de
www.hff-potsdam.de

ifs internationale filmschule köln

Die ifs internationale filmschule köln wurde Anfang 2000 auf Initiative der Landesregierung NRW und der Film- und Medienstiftung NRW als gemeinnützige GmbH gegründet. Als Hauptträger fungiert das Land NRW, Hauptgesellschafterin ist die Film- und Medienstiftung NRW. Neben dieser ist das ZDF weiterer Gesellschafter der ifs. Die ifs wird seit 2002 von Simone Stewens geleitet, seit 2007 fungiert Martin Schneider als Ko-Geschäftsführer. Nach nunmehr zwölf Jahren ihres Bestehens hat sich die ifs innerhalb der Aus- und Weiterbildungslandschaft für Film, Fernsehen und Neue Medien etabliert und zählt zu den sieben wichtigsten deutschen Filmhochschulen. Ihre nationale und internationale Anerkennung konnte sie 2012 durch die Verleihung des Student Academy Award in der Kategorie »Best Foreign Film« für den Abschlussfilm DIE SCHAUKEL DES SARGMACHERS unterstreichen.

In Kooperation mit der Fachhochschule Köln bietet die ifs zurzeit drei siebensemestrige Bachelor-Studiengänge sowie einen internationalen Masterstudiengang an: Den BA Film (mit den Schwerpunkten Filmregie, Kreativ Produzieren und Drehbuch), den BA Kamera, den BA Digital Film Arts (mit den Schwerpunkten Editing Bild & Ton sowie Visual Arts) und den MA Screenwriting, der in Kooperation mit der University of Salford (UK) und der Tampere University of Applied Sciences (Finnland) stattfindet. Zum Wintersemester 2013/14 bietet die ifs außerdem den MA Serial Storytelling an, der sich dem seriellen Erzählen für das Fernsehen und für digitale Plattformen widmet. Darüber hinaus trainieren zwölf Weiterbildungsprogramme junge Professionelle aus den audiovisuellen Medien für die stetig wachsenden Anforderungen, auch im internationalen Kontext. Die individuelle und intensive Betreuung steht dabei

Filmschulen

Außenansicht ifs köln (© Nina Grützmacher)

im Mittelpunkt. Kleine Studierendenzahlen und ein Zweijahres-Rhythmus bei der Zulassung zum Studium garantieren ein optimales Betreuungsverhältnis zwischen Studierenden und Lehrenden.

In der Lehre liegt der Fokus auf einer hochwertigen und zukunftsorientierten künstlerisch-wissenschaftlichen Ausbildung. Dabei orientiert sich die Filmausbildung an der ifs an den Prinzipien des narrativen Films. Außerdem zentral für die Ausbildung an der ifs sind Teamwork und interdisziplinäre Zusammenarbeit. So arbeiten die Studierenden frühzeitig mit allen an der Produktion beteiligten Gewerken zusammen. Namhafte nationale und internationale Professoren und Dozenten, die zugleich Filmschaffende sind, vermitteln professionelles und zeitgemäßes Orientierungswissen – und lassen darüber hinaus wichtige Verbindungen für den Einstieg in die Branche knüpfen.

Dabei wurden in den vergangenen Jahren gezielt internationale Aktivitäten und Kooperationen ausgeweitet, u.a. mit renommierten Universitäten, Kunst- und Filmhochschulen in den USA, Polen, Frankreich, Südkorea, Portugal, Israel u.v.m., die den Studierenden Einblicke in fremde Kulturen und internationale Filmproduktionen ermöglichen.

ifs internationale filmschule köln gmbh
Werderstraße 1
50672 Köln
Tel. +49 (0) 221 / 920188-0
info@filmschule.de
www.filmschule.de
facebook.com/filmschule

Die perfekte Filmschule

Über Träume, Kunst und Kommerz

Ein Gespräch zwischen den Studierenden **Karin Becker, Moritz Binder, Pary el Qalqili, Michael Schmitt** und **Heiner Stadler**, geschäftsführender Leiter der Abteilung Dokumentarfilm und Fernsehpublizistik an der HFF München.

HS: Gibt es einen Ort, für den Sie von hier weg und dorthin gehen würden? Gibt es den Traum von einer Filmhochschule? Nicht gemessen an dem, was bereits existiert, sondern gemessen an unseren Wünschen und Erfahrungen?

PeQ: Es müsste ein offener Raum des Austauschs sein, eine offene Produktionsstätte, an der es eine Art Forum gibt, wo sich die Studenten jede Woche gegenseitig ihre Projekte vorstellen. Das könnten Konzepte, aber auch Rohschnitte oder fertige Filme sein. Damit man durch diesen gemeinsamen Raum zu mehr Zusammenarbeit kommt. Das Absurde ist, dass es diese Möglichkeiten hier an der HFF bereits gibt. Es gibt ja Produktionsbüros, die man buchen kann. Es gibt Studios, in denen man ständig arbeiten könnte. Aber im wirklichen Leben findet das nicht wirklich statt und ich weiß auch nicht, woran das liegt. Es sind ja alle Voraussetzungen da, aber sie werden nicht so richtig genutzt.

MS: Betrifft das die studentische Seite oder die Seite der Lehrenden?

PeQ: Der Raum müsste von Lehrenden geschaffen werden. Es müsste eine Institution sein, alle zwei Wochen meinetwegen. Nach dem zweiten Jahr hat man ja Zeit dafür. Man hätte dann noch etwas, wofür man an die Schule geht. Viele tauchen nach dem Grundstudium ab, und jeder arbeitet alleine an seinen eigenen Projekten vor sich hin.

MB: Nach dem Grundstudium fehlt dieser Werkstattcharakter. Wir haben Produktionsbüros und Kinos, wir haben die Räume, aber die große Hürde ist dieser bürokratische Apparat. Wenn ich von der idealen Filmschule ausgehe, dann ist natürlich das Grundstudium die Basis. Wenn ich im Hauptstudium bin, wünsche ich mir mehr Werkstattcharakter, ohne bürokratische Wege gehen zu müssen. Das würde bewirken, dass sich die Studenten eigenständiger organisieren und mehr selbst auf die Beine stellen. Wenn du im Kino einem Protagonisten den Film zeigen willst, den du über ihn gemacht hast, und man sitzt nur zu viert im Kino, heißt es erst einmal: »Braucht ihr dafür ein Kino?« Ja, brauchen wir, weil das ein Kinofilm ist und ich den Film über diesen Protagonisten gemacht habe. Und alles, was ich ihm bieten kann, ist, ihm diesen Film im Kino zu zeigen. Dann braucht man tausend Genehmigungen für vier Leute, die im Kino sitzen. Das ist kein Arbeitsraum, das ist ein Filmmuseum.

Heiner Stadler

HS: Sie beschreiben die Erfahrungen der vergangenen beiden Semester. Ich halte das für Startschwierigkeiten nach dem Umzug[1]. Viel entscheidender ist, diesen eigentümlichen Bruch zwischen Grundstudium und Hauptstudium so weit wie möglich aufzuheben. Man studiert und basta. Wie man sich sein Studium einrichtet, bleibt weitgehend jedem selbst überlassen. Aber die Menge dessen, was in den ersten vier oder sechs Semestern zu erledigen ist, führt dann bei vielen zu einem Aufatmen, wenn sie das Grundstudium geschafft haben: Jetzt ist erst einmal Schluss mit den Verpflichtungen, und die wichtigen Seminare im Hauptstudium werden in die Ferne geschoben.

MS: Das fängt mit den Plänen an, die überall in den Gängen hängen, immer mit der Trennung: »Jetzt bist du noch im Grundstudium.« Das ist eine Durststrecke, die man überwinden muss, um frei zu sein. Gleichzeitig kommt nach vier Semestern mit dieser neuen Eigenständigkeit das Gefühl, dass der Zusammenhalt verloren geht und das ist sehr schade. Die Lehrenden müssten viel stärker darauf achten, dass auch klassenübergreifend mehr studentische Zusammenarbeit stattfindet. Und das könnte man vielleicht durch solche wöchentlichen oder monatlichen Treffen schaffen.

KB: Würden wir dahin gehen? Wir tun hier immer so, als ob wir alle befreundet wären und uns dafür interessieren würden, was alle anderen machen und uns wahnsinnig freuen, wenn jemand einen Preis gewinnt. Aber wenn wir ganz ehrlich sind, dann steht uns allen das Wasser bis zum Hals und jeder kennt dieses Gefühl: »Du hast keine Chance – nutze sie.« Wir haben alle Existenzängste und das führt dazu, dass eben dieser Austausch nicht ganz unbeschwert ist. Nach dem sehr vollgepackten Grundstudium konnte ich erst einmal nicht mehr. Ich habe mir dann einzelne Leute rausgepickt, mit denen ich bis heute noch sehr viel zu tun habe. Es sind aber zu wenige und es gibt viele, die ich gerne wiedersehen würde.

HS: Behindert denn die Schule diese Gruppenbildung? Oder klappt manchmal eine Bandenbildung, die über das Studium hinaus noch Bestand hat?

KB: Die Frage ist, ob eine Filmschule die Zusammenarbeit noch weiter fördern kann. Bei einem Seminar, das über zwei Semester ging, da wusste ich, wer kommt, da wollte ich mein Projekt vorstellen. Das war für mich eine tolle Umgebung. Ich denke aber, wenn es zu reglementiert ist oder wenn der ganze Jahrgang die nächsten Filmprojekte vorstellt, das würde nicht funktionieren. Nicht, wenn die Leute so ticken wie ich. Aber es stimmt, diese Bandenbildung, die etwas Freieres hat, wo man sich die eigene Umgebung gestalten kann …

HS: … dafür braucht es aber keine Filmhochschule.

KB: Gut, die Bande lernt man aber über die Filmschule kennen.

MB: Ich habe vier, fünf Kommilitonen, nicht alle Dokumentarfilmstudenten, mit denen rede ich, solange es um Film geht, über jeden Gedankenfurz – und das hilft mir sehr. Das ist wie ein Katalysator und die Schule ist unsere gemeinsame Basis, eine Art selbstorganisierte Werkstattatmosphäre. Was uns fehlt, ist dieser Geist, die Schule zu einem Treffpunkt und einem Forum zu machen. Das hat ganz viel mit Architektur und Bürokratie zu tun.

MS: Ach komm, mich nervt das total, dass das ständig auf das neue Gebäude geschoben wird. Das glaube ich einfach nicht. Das ist

Die perfekte Filmschule

in uns allen selber drin. Wir stellen uns die perfekte Filmschule als den Ort des ständigen Austauschs vor mit Gleichgesinnten, mit Freunden, mit weiß ich nicht was. Aber das ist sie einfach nicht, weil wir alle doch die Ellenbogen ausfahren. Vielleicht sind wir selbst der größte Hinderungsgrund – als Regisseur denkt man doch am ehesten alleine. Deswegen funktionieren auch solche offenen Treffen nicht. Weil man die Leute nicht dazu zwingen kann, über ihre neuen Pläne zu sprechen. Man kann sie auch nicht dazu zwingen, Banden zu bilden.

MB: Hier redet ja keiner von Zwang. Aber die Möglichkeit, diese Banden zu kultivieren, ist doch relativ dezent.

HS: Es gibt hier Räume, Sie können rein, Tag und Nacht und am Wochenende. Was hindert Sie daran?

MB: Gute Frage. Das ist eine sehr gute Frage.

MS: Letzte Woche war ich in einer Diplomabnahme, weil ich gerade Zeit hatte. Da saßen drei Leute. Warum gucken wir uns die Filme unserer Kommilitonen nicht an? Ich mach's ja selbst nicht. Ich meine, braucht man 17 Facebook-Einladungen, um einmal hinzugehen?

HS: Sie können ja nicht endlos Dinge übereinanderstapeln, die Sie interessieren. Was würden Sie also weglassen? Für mich wäre eine minimale Voraussetzung, so oft wie möglich bei Filmen von Kommilitonen mitzuarbeiten und sich die Ergebnisse gemeinsam anzusehen. Da kann ein Seminar noch so gut sein, wenn beim nächsten Film was schief läuft, dann hilft erst mal keine Theorie, sondern das eigene Machen.

PeQ: In den ersten beiden Jahren war es eine große Einschränkung, dass wir die Film-Treatments der anderen Studenten nicht kannten. Sie wurden hinter verschlossener Tür in Einzelterminen besprochen und nie in unserer Gruppe. Es wurde zu einem großen Geheimnis, woran der andere gerade arbeitet. Ich kann mich zwar erinnern, dass wir mal zusammen saßen und jeder sein Thema erzählt hat, aber wir haben nicht automatisch die Treatments zugeschickt bekommen. Wir waren jedenfalls nicht im Thema drin. Es war keine gute, keine offene Stimmung, sondern viel Geheimniskrämerei.

MS: Genau das Gefühl gibt es in jedem Jahrgang, das gibt es bei uns auch. Wodurch entsteht das? Durch uns? Durch die Lehrenden? Durch die Lehre? Ich weiß es nicht.

HS: Geheimniskrämerei im Grundstudium? Auf die Idee wäre ich nicht gekommen.

PeQ: Doch, absolut. Viele erzählen einem nicht, woran sie gerade arbeiten, weil sie Angst haben, dass der andere das Thema klaut, was völlig absurd ist.

MS: In der Prologwoche habe ich einfach so blöde Geschichten erzählt, wie ich das gerne mache. Und dann nimmt mich eine Kommilitonin zur Seite: »Du musst schon aufpassen, wie und vor wem Du hier deine Filmgeschichten rausposaunst, damit sie nicht geklaut werden.« Das war im ersten Semester in der Prologwoche. Und ich habe gesagt: »Wo bitte soll ich denn meine Ideen rausposaunen, wenn nicht hier?«

KB: Wenn ich meine Ideen hier nicht erzähle, dann hat das nicht damit zu tun, dass sie geklaut werden könnten, sondern dass sie bei mir bis zu einem gewissen Punkt wachsen müssen – bis ich es aushalten kann, dass jemand dazu etwas sagt. Mir ist das einmal passiert, dass ich ein Thema kurz angerissen habe und plötzlich hat sich eine Meute

19

Heiner Stadler

draufgestürzt und danach war es tot. Das kann man natürlich als Schwäche auslegen, aber bei uns in der Klasse wurde wahnsinnig viel und auch sehr erbittert diskutiert. Es war einfach nicht meine Art zu diskutieren. Ich habe mich dann zurückgezogen. Und ich möchte mich auch nicht für Gedanken rechtfertigen, die noch nicht zu Ende gedacht sind und auch nicht in die falsche Ecke gestellt werden.

MS: Aber hast Du das vermisst? Hättest Du Dir gewünscht, dass es diesen Austausch gibt?

KB: Ja, zum Beispiel als Jean Perret[2] uns so viele tolle Filme gezeigt hat, da habe ich gemerkt, wie bereichernd das sein kann, wenn man ein bisschen runtergetuned wird. Natürlich haben wir dort nicht über unsere eigenen Filme gesprochen, sondern über das, was er uns gezeigt hat. Das ist dann nicht so heikel und das habe ich zum Teil sehr genossen.

MB: Ich hatte Angst vor Schubladen. Ich hatte Angst, aufgrund des ersten Films in einer Ecke zu landen und jemand könnte sagen: »Mit dem muss ich gar nicht reden, der macht nur so langweiliges Arthouse-Zeug.« Das führt schnell zu kleinen Gruppen und schon ist der Jahrgang kein Kollektiv mehr. Du machst dich total nackig, wenn du Filme zeigst. Dann wirst du beurteilt, nicht mit einer Note, sondern es heißt, der möchte Richtung Mainstream gehen, der andere nicht. Wie willst du das unterbinden, dieses Schubladendenken?

MS: Ich frage mich, was dabei Ihre Aufgabe als leitender Professor der Abteilung ist? Sie lassen jedem den Freiraum, den er braucht, sind auch offen für Gespräche. Aber wahrscheinlich sind wir alle so verschwiegen, dass man beides anbieten muss:

die offene Tür und zugleich den geschlossenen Raum.

HS: Für die Aufnahme an der HFF gibt es ein einziges Kriterium, über das sich alle Kommissionsmitglieder einig sind: Der Bewerber muss jemand sein, der selbst denkt und nicht so gut wie möglich etwas nachzumachen versucht. Da entsteht zwangsläufig in jedem Jahrgang eine sehr heterogene Gruppe. Acht Menschen denken natürlich in acht völlig unterschiedliche Richtungen. Aber ich bin mir ganz sicher, dass eine Grundvoraussetzung fürs Filmemachen fehlt, wenn man die Kommilitonen links liegen lässt, mit denen man zu tun haben könnte.

MB: Habt Ihr den zweiten Film auch in der Gruppe gemacht oder war das bei Euch noch Einzelarbeit?

PeQ: Wir sollten in Gruppen arbeiten, aber dann gab es doch Einzelprojekte, weil wir nicht zusammengefunden haben. Es wäre gut, wenn man Mentoren hätte, die einen kontinuierlich begleiten, Gastdozenten, die nicht nur einmal im Grundstudium eine Woche hier sind, sondern unsere Entwicklung mitverfolgen. Mir geht es so und anderen, denke ich, auch. Man sucht sich Mentoren von außen, Leute, mit denen man über seine Sachen spricht, aber solche Möglichkeiten könnten ja auch in der Struktur der Filmhochschule angelegt sein.

HS: Aber muss die Filmschule dafür Sorge tragen? Ich kenne das von mir und ich kenne es von den meisten Leuten, mit denen ich studiert habe. Bei Wim Wenders zum Beispiel waren »alte Meister« die Mentoren: Sam Fuller und Nicolas Ray. Ich glaube, das ist selten etwas, was in Augenhöhe stattfindet. Denken Sie an jemanden, der in einem ähnlichen Entwicklungsstadium ist wie Sie gerade? Oder müsste das jemand sein,

Die perfekte Filmschule

der viel mehr Erfahrung mitbringt? Und was hindert Sie daran, sich einen Mentor zu suchen?

PeQ: Das mach' ich ja auch. Aber außerhalb der Filmhochschule, damit ich mehr Kontinuität habe. Die haben wir jetzt natürlich mit Ihnen, weil wir mit Ihnen die vier Filme besprechen, die wir hier machen. Aber ich fände es gut, wenn man die Möglichkeit für mehr Kontinuität mit einem Mentor hätte.

HS: Jean Perret hatten wir regelmäßig eingeladen, als er noch Leiter des Filmfestivals in Nyon war, das waren offene Treffen, nicht kursgebunden. Das gibt es mit Helga Reidemeister[3], die in zwei Seminaren in unterschiedlichen Phasen des Studiums hier ist. Werner Ruzicka[4] ist im Grundstudium zweimal da.

MS: Ich glaube, das kommt auf den Mentor an. Wenn ich an Helga Reidemeister denke, dann ist es bestimmt die Art und Weise, wie man Gesprächsführung bei ihr lernt, bei anderen Dozenten sind es vielleicht eher dramaturgische Vorstellungen, das kommt natürlich auf die Person an. Ich habe letzten Freitag erst wieder bei der Premiere unserer Kurzfilme, die wir in Hongkong gedreht haben, gemerkt, zu wie vielen Leuten ich schon Kontakt bekommen habe durch die HFF und war positiv überrascht. Sei es der Chefkameramann vom BR, ein Redakteur oder auch die Dozenten, die hier unterrichten.

HS: Das sind zwei verschiedene Baustellen. Das eine ist eine notwendige Vernetzung in der Branche und das andere sind möglicherweise ein oder zwei Vertrauenspersonen, bei denen die Bedeutung in der Branche gar keine Rolle spielt. Aber wir sind die ganze Zeit bei dem, was fehlt. Wenn Sie von einer Filmschule träumen, zu der Sie mit brennendem Herzen jeden Morgen hingehen und denken »hoffentlich hört das niemals auf«, kann es so etwas geben?

MS: Die Frage muss ich zurückgeben. Wen möchten Sie denn unterrichten, als perfekten Filmstudenten? Oder was wollen Sie, das aus uns wird?

HS: Es ist ein großes Privileg, sich die Studenten aussuchen zu können, mit denen man am liebsten arbeiten möchte. Dazu kommen positive Überraschungen bei jedem einzelnen Studenten. Die Erwartungshaltung wird entweder übertroffen oder durch etwas kontrastiert, was ich so nie erwartet hätte. Aber das Dümmste wäre, in die Autonomie der Studierenden, in die inhaltliche Gestaltung der einzelnen Filme einzugreifen. Jeder, der ein bisschen Erfahrung in der Lehre hat, weiß, dass es falsch ist, sich als Teil des Teams eines studentischen Films zu begreifen. Das geht nicht. Man kann möglicherweise ein paar Türen öffnen, ein paar Hinweise geben und wenn es ganz gut geht, die richtigen Fragen stellen. Aber mich interessiert das Machen immer mehr als das Reden. Ich habe sowieso den Eindruck, seit ich hier bin in einer Woche mehr zu reden als früher in einem Jahr.

MS: Und worin besteht dann Ihre Arbeit, wenn sich der Werdegang der Studenten sowieso erfüllt? Denken Sie, dass Sie daran teilhaben? Zu welchen Teilen?

HS: Meine Arbeit besteht darin, Ihnen den Rücken freizuhalten. Natürlich geht es um die Grundlagen des dokumentarischen Erzählens, um unterschiedliche Formen der Dramaturgie, um einen souveränen Umgang mit der Technik und es wäre auch nicht schlecht, wenn man etwas über Filmgeschichte wüsste. Aber den Weg für

21

Heiner Stadler

die eigenen Filme zu finden ist ein beständiges Ausprobieren und Scheitern. Wieder ausprobieren, wieder scheitern. Da ist mein Job, Ihnen den Weg freizuhalten und zu sagen: »Ist völlig in Ordnung hier zu scheitern, macht gar nichts. Einfach aufstehen und weitermachen.« Es ist besser, ein Risiko einzugehen und vielleicht an den eigenen Ansprüchen zu scheitern als an die Sicherheiten zu denken. Dazu braucht es keine Filmschule. Das kann jeder zu Hause mit seiner Kamera auszuprobieren. Eine Filmschule ist vor allem dazu da, die Sicherheit zu geben, dass Ausprobieren und Scheitern in Ordnung ist.

MS: Aber geben Sie damit nicht die Lehre automatisch an Dozenten weiter, statt sie selbst zu übernehmen?

HS: Wenn man Lehre als die Summe der Vermittlung der notwendigen handwerklichen Fähigkeiten nimmt, dann bin ich einer aus der Gruppe der Lehrenden. Als solcher fühle ich mich auch verantwortlich. Wenn man Lehre als den Versuch sieht, die Suche nach dem eigenen Weg zu fördern, dann ist mein Platz eher im Hintergrund, da verschiebt sich die Front. Es ist dann mehr der Versuch, mit Redakteuren, Festivalleitern oder Produzenten eine Vertrauensbasis herzustellen, damit sie ein offenes Ohr dafür haben, dass Filme mit einer neuen Erzählweise, Filme, die nicht dem Mainstream unterliegen, möglicherweise Wegbereiter sein könnten für eine neue Erzählform. Und wenn es gelingt, die Verbindung mit studentischen Arbeiten herzustellen, dann ist das prima. Ich kann versuchen als Türöffner zu fungieren, das ist eine meiner Aufgaben. Aber ich bin definitiv nicht derjenige, der jemandem sagen kann, was ein guter und was ein schlechter Film ist. Wobei ich mir gar nicht sicher bin, ob es ein vernünftiger Weg wäre, »gute« Filme machen zu wollen.

Ein guter Film ist häufig nur ein Synonym dafür, dass der Film sendbar ist. Das Gute ist eher das Nivellierte, und das interessiert mich weniger. Mich interessieren die Ausreißer.

MS: Ja, das ist anstrengend, wenn man als Student auf seinem Weg Antworten haben möchte und ständig wieder zu sich selbst zurückgeführt wird und etwas finden muss. Genau darum geht es ja, aber das ist ...

HS: Ich könnte Ihnen sagen, welche Redaktion für Ihren Film die richtige ist, wie ein Finanzierungsmodell aussehen könnte, welche Sendezeit bei welchem Sender dafür infrage käme, aber dazu brauchen Sie mich nicht. Dazu reicht ein Blick ins Internet.

MB: Man arbeitet aber auch nicht die Seminarnotizen ab und macht dann gute Filme. Ich habe nach und nach entdeckt, dass die größte Qualität an der Schule die Kommilitonen sind. Ich denke die ganze Zeit über die Frage nach, wie die Traumfilmschule aussehen müsste, aber so eine ist abhängig von den anderen, mit denen man studiert. Die gehen mit dir den gleichen Weg, aber sie bringen eine andere Erfahrung mit. Sie sind sich nicht zu schade, bei dir die Angel zu halten oder dich zu fragen, ob du den Fahrer machst. Dieses Miteinander zu fördern definiert für mich tatsächlich eine gute Schule. Und eine gute Filmschule müsste es schaffen, die richtige Auswahl an Studenten zusammenzubringen. Aber keine Ahnung, wie das passieren soll. Es gibt den Berg nicht, von dem jemand herabsteigt und sagt: »Das sind die zehn Filmgebote, macht das mal.« Sondern das sind die Leute, mit denen man Filme macht.

HS: Sicherheit beim Dokumentarfilm gibt es ohnehin nicht. Wenn es die Sicherheit gäbe, wäre irgendetwas falsch, dann wüss-

Die perfekte Filmschule

te man ja vorher, welcher Film am Ende rauskommt. Die Neugierde würde verloren gehen, die fehlende Neugierde würde den Film langweilig machen. Die fehlende Sicherheit ist also ein elementarer Bestandteil beim Filmemachen. Ich kriege ja mit, dass es einigen Ihrer Kommilitonen Bauchschmerzen bereitet, aber ich wüsste nicht, was die Filmhochschule tun könnte, um diese Bauchschmerzen zu verringern.

MS: Psychologen einstellen.

PeQ: Grundeinkommen stellen *(lacht)*.

MB: Ich glaube, das wäre fatal. Man sollte niemandem die Unsicherheit vor dem nächsten Film nehmen, weil die es im Endeffekt ist, die einen antreiben wird.

PeQ: Ich hätte mir mehr Kameraseminare für Regiestudenten gewünscht, weil man bei dokumentarischen Themen oft selbst die Kamera macht. Es kommen ja interessante Filme dabei raus, wenn Regie und Kamera in einer Hand sind, und manchmal sind es Themen, die man nur so bearbeiten kann.

HS: Das gilt nicht nur für die Verbindung von Regie und Kameraarbeit, das ist übertragbar aufs Schreiben, aufs Recherchieren, aufs Nachdenken. Das braucht eine große Disziplin, um sich nicht zu verzetteln. Vielleicht wäre es eine Methode, wenn die Filmschule die Basis an handwerklichen Kenntnissen vermittelt und ansonsten den Anreiz gibt, so viel wie möglich auszuprobieren und kontinuierlich mit Erzählungen in Form von Schreiben, Fotografieren, Filmemachen zu arbeiten. Dann würde die Furcht kleiner werden, dass in einem Jahr ein »großes Werk« bevorsteht. Man würde an diesen kleineren Übungen arbeiten und der größere Film würde in dieser Kontinuität entstehen.

MB: Kreativroutine oder so was, das wäre ganz gut.

MS: Aber das geht doch in die Richtung, dass man die Studenten während des Studiums mehr dazu anhält kürzere Sachen zu machen, die schnell und intensiv sind und dann aber auch schnell zu Ende sind, anstatt dieser vier großen Filme. Das würde es etwas entzerren und weniger dramatisch machen.

MB: Und eben auch das Grundstudium stärker mit dem Hauptstudium verbinden, damit man in einer kontinuierlichen Bewegung bleibt, anstatt das Studium in zwei große Phasen zu teilen. Man muss sich dringend davon lösen, die HFF als Karriere zu empfinden. Also dieses komische Denken, der dritte Film ist jetzt die Visitenkarte für deinen Diplomfilm, um Fördermittel zu kriegen. Es ist ein lähmendes Gefühl, dass diese Filme schon eine Stufe auf der Karriereleiter darstellen ...

MS: Ich meine, das Wort Karriere ist falsch. Aber eine Filmhochschule muss schon, wie jede Uni auch, eine Berufsvorbereitung sein. Wenn man am Ende diesen Beruf ausüben möchte, muss man auch was dafür tun, vielleicht ein bisschen mehr als bei anderen Berufsgruppen, in die man sich reinarbeiten kann. Meine Angst ist nur, dass ich mit etwas anfange, was ich gar nicht will. Also nicht das besonders Zielgerichtete oder der Leistungsdruck machen mir Angst, sondern eher die richtige Themenfindung.

KB: Was ist Deine Angst? Dass Du Dir das optimale Thema suchst?

MS: Nein, es ist nicht die Angst davor, an einem Thema zu scheitern, sondern dass ich mir ein Jahr Arbeit mit etwas mache, das ich gar nicht wirklich wollte. Meine Angst ist eher, bei der Themenwahl einen Fehler

Heiner Stadler

zu machen, dass ich mir vielleicht etwas vormache und plötzlich in einem Projekt drinhänge, auf das ich eigentlich gar keine Lust habe.

KB: Die Angst hast Du wahrscheinlich auch nur, weil Du meinst, es liegt ein gewisses Gewicht auf diesem Film. Dann hast Du halt ein Jahr damit verbracht, aber dann kommt ja auch der nächste Film. Aber man hat schon den Eindruck: »Ich habe nur diese vier Schüsse und wenn sie verschossen sind, ist es vorbei.«

PeQ: Aber dieses Denken kann einem die Schule nicht abnehmen. Das liegt ja an einem selbst, ob man intuitiv oder strategisch arbeitet oder wie sehr man seiner Intuition traut und einfach dreht, was einen beschäftigt und dabei nicht marktorientiert denkt. Das würde bedeuten, auch den dritten Film während des Studiums unabhängig von einem Fernsehsender zu produzieren.

HS: Also kommt für Sie zuerst die Freiheit. Aber wenn Sie Ihr Studium abgeschlossen haben, dann sind Sie Teil der Branche? Ich glaube diese Grenze zwischen der Abnahme des Examensfilms und der Arbeit in der Branche existiert gar nicht. Sie sind längst mittendrin. Manche Redaktionen könnten ohne die Filmhochschulstudenten längst dichtmachen, ein Teil ihrer Sendezeit entsteht in Koproduktion mit den Filmhochschulen. So gesehen ist das, was Sie in Ihren dritten und vierten Filmen machen, integraler Bestandteil dessen, was man Branche nennt. Bei den meisten bin ich ziemlich sicher, dass die Furcht, den Anforderungen der Branche nicht gerecht zu werden, völlig überflüssig ist. Oder glauben Sie, dass da Defizite bleiben?

MS: Nein, sonst würde man das doch gar nicht machen. Hätte man das Gefühl es nicht zu können, würde man sich doch von Anfang an gar nicht dafür entscheiden. Die Angst ist eher, dass man nicht mehr machen kann, was einen interessiert und dass man etwas diktiert bekommt, ein Thema, mit dem man sich ein Jahr oder noch länger beschäftigen muss. Das ist ja ein viel größerer Horror.

MB: Der Horror vor diesen Riesenkompromissen, davor, dass man die Branche als ein Schattenwesen begreift, das einem Kompromisse aufzwingt und die Filme, die man dann macht, nicht mehr eigene Werke sind, wie die Filme, die man hier an der Schule macht. Das ist die Angst.

MS: Das ist doch ein guter Punkt. Jetzt sind wir bei dem Dilemma der Filmhochschule angekommen. Das Dilemma des Hauptstudiums, der Branchendruck. Es gibt Schulen, die es schaffen, diesen Druck von ihren Studenten fernzuhalten, wie zum Beispiel Kunsthochschulen.

KB: Wir sind doch eine Kunsthochschule.

MS: In Linz habe ich Studenten der Karlsruher Hochschule für Gestaltung auf dem Crossing Europe Festival getroffen. Die waren für mich total frisch in der Art, wie sie sich präsentiert haben. Das Dilemma ist die Vernetzung mit der Branche und gleichzeitig den Raum zu behalten, der die größtmögliche künstlerische Freiheit und persönliche Entwicklung erlaubt. Das kann ja gar nicht zusammenpassen, oder?

KB: Genau, weil wir nämlich alle denken, dass wir mit 40 auch noch was zu beißen haben wollen. Ich weiß nicht, ob das so verkehrt ist. Ich arbeite ja viel für die Geschichtsredaktion vom Bayerischen Fernsehen, die interessieren sich sehr für das, was ich aus der Filmhochschule erzähle. Natürlich rücken die nicht auf einmal von allem ab, was sie sich erarbeitet haben, aber die haben ein offenes Ohr. Ich habe schon den Eindruck, man muss abwägen können zwischen Projekten, bei denen man sagt, »Dieser Film wird total mein Ding« und den anderen Filmen. Das kann sich ja auch gegenseitig befruchten, man schult ja auch sein Handwerk.

PeQ: Ich finde, das Gegenteil ist der Fall: Man hat die Erwartung vom Formatfernsehen eher im Kopf und traut sich zu wenig, andere Formen auszuprobieren. Und gerade weil man schon weiß, man könnte mit dem dritten und vierten Film in Koproduktion mit einem Sender gehen ...

MB: Sehe ich genauso.

PeQ: ... und deshalb keine dreiminütige Videoinstallation als dritten Film macht.

HS: Was im Übrigen möglich ist.

MS: Wenn Sie das mehr fördern möchten, gut. Ich habe gedacht, dass ich an der Filmhochschule mehr Leute kennenlerne, die genau das machen, oder die auch Filme machen, die auch performativer oder künstlerisch-experimenteller sind.

HS: Vor drei Wochen gab es das erste, eigenständige Seminar zu genau diesem Thema. Ich war verblüfft, wie gut es angekommen ist. Alle Teilnehmer waren von Anfang bis Ende da, niemand ging weg wegen eines Zahnarzttermins. Gleichzeitig war das aber ein ziemlich hochkarätiges Ding. Wir hatten Gäste vom Haus der Kunst und haben einen Videokünstler aus Beirut eingeladen. Wir waren bei der Sammlung Ingvild Goetz, wir waren direkt gegenüber in der Pinakothek der Moderne bei Bernhart Schwenk, dem Konservator für Gegenwartskunst. Er hat Videoinstallationen aus dem Depot geholt und uns gezeigt. Das war wie eine große Schultüte: Das gibt's hier alles, wenn man

Die perfekte Filmschule

sich einmal um die eigene Achse dreht. Das Handwerkszeug, das man dafür braucht, lernen Sie hier. Das freie Denken, das man dafür braucht, kann man nicht lehren.

MB: Aber damit ist die Frage doch schon beantwortet, ob uns hier handwerklich irgendwas fehlt in der Lehre: überhaupt nicht. Gerne ganz viel Freiraum für Kunst. Also wenn man diese zwei Zweige erweitern könnte, dann würde ich sagen, lass uns lieber Kunst machen.

MS: Aber die Grundfrage bleibt schwierig. Wie lehrt man an so einer Schule? Wenn dieses Buch das zum Thema hat, dann wird sie, glaube ich, unbeantwortet bleiben.

HS: Vielen Dank für das Schlusswort.

Anmerkungen

1 Die HFF München ist zum Wintersemester 2011 in ein neues Gebäude im Stadtzentrum umgezogen.
2 Jean Perret war bis 2010 Leiter des Dokfilm-Festivals Visions du Réel in Nyon.
3 Filmregisseurin und langjährige Dozentin an der HFF München.
4 Leiter der Duisburger Filmtage.

Karin Becker, Regiestudentin Dokumentarfilm, Kurs 2006. Nach dem abendfüllenden Dokumentarfilm HELDENSCHWESTERN über die letzten Zeitzeugen der Weißen Rose nahm sie zwei Freisemester und arbeitete für die Geschichtsredaktion des Bayerischen Rundfunks.

Moritz Binder, Regiestudent Dokumentarfilm, Kurs 2008. Er bereitet nach LAGEÄNDERUNG – SOMMER EINES SOLDATEN über den Heimaturlaub eines deutschen Soldaten in Afghanistan seinen dritten Film vor.

Heiner Stadler

Pary el Qalqili, Regiestudentin Dokumentarfilm, Kurs 2006. Ihr abendfüllender Dokumentarfilm SCHILDKRÖTENWUT über die Geschichte ihres palästinensischen Vaters läuft eben in den Kinos an. Sie recherchiert für ihren Diplomfilm.

Michael Schmitt, Regiestudent Dokumentarfilm, Kurs 2009. Er drehte zusammen mit zwei Regiekommilitonen SAN AGUSTIN – EBBE IM PLASTIKMEER über die Krise spanischer Gemüsebauern als Vordiplomfilm.

Heiner Stadler, geboren 1948. Examen an der HFF München 1975. Regisseur und Produzent von Dokumentar- und Spielfilmen. Seit 2004 Professur an der HFF München. Geschäftsführer der Abteilung Dokumentarfilm und Fernsehpublizistik.
  Filme (Auswahl): ALBANIEN, KOMMT MAN DA REIN? (1982); MONA (1986); DAS ENDE EINER REISE (1992); HANNIBAL (1993); WARSHOTS (1996); GOLD (1996); DAS WÜSTENORAKEL (1999); ESSEN, SCHLAFEN, KEINE FRAUEN (2002); DER KUNSTDETEKTIV (2004); DER PROSPEKTOR (2006).

Heiner Stadler (© Lena Stahl)

Ist Film lehrbar?

Von Dieter Wiedemann

Diese Frage scheint angesichts mehrerer Hundert Film- und Medienhochschulen auf den ersten Blick eindeutig mit »Ja« beantwortbar zu sein. Die Frage, ob dieses »Ja« auch für den zweiten – abwägenderen – Blick gilt, ist für mich weniger eindeutig zu beantworten. Zu dieser Diskrepanz von erstem und zweitem Blick zunächst ein paar historische Anmerkungen:

Die erste Kunstakademie in Europa wurde vor 450 Jahren in Florenz gegründet und bildete Maler aus, etwa 100 Jahre später wurde in Nürnberg die erste Kunstakademie für Maler geschaffen. Es folgten Akademien für Musik und Theater und seit fast 100 Jahren auch solche für Film. Die verschiedenen Künste werden also zumindest in Europa seit ein paar Jahrhunderten als lehrbar bzw. in einem Meister-Schüler-Verhältnis als – in ihren handwerklich-gestalterischen Dimensionen – erfahrbar eingeschätzt. Dennoch gibt es wahrscheinlich in keinem – von der Gesellschaft allgemein anerkannten und zum Teil finanzierten – Preisranking an vorderster Stelle so viele Seiteneinsteiger wie im Kunst- und insbesondere im Filmbereich. Der sehr hoch dotierte »Deutsche Filmpreis« ist in den künstlerisch zentralen Kategorien z.B. sehr häufig an Seiteneinsteiger gegangen. Sicher ist die hohe Qualität der Ausbildung an den deutschen Filmhochschulen in den letzten Jahrzehnten auch in den Preisträgerlisten auffindbar, dominant wurde sie aber erst in diesem Jahrhundert.

Es gibt also für die Künste und damit für die Ausbildung von Künstler(inne)n eine Jahrhunderte lange Lehr- und Ausbildungstradition, die Entwicklung von Künstler(inne)n ist aber nur bedingt an eine akademische Ausbildung bindbar. Dieser Punkt bzw. die dahinterliegende Ambivalenz der Entwicklung zum Künstlersein ist natürlich von Relevanz für die Beantwortung der Frage, ob Film gelehrt werden muss, obschon er gelehrt werden kann? Meine Antwort lautet: In Wissensgesellschaften sollte alles, was lehrbar ist, auch gelehrt werden, weil auch in den Künsten didaktisch fundierte Entwicklungsprozesse effektiver und zielführender sind als die »Trial and Error«-Methode.

1. Film in der und als Wissenschaft

Als die Deutsche Hochschule für Filmkunst (DHF) 1954 in Babelsberg gegründet wurde, begann sie mit den folgenden vier Studiengängen:
– Regie
– Produktion
– Kamera
– Dramaturgie

Ursprünglich war eine Ausbildung von Filmwissenschaftler(inne)n vorgesehen, die DHF entschied sich aber zunächst für eine wissenschaftlich orientierte Dramaturgie-Ausbildung. Die DHF war nicht die erste akademische Filmausbildungsstätte in Deutschland[1], sie ist aber die älteste unter den bis in die Gegenwart aktiven

Dieter Wiedemann

Filmhochschulen. Die DHF versucht also seit fast sechs Jahrzehnten einen Spagat zwischen den von Peter C. Slansky 2011 formulierten »Paradigmatischen Positionen zur Ausbildung für die Filmpraxis«, die da lauten:
- »Film ist nicht lehrbar, sondern nur über die Praxis erlernbar«;
- »Film ist ausschließlich Technik (oder Gewerbe oder Kunst oder Wissenschaft) und kann nur dementsprechend gelehrt werden«;
- »Film besteht aus den Einzeldisziplinen Technik, Gewerbe, Kunst bzw. Wissenschaft und soll entsprechend an den hierzu bereits bestehenden Hochschulen gelehrt werden«;
- »Film ist die Kombination von Technik, Gewerbe, Kunst und Wissenschaft; daher bedarf es für die Filmausbildung einer Koordinationssituation zwischen den Lehrangeboten der einzelnen Hochschulen«;
- »Das Medium Film ist etwas vollkommen Neues, sodass es zu seiner Ausbildung einer Hochschule vollkommen neuen Typs bedarf«[2].

Das heißt, die DHF, heute HFF Potsdam, hat sich von Anfang an für die letztere Variante entschieden und die ihr folgenden Filmakademien, Filmhochschulen auch. Die Frage, was die »Hochschule vollkommen neuen Typs« eigentlich lehren, was für mich auch heißt, an Erfahrungen weitergeben muss, ist damit allerdings noch nicht geklärt. Die deutschen Filmhochschulen sind aus mir nachvollziehbaren – zunächst politischen und später wettbewerblichen – Gründen dem Babelsberger Modell einer getrennten künstlerischen und wissenschaftlichen Filmausbildung nicht gefolgt. Da Filmausbildung häufig als Standortfaktor gesehen und entsprechend eingerichtet wurde, haben wir jetzt die Situation, dass Deutschland zumindest in Europa die meisten Studienplätze für künstlerische Film- und Fernseh- und Medienberufe pro Kopf der Bevölkerung anbietet. Der deutsche Bildungsföderalismus hat uns nicht nur in den zwar gesellschaftlich heiß diskutierten, aber dennoch relativ folgenlosen »Pisa-Debatten« geschadet, sondern er schadet uns insbesondere in der leider fehlenden Debatte um die Kriterien einer akademischen Medienausbildung für Künstler(innen). Diese Debatte ist notwendiger denn je, weil inzwischen mehr als 900 Medienstudienangebote in Deutschland für »irgendwas in den Medien« ausbilden. Der HRK-Studienkompass bietet allein zum Sachgebiet Schauspiel/Film/Fernsehen 109 grundständige Studiengänge an, wobei die Angebote der Filmakademie Baden-Württemberg, der ifs Köln und der HMS nicht erfasst sind, weshalb von mindestens 125 grundständigen Studiengängen gesprochen werden muss. Das heißt, jährlich drängen mehr als 10- bis 15.000 gut ausgebildete Absolvent(inn)en in den Kreativmarkt der Bewegtbildmedien und des Theaters. Wobei diese Schätzung nicht berücksichtigt, dass an den Fachhochschulen in der Regel weniger restriktiv, d.h. nach ausgewiesenem künstlerischem Talent ausgewählt wird als an Kunsthochschulen. Daraus folgt, dass die hier angenommene Durchschnittszahl von zehn Studierenden je Studiengang zu niedrig angesetzt ist. Die in den Markt drängenden Alumni der unterschiedlichen Film- und Medienhochschulen brillieren durch ihre künstlerische Differenz und nicht dadurch, dass sie vielleicht zu den Besten unter Gleichen gehören, was uns immer wieder durch eine einseitige Auslegung des Bologna-Prozesses eingeredet werden soll. Damit sind wir mitten in einem Kerndiskurs um eine künstlerische (Film-)Ausbildung, nämlich: was ist lehrbar, was ist erfahrbar, wo entsteht nur im Dialog zwischen Lehrenden und Lernenden neues Wissen (Kreativität) und was macht Kunsthochschulen zu einmaligen Stätten des Experiments, um z.B. aus einem – temporären – Versagen Kreativität zu generieren?

Die auch international erfolgreichen deutschen Filmhochschulen bestehen aus meiner Erfahrung durch:
- ihre durchaus variierenden Ausbildungskonzepte (diese werden aus meiner Sicht in diversen Internetblogs von Bewerber(inne)n an den unterschiedlichen Hochschulen besser beschrieben als in den gelegentlichen Versuchen von Fachzeitschriften);
- ihre differenzierten Gebundenheiten an Ausbildungsorte (Babelsberg), politische Gegebenheiten (DFFB) oder auch nicht erfüllbare Ausbildungsvisionen (Ulm);
- ihre eindeutigen Orientierungen auf die filmpraktische Ausbildung – Erfahrungen sammeln durch möglichst viele Projekte, die die Praxis simulieren, aber auch durch solche, die ein Lernen durch Scheitern ermöglichen – mit engen Beziehungen zu Sendern, Filmstudios und Filmförderungen;
- eine jeweils unterschiedlich strukturierte Beziehung zwischen theoretischer und praktischer Filmausbildung.

Als Medien- und Filmwissenschaftler möchte ich mich zunächst mit der Frage nach der Notwendigkeit der Theorieausbildung an künstlerischen Filmhochschulen beschäftigen.

2. Film als Kunst in der Wissenschaft

Der Film ist – wie andere Künste auch – von Anfang an wissenschaftlich begleitet worden. Das heißt, das Erkenntnisinteresse war immer auch auf die alltagsweltlichen Bereiche des Universums gerichtet, also auch auf jene Bereiche, die gegenwärtig mit dem Begriff Alltagskultur gefasst werden. Die Methoden der Erfassung und auch die der Analyse waren zunächst wissenschaftlich: Es ging und geht z.T. immer noch um Kriterien (wie z.B. Objektivität, Reliabilität und Validität etc.), die für filmische wie auch andere künstlerische Produkte nicht zutreffen, aber dennoch für die Entwicklung eines neuen Methodenverständnisses in der (Film-)Kunst genutzt wurden. Filmkunst als Wissenschaft wurde zunächst publizistisch (Georg Lukács, Sergei Eisenstein, Walter Benjamin, Rudolf Arnheim, Béla Balázs, Hugo Münsterberg etc.) bestimmt und war sehr stark auf die Filmmontage bzw. auf einen Diskurs mit anderen Künsten orientiert. In einen universitären Lehr- und Forschungskontext war der Film in den ersten drei Jahrzehnten seiner Entwicklung vorrangig wegen seiner befürchteten problematischen Wirkungen verortet.

Bewegte Bilder in einem dunklen Raum hatten offenbar eine besondere Suggestivkraft auf das Publikum, die eine rationale Interpretation des Gesehenen teilweise ausschlossen. Deshalb begann in Deutschland schon frühzeitig der bis heute dauernde Streit zwischen Kunst und Kommerz mit seinen Ausweichdiskussionen über Film und Ideologie, Film und Erziehung, Film und Kirche usw.

Da gab es z.B. Beiträge wie *Die gesundheitlichen Gefahren des Kinematographen für die Jugend* (1912). Im gleichen Zeitraum wurde eine Broschüre mit dem Titel *Der Kinematograph von heute – eine Volksgefahr* durch den literarischen und filmischen Sachverständigen bei der Berliner Polizeibehörde, Karl Brunner, veröffentlicht, während bereits 1910 die Broschüre des Pastoren Walther W. Conrad *Die Kirche und der Kinematograph* publiziert wurde. Das und anderes sprach wohl zunächst gegen eine universitäre Beschäftigung mit dem Film als ein lohnendes Objekt der wissenschaftlichen Analyse und Betrachtung. Seit der Akzeptanz von Filmhochschulen (Moskau, Rom, Prag, Babelsberg) ist sie auch in der Ausbildung etabliert.

Ein wesentlicher Diskurspunkt ist aber bis heute, ob (film)künstlerische Entwicklungs- und damit Lehrprozesse wissenschaftlich objektivierbar sind. Natürlich gibt es grundlegende Gestaltungsregeln, die den Objektivierungskriterien entsprechen, z.B. zur Dramaturgie von Filmen, zur Bild- und Tongestaltung oder zur Montage. Die Originalität eines Films als Ergebnis unterschiedlicher künstlerischer Gewerke resultiert aber häufig aus dem Regelverstoß. Das heißt aber auch, die Regeln müssen den Künstler(inne)n bekannt sein, um dagegen verstoßen zu können. Sicher ein nachvollziehbares Plädoyer für kunst- bzw. filmwissenschaftliche Lehre an Filmhochschulen. Insbesondere Film- und Kunstgeschichte, Filmästhetik und -dramaturgie, sowie Wahrnehmungstheorie und Bildwissenschaft gehören meines Erachtens zu den fachübergreifenden theoretischen Grundlagen einer filmkünstlerischen Ausbildung.

3. Film als Wissenschaft

Als ich 1990 an die HFF »Konrad Wolf« (zurück)[3] kam, war die filmwissenschaftliche Ausbildung gerade mal wieder abgewickelt worden. Der Wissenschaftsrat und eine Hochschulstrukturkommission empfahlen aber Anfang der 90er-Jahre die Entwicklung und Implementierung eines wissenschaftlichen Studiengangs. Ich wurde von der HS-Leitung gebeten, ein entsprechendes Angebot zu schaffen, allerdings nicht als grundständiges Angebot, sondern nur als Hauptstudiengang. Wir entschieden uns für den Titel »AV-Medienwissenschaft« und nicht für »Filmwissenschaft«, weil wir damals den Filmbegriff als zu eng für unsere Studienangebote ansahen. Dennoch widmeten sich im ersten Jahr mehr als die Hälfte der Vorlesungen und Seminare den Themen Film und Literatur und der Rest den Medien allgemein, z.B. Medienpsychologie. Ein Jahr später war die direkte Beschäftigung mit Film und Literatur in diesem Studiengang auf etwas mehr als zehn Prozent des Lehrangebots reduziert, weil wir Themen wie Medienästhetik, Medienforschung, Medienpolitik und -psychologie, aber auch Fernsehtheorien und Medienpädagogik wichtiger fanden. Ein Teil der wissenschaftlichen Vorlesungen und Seminare war auch für einen Teil der künstlerischen Studiengänge verpflichtend. Vom dritten Immatrikulationsjahrgang an kam es zu einer konsequenteren kommunikationswissenschaftlichen Orientierung, während die filmorientierten Vorlesungen und Seminare prinzipiell studiengangübergreifend angeboten wurden, was für Geschichte, Theorie und Ästhetik bis heute gilt. Dennoch lag der Forschungsschwerpunkt des Studiengangs in den ersten Jahren ziemlich eindeutig auf Film und Fernsehen. Dafür sprechen Projekte, Tagungen und Publikationen zu den folgenden Themen:

– DEFA-Kinderfilme und Möglichkeiten zur medienpädagogischen Arbeit mit ihnen – u.a. mit der Publikation *Zwischen Marx und Muck* (Hrsg.: I. König, D. Wiedemann, L. Wolf; Berlin, 1996);
– Jugendfilme in Ost und West, mit der Publikation: *Zwischen Bluejeans und Blauhemden* (Hrsg.: I. König; D. Wiedemann; L. Wolf; Berlin, 1995);
– das Forum Kommunikationskultur der GMK zum Thema »Kinder an die Fernbedienung« und eine HFF-Tagung zum Forschungsgegenstand Fernsehen mit der Publikationen: *Kinder an die Fernbedienung* (Hrsg.: J. v. Gottberg, L. Mikos, D. Wiedemann; Berlin, 1997) und

Mattscheibe oder Bildschirm (Hrsg.: J. v. Gottberg, L. Mikos, D. Wiedemann; Berlin, 1999);
- die DFG-Projekte »Programmgeschichte des DDR-Kinderfernsehens« und »Programmgeschichte des DDR-Sportfernsehens« mit einer Vielzahl von Publikationen.

Eine forschungs- und damit praxisorientierte film- bzw. medienwissenschaftliche Ausbildung stellt für mich das Alleinstellungsmerkmal für eine – notwendige – wissenschaftliche Ausbildung an Kunsthochschulen mit einer Orientierung auf die Bewegtbildmedien dar.

Natürlich weiß ich, dass eine wissenschaftliche Ausbildung an Kunst- bzw. Filmhochschulen nicht immer favorisiert wird. Ich bin aber davon überzeugt, dass eine zukunftsorientierte akademische Kunst- bzw. Filmausbildung ohne wissenschaftliche Grundlagen (zunächst unerheblich, ob als »studium generale« oder als eigenständiges Studienangebot verstanden) eine wissenschaftliche Basis benötigt.

Dafür spricht meines Erachtens auch, dass die berühmten Seiteneinsteiger in die Branche in den vergangenen Jahrzehnten in der Regel auf ein – allerdings nicht filmbezogenes – Hochschulstudium verweisen können, so Volker Schlöndorff, Carlo Rola oder Margarethe von Trotta, um nur ein paar Beispiele zu nennen.

Die gegen diese These sprechenden Einzelfälle, z.B. Tom Tykwer, können, meine ich, das dahinterstehende Konstrukt einer dominierenden Synergie zwischen kultureller (Hochschul-)Bildung und filmischer Kreativität nicht infrage stellen.

4. Filmbildung

Filme sehen gilt – zumindest teilweise – gewissermaßen als in die Wiege gelegte angeborene Grundfähigkeit des menschlichen Lebens. Wir sind bildungsmäßig gesehen – bezogen auf unsere schriftsprachliche Fixierung – immer noch im vergangenen Jahrtausend und haben damit wahrscheinlich die alltäglichen Entwicklungen in den digitalen Welten des 21. Jahrhunderts in der Ausbildung ziemlich vernachlässigt. Ich meine damit eine Widerspiegelung der Dominanz der Bewegtbildmedien als wichtigsten Faktor der Wissensgenerierung und -vermittlung bzw. -austausch und damit der Bildung im 21. Jahrhundert in der praktischen und in der theoretischen Filmausbildung. Dies bedeutet aber auch, dass die Studierenden mit anderen Voraussetzungen und Erfahrungen das Studium beginnen als ihre Kommilitonen vor 20 Jahren und dass ihre filmischen Projekte auf ein ebenfalls anders medial erfahrenes Publikum treffen. Für beide Seiten, die der Studierenden und die des Publikums, sind die Erfahrungen mit den automatisierten Prozessen der Bilderstellung und -bearbeitung von besonderer Relevanz. Ein ehemals künstlerischer Gestaltungsprozess wird in den Augen der Digital Natives zu einem primär technologischen Prozess. Diese Digital Natives sind sowohl Studierende wie auch Teile des Publikums und bringen ihre damit verbundenen Erfahrungen einer gewissermaßen automatisierten Bild- und Tongenerierung auch in ihre Produktions- wie auch Rezeptionsprozesse mit ein. Der Prozess der Filmkommunikation wird damit von einem künstlerischen zu einem technologischen. Hier muss Filmbildung und Filmausbildung zur Rückgewinnung des Künstlerischen im Prozess der Filmkommunikation energisch beitragen.

Dies heißt für mich, dass die Filmhochschulen auch eine Verantwortung für die ästhetische Filmbildung ihres – jungen – Publikums übernehmen und in die Ausbildung einbringen sollten. Eine Kinderfilmuniversität, wie von der HFF »Konrad Wolf« seit sechs Jahren erfolgreich durchgeführt, oder die Initiative »Vision Kino« bieten uns Filmhochschulen hervorragende Gelegenheiten, die Filmbildung im skizzierten Sinne zu unterstützen. Ich denke, dass wir wie im Sport oder in der Musik auch im Film eine frühzeitige Erkennung von Begabungen und ihre Förderung benötigen. Wir brauchen aber auch ein entsprechend kunstsinniges und wissenschaftsinteressiertes Publikum, das die künstlerischen und wissenschaftlichen Ergebnisse unserer Ausbildung verstehen kann und will.

Das bringt mich zu meinen Schlussfolgerungen, vielleicht auch Visionen einer akademischen film(medien)künstlerischen Ausbildung in Deutschland.

5. Film ist lehr- und erfahrbar, aber anders!

Ich bin zunächst davon überzeugt, dass unter den in den nächsten zehn Jahren gefeierten Oscar- oder Lola- bzw. Fernsehpreisträgern Absolvent(inn)en akademischer Ausbildungsstätten (siehe Deutscher Filmpreis 2012) weiter dominieren werden. An Hochschulen ausgebildete Alumni werden in Zukunft mehr denn je die Preisträgerlisten beherrschen. Ihre Ausbildung wird aber stärker als bisher an den folgenden Prämissen orientiert sein:

– Filmemachen im 21. Jahrhundert benötigt ästhetisches und soziales Sendungs- bzw. Mitteilungsbewusstsein, was auch bedeuten kann, deren Normen infrage zu stellen (subjektive Kommunikationskompetenz);
– Professionelles Filmemachen verlangt stärker denn je, die eigene Kreativität bzw. auch die eines Teams zu verkaufen, d.h. im Markt platzieren zu können (subjektive Vermarktungskompetenz);
– Professionelles Filmemachen verlangt im Zeitalter einer digitalen Amateurisierung der Bewegtbildmedien eine solide wissenschaftliche Basis (Ethik, Philosophie, Psychologie, Soziologie, Ästhetik etc.), die für ein Alleinstellungsmerkmal im Spannungsfeld von Amateurisierung versus Professionalisierung steht (subjektive Exzellenzkompetenz);
– Professionelles Filmemachen braucht die Fähigkeit zum Widerstand gegen Konventionen und Mut zum Experiment. Dafür muss Hochschulausbildung auch im 21. Jahrhundert stehen (subjektive Innovationskompetenz).
– Professionelles Filmemachen im 21. Jahrhundert verlangt ein crossmediales Entwickeln und Produzieren (subjektive Crossmediakompetenz).
– Professionelles Filmemachen im 21. Jahrhundert findet im Spannungsfeld von Regionalität einerseits und Internationalität andererseits statt. Dies muss die Ausbildung in ihrer regionalen Einbindung berücksichtigen (subjektive Bindungskompetenz).

Anmerkungen

1 Vgl. hierzu: Peter C. Slansky: *Filmhochschulen in Deutschland. Geschichte – Typologie – Architektur.* München: edition text + kritik 2011.
2 Ebenda, S. 59–63.
3 Ich hatte bis 1971 an der HFF Filmdramaturgie/Filmwissenschaft studiert.

Ist Film lehrbar?

Dieter Wiedemann, geboren 1946. 1967 bis 1975 Studium der Dramaturgie und Theaterwissenschaft, der Filmwissenschaft und der pädagogischen Psychologie in Leipzig und Potsdam (Diplome in Dramaturgie und Pädagogik – Pädagogische Psychologie). 1980 Promotion zum Dr. phil. und 1988 Habilitation (jeweils zu Themen der Film- bzw. Kunstwirkungsforschung). 1971 bis 1989 Tätigkeit im Zentralinstitut für Jugendforschung in Leipzig. Seit 1990 Tätigkeit an der Hochschule für Film und Fernsehen »Konrad Wolf«, 1995 Berufung zum Professor für AV-Medienwissenschaft. Seit 1995 Präsident der Hochschule für Film und Fernsehen »Konrad Wolf«, Potsdam-Babelsberg.

Vielzahl von Publikationen zu kunst- und mediensoziologischen Themen, zu Fragen der Kunst- und Medienwirkungsforschung, zu Kinderfilm und -fernsehen, zur Medienpädagogik sowie zur Aufarbeitung und kritischen Wertung des DEFA-Filmerbes und des Kinderfernsehens der DDR.

Dieter Wiedemann (© Privat)

Simone Stewens

Die ifs internationale filmschule köln: Filmemachen im digitalen Zeitalter

Von Simone Stewens

Wer ist die ifs?

Die ifs internationale filmschule köln zählt zu den jüngeren Film(hoch)schulen in Deutschland. Gegründet wurde sie im Jahr 2000. Ähnlich wie unsere älteren Verwandten, die DFFB oder die Filmakademie Baden-Württemberg, sind wir eigentlich keine Hochschule, sondern eine gGmbH, wir haben also einen Gemeinnützigkeitsstatus. Das bedeutet de facto, wir werden von öffentlichen Mitteln finanziert, die wir »richtig«, also gemäß unserem Auftrag, ausgeben müssen. Der Auftrag lautet: Aus- und Weiterbildung von Film- und Medienschaffenden. Unser Hauptträger ist das Land Nordrhein-Westfalen, rechtlich gesehen sind wir eine Tochter von Deutschlands potentester Filmförderung, der »Film- und Medienstiftung NRW«. Übrigens sind wir die einzige Filmschule der Welt, die auf diese Weise mit einer Filmförderung verbunden ist. Dies bedeutet jedoch nicht, dass die Förderanträge unserer Studierenden für ihre Abschlussfilme automatisch berücksichtigt werden. Auch sie müssen durch Qualität überzeugen. Mit dem ZDF schließlich ist auch ein großer öffentlich-rechtlicher TV-Sender als Gesellschafter an der ifs beteiligt.

Dass die ifs in Köln ihren Standort hat, liegt in der Attraktivität dieser Medienmetropole begründet. Allein fünf Fernsehsender sind hier angesiedelt, mit dem WDR und RTL zwei der größten. Die Film- und Mediendienstiftung zieht durch ihre Förderung viele internationale Koproduktionen und damit bekannte und große Namen nach Köln: Jim Jarmusch, David Cronenberg, Ron Howard, István Szabó etc. Wer in Köln an der ifs studiert, hat – zumindest theoretisch – anschließend zahlreiche Arbeitsmöglichkeiten.

Wie sie wurde, was sie heute ist ...

Historisch betrachtet hat die heutige ifs internationale filmschule köln einige Vorläufer, aus denen sie hervorgegangen ist: die Schreibschule, die 1996 von Dieter Kosslick, dem heutigen Präsidenten der Berlinale und damaligen Geschäftsführer der Filmstiftung NRW, gegründet wurde. Aus der Schreibschule entstand später die Filmschule Nordrhein-Westfalen. Beide Institutionen waren auf Weiterbildung ausgerichtet: Die Programme umfassten Weiterbildungen im Drehbuch bis zu Szenenbild und Animation.

Seit dem Jahr 2002 bietet die ifs internationale filmschule köln Studiengänge an. Gestartet sind wir mit dem Studiengang Film, der grundständig in den Fachschwerpunkten Drehbuch, Filmregie und Kreativ Produzieren belegt werden kann. Formal haben wir uns damals für das »Bologna-System«, also für die gestuften Bachelor- und Masterstudiengänge entschieden. Es war uns wichtig, an der ifs, die das Attribut »international« im Namen trägt, eben international gültige Abschlüsse

Die ifs: Filmemachen im digitalen Zeitalter

anzubieten. Mittlerweile haben wir drei Bachelorprogramme, an deren Ende ein »erster berufsqualifizierender Abschluss« steht, wie es in der Sprache des Bologna-Systems heißt. Das bedeutet, die Absolventen sind darauf vorbereitet, nach ihrem Abschluss als Berufsanfänger in die audiovisuelle Medienbranche einzusteigen. Natürlich sind sie noch nicht »fertige« Autoren, Regisseure, Produzenten, Kameraleute, Editoren, Sound Designer. »Fertig« im Sinne von »vollkommen« ist man ja eigentlich nie, aber mit zunehmender Erfahrung erlangt man eine größere Sicherheit im jeweiligen Beruf. Weiterbildung und lebenslanges Lernen ist jedoch gerade in den Medien die Voraussetzung für erfolgreiches und kontinuierliches Arbeiten. Unter anderem deswegen sind weiterführende Studiengänge wie z.B. Masterprogramme wichtig. Die ifs bietet einen englischsprachigen Master Screenwriting an, den wir in Kooperation mit der University Salford in Großbritannien und der Tampere Media and Arts School in Finnland durchführen. Weitere Masterprogramme für die Bereiche TV-Serien, Film und Interactive Storytelling sind in Entwicklung.

Unsere Philosophie

Unsere Bachelorstudiengänge Film, Kamera-DOP und Digital Film Arts, die in sechs Schwerpunkten, darunter auch Editing Bild & Ton und Visual Arts, studiert werden können, dauern jeweils sieben Semester. Die Masterprogramme sind als Weiterbildungsmaster angelegt und dauern zwischen zwei und vier Semestern. Kennzeichnend für die ifs ist dabei, dass wir nur alle zwei Jahre neue Studierende aufnehmen, dabei sind es in der Regel acht pro Studienschwerpunkt, also acht pro Klasse. Diese kleinen Studierendenzahlen sind ein wesentliches Merkmal der Lehre an der ifs.

Wir sind davon überzeugt, dass in künstlerischen Studiengängen, wie sie an der ifs angeboten werden, nur auf diese Weise ein gleichbleibend hohes Niveau in der Lehre gewährleistet werden kann. Wir legen Wert auf eine individuelle und intensive Betreuung aller Studierenden. Denn: Das Herz all unserer Studiengänge besteht aus intensiver Projektarbeit, die von der Idee über die Stoffentwicklung bis zur Fertigstellung von unseren Professor(inn)en sowie von externen Tutoren und Lehrbeauftragten begleitet werden. Das sind oft sehr persönliche Prozesse künstlerischer Entwicklung, die gleichwohl in Teams aus völlig unterschiedlichen Menschen stattfinden und in der Betreuung viel Fingerspitzengefühl erfordern. Also findet, neben Seminaren in kleinen Gruppen, tatsächlich ein großer Teil der Lehre in der Eins-zu-Eins-Betreuung und -Beratung statt. Insgesamt beträgt das Betreuungsverhältnis Studierende/Lehrende an der ifs etwa 5:1. Darauf sind wir stolz, denn diese Zahl bildet ein nahezu ideales Verhältnis ab. Aber: Zahlen können nur begrenzt Auskunft über Atmosphäre und Klima an einer Schule geben.

Die meteorologischen Bedingungen an der ifs sind gut. Nicht immer nur sonnig, aber offen und freundlich, von der Liebe zu Menschen und – ganz besonders – zum Film geprägt. An der ifs geht es familiär zu. Alle Studierenden sind miteinander, den Lehrenden und den restlichen Mitarbeiter(inne)n der ifs vertraut. Wir beobachten aufmerksam die künstlerische und menschliche Entwicklung der Studierenden. Selbstverständlich sind wir für sie da, wenn die oft unvermeidlichen Krisen, Konflikte oder andere Probleme kommen. Unvermeidlich sind Krisen, weil hier u.a. durch die Auseinandersetzung mit der eigenen Persönlichkeit Stoffe entstehen. Denn wir ermuntern die Studierenden innerhalb der Studiengänge an der ifs sehr dazu, ihr eigenes Leben und die damit verbundenen Erfahrungen als Ressource ihrer künstlerischen Schaffensprozesse zu erkennen und zu erschließen.

Simone Stewens

Lehrkonzept: Storytelling & Teamwork

Alle Studiengänge an der ifs stehen im Zeichen von zwei großen Mantras: Storytelling und Teamwork. Das Erzählen also ist Kern aller Studiengänge und der an der ifs entstehenden Filme. Wer an der Entstehung von Filmen beteiligt ist, ist folglich Erzähler, kennt sich mit dramaturgischen Modellen und unterschiedlichen Erzählweisen aus. Dabei schließen sich das Narrative und das Experiment keineswegs aus. Beides kann nach Lust und Laune ausprobiert werden. Gerade im ersten Studienjahr werden transdisziplinär die dramaturgischen Grundlagen des Erzählens gelegt. Nach dem Motto: Man muss sie kennen, um sich gegebenenfalls davon zu entfernen. Wir werden nicht müde den Studierenden zu sagen, dass die Schule den Raum bietet, Fehler zu machen – ohne schwerwiegende Folgen. Denn: Selbst gemachte Fehler sind die beste Voraussetzung, um aus ihnen zu lernen.

Film ist eine synergetische Kunst, die sich aus den Talenten und Leistungen vieler daran beteiligter Menschen zusammensetzt. Nicht zuletzt deswegen liegt den Studiengängen an der ifs ein gemeinsames curriculares Konzept zugrunde. Sie sind eine Mischung aus interdisziplinären und fachspezifischen Lehrveranstaltungen. In jedem Semester finden sich anhand von acht Filmprojekten acht Teams, bestehend aus den Departments Buch, Regie, Produktion, Kamera, Visual Effects, Schnitt und Ton, zusammen. Die Fähigkeit zur Kooperation, die Bereitschaft und die Kompetenz, zusammen mit anderen eine Idee zu einem Stoff auszuarbeiten, dramaturgisch zu bauen, ästhetisch zu konzipieren und schließlich zu produzieren, stehen dabei im Mittelpunkt der Ausbildung. Dies erfordert ausgeprägte Kommunikationsfähigkeiten und soziale Kompetenzen, die wir im Laufe des Studiums gezielt fördern. Die Studierenden lernen, andere von einer Idee oder für einen Stoff zu begeistern, verantwortlich das richtige Team zusammenzustellen, diese Menschen von einer künstlerischen Vision zu überzeugen und – nicht zuletzt – in der Produktion und im Umgang mit der Crew die gesetzlichen Vorschriften zu beachten. Besonders wichtig ist uns die gezielte Betreuung der Studierenden dann, wenn es einmal nicht klappt. So können z.B. Teamcoachings dabei helfen, etwaige Konflikte zu bewältigen, Blockaden in der Kommunikation zu lösen und Auswege aus scheinbar verfahrenen Situationen aufzuzeigen. All dies ist nichts anderes als eine Realitätssimulation im geschützten Raum der Schule. Professionelle Prozesse werden eingeübt, klassische Konflikte durchlebt, und im Idealfall findet man bereits während des Studiums seine »Filmfamilie«, mit der man auch nach dem Abschluss weiter zusammenarbeitet.

Die Filmprojekte bilden das Rückgrat der Curricula an der ifs. Je weiter fortgeschritten das Studium, umso komplexer werden die Anforderungen in der Projektarbeit. Dabei werden nach und nach die professionellen »Rollen« eines Autors, Regisseurs, kreativen Produzenten, Kameramanns, Editors und eines Visual Artists eingenommen, es findet also eine Form von Spezialisierung statt. Gleichzeitig jedoch wächst die interdisziplinäre Verknüpfung mit den jeweils kooperierenden Departments und Gewerken. Die Studierenden lernen die spezifischen Denk- und Arbeitsweisen der Nachbargewerke immer besser kennen und einschätzen. Dieses interdisziplinäre Denken und Handeln erst liefert eine gute Grundlage für eine befriedigende Zusammenarbeit und am Ende auch für eine hohe künstlerische Qualität des filmischen Produkts.

In der Regieklasse der ifs wurde von Anfang an fiktionales und dokumentarisches Erzählen parallel und in annähernd gleicher Gewichtung unterrichtet. Beide Erzählweisen werden also bei den angehenden Regisseur(inn)en trainiert. Ziel war und ist,

Die ifs: Filmemachen im digitalen Zeitalter

die Studierenden zu befähigen, einen Stoff in der einen wie in der anderen Form erzählen zu können, möglicherweise auch zu hybriden Formen zu finden. Ein Spielfilm hat heute eine Vorbereitungszeit von drei bis fünf Jahren. Dokumentarisch lässt sich in vielen Fällen wesentlich weniger aufwendig, also günstiger produzieren. So kommt man oft schneller zur Realisation. Die Idealvorstellung bei diesem Gedanken war, dass fiktionales wie dokumentarisches Arbeiten einander befruchten und sich gegenseitig annähern. In Film und Fernsehen und erst recht im Internet können wir dies immer wieder beobachten. Inszenierung wird durchlässig für das Unvorhersehbare, für die Wirklichkeit am Drehort, für die Improvisation, für spontane Ideen, die aus dem Moment heraus entstehen. Dokumentarisches Arbeiten hingegen hat sich längst von der streng situativen Beobachtung gelöst. Immer mehr wird auch in Dokumentarfilmen dramaturgisch strukturiert, inszeniert, sogar gecastet. Aus dieser ästhetischen Annäherung heraus entstand an der ifs die Idee, dass die traditionell scharfe Trennung zwischen beiden Erzählweisen in der Lehre eigentlich nicht mehr zeitgemäß ist. In Zukunft werden Spiel- und Dokumentarfilm an der ifs gemeinsam von einer Professur vertreten. So wollen wir sicherstellen, dass eine Klassifizierung der beiden Erzählweisen im Sinne von künstlerisch, ästhetisch oder vom Production Value her höherwertig oder das Gegenteil davon, obsolet wird. Wichtig ist einzig und allein die Beantwortung der folgenden Fragen: Welche Geschichte willst du erzählen und wie kann die beabsichtigte Wirkung erzielt werden? Welche dramaturgischen und ästhetischen Mittel dabei eingesetzt werden, ist zweitrangig.

Nicht grau: Die Theorie an der ifs

Die Praxisorientierung der Lehre an der ifs ist zwar von zentraler Bedeutung, dennoch legen wir Wert auf die Vermittlung eines theoretisches Fundaments. Wir finden es wichtig, dass die Studierenden lernen, ihr eigenes Schaffen zu reflektieren und in historische wie mediale Kontexte einzuordnen. Die Lehre in den Fachgebieten »Filmgeschichte/Filmanalyse« und »Angewandte Medienwissenschaften« ist zwar ausdrücklich wissenschaftlich, aber gleichzeitig »anwendungsorientiert« angelegt. Das bedeutet, dass hier nicht »abgehoben theoretisch« gelehrt wird. Vielmehr verstehen sich die wissenschaftlichen Lehrveranstaltungen als Inspiration und Reflexion für die künstlerische Praxis der Studierenden, auf die die Lehrenden regelmäßig Bezug nehmen.

Da gilt es zunächst, die reichhaltigen Schätze der Filmgeschichte zu heben und von den »Ahnen« zu lernen. Als zukünftiger Filmemacher sollte man seine Wurzeln und Vorbilder nicht nur kennen, sondern genauestens studieren. Die Filmgeschichte bietet die denkbar beste Schule des Sehens und Hörens. Dabei geht es nicht nur um die weltberühmten Meisterwerke, sondern auch um manch vergessenes B- oder C-Picture, das seine eigene Faszination entwickeln kann. Je abseitiger, umso aufregender können solche Trouvaillen sein. Und: Die Filmsprache kann man ebenso erlernen wie eine Fremdsprache. Mit deren Grammatik und historischer Entwicklung beschäftigt sich das Lehrgebiet Filmgeschichte/Filmanalyse. Die wissenschaftliche Auseinandersetzung mit Filmgeschichte und Filmanalyse versteht sich als ein Laboratorium, in dem der Film in seine Bausteine zerlegt und wieder zusammengesetzt wird. Dabei wird der analytische Blick geschärft und in der Konsequenz vertieft sich das Verständnis davon, wie Film funktioniert.

In den »Angewandten Medienwissenschaften« geht es darum, ein Verständnis der Geschichte, der Theorien und der Evolution der analogen wie der digitalen Künste

Simone Stewens

zu entwickeln. Thematisch liegt dabei ein Schwerpunkt auf den medientheoretischen und medienpraktischen Konsequenzen der Digitalisierung, aber auch ihren Auswirkungen auf Kultur und Gesellschaft. Denn: Die kulturellen und ästhetischen Praktiken der Produktion, Distribution und Rezeption von Bildern, Texten und Tönen haben sich ebenso nachhaltig verändert wie einst mit der Industrialisierung. In diesen Lehrveranstaltungen erfahren die Studierenden selbst handelnd und erforschend, wie sie ihre »digital literacy« erweitern können und welche dramaturgischen, gestalterischen und prozessorientierten Fragen sich im digitalen Zeitalter an Kreative stellen. Die »elastische Realität« des digitalen Kinos wird ebenso untersucht wie die unerschöpflichen Möglichkeiten der Manipulation, in deren Konsequenz »... cinema becomes a branch of painting, painting in time ...«, wie es der amerikanische Medienwissenschaftler Lev Manovich beschreibt.

Digitales Denken und digitale Produktion heben die Zwangsläufigkeit linearer Prozesse auf und erfordern die Berücksichtigung transmedialer Strategien, genauso wie die Inklusion von Interaktivität, Partizipation und netztauglicher Kommunikations-Instrumentarien zur Generierung zukünftiger Publika und Communities.

Internationalität und künstlerische Innovation: Ein Mission-Statement

Wer das Attribut »international« im Namen führt, sollte, wie bereits erwähnt, dieses Versprechen auch mit Inhalt füllen. Diesem Grundsatz folgend haben wir unsere Verbindungen mit internationalen Hochschulen intensiviert und ausgebaut. Heute sind es mehr als 25 über die ganze Welt verstreute Universitäten, Kunst- und Filmhochschulen, mit denen wir stabile und intensive Kontakte pflegen: Sei es durch die Verbindung in gemeinsam durchgeführten Studiengängen bzw. Programmen oder in projektorientierten Kooperationen, in denen Studierende und Lehrende in gemischten Crews im Ausland Filme machen bzw. betreuen. Selbstverständlich sind unsere Partnerhochschulen auch bei uns an der ifs in Köln zu Gast.

Die Erfahrung, in einem internationalen Kontext Film zu studieren und in einer fremden Kultur zu produzieren, erachten wir für essenziell für die beruflichen und künstlerischen Perspektiven unserer Absolventen. Die Welt wächst immer mehr zusammen, zunehmend werden Film- und TV-Produktionen hauptsächlich in internationalen Konstellationen und Koproduktionen realisiert. Dafür sind interkulturelle Arbeitserfahrungen und grenzüberschreitende, persönliche wie berufliche Netzwerke zwingend notwendig. Wir wollen dazu beitragen, dass unseren Studierenden die Welt offensteht. Und darüber hinaus wollen wir, dass sie den Zustand dieser Welt nicht einfach nur hinnehmen, sondern bereit sind, Verantwortung zu übernehmen – auch für Veränderung. Dabei ist eine wichtige Frage: Wie entsteht Innovation in unserer Gesellschaft und Kultur, ebenso wie in Unternehmen und Institutionen? Und welche Rolle können Künstler und Kreative dabei übernehmen? Die Künste haben die Aufgabe, nicht nur der Welt den Spiegel vorzuhalten, sondern die Funktion von Avantgarden einzunehmen, also die Zukunft (mit) zu gestalten. Veränderungen entstehen aus dem Geist von Kreativität und der Lust am Ungewissen. Immer wieder fallen im Kontext von Bildung und Ausbildung des künstlerischen Nachwuchses Begriffe wie: Eine eigene Handschrift entwickeln, lernen, der eigenen Intuition zu vertrauen, Mut zum Bruch der Konventionen etc. Und das ist ein Dilemma, denn zunächst muss der Nachwuchs lernen, wie die Märkte und Systeme funktionieren, dann erst kann er sich

Die ifs: Filmemachen im digitalen Zeitalter

bewusst davon entfernen. Und das alles soll ein Studium leisten? Schwierig.

Vom Nachwuchs wird die Kraft und der Mut zur Innovation quasi sui generis erwartet. Wie lehrt oder lernt man so etwas? Dafür gibt es keine Systeme oder Curricula. Innovation hat mit einer bestimmten Haltung zur Welt und zu den Menschen tun. Das ist eine Haltung der kritischen Beobachtung und des eigenständigen Denkens, zu der wir die Studierenden an der ifs ermuntern wollen. Dafür braucht man Vertrauen: auch Selbstvertrauen, Analysefähigkeiten, Neugier, Offenheit und den Mut zum freien Denken und Handeln. Man braucht auch das Bewusstsein, dass wir als Menschen nur diese eine Welt haben und in existenzieller Weise miteinander verbunden sind.

Als Kreative mit dieser Haltung in der sogenannten »Bewusstseinsindustrie« haben unsere Studierenden und Absolventen die entscheidenden Tools in der Hand »to make the world a better place«.

Simone Stewens, Studium der Vergleichenden Literaturwissenschaft (Komparatistik), der Neueren Deutschen Literatur und der Romanistik in Bonn, München und Toulouse. Seit 1981 freie Journalistin und Autorin/Regisseurin in verschiedenen Redaktionen (Politik, Gesellschaft, Kultur) der ARD mit dem Schwerpunkt Bayerischer Rundfunk/Fernsehen, aber auch für HR, SDR, ZDF. Autorin/Regisseurin mehrerer hundert TV-Beiträge und unterschiedlicher dokumentarischer Formate. Seit 1999 Gesamtleitung Redaktion »Film und Teleclub« im Bayerischen Fernsehen. Verantwortlich für internationale Kino-Koproduktionen u. a. DIE KLAVIERSPIELERIN (2001, Regie: Michael Haneke); INVINCIBLE (2001, Regie: Werner Herzog); MALUNDE (2001, Regie: Stefanie Sycholt), redaktionelle Betreuung künstlerischer Kino-Dokumentarfilme u.a. MÜNCHEN – GEHEIMNISSE EINER STADT (2000, Regie: Dominik Graf, Drehbuch: Dominik Graf und Michael Althen); SELBSTBESCHREIBUNG (2001, Buch und Regie: Georg Stefan Troller); ELSEWHERE (2001, Regie: Nikolaus Geyrhalter); GOTTESZELL (2001, Buch und Regie: Helga Reidemeister); MISSING ALLEN (2002, Regie: Christian Bauer).

Seit 2002 Geschäftsführung und künstlerische Leitung der ifs internationale filmschule köln GmbH.

Simone Stewens (© ifs)

Thomas Schadt

Systemresistente Persönlichkeiten

Von Thomas Schadt

An der Filmakademie Baden-Württemberg sprach ich einmal mit meinen Studenten über die Schwierigkeiten, Grenzsituationen mit der Kamera zu dokumentieren. Anhand einzelner Szenen aus meinem Dokumentarfilm EISERNE ENGEL (der die Arbeit von Notärzten eines Rettungshubschraubers beobachtet), wollte ich auf inhaltliche und stilistische Gefahren und Möglichkeiten hinweisen. Die Fragestellung lautete, wie es ohne überzogenen Voyeurismus möglich ist, dramatische Situationen der Notrettung darzustellen.

Die einzelnen Passagen der spektakulären Notversorgung an den Unfallorten, die ich beispielhaft aus dem dramaturgischen Gesamtzusammenhang des Films herausnahm, erzeugten für sich allein stehend bei den Studenten mit der Zeit zu Recht einen gewissen Unmut. Der fehlende Kontext zu den unspektakulären Alltagssequenzen auf der Rettungsstation ließ genau die Atmosphäre der spekulativen Beobachtung entstehen, die ich im Film unbedingt vermeiden wollte. Einer meiner Studenten unterbrach plötzlich die laufende Diskussion und fragte mich provozierend, welche Bilder die Welt denn brauche. Die aus meinem Film doch sicherlich nicht! Diese Frage wurde mir so klar noch nie gestellt und ich wusste darauf keine Antwort. Ich war ziemlich perplex und der Unterricht nahm an diesem Tag einen gänzlich anderen Verlauf, als ich das geplant hatte. Es entspann sich eine heftige und kontroverse Diskussion, und diese Frage lässt mich bis heute nicht mehr los. Sie zwingt mich immer wieder zum Nachdenken, zum Reflektieren meiner eigenen Arbeit, verdeutlicht sie doch den existenziellen Grundkonflikt zwischen einer Moral und Ethik der Bildermacher einerseits und den Bedürfnissen und Entwicklungen des Bildermarktes andererseits.

Neben dem inhaltlichen Gewinn, den ich aus dieser Fragestellung über die Jahre hinweg ziehen konnte, wurde mir anhand dieses und ähnlicher Erlebnisse klar, dass Filmlehren nur im Dialog mit den Studenten Nachhaltigkeit erzeugt – und zwar für beide Seiten. Noch weiter gedacht darf ich feststellen, dass ich in meiner Arbeit als Dozent von den Studenten in der Summe wahrscheinlich mehr gelernt habe als sie von mir. Ein riesiges Privileg, das meine eigene Filmarbeit nicht nur im Grundsatz hinterfragte, sondern sie auch grundlegend beeinflusste.

Als ich 1991, also vor mehr als 20 Jahren, anfing, »Film« zu unterrichten, hatte ich davon absolut keine Ahnung, geschweige denn, dass ich einen Plan hatte, wie das Filmlehren zu bewerkstelligen sei. Denn eine Anleitung dafür, wie man Film lehrt oder wie man Studenten dazu bringt, dass sie pünktlich zum Unterricht erscheinen, gibt es nicht. Ich persönlich mochte das – trotz aller Schwierigkeiten – von Anfang an sehr. Zum einen erinnerte es mich an meine eigene Zeit als Filmstudent an der

Systemresistente Persönlichkeiten

DFFB in Berlin, zum anderen war und ist es, wie das Filmen selbst, ein Stück weit unberechenbar. Film zu unterrichten ist ein Job voller Überraschungen, voller wechselnder Gefühle. Ich habe das sehr zu schätzen gelernt, denn es trägt erheblich dazu bei, am Puls des Lebens zu bleiben. Studenten sind der Herzschlag einer jeden Filmakademie. An dieser noch etwas unausgegorenen, aber dafür so unbändigen Energie teilzuhaben, ja sie mitgestalten zu dürfen, ist ein Glücksfall.

Das beginnt schon bei der Aufnahmeprüfung. Was für einen Studenten-Typus suchen wir eigentlich? Ich meine: Künstler, Querdenker, Poeten, Bildermenschen, Geschichtenerzähler, Überlebensstrategen, Kommunikationsgenies, Filmbesessene, Tüftler, Charmeure, Utopisten, Realisten, am Besten alles in einem. Doch wer kommt dann tatsächlich, wer sucht den Weg in eine Filmakademie, und welche Voraussetzungen bringen die Bewerber mit? Während der Vorauswahl zur Aufnahmeprüfung blicken meine Ludwigsburger Kollegen und ich allerdings nicht, wie man annehmen mag, in ein buntes Kaleidoskop. Nein, eher in eine graue Hutschachtel mit um die 500 Bewerbungsfilmen, die in einer Woche gesichtet werden müssen. Es ist eine Art Ursuppe des deutschen Film- und Fernsehschaffens, in die wir Jahr für Jahr so große Hoffnungen setzen.

Was da an sicher mit viel Liebe, Mühe und Ehrgeiz hergestellten Bewerbungsfilmen zu begutachten ist, zeigt im Querschnitt besser als jede soziologische Studie, was mit Menschen geschehen sein muss, die von klein auf »medial«, also mit laufendem Fernseher und Internet im On-Betrieb aufgewachsen sind und die sich dennoch dazu entschließen, in die Film- und Fernsehbranche gehen zu wollen. Wir sehen Schablonen, Abziehbilder, amateurhaft kopierte TV-Krimis, klischeehafte Beziehungskisten, Fernsehfilmchen, Magazinbeiträge, ängstlich, mutlos, und nahezu ohne jede Überraschung. Alles, was die Medien in ihrer Breite bieten, wird bewusst oder unbewusst reproduziert. Inhaltlich und ästhetisch. Zu oft vermisse ich eigene Fantasie, Poesie und den Mut zu einer »filmischen« Selbstständigkeit. Etwas, wozu die Populärmedien in ihrer Breitenwirkung offensichtlich nicht anregen.

Nichts beeinflusst junge Menschen heute, zusammen mit Elternhaus und Schule, existenzieller als Fernsehen und Internet, ob wir das wollen oder nicht. Der Medienpsychologe Peter Winterhoff-Spurk schreibt in seinem Buch *Kalte Herzen*[1]: »Überall nimmt ein neuer Leittypus Gestalt an. Seine Gefühlswelt ist gekennzeichnet durch andauerndes Verlangen nach Aufregung, Oberflächlichkeit und theatralischer Inszenierung, in der Gefühle lediglich dargestellt, aber nicht wirklich empfunden werden.« Ich habe es nahezu komplett aufgegeben darauf zu hoffen, dass dieser Tatbestand in den Bewerbungsfilmen eine originelle Reflexion erfährt oder von Anregungen des Theaters, der Fotografie, der Musik, der Literatur oder einfach nur vom selbst gelebten Leben überstrahlt werden könnte. Dennoch wählen wir Jahr für Jahr mit großer Freude die »Glücklichen« aus, die bei uns Film studieren dürfen. Verbunden ist das immer mit Hoffnungen, Fragezeichen und dem sicheren Gefühl, dass man nie wissen kann, was aus den Neutalenten wird, wie sie sich entwickeln, ob sie unseren Erwartungen gerecht werden.

Das Erlernen des Berufs »Filme zu machen«, auch als Dozent daran teilzuhaben, ist ein verschlungener Pfad, ein nur teilweise kalkulierbarer Prozess. Zudem ist es ein individueller Weg, den jeder Student und Dozent anders erlebt. Es ist ein Spagat zwischen notwendiger künstlerischer

Thomas Schadt

Freiheit und gegebenen Bedürfnissen und Ansprüchen des Marktes. Zu Beginn des Filmstudiums geht es meiner Meinung nach im ersten Schritt vorrangig darum, die Studenten wenigstens ein Stück von ihrem fremdgesteuerten Wahrnehmungs- und Fantasiekorsett zu befreien. Sie müssen zu sich und zu ihrer Rolle als »Medienkonsument« Distanz entwickeln. Das ist absolut notwendig, bevor sie in die Rolle eines »Medienproduzenten« schlüpfen können. Diese, man könnte fast sagen zwangsverordneten, Freiräume braucht jede Filmakademie. Räume, in denen Utopien und Experimente mitunter die wichtigeren Schritte sind als schnell verwertbare Produkte. Das ist der existenzielle Schlüssel, damit sich Studenten später behaupten können. Es ist unsere Verantwortung, ihnen innerhalb der Ausbildung diese Möglichkeit zu bieten.

Zwangsläufig, und auch das ist ein wichtiger Schritt des Lernprozesses, lehnen sich die Studenten in der Regel während und nach dieser »Befreiung« erst einmal gegen den Markt auf. Sie wollen und müssen zunächst einmal zu sich selbst finden, eigene Geschichten suchen und finden, und diese filmisch übersetzen lernen. Sie müssen atmen lernen und wollen verständlicherweise nicht gleich wieder reproduzieren, wovon sie sich gerade erst begonnen haben zu emanzipieren. Nun dauert dieses Studium allerdings in der Regel maximal sechs Jahre. Man kann sich demnach fragen, wie und ob es zu leisten sei, in dieser kurzen Zeit Studenten von etwas zu lösen, an das man sie wenig später wieder binden möchte oder muss, damit sie vielleicht auch von dem leben können, wofür sie ausgebildet wurden.

Was bilden wir also aus? Natürlich hervorragende Handwerker, was allerdings der leichtere, da berechenbare Teil ist. Schwieriger und unwegsamer ist das Unterrichten und Fördern von jenen Köpfen, die später Kraft ihrer mithilfe der Ausbildung gewonnenen Persönlichkeit in der Lage sind, im Markt erfolgreich zu bestehen. Ein guter Handwerker, der für seine Ideen und Überzeugungen nicht argumentieren kann, ist genauso schwach und gefährdet wie ein genialer Geist, der seine Ideen nicht kommunizieren, beziehungsweise handwerklich nicht umsetzen kann. Erst wenn ein Absolvent beides, Handwerk und charakterliche Substanz, in sich vereinen kann, hat er eine echte Chance.

Deshalb ist es für den film-pädagogischen Prozess unabdinglich, dass Dozenten und Studenten eine bestimmte Zeit lang in einen intensiven, ungestörten, im Ergebnis experimentellen und freien Prozess treten. Soll die innere Entwicklung angehender Filmschaffender substanziell gefördert werden, müssen im ersten Schritt dieser Ausbildung praktische Ergebnisse mitunter zweitrangig sein, muss ein Scheitern möglich sein, müssen Grenzen überschritten werden, damit spätere Grenzen akzeptiert werden, spätere Ergebnisse erstklassig sein können. Dieser Prozess braucht gegenseitiges Vertrauen, Geduld, Zeit und ein Budget, das es ermöglicht, die besten Dozenten zu engagieren und sie mit genügend Betreuungstagen auszustatten, um ihre Berufserfahrungen den Studenten in der Tiefe vermitteln zu können. Und ich spreche hier bewusst von »Erfahrungen« und nicht von »Wissen«. Was wissen wir schon übers Filmemachen oder was wissen wir schon vom fertigen Film, bevor wir ihn (praktisch) machen? Für mich sprechend kann ich sagen: nicht viel. Ich mache Erfahrungen und durchlebe Prozesse, an deren Ende mit viel Glück ein Film herauskommt. Also ist für mich Filmlehre in erster Linie »Erfahrungsvermittlung« und nicht »Wissensvermittlung« im klassisch universitä-

Systemresistente Persönlichkeiten

ren Sinne. Das ist ein großer Unterschied, denn Erfahrung ist für mich: (etwas) Wissen, gepaart mit ganz subjektiver, ja sehr persönlicher Interpretation und Sicht auf die Dinge, Themen und Geschichten, die wir erzählen wollen. Oder unsere Studenten erzählen wollen.

Deshalb stelle ich ihnen meine Erfahrungen zur Verfügung, ohne (hoffentlich) damit den Anspruch zu stellen, diese seien allgemein gültiges Wissen. Ich hinterfrage ihr Wollen und ihre Ideen mit den Parametern meiner Berufswelt, ich bohre mit Hinterfragungen in sie hinein, baue somit kreative, sinnstiftende gedankliche Widerstände auf und hoffe darauf, dass die Studenten einerseits ein offenes Ohr für meine Bedenken und Fragen haben, andererseits willensstark und kreativ genug sind, sich am Ende über diese (hoffentlich) hinwegzusetzen. Filmstudenten sollen ja am Ende ihre, nicht meine Filme machen.

Filmlehre ist in vielerlei Hinsicht ein schwieriger Spagat, der in seinen zeitintensiven Konflikten und Schaffensprozessen für Außenstehende oft nur sehr schwer oder gar nicht nachzuvollziehen ist. Denn unsere Branche ist voller Widersprüche, ein Paradoxon, das sich in der Ausbildung selbstverständlich wiederfinden muss. So fördern wir Egomanie, eine gewisse Egozentrik des Einzelnen, ohne die nun mal keine erfolgreichen Filme entstehen können, sagen aber gleichzeitig, Film funktioniert nur, wenn ihr teamfähig seid. Oder wir verkünden beispielsweise ein dramaturgisches Regelwerk, dem wir im gleichen Atemzug hinzufügen: Interessante, überraschende Filme jedoch entstehen womöglich dort, wo ihr, liebe Studenten, diese sogenannten Regeln wieder brecht, mit Konsequenz »falsch« macht, was wir euch gestern noch als »richtig« erklärt haben. Dafür gibt es wunderbare Beispiele. Film funktioniert eben nicht wie Mathematik, wo eins und eins immer zwei sein muss.

Oder wie kann man überhaupt beschreiben, was Film- oder/und Regiearbeit ist. Vielleicht so?

Erstens: Bei der Filmarbeit treffen immer Menschen mit unterschiedlichen Interessen, Erwartungen und Gefühlen aufeinander, die so miteinander in Verbindung gebracht werden müssen, dass eine Filmaufnahme entstehen kann. Es gilt, sie nach Möglichkeit verbal, auf jeden Fall jedoch nonverbal für den Moment der Aufnahme so aufeinander ab- oder einzustimmen, dass ein »richtiges Bild« zustande kommt. Zweitens: Ein Teil dieser Menschen befindet sich hinter Kamera und Mikrofon, der andere Teil davor. Man könnte auch sagen, der eine Teil versteckt sich hinter technischen Geräten, die dazu dienen, dem anderen Teil ein Stück seiner Seele zu nehmen. Drittens: Der Mindestabstand zwischen Kamera und Motiv muss so groß sein, dass die Kamerafrau oder der Kameramann noch die Möglichkeit hat scharf zu stellen, und der Regisseur nicht den überlebenswichtigen klaren Blick auf sein Motiv verliert. Viertens: Beim Filmemachen ereignen sich in jeder Phase immer mehrere Dinge gleichzeitig, finden ständig auf parallelen Ebenen Prozesse statt, die von den Beteiligten teils bewusst, teils unbewusst wahrgenommen oder ausgeführt werden. Fünftens: Die Aufgabe eines Regisseurs besteht darin, sein Handwerk auf all diesen unterschiedlichen Ebenen gleich gekonnt auszuführen, sich als verantwortlicher Katalysator und Zentrum des Ganzen zu begreifen, um das komplexe und sensible Unternehmen Film steuern zu können. Dabei sollte er seine filmische Vision nie aus den Augen bzw. dem Sinn verlieren. Sechstens: Jeder Film ist ein eigener

43

Thomas Schadt

Mikrokosmos und für die Suche nach der richtigen Dramaturgie gibt es keinen allgemein gültigen Rezeptkatalog. Dabei geht es weder ausschließlich um die klassische Drei- oder Fünfaktdramaturgie noch um die manchmal geäußerte Annahme, Film habe mit (dieser Art) Dramaturgie überhaupt nichts zu tun. Ich höre an dieser Stelle schon alle (zu Recht) vorgebrachten Einwände und den Aufschrei: Nein, so geht das nicht! Aber wie dann?

Ein Beispiel: Einer meiner Studenten hatte für seinen ersten Dokumentarfilm mit drei Hip-Hop-Musikern gedreht. Den einen besuchte er in Marseille, den zweiten in Berlin, den dritten in St. Petersburg. Als er aus seinen 60 Stunden Material 20 in den Schnittcomputer eindigitalisiert hatte, stellte er über erste Schnittversuche schnell fest, dass es sehr uneinheitlich, ja geradezu disparat war und in keiner Weise so zusammenpasste, wie er ursprünglich gedacht hatte. Zu unterschiedlich waren seine Protagonisten, zu brüchig, unvollständig und löchrig das jeweilige Material dazu. Es war völlig unklar, wie damit zu arbeiten sei, bis wir im Gespräch auf die Idee kamen, nicht nach einem Film über Hip-Hop zu suchen, sondern mit den Bildern einfach Hip-Hop zu machen. Das war der Schlüssel. Die Ratlosigkeit des Studenten wich, und zusammen mit seinem Cutter entwickelte er eine an Hip-Hop-CDs orientierte Trackstruktur. So entstand ein frischer und sehr liebevoll gestalteter Film, dessen Dramaturgie aus der Erkenntnis entstand, dass die gefundenen Bilder nicht mit gängigen Dramaturgierezepten zu bändigen waren. Hätte man in diesem Fall versucht, zu sehr an konventionellen Erzählmethoden festzuhalten, wäre man weder dem Thema noch den Aufnahmen gerecht geworden und der Student wahrscheinlich tief unglücklich in seinen Materialbergen versunken. Doch der gefundene Schlüssel war so einfach und naheliegend, dass er für den Regisseur gleichsam eine Erlösung darstellte und ihn geradezu beflügelte, mit Lust und Energie an die Montage des Films zu gehen.

Oder wie verhält es sich eigentlich mit der Tatsache, dass Filmschaffende in ihrer Arbeit oft das Leid anderer Menschen beobachten oder darüber schreiben, um gerade damit auch noch sehr erfolgreich zu sein? Niemand hat diese existenzielle Frage eindringlicher und genauer an uns gestellt, als die 2004 gestorbene amerikanische Kulturkritikerin Susan Sontag in ihren Essays *Über Fotografie*: »Erfolg zu haben, als Fotograf oder Kameramann in einem realen Krieg«, bohrt sie in uns hinein (und ich ergänze: oder als Drehbuchautor oder Regisseur in einem fiktionalen Familiendrama), »in dem man am Leid anderer Menschen teilhat.« »Wenigstens so lange«, fügt Susan Sontag in Klammern gesetzt ganz entscheidend hinzu, »wenigstens so lange, bis eine gute Aufnahme entstanden ist.« Für mich heißt das weiter: bis ein guter Schnitt, ein guter Dialog, eine gute Geschichte, ein guter Spiel- oder Dokumentarfilm entstanden ist.

Mit all diesen Widersprüchlichkeiten, Unerklärlichkeiten und Paralleltätigkeiten unseres Berufs umzugehen, diese auszuhalten, dafür bedarf es einer »Haltung« derjenigen, die diesen Beruf ausüben. »Haltung« ist für mich das Schlüsselwort, die Grundanforderung an uns alle. Eine für den Zuschauer erkennbare Haltung (Verantwortung, Moral, Ethik) des Dokumentarfilmers seinen realen Protagonisten gegenüber ist dabei genauso unerlässlich wie die des Regisseurs oder Drehbuchautors seinen fiktionalen Figuren gegenüber. Solch eine Haltung ist auch entscheidend für Kamera- und Tonleute, Cutter, Film-

Systemresistente Persönlichkeiten

musiker und Szenenbildner. Jede Brennweite, jede Kamerabewegung, jeder Ton, jede Tonlage, jeder Schnitt, jede Note, die Farbe einer Tapete im Vorder- oder Hintergrund einer Szene, oder alles das zusammen, erzeugt mit den Möglichkeiten digitaler Bildgestaltung, ist immer auch eine inhaltliche Entscheidung, ein inhaltlicher Kommentar zu dem, was in einem Film gerade gezeigt wird, zu den Menschen, die in einem Film als Schauspieler oder als reale Personen agieren. Haltung, und diese filmisch kommunizieren zu können, ist das, was wir auszubilden haben. Denn frei nach Wim Wenders geht es bei unserer Arbeit immer um zwei Dinge: eine »innere«, persönliche Einstellung, durch eine »äußere«, fotografische Einstellung, zum Ausdruck zu bringen.

Denn »was« Filmschaffende »wie« zeigen, die Art und Weise, wie gekonnt sie in der Lage sind, filmisch zu artikulieren, was sie denken und fühlen, erzählt uns Zuschauern etwas über uns, über sie selbst und ihre Verantwortung gegenüber der Realität, gegenüber einer erfundenen, einer fiktionalen oder gegenüber einer vorgefundenen, einer nonfiktionalen. So erzählen uns Filmschaffende weiterhin etwas über ihre Verantwortung gegenüber den Medien, gegenüber ihren Zuschauern, der Gesellschaft gegenüber, deren Teil sie selber sind. Dies mental zu wollen und handwerklich herstellen zu können, finde ich das eigentliche MUSS für jedes Schaffensprodukt dieser Branche. Darin darf es meiner Auffassung nach nichts Zufälliges, nichts Beliebiges geben. Hier geht es allein um das dramaturgisch motivierte Wechselspiel eines Inhalts mit seiner äußeren Form (so unterschiedlich sie von Film zu Film auch sein mag). Und ich als Zuschauer will spätestens am Ende eines Films verstehen oder, noch besser und spannender, erahnen und fühlen können,

warum etwas wie geschehen ist und wer dafür verantwortlich ist.

Es gibt Dinge, die ich persönlich im Kino und im Fernsehen einfach nicht sehen mag. Zum Beispiel Zynismus, weil dieser meiner Meinung nach nur dort stattfindet, wo Menschen an nichts mehr glauben. So ein Ort ist bisweilen das Fernsehen, ein solcher Ort darf eine Filmschule nie sein. Und ich will keine Geschichten sehen, die zur puren Verblödung des Publikums beitragen; die nur eindimensional, voyeuristisch, lieblos und billig (be-)rechnend daherkommen und obendrein nicht bereit sind, die Zuschauer-verachtende Profitgier ihrer Macher im Produkt selbst kenntlich zu machen. Das ist feige. Darum kann es in der Ausbildung einer Filmhochschule nicht gehen. In allem muss es einen (Mindest-)Anspruch geben, handwerklich und inhaltlich; einen Mehrwert im Thema und der bewusst gestalteten, subjektiven Perspektive darauf; eine menschlich spürbare Verantwortung, die dem Anspruch einer Filmakademie gerecht wird.

Im Übrigen: Was erwartet denn der Markt von Absolventen einer Filmhochschule? Eines mit Sicherheit nicht, nämlich dass sie in der Lage sind, die Dinge genauso zu machen, wie sie im Markt von Haus aus schon gemacht werden. Dann sagen Redakteure oder andere Auftraggeber zu Recht: »Wie? Ist das alles? Das können wir auch und machen es dazu noch schneller. Also machen wir es selbst. Auf Wiedersehen.« Der Markt erwartet von einem Filmstudenten nicht, dass er eins zu eins reproduzieren kann, was gängig ist. Er erwartet mehr: eine neue Idee, eine unverbrauchte Ästhetik, Mut, Risiko, ein Patent, eine unerwartete Qualität, die über das Alltägliche hinausweist. Der Markt will, gibt er Absolventen eine Chance, in seine Zukunft investieren, nicht in das Einerlei der Gegenwart.

Thomas Schadt

Mein persönliches Ausbildungsziel ist es deshalb, systemresistente Persönlichkeiten in den Markt zu entsenden. Im besten Sinne wären das Menschen, die nach der Akademie ihre Utopien, ihre Träume nicht verlieren, die weiter fest an sie glauben und sich gleichzeitig und mit ihnen (den Träumen und Idealen) an den praktischen Realitäten des Marktes reiben wollen. Persönlichkeiten also, die die charakterliche Substanz besitzen, die ihnen gebotenen Möglichkeiten mit ihrer eigenen Kreativität auszufüllen, sich auch darin mit etwas Eigenständigem kenntlich zu machen, um nicht nur Handlanger von Fremdinteressen zu werden. Denn jeder Absolvent muss sich während seiner Ausbildung fragen: Will ich als Filmemacher, aber auch als Cutter, Kameramann, Drehbuchautor und Produzent langfristig überleben? Wenn ja, wie geht das? Meiner festen Überzeugung nach ist der Schlüssel dazu eine filmische Identität, ein filmgenetischer Fingerabdruck. Ohne einen solchen wird der junge Filmemacher es sehr schwer haben. Das ist das, was ich in den vergangenen 20 Jahren gelernt habe. Kontinuierlich arbeiten, fünf, sechs Filme machen zu können, um sich eine Handschrift zu erarbeiten, die nachhaltig Aufmerksamkeit schafft, damit der Sprung vom Jungfilmer zum etablierten Film- und Fernseharbeiter gelingt: Das ist in einem rein thematisch ausgerichteten Markt, wie wir ihn heute haben, schwer geworden.

Wie kommt man zu seinem filmgenetischen Fingerabdruck? Weitere Eigenschaften sind gefragt: Flexibilität des Geistes, Mobilität des Körpers und ein damit verbundener Eroberungswille (Auftrag- und Geldgeber wollen erobert werden und zwar auch über größere Entfernungen hinweg im persönlichen Kontakt); Entscheidungsfreude, eine gewisse Spielermentalität und Risikofreude; die Kunst des Überredens, eine Geschichte 500-mal so erzählen, als wäre es das erste Mal, und das mit Lust; man darf sich nicht zu schade sein, den Beruf des Vertreters auszuüben; Beharrlichkeit, Geduld, die hohe Kunst des Wartens; hohe Leidensfähigkeit mit einer Prise Masochismus, die Lust an der Katastrophe, denn Film und Fernsehen ist die permanent drohende oder gelebte Katastrophe (das muss man wollen!); perfektes Handwerk, hohes Wissen, film- und fernsehhistorisches Bewusstsein; Ökonomisierung statt Selbstausbeutung, denn jeder Film muss in seinem Entstehungsprozess mindestens an einer Schnittstelle von »was will ich und wie viel Geld habe ich dafür?« neu erfunden werden; zuletzt: die Liebe zu den Menschen. Ich habe gelernt, sie alle zu lieben, alle die ich brauche, um meinen Beruf ausüben zu können: Redakteure, Finanzcontroller, meinen Banker, meinen Steuerberater, die Protagonisten, ja ich liebe mittlerweile sogar meine Sachbearbeiterin auf dem Finanzamt.

Seriös ausgedrückt sind gefordert: Konzentration auf den Punkt, hohe handwerkliche Professionalität, Eloquenz, Zuverlässigkeit, Disziplin, unerschöpfliche Energie, der Glaube an sich selbst und nicht zuletzt ein gehöriger Schuss Wahnsinn. Man muss also viel können und darüber hinaus noch verstehen, dass nicht die perfekt beherrschte Einzeldisziplin der Schlüssel zum Überleben, zum Erfolg ist, sondern die ganz persönliche Mischung aus allem. Der eigene Mix ist das Patent, die Kunst. Verbunden sein muss dieses Patent mit einer selbstkritischen Eigenanalyse, zu der Grenzüberschreitungen genauso gehören wie die ehrliche Beantwortung der Frage, warum man sich das überhaupt alles antut. Den Studenten dabei zu helfen, den eigenen Mix zu finden und filmisch zum

Systemresistente Persönlichkeiten

Ausdruck zu bringen, das verstehe ich als Lehraufgabe einer Akademie. Und den besten Ansatz, zwischen Selbst- und Fremdbestimmung zu vermitteln. Und weiter: Studenten sollten sich schon in ihrer Akademiezeit zusammentun, kleine Gruppen bilden, effektive Units aus Produktion, Drehbuch, Regie, Kamera und Schnitt. Energien bündeln, eine Marke kreieren, um damit nach der Akademie als Einzelkämpfer nicht gleich vom Medienmarkt gefressen zu werden.

Dies alles zu vermitteln muss meiner Meinung nach der Anspruch einer Filmakademie sein. Dafür werden Einsatz, Ehrgeiz und der Wille zu lernen seitens der Studenten benötigt. Und das freiwillig, eigenständig und selbstmotiviert. Eigentlich müssten sie schon früh morgens um acht darum betteln hereingelassen zu werden und nicht vor Mitternacht wieder raus wollen. Wer, kurz nachdem er an einer Filmhochschule aufgenommen wurde, nicht begriffen hat, dass die angebotene Ausbildung ein einziger Luxus ist, und wer nicht verinnerlicht, dass Eigenmotivation der Schlüssel zu all den Berufen ist, die wir hier ausbilden, dem ist auch mit angedrohter Anwesenheitspflicht, mit Zwang nicht zu helfen. Denn der oder die wird es später im Berufsleben sowieso nicht dorthin schaffen, wohin er oder sie will.

Den Trends des Marktes mit kritischer Distanz, gleichzeitig aber mit großer Offenheit und Neugierde zu begegnen, das müssen die Dozenten leben und vermitteln. Und dass sie auch in der Betreuung der Studenten und ihrer Projekte die zur Verfügung stehende, oft knapp bemessene Zeit dazu nutzen, zugänglich zu bleiben für das Individuelle, auch für das Umständliche, Langsame und Sprunghafte, das Filmstudenten nun mal innewohnt. Vor allem aber muss die Lehre in ihrer notwendigen Kritik den Studenten und ihrer Arbeit gegenüber klar und genau sein, muss im Inhalt und im Tonfall immer konstruktiv bleiben, motivieren und eine Perspektive in die Zukunft weisen. Dafür gibt es keinen Automatismus. Ich nenne das einen individualistischen Ansatz der Lehre im Reibungsfeld notwendiger Betriebsstrukturen einer Filmakademie und des Marktes. Einfacher ausgedrückt: Positives Denken ist angesagt, nur davon haben Studenten wirklich etwas.

Film braucht Zeit und Geduld, und Filmausbildung braucht noch mehr Zeit und Geduld. Und es braucht manchmal Mut und Risikobereitschaft zu Neuem, das meistens dann auftaucht, wenn man glaubt, es am wenigsten gebrauchen zu können. Doch wir können den Studenten nicht allen Ernstes erzählen, wie großartig Filme von Orson Welles oder Stanley Kubrick sind, und uns gleichzeitig in zu großer Bürokratie und Starre verirren (in der es nur noch darum geht, unternehmerisches Risiko unter allen Umständen zu vermeiden).

All das verlangt von allen Beteiligten viel, sehr viel positive Energie. Deswegen darf man an einer Filmakademie nicht ermüden, immer wieder die Leute an einen Tisch zu bringen, die gewillt sind, diese positive Kraft mitzubringen. Denn Kreativität, und darum geht es doch hier, entsteht nach meinem Verständnis nur dort, wo Menschen zusammenkommen, um miteinander zu kommunizieren, sich im besten Sinne zu streiten, sich auseinanderzusetzen, damit etwas Produktives, ein Produkt entstehen kann. Deshalb habe ich die Vision, dass eine Filmakademie dauerhaft und standhaft eine Begegnungsstätte für Menschen sein muss, die gemeinsam etwas wollen, die gewillt sind, aus vorhandenen Talenten und Möglichkeiten, aber auch Rastern, Vorgaben und Zwängen et-

Thomas Schadt

was zu machen, etwas Gutes, das Beste zu machen. Nur das ist kreativ.

Wenn ich an mein eigenes Filmstudentenleben zurückdenke, das ich Anfang der 80er-Jahre in Berlin an der DFFB genießen durfte, und ich mich selbst beschreiben müsste, würde ich sagen: Der Student war ziemlich undiszipliniert (außer beim Drehen), zu oft unpünktlich, bisweilen überheblich und besserwisserisch, eigensinnig, aber immer suchend und voller positiver Energie. An den Seminarunterricht selbst kann ich mich nicht mehr wirklich erinnern, dafür um so mehr an die prägenden Begegnungen mit Klaus Wildenhahn, Johan van der Keuken, Michael Ballhaus und István Szabó. Diese Dialoge, die ich mit ihnen führen durfte, das gemeinsame Streiten über »Film«, der persönliche und subjektive Diskurs über einzelne Filmprojekte, die eigenen und die anderer, das war es, was mich neben der praktischen Projektarbeit geprägt und befördert hat. Ich denke sehr gerne an diese Zeit zurück und aus heutiger Sicht ist es fast so, als würde mein Filmlehrer-Beruf es mir gestatten, auch heute noch ein Stück weit wie ein Filmstudent denken und empfinden zu dürfen. Filmlernen und Filmlehren waren und sind für mich gemeinschaftliche Prozesse, und die Bereitschaft der daran Beteiligten aus dem gängigen Rollenverständnis Lehrer-Schüler auszubrechen der notwendige Ausgangspunkt, sich der komplexen und sensiblen Materie Film anzunähern.

Anmerkung

[1] Peter Winterhoff-Spurk: *Kalte Herzen. Wie das Fernsehen unseren Charakter formt.* München: Klett-Cotta 2005.

Thomas Schadt ist seit 2000 Professor an der Filmakademie Baden-Württemberg im Studienfach Regie/Dokumentarfilm und seit 2007 Geschäftsführer der Filmakademie Baden-Württemberg (Kurzbiografie siehe S. 2).

Es reicht nicht, auf den Record-Button zu drücken

Peter C. Slansky im Gespräch mit Béatrice Ottersbach

BO: Im Vorfeld zu diesem Gespräch schrieben Sie mir: »Als geschäftsführender Leiter der Abt. II Technik der HFF München bin ich sozusagen qua Amt in meinem akademischen Profil so breit aufgestellt wie sonst kaum ein Dozent an einer Filmhochschule. Ich unterrichte alle unsere Studierenden integrativ, ganz gleich ob szenische Regie, dokumentarische Regie, Produktion, Drehbuch oder Kamera.« Das heißt, Sie unterrichten alle etwa 50 jährlich neu hinzukommenden Studenten?
PS: Genau. Die Lehrveranstaltungen der Abteilung II sind im ersten Semester in zwei Blöcke aufgeteilt (in drei bzw. zwei Wochen). Wir haben ja einen reinen Blockunterricht. *(Er zeigt den Winterstudienplan, der wie alle anderen Studienpläne laufend auf der Website der HFF München unter http://www.hff-muenchen.de/studium/vv/vorlesungen/index.html zu finden ist.)* Das ist der Gesamtplan für das Studium im Wintersemester und dann gibt es einen entsprechenden Plan für das Sommersemester. Die blau markierten Stellen entsprechen der Abteilung II und die rosafarbenen der Abteilung I, Medienwissenschaft. Das Grüne ist den Fachabteilungen zugeordnet und das Gelbe den sogenannten Bereichen, die ergänzende Lehrveranstaltungen anbieten. So sind wir theoretisch strukturiert. Wir haben außerdem noch übergreifende Veranstaltungen wie die Prolog- oder die Epilogwoche oder die Jahresausstellung. Dann werden bestimmte Zeiten freigehalten, in denen z.B. das Festival der Filmhochschulen, das Dokumentarfilmfestival oder das Münchner Filmfest stattfinden, zu denen parallel keine Lehrveranstaltungen angeboten werden können.

Im ersten Semester sitzen dann fünf Studiengänge in einem Auditorium. Der Ansatz ist – und ich insistiere auf dieser Breite – den Studierenden die Grundlagen der Film- und Fernsehproduktionstechnik integrativ zu vermitteln, das heißt: Die Produktionsstudenten sitzen neben den Drehbuchstudenten, den Kamera- und Regiestudenten. In der Filmwissenschaft werden zwei Jahrgänge ebenfalls zusammen unterrichtet.

BO: Das »Integrative« bedeutet also, dass alle Studenten zunächst den gleichen Unterricht haben, egal, ob sie Regie machen oder Drehbuchautor werden wollen?
PS: Ja, zumindest, was die Abteilungen Technik und Medienwissenschaft angeht, und das zieht sich durch das ganze Studium. Integrativ heißt eben, dass sie neben ihren Kommilitonen von den anderen Fachabteilungen sitzen. Es gibt Überlegungen hier im Hause, über die Abteilungen I und II hinaus weitere integrative Veranstaltungen anzubieten, aber das hat natürlich auch seine Grenzen.

Peter C. Slansky

Irgendwann müssen die Regisseure auch mal unter sich sein und ein spezifisches Lehrangebot wahrnehmen. Die richtige Balance zu finden, ist nicht ganz einfach.

BO: Wie muss ich mir Ihren Unterricht mit den 50 neuen Studenten vorstellen?
PS: Vormittags gibt es klassische Vorlesungen, wobei das bei mir keine Vorlesung ist, sondern ein Vortrag. Es gibt ein Skript für jeden Tag, für jede Veranstaltung und dieses Skript legt den Weg durch den Tag fest. In der Regel habe ich technische Geräte da zur Demonstration und wir schauen uns kurze Filmausschnitte an. Ansonsten ist es eben ein Vortrag. Das beinhaltet im ersten Semester zum Beispiel, »Einführung in die Perspektivenlehre«, »Fotografische Optik« (wie bildet das Objektiv einen Gegenstand auf dem Bildsensor ab?) oder z.B. auch »Einführung in die Bildgestaltung«. Ich versuche immer, die Verbindung zwischen der Technik und der gestalterischen Anwendung herzustellen. Wir bilden ja hier keine Ingenieure aus. Das reicht, wenn ich einer bin und ich muss das nicht auf die Studenten übertragen. Ich darf es sogar nicht. Ich will sie nicht verbiegen, sondern sie müssen sich die Technologie für ihre kreative, künstlerische Anwendung aneignen. Und ich bin ja auch Filmemacher und Absolvent einer Kunsthochschule. Film und Fernsehen sind aber nun mal technische Medien und die Digitalisierung hat den technischen Anteil noch komplexer gemacht. Dementsprechend ist dieser sogenannte Workflow-Gedanke vom Anfang bis zum Ende des Films wichtig. In letzter Zeit ist eine große Unsicherheit bei den Studenten – genauso wie draußen in der Branche – aufgetreten, verursacht durch die furchtbar vielen digitalen Formate und die vielen verschiedenen Wege und Optionen, die sie bieten.

BO: Das findet alles im Frontalunterricht statt?
PS: Nur vormittags. Am Nachmittag widmen wir uns der Praxis. Alle Studenten eines Jahrgangs werden in Kleingruppen aufgeteilt, die je ein Filmequipment bekommen. So gehen an einem Tag bis zu zwölf 16-mm-Ausrüstungen über den Tresen. Die Gruppen bekommen eineinhalb Rollen Film und einen Aufgabenzettel mit szenischen Aufgaben. Das machen wir tatsächlich noch auf Schwarzweiß-Umkehrfilm, und so merken die Studenten, dass sie wirklich an einer Filmhochschule sind. Da ist nichts mehr digital, alles muss von Hand gemacht werden. Jeder einzelne Schritt muss überlegt werden, bevor man auf den Auslöser drückt und das wertvolle Filmmaterial durchlaufen lässt. Das ist für die heutige Generation durchaus etwas Neues, diese alte Technologie kommt den Studenten neu vor. Ich freue mich dann über Rückmeldungen wie: »Ah, Schwarzweißfilm – cool.« Die Studenten kommen ja alle mit einer gewissen Vorkompetenz hierher. Die meisten haben schon Filme auf Video- oder Fotokameras gedreht. Es gibt heute so wahnsinnig viele Möglichkeiten und deswegen versuchen wir, die Studenten auf einen Stand zurückzubringen, bei dem sie z.B. merken, dass eine Kamera ein gewisses Gewicht hat.

Das Ganze muss auch beherrschbar und letztendlich bezahlbar bleiben. Das ist dann meine zweite Aufgabe hier in meiner Abteilung: Mit den Mitarbeiterinnen und Mitarbeitern alle Produktionsfazilitäten wie Studios, Kinos, Postproduktion und ausleihbare Geräte so zu bewirtschaften und in Schuss zu halten, dass die Studenten damit ihre Filme, die sie drehen müssen bzw. dürfen, auch realisieren können.

BO: Sie unterrichten also zum einen und zum anderen managen Sie den ganzen technischen Bereich für etwa 350 Studenten – wie viele Filme bedeutet das im Jahr?
PS: Über 100, und davon sind einige im Studium sozusagen fest eingetaktet, vor allem

Es reicht nicht, auf den Record-Button zu drücken

die Filme, die im Grundstudium gedreht werden. Im Hauptstudium herrscht eine große Freiheit, da jeder Film auch finanziert werden muss. Das dauert ja bekanntlich. Man kann den Studenten auch nicht verhaften, wenn er noch ein Jahr auf eine Förderung warten muss. Im Hauptstudium ist eher ein am Markt orientiertes Produzieren erforderlich. Das bedeutet auch, dass alle produzierenden Abteilungen, vor allem die Abteilungen III und IV, also Spielfilm und Dokumentarfilm, bei uns aufschlagen. Aber auch die Bereiche Werbung und Fernsehjournalismus, die Kameraabteilung und sogar die Abteilung Drehbuch werden hier vorstellig.

BO: Wenn Sie die Studenten diverser Gewerke unterrichten, dann stehen Sie auch im regen Austausch mit Ihren lehrenden Kollegen. Wie findet dieser Austausch statt?
PS: Jeder Austausch beruht auf persönlichen Beziehungen und dementsprechend arbeitet man mit dem einen intensiver und mit dem anderen weniger; mit dem einen ist der Austausch gut, mit dem anderen ist er bestenfalls funktional. Unser Masterplan ist dennoch auch die Frucht eines ergiebigen Austauschs, bei dem wir uns die Frage stellen »Wie machen wir das hier?« und dann entsprechende Beschlüsse treffen. Das ist natürlich teilweise ein mühsamer Prozess. Früher war z.B. die Raumvergabe für den Masterplan ein Stechen und Hauen. Nicht unter den Kollegen, sondern das wurde an die Assistenten delegiert, die das dann austragen mussten. Da flossen Tränen und der Streit war vorprogrammiert, weil wir zu wenige Räume hatten. Dieses Problem haben wir im neuen Gebäude zum Glück nicht mehr.

In unseren Überlegungen dürfen wir allerdings nicht vergessen, dass auch die Studenten über eine limitierte Zeit verfügen. Was in dem eben erwähnten Studienplan nicht steht, ist, dass jeder Student Filme machen muss. Zudem ist das Leben in München nicht gerade billig und viele Studenten müssen nebenher arbeiten. Das können sie nur in den Semesterferien machen. Das bedeutet eine hohe Belastung und wir dürfen als Hochschule nicht der Versuchung erliegen, immer mehr zu machen. Ich warne immer wieder vor entsprechenden Tendenzen hier im Hause.

BO: Wir befinden uns mitten im (technischen) Umbruch, vor allem was Kamera, Licht oder Ton betrifft. Würden Sie sagen, dass wir geschichtsträchtige Zeiten für die Filmbranche erleben? Also auch Ihre Studenten?
PS: Wenn ich mich an meine Studienzeit zurückerinnere, das war auch eine Zeit des Umbruchs. Damals wurde z.B. bei den Fernsehanstalten Film durch Videoformat abgelöst. Nun erleben wir seit circa zehn Jahren die vollständige Digitalisierung der Kinokette, und die Konsequenzen sind unausweichlich. Die Filme sehen anders aus als früher, auch die Filme der Bewerber sehen schon anders aus. Mir geht es aber vor allem darum, dass die Studenten eine gewisse Souveränität in ihren Entscheidungen erlangen und dass sie nicht von der Technologie getrieben werden als sei es etwas Unausweichliches. Die Digitalisierung durchdringt unser ganzes Leben, Handy, Internet usw. Das hat relativ spät auch den Kinofilm ergriffen, ist aber jetzt in vollem Gange. Mein Anliegen ist einerseits natürlich, gleich an möglichst vorderster technologischer Front zu sein und andererseits nicht jegliche Tradition des Filmemachens über Bord zu werfen. Die Sorgfalt, die das physische Handhaben von Filmmaterial erfordert, ist wertvoll und das Digitale kann in völlige Beliebigkeit ausufern. Ich habe Studenten mit 125 Stunden Videomaterial ankommen sehen und daraus ist nie ein

Peter C. Slansky

Film geworden. Das ist auch eine grässliche Erfahrung: So völlig ungebremst aufnehmen und hinterher nicht mehr wissen, warum man das alles aufgenommen hat. Das ist eine Falle, in die man technologiebedingt hineingeraten kann.

BO: Ende vergangenen Jahres haben zwei junge Filmemacher aus San Francisco den ersten Kinofilm mit einem Smartphone gedreht[1]. Finden Sie das ein interessantes Experiment?
PS: Da muss man natürlich fragen, warum sie das gemacht haben. Ist das nur ein Gag? Weil es halt gerade geht? Dann interessiert es mich wenig. Wenn aber etwas dahinter steckt, weil man mit dieser Machart etwas Neues erzählt und eine neue Ästhetik entwickelt, warum nicht? Wir haben uns an Handybilder aus der Kriegsberichterstattung gewöhnt. Wann immer wir die Tagesschau einschalten, heißt es: »Dieser Bericht von einem Handy wurde aufs Internet hochgeladen ...« Natürlich wäre es interessant zu wissen, wie man mit so einem Ding einen Film anders erzählen kann. Aber ihn zu benutzen wie eine größere Kamera, bloß weil es klein und flach ist? Dann lieber eine richtige gute Filmkamera.

BO: Diese Demokratisierung, die derartige technische Fortschritte mit sich bringt, bedeutet also keine Verbesserung?
PS: Nein. Und ist es überhaupt eine Demokratisierung, wenn man bedenkt, dass man sich in Abhängigkeit von einem Massenhersteller begibt? Das ist eine andere technologie-politische Frage. Demokratisierung klingt immer so positiv. Klar können jetzt alle eigene Filme machen, aber das wurde schon bei Super-8 gesagt. In Wirklichkeit stimmt es nicht. Es reicht nicht, auf den Record-Button zu drücken und schon entsteht ein Film; es entsteht irgendeine Aufnahme und ob aus der Aufnahme ein Film wird, entscheidet sich in einem weiteren gestalterischen Prozess. Ich denke allerdings, dass eine Hochschule mit so etwas experimentieren muss. Auch die Studenten. Wir hatten im letzten Frühjahr einen Workshop »Dreh mit dem Handy« in Erwägung gezogen, haben uns dann doch dagegen entschieden, weil in dieser Zeit natürlich kein anderer Workshop stattfinden kann. Mir war es wichtiger professionelles Equipment zu unterrichten. Wir haben vier Alexas, was will ich mit so einem »Fuzzelding«?

BO: Wie schnell kann die Filmlehre auf die Schnelllebigkeit der Branche reagieren? Berufszweige verschwinden quasi (z.B. Cutter-Assistent), neue kommen hinzu (z.B. Digital Imaging Technician).
PS: Das kommt drauf an. Wir bieten natürlich kein Studium zum Digital Imaging Technician an. Da sind wir auf unsere klassischen Felder begrenzt. Andere Hochschulen stecken ihre Ausbildungsfelder viel kleinteiliger aus. Wir versuchen uns natürlich so schnell wie möglich zu adaptieren und unsere Studenten sind hierbei oft die treibende Kraft. Wenn sie eine neue Kamera der Firma XY entdecken, sagen sie schnell »Herr Slansky, Herr Slansky, wir wollen unbedingt mit der drehen.« Dann prüfe ich, ob es wirklich etwas mit Zukunft und keine Eintagsfliege ist, ob es eher lohnt, das Gerät zu kaufen oder zu leihen. Es ist für uns als Hochschule wichtig, diesen Spagat zu schaffen: einerseits technologiemäßig ganz vorne mit dabei zu sein und andererseits auch früh das Bewusstsein für einen Ausbildungskanon zu legen. Die Gesetze der fotografischen Optik gelten auch bei einem Handy, nur sind da Brennweiten und Bildgrößen anders. Das den Studenten zu vermitteln ist das Entscheidende. Deswegen gibt es meine Abteilung und auch mich. Eine pure »Knöpfchendrückerei« trägt zu einer Deprofessionalisierung bei. Die beobachten wir ja auch.

Es reicht nicht, auf den Record-Button zu drücken

BO: Auch das Tempo der Dreharbeiten hat sich verändert. Heute werden Bilder unmittelbar nach dem Drehen gesichtet. Die Cutter machen sich an die Arbeit, bevor der Film abgedreht ist. Das verändert doch das Tempo des Arbeits- und des Reflexionsprozess.
PS: Es ist aber eine Illusion zu glauben, Filmemachen ginge damit schneller. Das tut es überhaupt nicht. Wenn man bedenkt, dass Herr Fassbinder es damals geschafft hat, drei Kinofilme in einem Jahr zu produzieren, das soll mir heute mal einer zeigen. Das Filmemachen in der digitalen Welt bietet so viele Optionen, dass Filmemacher viel Zeit brauchen – egal in welchem Stadium der Filmherstellung –, um zu überlegen, was sie genau wie machen wollen. Der Schnitt geht auch nicht schneller, denn man sitzt länger an der Entscheidung, was alles reingeschnitten werden soll. Zudem ist die Schnittfrequenz viel kürzer geworden. Man schneidet viel mehr, um eine Gesamtlänge zu erreichen und dementsprechend mehr Zeit benötigt man dafür. Besonders gravierend ist, dass der Preis für die Speicherung nicht mehr ins Gewicht fällt und es kein Limit mehr gibt. Früher gab es bei manchen Filmen ein Drehverhältnis 1:4. Heute können viele ihr Drehverhältnis schon gar nicht mehr beziffern, weil sie einfach draufhalten. Hauptsache das rote Ding leuchtet, entschieden wird hinterher. Kreativ gesehen ist das, wie gesagt, eine große Falle.

BO: Inwiefern kann die Filmlehre auf diesen veränderten Umgang mit der Zeit eingehen, bzw. wie kann sie den Faktor Zeit – im Sinne von »der Zeit Zeit lassen« – wieder einführen?
PS: Letzten Endes kann ich es nur predigen und die Studenten können es beherzigen oder nicht. Aber wenn sie Schritte einsparen und sofort weiterarbeiten können, dann arbeiten sie auch sofort weiter. Da bremst sich keiner künstlich aus. Ich betrachte es jedoch nicht als Zufall, dass einer der beeindruckendsten Dokumentarfilme, den ich in unserer letzten Abnahme gesehen habe, auf Super-16 abgelichtet war. Gedreht wurde er in Südspanien, wo es definitiv kein Filmlabor in der Nähe gab und die Studierenden das gesamte Material mit nach Deutschland nehmen mussten. Sie haben also zwischendurch nichts gesichtet und wussten nicht, was genau auf den Rollen war. Das war das volle alte Filmrisiko, und der Film ist sehr beeindruckend geworden. Auch die Interviews waren von höchster Präzision. Man merkt, alle waren auf 150 Prozent, gerade weil sie nicht wiederholen konnten. Es gibt natürlich auch andere Beispiele, die mit den Optionen, die wir zurzeit haben, hervorragende Ergebnisse erzielen. Beides ist also möglich. Das zu beobachten und mitzugestalten ist spannend.

BO: Auf der Startseite Ihrer Website findet man folgendes Zitat:
»Jedes Bild ist seine eigene Geschichte
Jedes Bild ist seine eigene Erinnerung
Jedes Bild ist sein eigenes Déjà-vu«.
Wir verlassen hier also den technischen Aspekt. Ist das Ihr Leitmotiv in der Zusammenarbeit mit den Studenten? Jedes Bild ist in der Vergangenheit verankert?
PS: Hier handelt es sich um meine eigene Website und nicht die der Hochschule. Das hat natürlich einen Bekenntnischarakter. Es bezieht sich allerdings auf das einzelne Foto und nicht auf Film. Schwerpunkt dieser Website ist ja die Fotografie. Ich habe meine Filmemacherkarriere mehr oder weniger aufgeben müssen, als ich hier diese Position angetreten habe. Zwischendurch mache ich kleinere eigene Projekte, wie Sie auf dieser Website sehen können. Zurzeit beschäftige ich mich einerseits verstärkt mit Astronomie und veranstalte andererseits Workshops, in denen ich auch mal wieder einen Film

53

Peter C. Slansky

mache. Als ich von Köln hierher kam, war es ein sehr bewusster Schritt, nicht mehr in der Industrie als Werbefilmemacher zu arbeiten. Das war gewissermaßen der Preis, den ich für diese Stelle hier zahlen musste. Ich bin aber von Hause aus Bildgestalter und ich pflege das in Form dieser Website, das ist wirklich mein persönliches Bekenntnis. Das habe ich geschrieben, um meine eigene Position als Bildermacher darzustellen.

Eine gewisse Trennung gibt es da schon. Das ist auch eine Frage der Professionalität. Ich gehöre zu den Lehrenden, die nicht einfach das an die Studenten weitergeben, was sie selbst machen, sondern ich betrachte mich als professionellen Lehrer. Ein Lehrender, der die Aufgabe hat, sich auch fremde, neue Gebiete aneignen zu müssen, um sie den Studenten vermitteln zu können. Insofern bin ich sicher in einer anderen Position als ein Kollege von der Regie, der sagt, »Ich bin hier so wie der Maler in der Kunstakademie.« Es gibt Filmhochschulen, die in Wirklichkeit keine Filmhochschulen sind. Aber wir sind eine, und das hochschulische Element halte ich für unbedingt notwendig, weil Filmausbildung nicht nur »Filme machen, Filme machen, Filme machen« heißt. Dazu braucht man keine Filmhochschule. Es ist ein Irrtum zu glauben, eine Filmhochschule sei dazu da, die Filmstudenten mit Kameras zu versorgen. Die Institution Filmhochschule in dieser Wortbildung ist etwas Eigenes und die Studenten lernen in diesem Studium auch Dinge, die nicht 1:1 zum Filmemachen gehören. Ganz einfach, weil das die einzige Zeit im Leben ist, in der man solche Dinge lernen kann. Das Gleiche gilt, wenn sie Architekt, Jurist oder Mediziner werden. Dann lernen sie auch Dinge, die ihnen hinterher im OP, im Gericht oder auf dem freien Feld auf der Baustelle nicht direkt weiterhelfen, die sie aber dennoch als Basis ihrer Architekten-, Juristen- oder Medizinerpersönlichkeit benötigen. Es gibt natürlich viele Filmemacher, die diese Persönlichkeitsbildung gar nicht durchgemacht haben oder sozusagen nur über das Machen kommen. Aber wenn man nur über das Machen kommen will, braucht man keine Filmhochschule. Da braucht man Filmförderung.

BO: Wir sitzen in diesem beeindruckenden Gebäude der HFF München. Sie waren der Neubaubeauftragte der HFF und haben das Bauvorhaben 13 Jahre lang begleitet. Wofür haben Sie sich bei der Konzeption und Durchführung besonders eingesetzt? Was war Ihnen besonders wichtig, um die Arbeit der Studenten zu optimieren?

PS: Das waren natürlich sehr, sehr viele Dinge! Vorweg muss ich sagen, dass ich bis dahin mit Bau nichts zu tun hatte. Ich habe noch nicht einmal privat gebaut. Dementsprechend musste ich einen Zugang zu der Materie finden. Das hatte allerdings schon in Giesing über die technische Bewirtschaftung unserer Hochschule angefangen. Ich war bei der Verwaltung des Universitätsbauamts schnell »berüchtigt«, weil ich bei jedem Seminarraum gesagt habe, was alles nicht geht und was verändert werden muss. In der Zeit in Giesing habe ich bestimmt zehn oder zwölf Räume umbauen lassen, darunter auch die große Filmtonmischung. Das bringt die Technologie natürlich mit sich. Film und Fernsehen finden in speziellen Räumen statt. Das Kino ist ein spezieller Raum, das Studio ist ein spezieller Raum, ein Schneideraum ist ein spezieller Raum. Die Verbindung der Film- und Fernseh-Produktionstechnologie mit deren räumlichem Profil ergibt sich oftmals nur im Zusammenspiel. Das Neubauprojekt war natürlich eine riesige, einmalige Aufgabe und es war mir klar, dass es das Projekt meines Lebens wird – und das wurde es auch, gepaart mit einer immensen Verantwortung.

Prioritäten mussten gesetzt werden. Dafür musste aber erst ein Entscheidungspro-

Es reicht nicht, auf den Record-Button zu drücken

zess stattgefunden haben. Und es brauchte die treibende Kraft, die weiß, wo es hingehen soll. Ein Verwalter weiß das normalerweise nicht, sondern er reagiert auf Vorgaben und diese Vorgaben müssen gemacht werden; ein Architekt, der noch nie eine Filmhochschule gebaut hat, und das sind ja die meisten, der braucht auch Vorgaben – ebenso wie das Bauamt, das auch noch nie eine Filmhochschule gebaut hat. Es fing damit an, dass ein Raumplanungsausschuss gegründet wurde. Ganz am Anfang wollten alle Kollegen mitreden, nach der zweiten Sitzung war allerdings klar, dass das doch niemanden interessiert, weil es um langweilige, praktische Dinge ging. Man musste im Grunde einen großen Bedarfsplan erstellen. Ich habe die einzelnen Abteilungen jeweils separat interviewt, sie nach ihren Wünschen befragt und dann mit einem kleinen Gremium, damals mit der Kanzlerin, diese Wünsche synchronisiert.

Wichtig war, dass man einerseits für den jeweils gleichen Bedarf auch strikt einheitlich plant, man andererseits aber die spezifischen Bedürfnisse berücksichtigt, sodass also im Ergebnis die Abteilung IV genau dieselbe Anzahl, Art und Qualität Räume hat wie die Abteilung III und dass z.B. die Werbung, die ja kleiner ist, einen besonderen Raum für ihre Bedürfnisse bekommt, während die Kameraabteilung unbedingt einen Bildbearbeitungsraum braucht. Die Bibliothek hatte da wieder andere Anforderungen – und so weiter und so fort. Wir haben in dem sogenannten Telefonbuch (*er zeigt ein großes, blaues Buch in der Größe eines Telefonbuchs*) eine Aufführung in Tabellenform über die gewünschten Räume erstellt, wunschzettelmäßig wie zu Weihnachten. Jede Abteilung sollte sagen, was sie braucht und dabei eine lange Zeitspanne vor Augen haben.

BO: Wann ging es los?
PS: 2002 – und der Architektur-Wettbewerb fand 2004 statt. Diese Tabelle des »Telefonbuchs« war die Wettbewerbsgrundlage. Als ich zuvor die Summe der gewünschten Räume addiert habe, hat mich der Schlag getroffen: 9.221 m²! In Giesing hatten wir 3.000 m² und hatten knapp 1.000 m² zusätzlich angemietet. Wir hatten also 4000 m² und nun wollten wir mehr als das Doppelte. Das Bauamt hat die Zahl aufgenommen. Das schien politisch unmöglich durchsetzbar – aber das Wunder geschah.

BO: Sie haben bekommen, was auf den Weihnachten-Wunschzetteln stand?
PS: Ja. 302 Räume wurden genehmigt. Zu jedem Raum wurde ein Steckbrief erstellt. Wir haben notiert, was wir über diesen Raum wissen, was wir wollen oder was wir nicht wollen. Die Größe, die Lage (die Vorbauhalle sollte z.B. neben den Studios im Studiotrakt liegen), Eigenschaften (z.B. dass der Maskenraum fensterlos sein konnte; wichtig auch zu wissen, dass ein Wasseranschluss und eine regelbare Heizung notwendig sind.) Diese 302 kleinen Steckbriefe waren wertvoll, denn sie bildeten die Hochschule der Zukunft ab. Ich bin schon ein bisschen stolz darauf, dass ich das mit der Rückendeckung der Hochschulleitung im politischen Prozess durchbringen konnte. Diese Räume sind jetzt alle weitgehend entsprechend unseren Vorstellungen gebaut worden, bis auf kleinere Veränderungen. Dann haben wir uns sehr dafür engagiert, funktionale Einheiten zu bilden – und das war nicht einfach. Wir wollten nicht irgendein Konglomerat von Schachteln haben, in dem die Verwaltung neben dem Fernsehstudio liegt. Es sollten die Bereiche zusammenliegen, die zusammengehören. So wurden der Studiotrakt, die Fernsehregie, die Vorbauhalle und das Vorbaulager Parterre in einer funktionalen Zuordnung gebaut.

2002 haben wir mit dieser Planung angefangen, 2011 sind wir eingezogen. Es liegen neun Jahre dazwischen und es bestand die

Peter C. Slansky

Möglichkeit, den Bau von Anfang bis Ende zu planen. Und es war entscheidend, dass wir diesen Input geben konnten, als akademische Institution Richtung Bauamt und aber auch Richtung Architekt, in Bezug zur Gestaltung und Administration des Baus.

BO: Daran erkennt man, wie wichtig die Medienstandort-Frage ist. Es war also ein Anliegen des Landes, dass diese Filmschule so repräsentative Räume bekommt?
PS: Es war nicht immer einfach und auch nicht immer nur harmonisch. Es hat da auch Konfliktsituationen gegeben, in denen ich mich teilweise als Baubeauftragter gezwungen sah, vor einem sehr hochrangigen Gremium einem Minister direkt zu widersprechen. Das war nicht gerade angenehm.

BO: Dieses imposante Gebäude bietet alle denkbaren Möglichkeiten und technischen Komfort, aber sind die neu hinzukommenden Studenten zunächst nicht durch die hehre Nachbarschaft zur Pinakothek und zum Ägyptischen Museum verunsichert?
PS: Das kann durchaus sein – aber wir bilden ja nicht irgendwelche Maybes aus, sondern wollen Leute, die entschlossen sind und ihrem eigenen Talent trauen. Das ist auf jeden Fall meine Vorstellung. Wenn eine Hochschule als Institution die Möglichkeit hat, ein so großartiges Gehäuse für sich mitzugestalten, dann kann sie ja nicht davon absehen und sagen: »Ach nein, wir machen das lieber kleiner, bescheidener, bitte nicht, wir wollen nicht auffallen.« Wir sind beim Film: Wenn wir nicht auffallen wollen, dann liegen wir falsch. Ich verstehe, was Sie meinen. Ich glaube aber auch, dass dieser Standort eine große Attraktion, ein Ansporn sein kann. Wir haben von Giesing zum Bernd-Eichinger-Platz – benannt nach einem unserer prominentesten Absolventen – den denkbar größten Sprung gemacht! Allerdings muss man dazu auch sagen, dass alle anderen Filmhochschulen ebenfalls neue Gebäude bezogen haben: Ludwigsburg mit teilweise Neubauten und einem sehr schönen Campus-Gelände. Dort ist viel Platz und dieses Kleinstädtische ist auch attraktiv, jedenfalls viel attraktiver als unser vormaliges Ambiente in Giesing. Die DFFB im Sony-Center – dem liegt zwar eine spezielle Geschichte zugrunde und es ist vielleicht wenig funktional – aber ein beeindruckendes Quartier ist es allemal. Die HFF Potsdam in Babelsberg hat schon elf Jahre vor uns einen vollständigen Neubau bekommen, der übrigens auch größer ist als unserer. Die Hamburg Mediaschool mit ihren Backsteinbauten ist ebenfalls ein beeindruckendes Ensemble. Dementsprechend muss man die Gunst der Stunde nutzen. Und weil wir Geld für den Bau bekommen haben, haben wir dann auch Geld für die Technik bekommen. Nun haben wir vier Alexas und das erste LED-Studio der Welt. Meine Aufgabe sehe ich darin, das Beste herauszuholen, was geht. Was sie dann kreativ daraus machen, ist die Aufgabe der Studenten und der Kollegen in den Fachabteilungen. Dass aber optimale technische Möglichkeiten keinerlei Garantie für geniale Filme ist, versteht sich von selbst.

BO: Letztes Jahr haben Sie ein 858 Seiten starkes und 1,5 Kilo schweres Buch über die Geschichte von Filmhochschulen in Deutschland geschrieben[2]. Sie beschreiben, wie anlässlich der Eröffnung der DFFB 1966 die Bundesrepublik im internationalen Vergleich »einmal mehr den Anschein der verspäteten Nation« vermittelte. Inzwischen ist Deutschland nach den USA weltweit das Land mit den meisten Filmhochschulen. Braucht es so viele Filmhochschulen?
PS: Nein, es braucht nicht so viele Filmhochschulen für den deutschen Film, aber es gibt nun mal dieses in Deutschland besondere föderale Film- und Medienwesen,

Es reicht nicht, auf den Record-Button zu drücken

und das führt zu so vielen Institutionen. Würde es eine Zentralstelle für Filmkunst und Filmausbildung geben, würde man wahrscheinlich sagen, dass zwei Filmstandorte und zwei Filmausbildungsstätten reichen müssen. Wir haben aber keinen zentralen Medienstandort wie andere Länder und demzufolge gibt es föderal sehr unterschiedliche Ansätze zur Filmausbildung. Alle deutschen Filmhochschulen sind konstitutionell anders aufgestellt.

BO: Aber begrüßen Sie es, dass es so viele Filmhochschulen sind?
PS: Ich begrüße es eigentlich nicht, weil die Konkurrenz um die Bewerber immer schärfer wird. Der deutsche Sprachraum hat ein gewisses Reservoir an Talenten. In diesem Wettbewerb stehen wir und den kann man nicht beliebig anheizen. Wenn Mecklenburg-Vorpommern, das Saarland und Bremen jetzt auch ihre eigenen Hochschulen gründen würden, dann würden wir irgendwann ernste Probleme bekommen. Und die Frage, was alle diese Filmhochschulabsolventen hinterher machen sollen, stellt sich ja schon jetzt. Das ist halt Bundesrepublik. Wer sollte denn Mecklenburg-Vorpommern verbieten, eine Filmhochschule zu gründen?

BO: In diesem Filmlehren-Buch kommen zum ersten Mal Dozenten diverser Filmhochschulen gemeinsam zu Wort. Geht es immer so kollegial zu?
PS: Meine Kollegen Richard Reitinger und Lars Krösche von der Hamburg Mediaschool haben das mit dem Begriff der »Koopetition«[3] bezeichnet. Das trifft es genau. Natürlich gibt es Kollegialität. Hier beispielsweise beim Bau gab es für die Technik auch Gutachter von anderen Filmhochschulen, die geprüft haben, was wir beantragt hatten. In diesem Austausch haben wir uns sofort auf der kollegialen Ebene getroffen. Aber natürlich stehen wir auch in Konkurrenz – es fängt, wie eben erwähnt, bei den Bewerbern an und hört bei den Filmen und deren Erfolgen auf den Festivals auf. Allerdings gibt es auch klare Vorlieben bei den Bewerbern. Sie wollen nach München oder lieber nach Berlin, dorthin, wo ihnen die Atmosphäre am besten gefällt oder wo sie die beste technische Ausstattung sehen. Es gibt auch unbewusste Neigungen: Man betritt ein Gebäude und findet, das macht was her oder es riecht komisch. Das hat sehr viel mit Chemie zu tun. Deshalb bleibt die Frage der Kollegialität und Kooperation zwischen den Filmhochschulen ein interessantes Spannungsfeld. Keine allein kann alles bieten.

BO: In *Filmhochschulen in Deutschland* findet man auch Ihre Darstellung des »Tetraeder des Films« mit den vier Disziplinen der Filmausbildung: Wissenschaft, Technik, Gewerbe, Kunst. Können Sie dies hier etwas ausführen?
PS: Für mich ist das ein wichtiger Schlüssel zur Filmausbildung, zum Film überhaupt. Ich habe dieses Modell eines Tetraeders gewählt, weil eine sprachliche Darstellung nur eine Reihung bedeutet und eine Reihung bedeutet wiederum eine Art von Priorisierung. Dem unterliegt der Tetraeder eben nicht: Er hat vier Ecken und die kann ich beliebig drehen und wenden.

Als Techniker würde ich z.B. sagen: Die ersten Filmemacher waren Techniker, sie haben Kameras gebaut und haben etwas gemacht, das im Nachhinein zur Filmkunst wurde bzw. erklärt wurde – also haben wir schon zwei Pole dieses Tetraeders: Technik – Kunst. Diese Filmemacher waren aber auch Kaufleute, das heißt, sie haben Filmmaterialien verkauft oder Kameras in Lizenz anfertigen lassen. Das heißt, sie haben dem Film die wirtschaftliche Dimension hinzugefügt. Hier sind wir schon beim dritten Pol. Wenn es dann zur Ausbildung kommt, gesellt sich

57

Peter C. Slansky

eine wie auch immer bezeichnete und geartete Wissenschaft hinzu, die das Ganze reflektiert, nach Methoden ordnet, die transparent und überprüfbar sind. Diese wissenschaftliche Komponente ist also ein vierter Pol des Tetraeders. Und nicht einer dieser vier Pole lässt sich einsparen. Wer behauptet, Film sei nur Kunst, wird keinen einzigen Film machen können, weil er ihn nicht finanziert bekommt. Er wird ihn auch deshalb nicht machen können, weil er natürlich ein technisches Medium benutzen muss. Und lässt sich dann das Ergebnis nicht nach überprüfbaren Methoden reflektieren, fehlt also die wissenschaftliche Komponente, dann wird man keine Ausbildung sinnvoll betrachten können. Das erschien mir in Bezug auf den Film eine Art Grundmodell zu sein. Damit ist der Film – und auch die Filmausbildung – vergleichbar mit der Architektur. Dort gibt es auch diesen Tetraeder: Baukunst, Bauwirtschaft, Bautechnik und Wissenschaft. Der einzige Unterschied ist – und deswegen gibt es Filmhochschulen und nur ganz wenige Bauhochschulen, z.B. das Bauhaus –, dass eine Filmausbildung verlangt, dass Filme schon während der Ausbildung gemacht werden. Der Architekt kann entwerfen, das reicht schon für die Ausbildung: Am Schluss stehen ein Satz Pläne und ein Modell. Beim Film muss wirklich gedreht, wirklich geschnitten und wirklich vorgeführt werden, es sei denn, man schreibt ausschließlich Drehbücher. Aber selbst ein Drehbuchstudent sollte mal aktiv bei einem Filmdreh mitgewirkt haben. Das Filmemachenmüssen macht diese Ausbildung so wahnsinnig aufwendig. Dieser Tetraeder wird in jeder Filmhochschule in eine andere institutionelle Form gegossen. Und das einmal darzustellen war mir ein großes Bedürfnis.

BO: Wären Sie heute gerne Filmstudent?
PS: Es ist ein bisschen, als würden Sie mich fragen, ob ich gerne im Mittelalter gelebt hätte ... Das kann ich nicht ernsthaft beantworten. Ich bin sehr froh mit dem, was ich heute mache. Selbst habe ich das Filmstudieren in einer ganz anderen Form erlebt. Ich denke, dass die Möglichkeiten, die heute technologie-, aber auch institutionsbedingt gegeben sind, viel größer sind als zu meiner Studienzeit, natürlich erst recht 20 Jahre davor, als diese Hochschule gegründet wurde. Dieser Fortschritt hat aber andere Auswirkungen. So ist z.B. der Druck, den sich die Studenten untereinander machen, sehr viel größer als früher. Das habe ich damals nicht erlebt – und ich bin sehr froh darum. Bei meinem zweiten Studium (ich habe ja drei Mal studiert), das kein Filmhochschulstudium war, gab es ein riesiges Vakuum, in das engagierte Studenten ihr eigenes Ding einbringen konnten. Das war eine tolle Sache. Ich gehöre einer Generation an, in der man sich als ein Stück Selfmademan mit Freunden zum Teil die Veranstaltungen selbst organisiert hat. Heute ist es genau umgekehrt, das Angebot und die Strukturen sind sehr ausgefeilt. Sie können einen auch erschlagen. Dann stehe ich plötzlich als armer, kleiner Student da mit meinem gedrehten Material und habe das Gefühl, dass alle anderen mich überholen oder den tolleren Film machen. Ich kann mir vorstellen, was das mit einem macht.

Also, wenn ich heute nochmals studieren würde, weiß ich nicht, ob ich nicht lieber Architektur studieren würde ... *(lacht).*

BO: Lieber Herr Slansky, ich danke Ihnen für das Gespräch!

Anmerkungen

1 OLIVE (2011; R: Patrick Gilles, Hooman Khalili).
2 Peter C. Slansky: *Filmhochschulen in Deutschland. Geschichte – Typologie – Architektur.* München: edition text + kritik 2011.
3 Ebenda, S. 775 ff.

Es reicht nicht, auf den Record-Button zu drücken

Peter C. Slansky, geboren 1961, Studium Maschinenbau an der Universität Duisburg und Fotoingenieurwesen an der FH Köln mit dem Studienschwerpunkt Film- und Fernsehproduktionstechnik, Postgraduierten-Studium Film/Fernsehen an der Kunsthochschule für Medien Köln. 1988–1999 Regisseur, Kameramann, Autor und/oder Produzent von ca. 60 Industrie- und Werbefilmen. 1996–1999 Lehraufträge an der Staatlichen Hochschule für Gestaltung Karlsruhe und an der FH Köln.

Seit 1999 Lehrstuhl für Film- und Fernsehproduktionstechnik an der HFF München und Geschäftsführender Leiter der Abteilung II Technik. Seit 1999 Baubeauftragter für den Neubau der HFF. Seit 2008 2. Vorsitzender des Hochschulrats der HFF und Gründungsdirektor des Studienzentrums für Filmtechnologie der HFF.

Peter C. Slansky (© Privat)

Christian Rohde

Die Suche nach Produzentenpersönlichkeiten

Filmlehre im Fach Produktion an der Filmakademie Baden-Württemberg

Von Christian Rohde

Der Beruf des Filmproduzenten ist nicht einfach zu erklären. Das Bild des Produzenten ist (insbesondere nach Ansicht von »Branchenfremden«) stark von Klischees geprägt, die ihren Ursprung in der Erinnerung an die amerikanischen Produzenten des vorherigen Jahrhunderts haben. Aber selbst wenn man das Bild des ständig Zigarren paffenden Filmmoguls überwunden hat, bleibt es ausgesprochen schwierig, diesen Beruf mit wenigen Sätzen zu skizzieren. Schließlich setzt jeder Produzent seine eigenen Schwerpunkte, wie etwa Stoffentwicklung, Finanzierung oder Packaging. Jeder hat seine eigene Vorstellung davon, wie er seine Stärken für den Erfolg eines Films einsetzt und wo er mögliche Schwächen auszugleichen versucht, indem er in einem Team eine bestimmte Aufgabenverteilung veranlasst. Ohne eine Wertung anderer Berufe beim Film, wie etwa der Regie oder dem Drehbuch, vorzunehmen, ist der Arbeitsalltag eines Produzenten – zumindest von außen betrachtet – schwerer zu verstehen und zu fassen. Wie soll also dieser Beruf an einer Filmhochschule »gelehrt« werden? Wo doch so viele individuelle Präferenzen mal zum Erfolg und mal zum Scheitern führen? Keine leichte Aufgabe, denn das »eine Rezept« gibt es meiner Ansicht nach nicht.

Im Folgenden möchte ich meine ganz persönliche Lehrweise als Dozent an der Filmakademie Baden-Württemberg beschreiben. Natürlich ist diese von meiner eigenen Sichtweise und Haltung, aber sicher auch durch das Konzept der Filmakademie geprägt, an der ich auch selbst von 1996 bis 2000 studiert habe. Mein Schwerpunkt ist die Produktion szenischer Spielfilme. Seitdem im Jahr 2007 der Direktor der Schule, Prof. Thomas Schadt, Studenten die Möglichkeit eröffnete, einen abendfüllenden Spielfilm als Abschlussarbeit vorzulegen, ist meine Tätigkeit an der Filmakademie umfänglicher. Ich wurde gebeten, eine Struktur für dieses Angebot zu schaffen, die Studenten bei dieser anspruchsvollen Aufgabe zu begleiten und flankierende Seminare mit Gastdozenten aus der Branche anzubieten. Während meiner Zeit als Produktionsstudent an der Filmakademie waren abendfüllende Abschlussfilme noch die absolute Ausnahme (realisiert wurde beispielsweise NICHTS BEREUEN von Benjamin Quabeck, 2001) – und dafür hatte die damalige Leitung der Schule unter Prof. Albrecht Ade Gründe. Wenn man bedenkt, dass die Studenten aller beteiligten Gewerke mit einer solchen Aufgabe den »geschützten Raum« der Schule ein gutes Stück weit verlassen müssen, da alleine die Finanzierung

Die Suche nach Produzentenpersönlichkeiten

der Filme zahlreiche Partner aus der Branche (Sender, Verleiher, Vertriebe und externe Produktionsfirmen) notwendig macht, muss man sich die Frage stellen, ob das nicht viel zu früh ist. Ob es ein studentisches Team nicht deutlich überfordert, mit Produktionsvolumen im meist sechs-, manchmal siebenstelligen Bereich umzugehen und sich dabei noch im ausreichenden Maße ausprobieren zu können. Diese Frage wird auch heute bei jedem einzelnen Projekt gestellt, aber die Möglichkeiten zur Finanzierung und Umsetzung sind nun gegeben. Damit sind die Anforderungen an die Studenten allerdings ganz erheblich gewachsen.

Heute gibt es einen regelrechten »Run« auf die Filmhochschulen, nie war der Bedarf nach jungen Talenten so hoch. Das liegt meiner Ansicht nach an einem sehr viel enger gewordenen Markt, in dem sich zu viele Produzenten um sich stetig verringernde Volumen bewerben. Um aus dem Konkurrenzumfeld herauszustechen, steigt auch die Nachfrage nach modernen, neuen und andersartigen Stoffen, Erzählformen und Filmen. Und dieses Potenzial für das Neu- und Andersartige liegt nun mal hauptsächlich (wenn auch nicht ausschließlich) beim sogenannten »Nachwuchs«.

Wie also kann eine Filmhochschule angehende Produzenten optimal auf diese Situation und diese Aufgaben vorbereiten? An der Filmakademie Baden-Württemberg beginnt die Vorbereitung schon mit den Aufnahmeprüfungen (auf die ich am Ende dieses Artikels noch gesondert eingehen möchte) und gliedert sich mit Beginn des Studiums nach meiner subjektiven Sicht in folgende Bereiche:
- Vermittlung von »Lerndisziplinen« / Grundlagen
- Stärkung und sicherer Umgang mit dem eigenen kreativen Potenzial
- Produzentische Persönlichkeitsbildung
- Erfahrungsvermittlung und Austausch mit Topakteuren der Branche

- Bildung von Netzwerken (intern wie extern)

Natürlich basiert auch der Produzentenberuf auf einem »Handwerk«, das man lernen muss. Dazu gehört das Erstellen von Kalkulationen und Drehplänen ebenso wie unter anderem die Kenntnis von den Grundlagen der Finanzierung, Förderanträge, Vertragsgestaltung, der Verleih- und Vertriebsaktivitäten etc. Diese Basiskenntnisse werden insbesondere im ersten Jahr des vierjährigen Produktionsstudiums meist von Gastdozenten aus der Branche vermittelt. Der sichere Umgang mit diesem Wissen ermöglicht es dem angehenden Produzenten, sich auf alle anderen und ebenfalls wesentlichen Prozesse bei der Filmentstehung zu konzentrieren. Das ist die Basis, die einen geordneten Ablauf einer Produktion ermöglicht.

Parallel dazu – und im weiteren Verlauf des Studiums – geht es mir darum, dass die Studenten ihr kreatives Potenzial erkennen und es stärken. Unabhängig davon, ob sich jemand seine berufliche Zukunft als Producer, Produzent oder auch Produktions- oder Herstellungsleiter vorstellt: Jeder Vorgang beinhaltet und erfordert Kreativität. Der jeweilige Fokus mag unterschiedlich gelagert sein, aber wir sprechen hier von der Entstehung komplexer künstlerischer Werke mit sehr vielen Beteiligten. Dabei haben insbesondere die produzentischen Bereiche einen enormen Einfluss. Wie zuvor erwähnt, ist dieser Einfluss von außen nicht so deutlich erkennbar wie etwa der des Autors oder Regisseurs. Aber jede Haltung oder Entscheidung des Produzententeams hat direkte Auswirkung auf das fertige Produkt. Diese Erkenntnis ist ein Kern dessen, was ich den Studenten vermitteln möchte. Man braucht viel Erfahrung, um mit dieser Möglichkeit umgehen zu können. In jeder Stufe des oft langwierigen Entstehungsprozesses hat der Produzent Einfluss. Egal ob Brainstorming, Drehbuchbesprechung, Team- und Darstel-

Christian Rohde

lerentscheidungen, Lookbesprechung oder Kalkulationsverhandlungen: Das Ergebnis wird im Film »sichtbar« werden. Die sichere Handhabung mit dieser umfänglichen Verantwortung gelingt womöglich erst nach einigen Jahren konkreter Berufserfahrung.

Doch wie ist das im Rahmen des Studiums zu vermitteln? Zunächst fußt auch die Bildung einer Produzentenpersönlichkeit auf »handwerklichen« dramaturgischen Grundlagen, die speziell im ersten Jahr und darüber hinaus in Seminaren sowie in der Praxis studentischer Filmprojekte vermittelt werden. Die Filmidee und die Umsetzung in einem Drehbuch sind insbesondere für den Produzenten die wichtigste Grundlage für einen gelungenen Spielfilm.

Darauf aufbauend müssen die Studenten eine vielschichtige, konkrete und individuell angepasste Hilfestellung erhalten. Schließlich prägen sich im Verlauf des Studiums immer mehr die persönlichen Präferenzen, Stärken und Schwächen heraus, auf die Dozenten möglichst auch individuell eingehen sollten. Zu diesem Zweck bieten wir an der Filmakademie ab dem zweiten Jahr zahlreiche Seminare an, die erstens die komplexen inhaltlichen wie wirtschaftlichen Zusammenhänge verstehbar sowie zweitens die Ziele der notwendigen Projektpartner (z.B. Sender) erkennbar machen und drittens einen Erfahrungsaustausch zwischen Studenten und Akteuren der Praxis ermöglichen sollen.

Im Folgenden einige Beispiele zur Veranschaulichung: Das Seminar »Der Redakteur: Partner oder Sendeplatzverwalter?«, das ich einmal jährlich mit dem ZDF-Redakteur Daniel Blum abhalte, vermittelt einen Insider-Blick auf die Strukturen eines, in diesem Fall, öffentlich-rechtlichen Senders. Wie sind die relevanten Sendeplätze gestaltet und was wird an Angeboten von externen Produzenten erwartet? Und vor allen Dingen: Warum wird dies erwartet?

Welchen Einflüssen und Notwendigkeiten ist ein Redakteur innerhalb des Senders ausgesetzt? Wie »entsteht« ein Budget für einen Fernsehfilm? Welchen Regeln folgt dieser Prozess? Anknüpfend an die Budget-Frage zeigen wir im Seminar »Werbevermarktung bei TV-Movie / Serie / New Media« (Dozent: Lars-Eric Mann / IP Deutschland), wie sich private Fernsehsender finanzieren und worin der konkrete Zusammenhang zwischen diesem Geschäftsmodell und dem Budget eines TV-Movies besteht. Schließlich veranschaulicht das Seminar »Kosten und Kreativität« (mit Sebastian Werninger, Herstellungsleiter bei teamWorx Television & Film) anhand einer ersten Drehbuchfassung und der Kalkulation eines bereits verwirklichten Spielfilms wie personeller Aufwand und Materialeinsatz eines Projekts mit dem vorhandenen oder aufzubringenden Budget in Übereinstimmung gebracht werden. Dies ist ein höchst komplexer und ein hohes Maß an Kreativität und Erfahrung erfordernder Vorgang, der mit den Studenten zusammen erarbeitet wird.

Ein wesentlicher Bestandteil der Ausbildung in meinem Fachgebiet ist – wie auch in den anderen Abteilungen – das Prinzip der Einzelgespräche. Von einer bestimmten Stufe an können Dozentenkollegen und ich ein Projekt bzw. eine Problemstellung nur durch individuelle Betreuung begleiten. Die Filmakademie hat ein breites Angebot für Einzelgespräche in allen Fachrichtungen aufgestellt und dies wird von den Studenten jeweils einzeln oder in ihren Projektteams intensiv genutzt. Je größer die Projekte im Verlauf des Studiums werden (und spätestens bei dem Realisierungswunsch eines 90-Minuten-Films), desto wichtiger wird die Einzelbetreuung.

Das »Gegenstück« zu den Einzelgesprächen ist der Erfahrungsaustausch in der Gruppe / im Team. Dies realisieren wir in verschiedenen Seminaren, Podiums- und Feed-

Die Suche nach Produzentenpersönlichkeiten

backgesprächen. Insbesondere nach Abschluss eines Projekts besteht die Möglichkeit, die jeweiligen Erfahrungen untereinander oder auch moderiert auszutauschen. Zahlreiche Fallstudien von Kino- und Fernsehproduktionen, die außerhalb der Filmakademie entstanden, runden dieses Angebot ab.

Mit dem Erkennen der eigenen kreativen Fähigkeiten, dem Erkennen, wie sich diese Fähigkeit praktisch umsetzen lässt, geht der Prozess der produzentischen Persönlichkeitsausbildung einher. Die Filmakademie ist bewusst wie ein Mikrokosmos, eine Miniaturausgabe der tatsächlichen Filmarbeitswelt, gestaltet. Jeder Student der Akademie erwirbt sich im Laufe seines Studiums und während seiner Projekte einen Ruf. Teambildung findet ständig und überall statt. Es müssen sich Autoren, Regisseure, Kameraleute und Produzenten finden, damit ein studentisches Projekt entstehen kann. Dabei bleiben auch die negativen Einflüsse eines gruppendynamischen Prozesses nicht aus. Ausgeprägtes Konkurrenzverhalten ist keine Seltenheit. Konflikte und Überforderung sind oft die Folge. Auch wenn ich das Nichtzustandekommen von Projekten, das Scheitern innerhalb des »geschützten Raums« für eine wertvolle Erfahrung halte, müssen die Studenten für ihre Zukunft den Umgang mit komplexen Problemstellungen und dem möglichen Scheitern daran lernen. Auch hierfür gibt es ein breites Seminarangebot, das die Themen Konfliktmanagement, Zeitmanagement oder persönliche Krisenbewältigung umfasst. Letztendlich ist der souveräne Umgang mit sich selbst und anderen in einer fordernden, anspruchsvollen Umgebung zwingend notwendig, da sonst das Gespür für vielversprechende Filmstoffe blockiert ist, die von anderen vorgeschlagen oder vom (angehenden) Produzenten selbst gefunden wurden. In den vergangenen Jahren hat sich der »Creative Producer« an der Filmakademie und in der Branche immer stärker etabliert. An der Schule sind es auch immer häufiger die Produktionsstudenten, von denen die zündende Idee (und in manchen Fällen sogar das ganze Drehbuch) für ein Filmprojekt kommt. Genau diese Fähigkeiten müssen wir im Rahmen des Studiums unterstützen und stärken.

In den bisherigen Ausführungen ist das grundsätzliche Konzept der Filmakademie deutlich zu erkennen: Die Dozenten und Lehrenden sind zu einem überwiegenden Teil aus der Praxis. Unabhängig von der Thematik, etwa eines Seminars, findet sozusagen nebenher ein wechselseitiger Erfahrungsaustausch statt. Es ist ganz sicher kein Zufall, dass an der Filmakademie die besten Akteure der Branche lehren. Nicht nur, dass die Studenten direkt mit diesen Dozenten ins Gespräch kommen (»Frontalunterricht« ist an der Filmakademie ohnehin eher die Ausnahme), sondern dass auch die Dozenten etwas von den Studenten lernen. Welche Ideen oder Strömungen bewegen den jungen Filmnachwuchs? Gibt es Tendenzen, die von den Studenten bzw. deren Filmprojekten abstrahlen und demnächst das Kino oder das Fernsehen beeinflussen werden? Dieser Austausch ist sehr wertvoll und ein Stück weit auch ein Motor dieser Branche.

Ein weiterer wesentlicher Faktor für die erfolgreiche Ausbildung zum Filmproduzenten sind Netzwerke. Oft bilden sich gleich zu Beginn des Studiums Teams, die im weiteren Verlauf immer wieder zusammenarbeiten. Und im besten Fall bleiben sie auch nach der Ausbildung in engem beruflichen und persönlichen Kontakt.

Das Netzwerken ist allerdings bereits im Studium angelegt. Es gibt für Produktionsstudenten keinen besseren Ort, um mit Produzenten, Redakteuren, Verleihern etc. ins Gespräch zu kommen, als während der

Christian Rohde

Seminare, die diese als Gastdozenten abhalten. Aus diesen Begegnungen hat sich schon für manchen der Einstieg in das Berufsleben ergeben (wie bei mir selbst auch). Aber auch das Netzwerk der Studenten untereinander ist von unschätzbarem Wert. So hatte ich das Glück, einige Jahre nach meinem Studium mit dem Kernteam meines Abschlussfilms einen großen Pro7-Eventfilm produzieren zu können (GO WEST – FREIHEIT UM JEDEN PREIS, 2009, Regie: Andreas Linke, Kamera: Stefan Unterberger). Eine Zusammenarbeit an einem komplexen Projekt, die durch diesen Background von Anbeginn durch Vertrauen und gegenseitigen Respekt geprägt war.

Ein paar Sätze noch zur Aufnahmeprüfung für den Produktionsstudiengang: In den vorherigen Ausführungen habe ich dargelegt, dass die Filmakademie nach Produzentenpersönlichkeiten bzw. nach Studenten mit dem entsprechenden Potenzial dafür sucht. Dabei ist ein schon existentes Fachwissen zwar hilfreich, aber zunächst nicht der entscheidende Punkt (schließlich umfasst das Studium ja auch die Vermittlung dieses Fachwissens). In der schriftlichen Prüfung sowie dem mündlichen Gespräch mit dem Aufnahmegremium werden zwar auch Wissensfragen gestellt, aber auch eine »falsche« Antwort kann sehr aufschlussreich sein, wenn es darum geht, die in einem jungen Studienbewerber angelegte Persönlichkeit zu entdecken. Daran kann man sehen, dass es uns wesentlich wichtiger ist, jene Persönlichkeit zu erkennen oder wenigstens erahnen zu können. Das lässt sich unter anderem auch daran festmachen, wie sich jemand mit dem Medium Film/Fernsehen nach persönlichen Präferenzen auseinandersetzt. Fähigkeiten wie »Organisationstalent« oder »Teamfähigkeit« sind für den Beruf des Produzenten zwar unabdingbar, aber sie alleine machen noch keinen guten Produzenten aus. Es mag wie eine Binsenweisheit klingen, aber der Wunsch an einer der renom-

Christian Rohde (© Stefan Unterberger)

Die Suche nach Produzentenpersönlichkeiten

miertesten Filmhochschulen zu studieren, sollte mit der Kenntnis und ständigen Auseinandersetzung mit Filmen (deutsche und internationale!) begründet sein.

Die Filmbranche hat sich in den vergangenen zehn Jahren stark verändert. Der Markt fordert in sehr viel stärkerem Maß als zuvor Flexibilität, Schnelligkeit und Wendigkeit. Die Schule ist mit diesem Markt eng verzahnt und ist doch ein Ort, an dem sich der angehende Produzent ausprobieren und bestenfalls selber finden kann. Diese Struktur garantiert, dass die Ausbildung zum Produzenten an der Filmakademie Baden-Württemberg immer »up to date« ist.

Christian Rohde, geboren 1974, studierte an der Filmakademie Baden-Württemberg in Ludwigsburg Produktion in der Abteilung Szenischer Film. 2000 Diplom, dann Producer und später Produzent bei teamWorx Television & Film GmbH. Seit 2007 Dozent an der Filmakademie Baden-Württemberg in der Abteilung Produktion. Seit Anfang 2010 Produzent und Geschäftsführer bei der Magic Flight Film GmbH in Berlin.

Produktionen (Auswahl): TOTER MANN (2001, Regie: Christian Petzold – u.a. Adolf-Grimme-Preis 2003, Fernsehfilmpreis der Deutschen Akademie); ZUCKERBROT (2002, Regie: Hartmut Schoen – Adolf-Grimme-Preis 2004 an Regie und Hauptdarsteller); ROSE (2005, Regie: Alain Gsponer – u.a. Eastman Förderpreis Int. Hofer Filmtage 2005, Deutscher Fernsehpreis 2007); MITTE 30 (2007, Regie: Stefan Krohmer); DER MANN AUS DER PFALZ (2009, Regie: Thomas Schadt); VATIKAN – DIE VERBORGENE WELT (2010, Regie: Richard Ladkani – Bayerischer Fernsehpreis); IM BRAUTKLEID MEINER SCHWESTER (2011, Regie: Florian Froschmayer).

Nico Hofmann

Ich will die Gegenwehr provozieren
Nico Hofmann im Gespräch mit Thomas Schadt

TS: Bevor wir uns mit der Kernfrage befassen, ob man »Filmlehren« überhaupt unterrichten kann, möchte ich bei Dir anfangen: Wie hast Du Deine Ausbildung in Erinnerung?
NH: Meine Ausbildung habe ich als extrem ambivalent empfunden, keine glückliche Zeit. Ich war an der Filmhochschule in München und habe von der Spielfilm- zur Dokumentarfilmabteilung gewechselt, was eher ungewöhnlich war, da es viel schwerer war in die Spielfilmklasse reinzukommen. Ich habe das gemacht, weil ich das Gefühl hatte, in der Dokumentarfilmabteilung mehr Nähe zum Leben und zur Lebenserfahrung zu finden. Die Dozenten, die Thematiken und auch die Auswahl der Studenten entsprachen mir mehr. Ich habe mit 20 angefangen und war damals einer der jüngsten Studenten. Die Begegnung mit Menschen wie beispielsweise Georg Stefan Troller, die sich mit gelebtem Leben befasst haben und daraus Filme machten, hat mir sehr gut getan. Es war einfach der interessantere Ansatz. Oftmals waren es historisch geprägte Biografien, wie beispielsweise Trollers WOHIN UND ZURÜCK – WELCOME IN VIENNA. Mich hat zum Beispiel seine Axel-Corti-Biografie sehr beeinflusst.

TS: Ambivalent – bleiben wir doch mal dabei. Die positiven Aspekte waren wohl eher die Begegnungen mit konkreten Persönlichkeiten und Geschichten. Wie zum Beispiel?
NH: Viele. Leute wie Troller oder wie Peter Turrini, der mich sehr beeinflusst hat. Turrini hat politisches Theater in Österreich gemacht, auch »based on facts«. Die Turrini-Stücke waren teilweise Lebens-, Arbeiterwirklichkeiten. Ich war süchtig nach diesen Begegnungen – und auch nach Vaterfiguren. Klaus Schreyer, der damals die Dokumentarfilm-Abteilung leitete, war z.B. eine Vaterfigur für mich. Interessanterweise war der dokumentarische Ansatz dann auch Bestandteil der Filme, die ich gemacht habe: ABSCHIEDSBILDER handelte von einem Bauernsohn aus der Pfalz, in dem im Grunde genommen auch ich steckte, denn wir waren im gleichen Alter; DER KRIEG MEINES VATERS war die komplette Verfilmung der Kriegstagebücher meines Vaters. Das kam sehr stark aus dem Dokumentarischen. Es war ein Wunsch nach gelebtem Leben, nach Introspektion, nach etwas, »wo ich reinschauen konnte«. Mich haben diese Menschen mit gelebtem Leben am meisten beeindruckt und auch geprägt.

TS: Was ist Dir als weniger angenehm in Erinnerung geblieben? Waren das Probleme an der Struktur der Schule?
NH: Ja, das hing mit den Strukturen an der Schule zusammen. Damals war ich in einer Art Hollywood-Filmabteilung. Der Grund meines Austritts aus der Klasse war, dass wir einen Hexenverbrennungsfilm aus dem Mittelalter mit einen Budget von 50.000 Mark drehen sollten, quasi mit der ganzen Klasse. Ich fand den Ansatz absurd, im ersten Studienjahr einen historischen Schinken mit aufgeschlitzten Schweinen und was weiß

Ich will die Gegenwehr provozieren

ich, was da noch alles verbraten wurde, zu realisieren. Der ganze Gestus, die Lust auf Größe, die in dieser Abteilung steckte, ging mir auf die Nerven. Dann habe ich meine Freude an der Filmgeschichte bei Helmut Färber entdeckt. Er war das Gegenstück, ein brillanter, sehr kluger Theoretiker. Ich habe es immer genossen, zu ihm in die Filmgeschichte zu gehen, jeden Freitag und Dienstag. Und das war eben nicht nur Hollywood. Er hat viele DDR-Filme, Nachkriegs- und auch Nazifilme, die ja damals unter Verschluss waren, gezeigt. Im Grunde genommen eine hochinteressante Palette. Ganz zu schweigen vom Dokumentarischen, was er auch noch unterrichtet hat. Das war für mich eine Oase der Freiheit, weil ich den Unterricht in der Spielfilmklasse wirklich grenzwertig fand.

TS: Wie würdest Du Dich denn selbst, aus Deiner Erinnerung, als Filmstudent beschreiben?
NH: Ganz sicher als sehr unfertig. Ich war extrem dünnhäutig, weil ich auf der Spurensuche war und nur ganz schwer meinen Weg gefunden habe. Mir ging es in München auch nicht gut. Ich hatte zuvor beim *Mannheimer Morgen* volontiert und das war eine schöne Zeit. Diese in gewisser Weise auch dokumentarische Arbeit war eine sehr spannende Bereicherung in meinem Leben. Der Lokalteil einer Zeitung kam mir wie eine Öffnung zur Welt vor. Und dann kam München als große Stadt, weggerissen von allem, was Heimat bedeutet, und die Spielfilmabteilung mit diesem übertriebenen Hollywood-Anspruch. Im ersten Jahr kam ich mir richtig minderwertig, klein, unbedeutend und verloren vor. Da gab es auch keine Guidelines – gar nichts gab es da.

TS: Was heißt Spurensuche?
NH: Die Spurensuche wurde durch mein Volontariat beim *Mannheimer Morgen* ausgelöst und durch meine sehr intensive biografische Beschäftigung mit meiner Familie. Ich habe mit 19, 20 Jahren, nach dem Auszug von zu Hause, eine Art Familienbiografie für mich ergründet. Das hatte mit der Scheidung meiner Eltern zu tun. Ich wollte wissen, warum sie so geworden sind, warum mein Vater so geworden ist. Die Kriegs- und die Russlanderlebnisse, die Verletzungen, die er dort erlitten hat, haben eine große Rolle gespielt. Mit dieser Lust am Biografischen bin ich nach München gekommen, nur ließ sie sich in diese Filmspielklasse nicht einbinden. Das war dort überhaupt nicht von Interesse.

TS: Welche Erwartung hattest Du an die Filmhochschule? Hattest Du überhaupt eine Erwartung, als Du dort aufgenommen wurdest?
NH: Ich hatte nicht damit gerechnet aufgenommen zu werden. Die Konkurrenzsituation war einfach gigantisch. Interessanterweise hatte ich mich mit einer dokumentarischen Arbeit beworben, die sich mit dem Leben und Alltag eines Polizeibeamten befasste. Ich erinnere mich sehr gut daran, auch an die Fotos, die ich ausgesucht hatte. Ich habe mich mit journalistischen Texten beworben, um zu verdeutlichen, dass ich aus dem Journalismus komme. Ich hatte ganz klar die Hoffnung auf eine befruchtende Begegnung mit Mitstudenten – und das hat gut funktioniert. Daraus haben sich nachhaltige Beziehungen entwickelt, aber die Begegnung mit dem Lehrkörper war, das muss ich ganz offen sagen, extrem schwierig.

TS: Mit welchen Punkten glaubtest Du damals, als Du fertig studiert hattest, in Deinem Werdegang als Filmschaffender zu bestehen?
NH: Ich war relativ stolz auf mich, weil ich den erwähnten Abteilungswechsel vollzogen hatte – das war damals ein Senatsbeschluss.

Nico Hofmann

Und am Ende dieser Ausbildung hatte ich das Produzieren gelernt. Ich habe alle meine Filme selbst produziert – und zwar in einem relativ großen Umfang. Ich hatte für meinen Abschlussfilm LAND DER VÄTER, LAND DER SÖHNE fast eine Million Mark zur Verfügung, was für einen Abschlussfilm extrem viel Geld war. Nebenbei habe ich andere Filme produziert, z.B. habe ich bei Uwe Janson mitproduziert. Plötzlich war eine Produktionsgemeinschaft entstanden. Wir hatten eigene Büros, eigene Schneideräume, eigene Schneidetische. Also ich war schon zufrieden. Ich hatte zudem das Gefühl, dass die Erforschung meiner selbst und meiner Familienstruktur zu einem durchaus respektablen Abschluss gekommen war. LAND DER VÄTER, LAND DER SÖHNE war für den Bundesfilmpreis nominiert und was ganz wichtig war: Ich konnte meine Filme verkaufen. Ich habe DER KRIEG MEINES VATERS und auch ABSCHIEDSBILDER verkauft. ABSCHIEDSBILDER war der allererste Film, den der Südwestrundfunk (damals noch SWF) gekauft hat. Alle meine Filme liefen damals beim SWR und dadurch habe ich in Baden-Baden eine Heimat gefunden. Der Sender war dann fast zehn Jahre lang mein Geldgeber. Ich habe davon gelebt.

TS: Also doch etwas, was aus den Möglichkeiten der Schule entstanden ist ...
NH: Ja, absolut.

TS: Dann bist Du Deine beruflichen Wege gegangen, so wie ich auch. Wie bist Du denn später zum Unterrichten gekommen?
NH: Ich bin auf zwei Wegen zum Unterrichten gekommen. Zum einen habe ich für Jugendhäuser und Kirchengemeinden Nachwuchsarbeit gemacht. Warum? Weil ich in der evangelischen Kirche aktiv war und Film- und Videoworkshops gegeben habe. Sehr früh schon und teilweise noch während des Studiums – ich besitze sogar noch die Filme, die dabei entstanden sind. Der ausschlaggebende Punkt war dann zum anderen der Ruf von Albrecht Ade. Ich war sehr jung, unter 30, und sehr ehrgeizig. Ade hat hier sein baden-württembergisches Filmdozententeam mit Leuten aus München, Berlin, Hamburg, Los Angeles und Stuttgart zusammengestellt. Gleich bei der Gründung der Akademie hat er mich gefragt, ob ich Lust hätte, hier zu unterrichten. Ich war überrascht, dass er mich gefragt hat, denn ich war damals noch nicht so erfolgreich wie einige Jahre später. Aber ich hatte Erfolge aus meiner Studienzeit vorzuweisen und das hat für ihn gezählt. Meine Hochschularbeit war die ersten fünf, sechs Jahre noch mit meiner Regietätigkeit gekoppelt und dann erst habe ich das Produzieren angefangen.

TS: Nun gibt es meiner Erfahrung nach keine fertigen Konzepte für das Unterrichten, sondern man bezieht sich auf eigene Erfahrungen. Wie ging das bei Dir los? Wie waren Deine ersten Erfahrungen als Dozent für Regie?
NH: Es war sehr lustig, weil ich sehr jung war und mir erst Respekt bei den Studenten erkämpfen musste. Es gab Studenten, die mich überhaupt nicht ernst genommen haben. Ich war gerade mal fünf Jahre älter als sie. Ich stand wirklich unter Druck, weil ich ihnen beweisen musste, dass ich mehr Ahnung habe als sie. Nicht gerade die einfachste Übung! Ich habe ja von der Stunde null an der Filmakademie unterrichtet. Wir haben unter Kollegen die Lehrpläne abgestimmt und sind da sehr handwerklich, didaktisch vorgegangen. Die ganzen Unterrichtsmaterialien liegen bei mir noch in einem Karton. Ich gucke mir manchmal an, was ich damals getrieben habe, Tonanalyse von TOP GUN mit Tom Cruise und ähnliches mehr. Ich habe mich dem Unterrichten sehr praktisch angenähert. Damals habe ich noch

Ich will die Gegenwehr provozieren

Regie gemacht und auch meine eigenen Filme zur Analyse freigegeben. DER SANDMANN, der ein kommerzieller Erfolg war, habe ich mal auseinandernehmen lassen, dabei aber meine eigenen Schwerpunkte verdeutlicht. Zum Beispiel wie ich den Rhythmus gesetzt habe, den Ton, den Schnitt oder wie ich in der Inszenierung vorgehe. Ich habe also eine eigene Unterrichtskonzeption entwickelt. Und die hieß vor allem: Rhythmus und Emotionen. Emotion und Rhythmus – das war von Götz George geprägt, weil Georges Schauspielarbeit komplett aus den Komponenten Körperlichkeit, Emotionen und Rhythmus besteht. Ich war lange am Theater und habe unter anderem bei Dieter Dorn hospitiert. Ich hatte also extreme Schauspielererfahrungen, die mich begeistert haben. Im Unterricht habe ich dann versucht, bei Inszenierungsfragen alle diese prägenden Eindrücke weiterzugeben. Ich habe Inszenierungsaufgaben ausgearbeitet. Ich musste ja ein Vokabular entwickeln, um zu zeigen, wie eine Szene funktioniert, was man in einer Szene macht. Es geht nicht nur um Fallhöhe, sondern schlichtweg darum, wie choreografiert wird, wie man Emotionen einsetzt, welche verschiedenen Rhythmen eine Szene hat und so weiter. Ich habe mich quasi meiner eigenen Mittel vergewissert, während ich unterrichtete – und das habe ich dann mal fünf oder sechs Jahre so gemacht.

TS: Das heißt, das Unterrichten hat Dich selbst auch beeinflusst?
NH: Erstmals wurde ich selbst viel sicherer, weil ich auch berufliche Erfolge hatte. Nach DER SANDMANN war auch DER GROSSE ABGANG erfolgreich. Mit einem Film wie LAND DER VÄTER, LAND DER SÖHNE hätte ich bei den Studenten wahrscheinlich keine Trophäe gewonnen, aber mit einem Film wie DER SANDMANN konnte ich schon erklären, was ich mache. Deshalb habe ich schnell Lust bekommen, auch dritte und vierte Jahrgänge zu unterrichten. Diese »Basic-Unterrichtsmodule« waren immer das Gleiche, wieder und wieder ... Spannend sind bei Studenten das dritte und das vierte Jahr, weil es da zum absoluten emotionalen Ausbruchsprozess kommt. Da artikuliert sich, wohin jemand will – auch mit allen Verzweiflungen. Und das kannte ich von mir selbst extrem gut. Wie Du spüre ich deshalb sehr schnell, wenn ein Student sich öffnet. Wohin er – wenn auch noch versteckt – will, den Weg aber noch nicht genau kennt. In diesem dritten Jahr, in dem es wirklich ums psychologisch Eingemachte geht, da fühlte ich mich wirklich am wohlsten.

TS: Nicht wenige, sowohl am Theater als auch beim Film, sagen, man könne Regie gar nicht unterrichten. Was entgegnest Du denen?
NH: Das halte ich für Quatsch. Ich bin der Meinung, dass man Regie sehr wohl unterrichten kann, ebenso wie schauspielerisches Handwerk. Das wird sogar viel zu wenig gemacht. Man kann die Schauspielerei ausprobieren, um zu sehen, wie schwierig es ist, die unterschiedlichen Formen von Rhythmus zu empfinden. Was man nicht lernen kann, ist eine Grundsensibilität. Wenn jemand grundsätzlich keine Sensibilität für sein Gegenüber hat, kann er keine Regie führen. Wir beide haben ja auch die Aufnahmebedingungen der Filmakademie deutlich verfeinert und zugleich verschärft, und ich würde behaupten, dass die Studenten, die wir in jüngerer Zeit aufnehmen, diese Sensibilität mitbringen. Deshalb können sie auch erfolgreich lernen. Davon bin ich überzeugt.

TS: Fangen wir also mit der Aufnahmeprüfung an. Wonach suchst Du? Was verstehst Du unter dem Begriff Talent?
NH: Talent ist zunächst einmal eine energetische Ausstrahlung. Die zeigt sich daran, wie jemand einen Raum betritt, wie er

Nico Hofmann

mit Menschen umgeht, wie er seine Energie bewahrt. Da reicht es teilweise, nur 30 Minuten bei der Inszenierungsübung zuzuschauen: Ob jemand 30 Minuten lang bei Widerstand, bei Konfusionen in der Gruppe, wenn die Schauspieler nicht mehr wollen, seine Energie hält oder ob er wegkippt. Lässt er sich überreden, geht er mit Verve auf das Geschehen ein oder hat er überhaupt keine Energie? Dann kommen Gespräche, Einzelgespräche, Debatten über die Bewerbungskurzfilme. Welche Energie steckt im Kandidaten, welche Sensibilität, wie offen geht er mit der Situation um, und vor allem, wie intelligent formuliert er? Kann er überhaupt angemessen ausdrücken, was er will? In diesen drei oder vier Bewerbungstagen bekommt man wirklich ein Gespür für eine Person.

TS: Das bringt mich zu der Frage: Was macht ein Regisseur eigentlich? Was muss der können?

NH: Der Regisseur hat eine klare Vision, wie der Film nachher aussehen soll. Eine Vision heißt, er hat eine moralische Haltung zu seinem Stoff, eine psychologische, inhaltliche Haltung zu seinen Figuren und Intelligenz in seinem Nachdenken über Form, Inhalt und Sprache. Er muss in der Lage sein, sich auf eine Entdeckungsreise zu begeben und die soeben erwähnten Parameter zu berücksichtigen. Die Entdeckungsreise alleine reicht eben auch nicht aus, wenn sie nicht eine moralische Einbettung hat. Ich nehme mal Stefan Krohmer als Beispiel, der mittlerweile ein arrivierter Regisseur ist, mit zig Grimme-Preisen. Krohmer musste sich aus einem Alt-68er-Familienbild befreien, er war als Walldorfschüler in extremer Freiheit aufgewachsen. Bei Krohmer stellte sich die Definitionsfrage von möglichst großer Freiheit, die er für sich eingefordert hat, rabiat, anarchisch, also bis zum Wahnsinnigwerden. Das gilt übrigens auch, wenn man heute mit ihm produziert. Er hat dann trotzdem eine ganz klare Fokussierung, präzise in seinen Erwartungen an die Schauspieler. Aus diesen beiden Polen entsteht die Schönheit seiner Filme.

TS: Was ist mit dem Faktor Kommunikation? Der spielt doch eine große Rolle? Regisseure müssen auf jeden Fall auch gut kommunizieren können?

NH: Regisseure müssen unendlich gut kommunizieren können, vor allem müssen sie permanent kommunizieren. Ich bin der Meinung, dass du Kommunikation lernen musst, auch emotionale Kommunikation. Kommunikation mit dem Team hat den gleichen Wert wie Kommunikation mit den Schauspielern. Das musst du hier an der Akademie erstmals lernen. In den letzten Jahren hatten wir hier bedrückende Depressionsfälle, weil Studenten nicht in der Lage waren, über ihre Probleme zu sprechen und mit dem Leistungsdruck nicht mehr klargekommen sind. Entsprechend ist die Verantwortung.

TS: Sind das Extreme, die auch mit den Berufen zu tun haben, die wir hier ausbilden?

NH: Auf jeden Fall! Der Beruf ist mit einer extremen und permanenten Belastung verbunden. Du kannst es dir nicht erlauben, »Ich weiß es grad nicht« zu sagen. Du musst jeden Tag ganz genau wissen, was du tust. Das hat mit der Arbeitsmarktsituation zu tun. Jeder, der die Schule abschließt, will natürlich irgendwo andocken und eine berufliche Zukunft haben. Und viele wissen, dass das am Markt – das muss man leider sagen, egal was es für ein Markt ist – nur mit einer entsprechenden Performance funktioniert.

TS: Jetzt mal zu Dir zurück. Du bist hier seit 20 Jahren Lehrer für Spielfilme und Regie. Wie hast Du Dich denn in den 20

Ich will die Gegenwehr provozieren

Jahren als Dozent verändert? Gibt es da eine Entwicklung?
NH: Ja, ganz sicher. Ich bin mir meiner Methoden viel sicherer geworden, das hat mit Lebenserfahrung zu tun. Ich bin wesentlich direkter geworden, ich formuliere viel, viel schneller, wenn ich das Gefühl habe, irgendetwas läuft in die falsche Richtung. Ich versuche sehr, sehr früh Sachen anzusprechen, extrem früh.

TS: Kann man das vielleicht an einem Beispiel festmachen?
NH: Zum Beispiel, wenn ich bei einem Entstehungsprozess sehe, dass jemand ein dreiviertel Jahr an einem Stoff rumbastelt und ich mir von Minute eins an die Frage stelle: Was hat das mit demjenigen zu tun? Wenn ich also spüre, dass der Stoff nichts mit dem Studenten zu tun hat – da könnte ich jetzt Beispiele nennen, 40 aus dem Stegreif, bei denen ein Jahr lang an dem Stoff herumprobiert wird ... Früher habe ich ein Jahr abgewartet und gedacht: »O.k. ich brauche Geduld, er/sie braucht Geduld, ich warte ab.« Mittlerweile sage ich nach dem zweiten Treffen: »Also: Entweder artikuliere jetzt, warum Du das hier jetzt unbedingt machen willst oder LASS ES BLEIBEN!« Oder ich weigere mich einfach, mich mit den Studenten zu treffen, solange der Text nicht präziser ist. Das mache ich jetzt ganz oft, das habe ich früher nicht gemacht. Ich hatte früher mehr Geduld, aber ich fahre mit meiner jetzigen Methode wesentlich besser. Ich habe mir angewöhnt, wirklich extrem emotional, direkt und ehrlich auf das, was ich sehe, zu reagieren – auch auf Rohschnitte. Ich habe früher endlose taktische, höfliche, geduldige, pädagogische Schleifen gedreht – und das habe ich mir abgewöhnt. Ich denke, das hat auch mit einer Beschleunigung, die wir insgesamt hier bei Produktionsprozessen haben, zu tun. Dank Dir und dank eines Gemeinschaftsbeschlusses die Dinge nicht schleifen zu lassen, auch wenn eine Studentin bei FIRST STEPS steht und sagt, sie sei dankbar, für ihren Abschlussfilm viereinhalb Jahre ihr Studium verlängern zu dürfen ... Man kann sich dann fragen, ist das richtig? Ich behaupte, von einem gewissen Alter an ist das nicht richtig! Gewisse Beschleunigungsprozesse führen auch bei mir dazu, dass ich psychologische Prozesse bei Studenten forciere und sie damit wesentlich schneller auf den Punkt bringe.

TS: Du bist ja auch hier bekannt dafür – und von den Studenten höre ich auch immer wieder –, dass Du sehr schnell, sehr direkt und manchmal sogar verletzend oder provozierend bist. Was willst Du damit bei den Studenten bezwecken?
NH: Ja, ich will verletzen, provozieren. Ich will die Gegenwehr provozieren. Ich will erzielen, dass der Andere sich wehrt. Weil er sich entweder wehrt und ich dann verstehe, was er will oder er wehrt sich nicht, und dann will ich wissen, wer Recht hat. Am Ende des Tages geht es wirklich darum, wie der Film aussieht. Ein gutes Bespiel ist Florian Cossen: Ich habe hier an der Akademie bestimmt sieben oder acht Rohschnitte von seinem Film DAS LIED IN MIR gesehen, den wir koproduziert habe. Der Film hatte keine emotionale Struktur, es blieb ein verwursteter Rohschnitt. Und dann habe ich einen Fehler gemacht, ich habe gesagt, wie ich die Schnitte setzen würde. Ich habe seinen Film im Detail wie im Fernsehspiel durchrhythmisiert und meinte, wo der Film mich langweile, solle er den Rhythmus verändern. Das hat er sich fünf Stunden lang angehört und ist dann wütend geworden, weil er das von mir unmöglich fand. Ich fand es von mir auch unmöglich, aber es war wirklich ein letzter Versuch. Ich wollte dieses Werk retten. Dann hat er mich gebeten, den Schneideraum zu verlassen, weil er das nicht durchhält. Ich habe gesagt:

Nico Hofmann

»O.k., ich gehe jetzt raus, aber ich erwarte von Dir, dass Du den Rhythmus von diesem Film in den Griff kriegst und eine Struktur findest, damit mich der Film überzeugt.« Dieser Krach im Schneideraum hat dann in der Tat die finale Fassung erzeugt, weil er sich gegen mich gewehrt hat. Er hat sich komplett gegen die narrative Struktur entschieden, er hat die Struktur ausschließlich auf die Wahrnehmung von Jessica Schwarz zugeschnitten, und das war ausschlaggebend für die Filmqualität – plus eine gigantisch gute Mischung. Da wäre ich in 100 Jahren nicht selbst drauf gekommen. Das hat er aber nur gemacht, weil er sich in einem letzten Akt gegen mich aufgebäumt und gesagt hat: »Entweder setzt er sich jetzt durch – oder ich setze mich jetzt durch.« Er hat sich gegen mich gewehrt, und das Ergebnis war eine Gegenstruktur. Er hat die Gegenstruktur gebaut, um mir zu beweisen, dass sie funktioniert. Und er hatte Recht! Ich hätte den schlechteren Film geschnitten!

TS: Du sagst aber, es war ein Fehler ...
NH: Ja, es war ein Fehler. Ich bin dann gleich nach Hause geflogen und habe mir Vorwürfe gemacht, auch weil das Projekt vier Jahre gedauert hat. Vor allem aber wusste ich, dass mein Auftritt eine Nummer zu hart war. Ich habe zu heftig versucht Florian klarzumachen, wie ich den Film schneiden würde. Was ich selten so deutlich tue. Das habe ich bei TRANSPAPA von Sarah Judith Mettke ähnlich gemacht. Da waren viele Übergänge problematisch und ich fand den Film langatmig. Das war aber nicht so konfliktreich. Die Grundstruktur war relativ gut geschnitten und Sarah hat sehr viele Ratschläge übernommen. Rhythmus bedeutet ja nicht nur, Länge kürzen, das muss ich ja niemandem erklären. Rhythmus ist eine sehr diffizile Angelegenheit. Der letzte Vorfall war vor drei Wochen. Christian Schwochow hat einen großartigen Film gedreht, DER TURM, mit knapp 6,6 Millionen Euro Budget. Der Film war im Rohschnitt der Presse mit einem supertollen Layoutmix, den er selbst in Halle gemacht hat, vorgeführt worden. Für mich ist das einer der besten Filme, die wir je produziert haben und ich bin unendlich stolz darauf. Dann kam die Mischung, nachdem er mit einem Orchester in Bratislava die Filmmusik aufgenommen hatte. Als ich mir den Film angeschaut habe, die 5.1-Mischung, war die Wirkung von dem Film weg. Weil er plötzlich mit einem Orchester im Hintergrund und einem mega Soundmix den Rhythmus und den Hintergrund akustisch verändert hat. Das endete damit, das wir 14 Stunden gemeinsam in der Mischung saßen. Dann habe ich zu Christian gesagt: »Also, entweder mischst Du diesen Film jetzt und überzeugst mich – Du hast mich ja schon einmal überzeugt –, oder ich mische und dann kannst Du mit mir über die Mischung diskutieren.« So war es dann auch, ich habe gemischt und danach haben wir diskutiert.

TS: Ich glaube in der Tat – und da sind wir einer Meinung –, dass dieses Aufbauen von Widerständen bis hin zur Provokation und Verletzung ein wichtiges pädagogisches Mittel ist. Warum ist das so?
NH: Das ist deshalb so, weil du zwei Menschen im Raum zu einer Haltung herausforderst. Letztendlich geht es genau darum. Es wird nur einer Recht haben können. Viele denken, man trifft sich in der Mitte. Das stimmt nicht. Da gibt es einen tollen Satz von Bernd Eichinger: »Die Mitte geht beim Filmemachen nicht.« Filme, die schlecht laufen, sind Filme, bei denen mehrere Leute eine Meinung und alle Recht hatten. Wenn Florian aufgegeben hätte, dann hätte ich mich wahrscheinlich durchgesetzt. Es wäre der schlechtere Film geworden. Aber er hat alle Kraftreserven und alle Sensibilitäten, die er besaß, mit Wucht in diesen Film gelegt. Und

Ich will die Gegenwehr provozieren

der ist tatsächlich ein internationaler Erfolg geworden. Als ich den Film in Montreal im Festival sah, hat er mich zu Tränen gerührt. Ich habe Florian dann auf der Bühne umarmt und ihm gesagt: »Ich bin wirklich stolz auf Dich, das hätte ich so nicht hinbekommen.« Aber der Weg dorthin war ein langer.

TS: Wie hat sich das Unterrichten auf Deine eigene Arbeit ausgewirkt?
NH: Das Unterrichten hat sich enorm auf meine Arbeit ausgewirkt, weil ich meinen ganzen Beruf umgestellt habe. Ich habe im Grunde genommen über die Begegnung mit den Studenten, über die Möglichkeit, hier in der Abteilung studentische Filme zu produzieren, erkannt, dass viele Studenten besser sind als ich. Ich könnte zahlreiche Studenten nennen, von denen ich der Meinung bin, dass sie talentierter sind als ich. Stefan Krohmer war mit 25 besser als ich mit 35. Damit muss man umgehen können und irgendwann habe ich festgestellt, dass produzieren mir mehr Spaß macht. Das ist auch durch die 10 bis 15 Filme, die ich im Jahr hier produziere, entstanden. Ohne die Filmakademie hätte ich nie den Beruf gewechselt.

TS: Aber interessanterweise unterrichtest Du hier nicht Produktion, sondern Regie. Warum?
NH: Weil ich immer noch viel mit Regie zu tun habe, auch im Hauptgewerbe. Es ist ja meine Leidenschaft. Bei teamWorx produzieren wir im Jahr 30 Filme, bei 17 davon bin ich sehr eingebunden und ich kann das fachliche Niveau nur halten, wenn ich die Debatte mit den Regisseuren tatsächlich auf gleicher Augenhöhe führen kann. Deshalb ist die Regie für mich niemals weg. Ich möchte keine Regie mehr führen, aber ich kann zu jeder Zeit mitreden. Derzeit werden sieben Projekte gleichzeitig gedreht. Ich könnte zu einem Drehort fahren, und wenn mir die Muster nicht gefallen würden, würde ich relativ dezidiert mitteilen können, was ich geändert haben will. Das hat mit dem ständigen Austausch zu tun. Das ist hier in der Akademie genauso. Ich verstehe einen Regisseur, der hier studiert, ich verstehe ihn in der Abfolge, in dem gesamten Umfeld, das er kreieren muss. Da ist ja nicht nur die Regie, es ist auch die Auswahl des Kameramanns, die Tonalität des Films, der Musik, der Mischung. Bei alldem fühle ich mich zu Hause, und deshalb sehe ich mich nach wie vor in der Lage, Regie zu beurteilen.

TS: Inzwischen hast Du 15 Diplomjahrgänge komplett miterlebt. Kann man überhaupt eine allgemein gültige Aussage treffen, wie Filmstudenten ein solches Studium durchleben, wie sie sich verändern?
NH: Als wir hier angefangen haben, ging alles wesentlich anarchistischer zu. Wir haben viele Studenten gehabt, die – das lag auch an den ersten Jahrgängen und an der Zusammensetzung des Ausschusses – aus der Kunstszene oder aus der Malerei kamen. Thomas Fridetzky hat sich damals mit Kreidestiftbildern beworben. Er hat nie einen Film gemacht, auch nicht in der Hauptprüfung. Wir waren damals wesentlich offener. Ich bilde mir ein, dass wir beim Auswahlverfahren jetzt viel pragmatischer geworden sind. Der Markt hat sich fundamental gewandelt, die Vorbildung der Studenten hat sich durch die Digitalisierung verändert. 80 Prozent der Leute, die sich hier bewerben, hatten schon mit sechs Jahren einen Computer und haben mit Apple-Schnittprogrammen hollywoodeske Kleinwerke vollbracht. Das gab es damals nicht, es gab keine Digitalkamera, gar nichts. Als das hier begonnen hat, wurde noch auf Super 8 gedreht. Ich würde auch behaupten, dass die Mehrzahl der Studenten wesentlich pragmatischer als früher ist. Sie beschäftigen sich mit Fragen wie: Wie schnell geht die Ausbildung zu Ende? Mit

Nico Hofmann

welchem Film geht man hier raus? – und das schon im dritten Jahr. Wo bewirbt man sich mit dem Film? Welche Redakteure sind interessant? Wie sieht ein späteres Arbeitsumfeld aus? Auch Arbeitsgruppen bilden sich hier viel, viel schneller und viel, viel pragmatischer als noch vor zehn Jahren. Ob das besser ist, ist eine andere Frage. Aber es spiegelt auch den enormen Druck an einem Medienmarkt wider, der meiner Meinung nach seine größte Veränderung durchlebt, weil er einen thematischen und inhaltlichen Umbruch erfährt. Welche Formen möglich sind, das hat mit dem Internet zu tun: YouTube, neue Verbreitungsformen ... noch nie hat es so viele Plattformen und Spielwiesen gegeben wie im Moment. Alles das färbt auf die Studenten ab.

TS: Du warst ja intensiv daran beteiligt, dieser Schule Profil mitzugeben. Dozenten vom freien Markt, Teamarbeit, Learning by Doing wird hier mehr als an anderen Schulen betrieben, die adaptieren inzwischen das Konzept. Was waren die Beweggründe, auf diese Kernpunkte zu setzen?

NH: Meine Erfahrungen in München waren identisch mit denen von Albrecht Ade. Ade hat mir irgendwann gesagt: »Wenn eines hier nicht in Frage kommt, dann ist es eine Art von verbeamtetem Lehrertum, indem dritt- und viertklassige abgebrochene Künstler ihren Lebensfrust an Studenten weitergeben.« Man muss leider sagen, dass das an vielen Hochschulen in allen Bereichen der Fall ist. Bei lebenslanger Verbeamtung bekommt man selten gute Leute unter Vertrag, die haben nämlich zu viel zu tun. Der einzige richtige Weg ist, die besten Leute, die man teilweise nur vom freien Markt und dann auch nur in kleiner Anzahl bekommt, mit ihrer Energie auf die Studenten loszulassen. Das war von Anfang an das Unterrichtskonzept der Akademie. Das habe ich sehr unterstützt, weil ich in München genau das Gegenteil gekannt habe. Wir hatten festangestellte Regiedozenten, die zehn Jahre lang denselben Unterricht gemacht haben. Das geht nicht!

TS: Geschützter Raum auf der einen Seite, scheitern können, Fehler machen dürfen – und auf der anderen Seite die Nähe zum Markt herstellen, das sind vielleicht sich zwei widersprechende Dinge. Wie bekommt man das an der Filmhochschule unter einen Hut?

NH: Das widerspricht sich nur scheinbar und in Wirklichkeit gar nicht. Der Markt ist nur so gut wie das Selbstbewusstsein seiner Akteure. Das ist einfach so. Der Markt ist in vielen Bereichen komplett verunsichert. Es gibt wenige Produzenten, Redakteure, Sendeanstalten oder Chefs von Sendeanstalten, die mit einer wirklichen, ultimativen und angstfreien Klarheit genau wissen, auf welche Qualität sie setzen müssen. Dieses Wissen ist ein rar gesätes Gut. Das heißt, dass du nur mit einem selbstbewussten studentischen Personal, das sehr genau weiß, was es tut, wie es außen auftritt und das seine Arbeit verteidigt, die Wissenslücke füllen kannst. Du kannst eigentlich nur mit genau solchen Leuten erfolgreich sein – und das wissen auch die Sender, die Filmförderungsanstalten und auch alle Gremien dieser Welt. Deshalb ist das Selbstbewusstsein eines Studenten und das des dazugehörigen Produzenten so wichtig. Sie müssen sagen können: Wir schützen und verteidigen das, was wir machen, und machen es zudem genau so, wie wir es wollen. Diese Haltung ist die Keimzelle für Erfolg. Alle großen Erfolge dieser Akademie, auch die Studenten-Oscar-Filme, waren an Studenten gebunden, die mit einer unglaublichen Präzision ihr eigenes künstlerisches Konzept perfekt bis zum Ende durchgearbeitet haben und sich von niemandem haben beirren lassen. Auch Stefan Krohmers Abschlussfilm beim Kleinen Fernsehspiel, damals noch unter

Ich will die Gegenwehr provozieren

Leitung von Liliane Jessen, war ein fundamentaler Erfolg. Auch Stefan hat sich nicht beeinflussen lassen, es war sein Film!

TS: Trotzdem hat man manchmal auch sogenannte große Talente, in die man große Hoffnungen setzt, die es aber dann nach der Akademie nicht schaffen.
NH: Ganz ehrlich, ich wüsste wenige. Was meinen Bereich betrifft, müsste ich lange überlegen, um einen zu finden, von dem ich denke, er schafft es nicht. Es hat oftmals mit persönlichen Lebensentscheidungen zu tun, wenn einer sagt, er will nur Kino machen und unbedingt in Amerika drehen. Das gab es in den letzten Jahren, und nach drei Jahren kommen sie wieder und würden gern beim NDR eine TATORT-Regie bekommen. Inzwischen sind aber schon zehn andere da, die bewiesen haben, dass sie tolle TATORTE machen. Schwer haben es also oft diejenigen, die eine bestimmte Zeit nach dem Studium brauchen, um sich in ihrer Weiterentwicklung zu artikulieren, oder die, die mit zehn Projekten gleichzeitig die ganze Bandbreite anbieten, was oftmals Blödsinn ist. Bei der Mehrzahl vertraue ich auf das Talent. Bei Christian Schwochow war von NOVEMBERKIND an klar, dass er Karriere machen würde, im Grunde genommen sogar schon bei dem Film über seinen Großvater, den er hier gemacht hat; der war handwerklich sehr interessant. Der wirkliche Durchbruch bei Schwochow war dann der von Jochen Laube produzierte Film DIE UNSICHTBARE. Bei DIE UNSICHTBARE ist er mit den Schauspielern auf ein sehr hohes Niveau gekommen. Er hat eine völlig eigene Energie entfesselt, die mit der Kamera unglaublich lebendig geworden ist. NOVEMBERKIND war sehr ruhig, nahezu methodisch erzählt, und plötzlich merkst du, dass sich da jemand innerhalb von drei Jahren und mit drei Filmen komplett geöffnet hat. Aber das Talent war im Grunde genommen früh zu erkennen.

TS: Der Netzwerkgedanke spielt in der Ausbildung eine ganz große Rolle: also Teams zu bilden, in Units verbunden zu sein, später auf den Markt zu gehen. Die Geschichte Deiner teamWorx-Firma hat ja auch mit Absolventen von Filmhochschulen zu tun.
NH: Das stimmt, teamWorx besteht zu großen Teilen aus Absolventen diesen Instituts: Sascha Schwingel, Christian Rohde, der lange bei uns war, Jochen Laube, Steffi Ackermann … das sind Leute, die ich hier entdeckt habe.

TS: Warum auch immer …
NH: Warum nicht, wenn ich hier jemanden Tolles entdecke? Ich entdecke auch im Kamerabereich hervorragende Leute oder im Drehbuch – also nicht nur im Regiebereich. Am meisten beglückt mich natürlich, wenn die Verbindungen auch weiterbestehen. Ich nenne jetzt mal Schwochow, wo du die entscheidenden Filme mitbetreuen kannst, oder ich nehme jemanden wie Florian Cossen, der jetzt mit Jochen Laube weitermacht. Es bilden sich Bündnisse, die sich vertrauen und im Grunde genommen eine neue Generation darstellen. Jochen Laube und Florian Cossen sind 17 Jahre jünger als ich, sie repräsentieren eine neue Generation, und das ist wichtig.

TS: Die Entscheidung Dozenten zu holen, die aktiv am Markt arbeiten, birgt immer die Möglichkeit, dass die Studierenden über diese Dozenten in den Arbeitsmarkt finden.
NH: Absolut! Das ist so. Die großen US-Schulen arbeiten nur nach diesem Prinzip. Komplette Durchmengung mit dem Markt! 80 Prozent der Lehrenden kommen dort aus der Branche und es gibt nur ganz wenige, allerdings auf Topniveau festangestellte Dozenten. In Los Angeles ist das aufgrund der großen Anzahl von Profis, die dort arbeiten, natürlich spannend. Was hatte ich damals

Nico Hofmann

in München? Da kam vielleicht ab und zu ein langweiliger Producer von der Bavaria Film rüber, bestenfalls vom Bayerischen Rundfunk. Und in Amerika hast du halt 17 Produzenten, 25 Agenten und so weiter. Das ist mittlerweile hier auch so: Du bekommst hier ein Spektrum unterschiedlicher Persönlichkeiten aus der Branche, die für unterschiedliche Produkte stehen und es ist einfach toll, die Studenten mit diesen Fachleuten zusammenzubringen.

TS: Man hat bei Dir das Gefühl, Nico, dass Dir das Unterrichten, Dein Engagement hier an der Schule wahnsinnig viel bedeutet – auch als Ausgleich zu Deiner normalen beruflichen Tätigkeit. Was ist das, was Dich hier so erfüllt?
NH: Ganz sicher die Begegnung mit Studenten, weil Studenten dich permanent herausfordern. Das ist auch anstrengend. Nach zwei Tagen reist man völlig erschöpft ab, aber dadurch, dass es immer wieder eine neue Generation ist, die diesen Dialog einfordert, ergeben sich auch immer wieder neue und interessante Begegnung mit Menschen, die aus einem völlig anderen Lebensumfeld kommen. Sie sind deutlich jünger, haben andere Lebenserfahrungen und gehen mit Medien ganz anders um. Für mich stellt sich das wie eine Art Dauerbefruchtung dar und eine Bereicherung. Denn ich lerne von den Studenten, indem ich erlebe, wie sie ticken. Ich würde das nie missen wollen. Es beflügelt mich. Am meisten beflügelt es mich, wenn ich mich mit Leuten wie Jochen Laube und Steffi Ackermann austauschen kann. Steffi ist mit DOCTOR'S DIARY die erfolgreichste deutsche Serienproduzentin und Jochen ist als Produzent ebenfalls sehr erfolgreich. Ich muss zugeben, dass ich manchmal mehr von ihnen lerne, als sie von mir lernen können. Ich kann Jochen Laube vier Stunden beim Referieren zuhören, bin manchmal richtig baff und denke: »Wow, auf den Gedanken wäre ich jetzt nicht gekommen.« Und bin stolz auf ihn.

TS: Das heißt, Du lernst von den Studenten am Ende auch?
NH: Ich lerne in vielerlei Hinsicht. Ich bin manchmal auch durch die Offenheit von Werken wirklich so berührt, dass es mich tagelang beschäftigt. Ich kann dann wirklich vor dem Fernseher heulen. Ich habe mir den Krebsfilm vom Christian Werner an einem Samstagabend am Wannsee bei mir zu Hause angeschaut. Der Film hat mich vier Tage weggehauen. Der Student hatte ihn mir auf dem Akademie-Hof in die Hand gedrückt. Und dann sitze ich zu Hause und ein Student konfrontiert mich mit einer dermaßen großen Klarheit, Direktheit und einer solchen Emotion! Damit musst du umgehen können. Der studiert ja noch bei dir, und von diesem Moment an gehst du ganz anders mit ihm um. Für mich war der Film ein Geschenk, indem er in mir etwas bewirkt hat. Ich habe danach ein langes Gespräch mit Christian Werner geführt. Wir haben darüber gesprochen, ob er nach Amerika gehen sollte. Ich weiß nicht, wofür er sich entschieden hat. Aber ich habe ihm von Amerika abgeraten. Früher hätte ich gesagt: »Ja, dann probier's doch mal.« Aber weil ich den Film gesehen habe ... Darin ist so viel Energie, in ihm steckt ein großer künstlerischer Moment. Christian Werner sollte wirklich jetzt weitermachen und nicht nach New York gehen.

TS: In dem Film geht es ja um seine eigene Krebsgeschichte, die er hat therapieren lassen. Diese Form, diese radikale, oft subjektive Offenheit: Ist das ein Weg zu guten Stoffen und am Ende ein Weg zu guten Filmen?
NH: Das ist ein guter Weg, weil er eine völlig eigene Form dafür gefunden hat. Das Entscheidende ist, dass dieser Film einem mit einer enormen Kraft entgegentritt, er ist nicht larmoyant, dafür aber sehr anspruchs-

Ich will die Gegenwehr provozieren

voll in seiner Form. Er hat eine Form gefunden, die den Zuschauer mit seinem eigenen Lebensmodell konfrontiert. Mich hat der Film gepackt, weil er auch autobiografisch wird und mit Familienforschung zu tun hat. Als er damit beginnt, seine Familienspuren auf ganz eigene Weise aufzuarbeiten, war ich besonders fasziniert. Das geht weit über die Krebserkrankung hinaus. Die Krebserkrankung war der Katalysator für eine – für sein Alter – unglaublich reife Beschäftigung mit sich selbst.

TS: Die Frage war eher, ob Du diese Bereitschaft zu dieser Offenheit von Studenten erwartest?
NH: Ja. Wenn mich das so wie in diesem Fall packt, dann beglückt mich das am meisten.

TS: Und hältst Du das auch für einen Weg, um später erfolgreich am Markt zu arbeiten?
NH: Ich glaube, dass es sich bei der Öffnung immer um Prozesse handelt. So wie der Film von Christian Werner eine Phase darstellt, die ihn frei gemacht hat. Er wird sicherlich nicht die nächsten zehn Jahre diese Art Filme machen, aber mit diesem Film hat er den Weg gefunden, sich selbst zu vertrauen und eine eigene Form zu finden. Das wird ihm bei seiner weiteren künstlerischen Arbeit helfen. Das macht es auch interessant. Du merkst, ob jemand sozusagen blockiert ist oder ob jemand mit sehr viel Mut Fußspuren setzt und sagt: »Ja, so bin ich. Das bin ich. So will ich mich zeigen.« Ich denke, dass dieser Film ein Türöffner war, der ihn dazu befähigt, andere filmische Lösungen zu finden.

TS: Wie geht es denn weiter mit der Methodik, mit der Filmpädagogik? Wie blickst Du da nach vorne? Erst auf die Schule bezogen und dann auf Dich persönlich.

NH: Für die Schule ist immer ganz entscheidend, welcher Geist dort herrscht. Der Geist hier an der Filmakademie ist ein extrem offener – und das hat auch ganz viel mit Dir zu tun. Ich behaupte, die Studierenden wissen, dass sie sich vier Jahre fallenlassen können. Dieses Fallenlassen ermöglicht eine Angstfreiheit. Und ich befinde mich derzeit mehr denn je in einer Art Laborstadium. Je länger ich unterrichte, desto häufiger sitze ich da und lasse mich einfach überraschen. Ich bin wesentlich lebensneugieriger und undogmatischer geworden. Ich lasse mich stärker auf Lebensläufe ein als früher. Ich fahre damit ganz gut. Anders geht es auch gar nicht. Das ist wie bei der Kindererziehung: Du kannst nur mit Spannung darauf schauen, mit welchem Fundament jemand antritt und was er mit diesem Fundament macht. Du kannst ihn nur schützen, auffordern, den Weg weiterzugehen und wenn du das Gefühl hast, die Abgründe kommen doch bedrohlich nah und er stürzt gleich ab, dann musst du ihn retten. Aber interessant wird es immer in diesem Zwischenbereich: so fünf Meter vor dem Abgrund und dann schafft es jemand, eine eigene Form zu finden – wie Christian Werner zum Beispiel. Das ist spannend. Da bin ich offener denn je. Das hat auch mit meiner eigenen Situation zu tun.

TS: Das ist doch mal ein schöner Schlusssatz! Danke, Nico.

Nico Hofmann, geboren 1959. Nach einem Zeitungs-Volontariat studierte er an der Hochschule für Fernsehen und Film in München. Sein Kinodebüt LAND DER VÄTER, LAND DER SÖHNE erhielt u.a. den Bayerischen Filmpreis 1989. Es folgen als Regisseur u.a. DER SANDMANN (1995) und SOLO FÜR KLARINETTE (1998). Im gleichen Jahr Abschied von der Regie und Gründung der Produktionsfirma

Nico Hofmann

teamWorx Television & Film GmbH. Seit 1995 lehrt er als Professor für den Fachbereich »Szenischer Film« an der Filmakademie Baden-Württemberg. Im Jahr 2000 rief Nico Hofmann gemeinsam mit Bernd Eichinger den Nachwuchspreis FIRST STEPS ins Leben. Seit 2008 verantwortet er zusätzlich als Geschäftsführer und Filmproduzent die Aktivitäten der UFA Cinema und leitet derzeit die Kinoproduktionen der Studenten-Oscar-Preisträger Toke C. Hebbeln WIR WOLLTEN AUFS MEER und JESUS LIEBT MICH von und mit Florian David Fitz.

Für seine besonderen Verdienste im Bereich Fernsehfilm erhielt er 2006 den Hans-Abich-Preis und für seine produzentischen Leistungen bei DRESDEN (2005), DIE LUFTBRÜCKE (2005) und DIE STURMFLUT (2006) wurde er mit dem Bayerischen Fernsehpreis geehrt. 2007 erhielt er den Schillerpreis der Stadt Mannheim sowie den Romy-Preis in der Sparte »Bester Produzent«. 2009 wurde er mit der Verdienstmedaille des Landes Baden-Württemberg ausgezeich-

Nico Hofmann (© teamWorx)

net. Weitere Produktionen (Auswahl): DER TUNNEL (2001); DIE FLUCHT (2007); DAS WUNDER VON BERLIN (2008); WILLKOMMEN ZUHAUSE (2009); BIS NICHTS MEHR BLEIBT (2010); SCHICKSALSJAHRE (2011); HOMEVIDEO (2011); DER TURM, nach dem Bestseller von Uwe Tellkamp (2012).

Der Wunsch, Filme zu machen, reicht nicht

Gerd Haag im Gespräch mit Simone Stewens

SS: Film ist eine der komplexesten und vielfältigsten Kunstformen. »Film lehren«, ist das überhaupt möglich?

GH: Wenn mit »Film lehren« ein tiefer Einblick in die komplexe Struktur und die unendlichen Gestaltungsmöglichkeiten des Mediums gemeint ist, dann wird es innerhalb einer filmhochschulischen Ausbildung immer nur um eine Annäherung gehen. Am Ende der Ausbildung sollte sich allerdings jeder Filmstudierende ernsthaft fragen können, was er persönlich will und was er mit diesem Medium erzählen kann. Denn die Form dieser Annäherung wird einerseits ganz wesentlich von der Leidenschaft bestimmt, mit einem Film etwas erzählen zu wollen. Andererseits ist sie von der Frage geprägt, welche Aussage oder Botschaft die filmische Artikulation innerhalb des gesellschaftlichen-kulturellen Kanons geben will. Jeder Filmemacher muss diese Frage beantworten und sich darüber klar werden, was er erzählen will, will er nicht in einer L'art-pour-l'art-Haltung enden, die dem hohen energetischen und finanziellen Aufwand nicht gerecht wird. Mir ist es bei der Ausbildung der Filmstudenten und insbesondere bei den Produktionsstudierenden sehr wichtig, dass sie Respekt vor den zur Verfügung stehenden Mitteln entwickeln, vor allem, wenn es sich um öffentliche Gelder handelt.

Aber die Suche danach, was man mit einem Film erzählen will, macht – meiner Ansicht nach – den wichtigsten Teil des Filmstudiums aus. Die Aufgabe der Lehrenden ist es, bei dieser Suche zu helfen. Wir müssen Talente freilegen, die oftmals im Verborgenen liegen, die sich bei der Aufnahmeprüfung zum Studium erst im Ansatz zeigen, die man aber vermutet. Dafür entwickelt man im Laufe der Zeit ein Gespür. Zu diesem Freilegen von Talenten gehört auch – und das ist ganz entscheidend – die Ausbildung und Entwicklung einer Persönlichkeit. Diese braucht man – um noch einmal für die Produzenten zu sprechen –, um zwischen künstlerischen und wirtschaftlichen Ansprüchen eines Projekts vermitteln zu können, die richtige Dosierung zu finden und die Vision eines Projekt mit den anderen kreativen Mitarbeitern kommunizieren zu können.

SS: Mit welchen Vorstellungen kommen die Studierenden an die ifs, wenn sie aufgenommen werden? Haben sie schon einen Begriff davon, was es heißt Filme zu gestalten und zu produzieren, oder haben sie eine Vorstellung davon, wie Filme rezipiert werden?

GH: Die Studierenden, mit denen wir es heute zu tun haben, sind natürlich Digital Natives, eine Auseinandersetzung mit audiovisuellen Formen vor allem im Internet ist für sie eine alltägliche Beschäftigung. Das heißt noch lange nicht, dass sie wissen, wie ein Film funktioniert oder welche

Gerd Haag

komplexe Struktur ein Film in der Regel hat. Aber den oft noch diffusen Wunsch, sich medial auszudrücken, spürt man bei allen. Auf diesem Wunsch bauen wir auf, in ihm steckt die Motivation für eine eigene filmische Praxis und für eine Auseinandersetzung mit Medien überhaupt. Einige haben sich mit Filmgeschichte beschäftigt oder bestimmte Genres in sich aufgesogen, andere bringen eine interessante Biografie mit. Manche wiederum besitzen Vorbildung aus einem vorhergehenden Studium oder bauen auf praktischen Erfahrungen in der Filmbranche auf, die ihnen aber oft nicht ausreichen oder nicht befriedigend waren. Insofern ist das studentische Gefüge, auf das man beim Lehren von Film trifft, vielfältig strukturiert. Diese unterschiedlichen Voraussetzungen innerhalb des Curriculums sinnvoll zu orchestrieren ist eine schöne, anregende Arbeit. Es ist auch erstaunlich, wie man als Lehrender im Laufe der Zeit immer präziser das Curriculum formen und modifizieren kann, und ich bin sehr froh, dass ich und meine Kollegen den Lehrplan innerhalb der ifs als etwas sehr Dynamisches erleben und gestalten können. Eine lebendige Branche, die sich zudem mitten in einem Umbruch befindet, braucht flexible Ausbildungsformen, sonst veraltet sie schnell.

SS: Was die Studienanfänger betrifft, muss man vielleicht zwischen Erfahrungen mit bewegten Bildern im Allgemeinen und Film im Besonderen unterscheiden. Diese Generation ist mit Bewegtbildern aufgewachsen, dies bedeutet aber noch lange kein analytisches Verständnis davon, wie Film funktioniert.
GH: Das ist richtig. Ich meinte auch, dass ihre Beziehung zu den Medien eher diffus ist. Es gibt so etwas wie eine Lust, sich medial zu artikulieren, aber die analytische Auseinandersetzung oder die Fähigkeit, z.B. eine Filmerzählung differenziert zu reflektieren, ist meist wenig ausgeprägt. Das ist aber gar nicht von Übel, wenn man sich erst einmal orientieren muss, wohin die Reise im Studium gehen kann. Diese Reise fällt bei jedem einzelnen Studierenden unterschiedlich aus. Einige fordern sich total heraus und erforschen Neues, andere bleiben auf halber Strecke stecken.

In der Ausbildung zum kreativen Produzenten, also in meinem Fachbereich, versuche ich die Studenten über eine Auseinandersetzung mit der eigenen Geschichte an die Lust heranzuführen, Geschichten zu finden, die sie manchmal in der eigenen Biografie entdecken. Diese können sie zu interessanten Ansätzen weiterentwickeln, die möglicherweise für eine universelle Erzählung taugen. Diese Arbeit hat zwei Aspekte: Einmal möchte ich dafür sensibilisieren, was eine Story grundsätzlich braucht, um als solche erzählenswert zu sein, und auf der anderen Seite versuche ich, die Studierenden über die eigene Geschichte an sich selbst heranzuführen. Ich habe erlebt, dass sie auf diese Weise eine größere Selbstsicherheit erlangen, wenn sie wissen, woher sie kommen, wer sie sind, wenn man so will, welche »Gewordenheit« in ihnen steckt. Innerhalb der Bildung einer Produzentenpersönlichkeit ist es wichtig, einen Begriff davon zu bekommen, was es bedeutet, ein »gesellschaftliches Wesen« zu sein. Diese Auseinandersetzung hat viel mit der Konstruktion des Selbstbilds und dem Gespür für das sogenannte Fremdbild zu tun, was für die Herausbildung von Führungsqualitäten wesentlich ist.

SS: Ich möchte gern noch einmal grundsätzlich auf das »Film lehren« eingehen: Geht es in der Filmausbildung eher um Kunst oder eher um Handwerk – im Rahmen eines grundständigen Filmstudiums? Und steht dabei das Erlernen der Konvention im Vordergrund oder geht es um das Experiment?

Der Wunsch, Filme zu machen, reicht nicht

GH: Wenn von »Film lehren« die Rede ist, kann man Kunst und Handwerk grundsätzlich nicht trennen – jede künstlerische Artikulation braucht eine handwerkliche Sicherheit. Deshalb muss jedes Filmstudium zunächst dazu beitragen, in den handwerklichen Belangen Sicherheit zu entwickeln. Man sollte also die komplexen konventionellen Gestaltungsmittel kennen, um anschließend eine Vorstellung davon zu bekommen, welche ästhetischen Mittel in welchem Moment des Herstellungsprozess zur Verfügung stehen, um eine bestimmte Wirkung zu erzielen. Diese Erfahrungen machen die Studenten bei uns in den zahlreichen Übungsfilmen, den »Drehwerkstätten«, wie sie an der ifs genannt werden. Ebenso wichtig ist, dass man weiß, warum man etwas erzählen will und warum in einer historisch gesellschaftlichen Situation eine künstlerische Artikulation einen Wert haben sollte. Was ist relevant bzw. wie stimmig ist diese Relevanz? Diese Fragen führen automatisch zu einer intensiven Beschäftigung mit dem künstlerischen Erzählansatz bzw. zu dem Wunsch, sich künstlerisch auszudrücken. Deshalb gehe ich mit meinen Produktionsstudenten ins Museum oder fahre mit ihnen zur *documenta* – das versteht zwar nicht jeder gleich, warum man sich als angehender Produzent mit zeitgenössischer Kunst auseinandersetzen soll, aber ich bin mir sicher, irgendwann macht es auch bei dem Letzten »Klick«, warum er sich mit Kunst beschäftigen sollte. Anders begreift man etwas so Komplexes wie Kreativität nicht.

SS: Wie frei ist man im Studium an der ifs oder wie stark werden die Curricula von den Konventionen beherrscht?

GH: Ich glaube, ein Gefühl dafür, was künstlerische Freiheit bedeutet, muss innerhalb eines Filmstudiums grundsätzlich erst entwickelt werden. Dies kann man nicht voraussetzen. Tatsache ist, dass die Studierenden in der Regel aus sehr ergebnisorientiert strukturierten pädagogischen Institutionen – Gymnasien oder Fachoberschulen – zu uns kommen. Wettbewerbsstrukturen geben den Ton an und diese Haltung bringen sie als Studienanfänger mit an die Filmschule – verbunden mit ihrem zunächst noch diffusen Wunsch, Filme zu machen. Manchmal wird man als Lehrender im ersten Semester von Wissbegierde und einem regelrechten Feedback-Krampf in Bezug auf die Leistung der Studenten erschlagen. Das kann anstrengend sein, wenn Studenten nur wissen wollen, wie gut sie sind und nicht in der Lage sind, Kritik zu empfangen, sondern diese als Ablehnung empfinden. Wenn sie darüber hinaus ihre filmischen Artikulationen mehr als Ergebnis und weniger als Prozess begreifen, spürt man schon, wie wichtig eine Ermutigung ist, sich frei zu äußern. Dahin muss man die Studenten meist erst führen, denn über das Ausüben einer künstlerischen Freiheit kommt man – möglicherweise – zu konkreten Erkenntnissen über die ureigenen Artikulationswünsche.

An der ifs versuchen wir seit 2012, diesen Mut zu einem freien künstlerischen Ausdruck durch eine »Laborphase« zu unterstützen. Diese ermöglicht den Studierenden aller Fachbereiche im 3. Semester, sich innerhalb von zwei Monaten mit einem völlig freien künstlerischen Ansatz auszudrücken und diesen in eine Form zu bringen. Die Ergebnisse werden am Ende der Laborphase dem Schulplenum präsentiert. Voraussetzung ist, dass jeder Student zu Beginn sein Projekt vorstellt und begründet, warum er oder sie diese oder jene Form gewählt hat, welche Erzählung in welchem Medium beabsichtigt ist. Die Lehrenden legen Wert darauf, dass das Projekt etwas mit der eigenen Biografie zu tun hat. Das Ergebnis dieses ersten Labors war überwältigend: Da sind Projekte entstanden, die vielfach außerhalb des klassischen Filmerzählens liegen, die eher experimentell sind. Neben einem sehr persönlichen essayistischen Dokumentarfilm über den an Alzheimer erkrankten Vater, einer akustischen Collage, einem Soundscape also, über eine Reise nach Norwegen, einem Experimentalvideo zur Konfrontation von Materie, Natur und Gestalt sind auch einige eher konventionelle Kurzfilme als Genreübung entstanden. Eine Installation zum Thema »Stillstand« und eine literaturwissenschaftliche Arbeit waren auch dabei – um nur eine kleine Auswahl zu nennen. Das war ein fruchtbares Experiment. Unsere Erfahrung dabei ist, dass der Durchgang durch eine solche Phase während des Studiums auch dazu beträgt, die Angst zu vermindern, sich freier oder experimentell zu artikulieren. Indem man gewissermaßen mit sich selbst etwas Ungewöhnliches ausprobiert hat, mit dem man zugleich etwas von sich preisgibt, entwickelt sich eine andere, neue Form der Selbstsicherheit, die in der Regel im weiteren Studium eine große Hilfe darstellt.

SS: Nun heißt ja der Fachschwerpunkt, den Du innerhalb des Studiengangs Film innehast, »Kreativ Produzieren«. Welches Produzentenbild repräsentiert diese Bezeichnung?

GH: Der kreative Produzent versteht sich als Vermittler zwischen den künstlerischen Formen und erzählerischen Ansätzen eines Projekts und den wirtschaftlichen und organisatorischen Belangen, die davon nicht zu trennen sind. Er steht also, wenn man so will, in der Mitte. Er ist einerseits der Initiator und der Förderer eines Projekts und hat andererseits, auch um seine eigene Wirtschaftlichkeit nicht zu gefährden, die ständige Kontrolle über das Projekt wahrzunehmen. Seine Verantwortung in der Anfangsphase eines Projekts ist, die Entwicklung des Stoffes so zu begleiten, dass das Projekt als Ganzes eine überzeugende Vision erhält. Dazu muss er sich geeignete Mitarbeiter suchen, speziell Autoren und später den Regisseur. Das ist im besten Fall eine kreative Auseinandersetzung auf Augenhöhe. Vor allem muss er bereit sein, die Bedingungen für die Realisation des Projekts im bestmöglichen Sinne zu garantieren. Er muss während der Produktion seinem Regisseur den Rücken stärken und er sollte ihn und die anderen Teammitglieder als Partner in einem gemeinsamen Prozess begreifen. Dazu muss der Produzent sehr kommunikationsfähig sein, er muss psychologisches Fingerspitzengefühl besitzen und sollte erkennen können, was der Unterschied zwischen seiner Begeisterung und der künstlerischen Arbeit eines Regisseurs ist. Er muss in diesem Zusammenhang auch in der Lage sein zurückzutreten. Er darf nicht nur mit der Haltung eines Besserwissers fordern, sondern er muss die Interessen des Films in den Mittelpunkt stellen. Also darf er nicht in Versuchung geraten, persönliche Belange in den Vordergrund zu schieben. Das alles ist relativ anspruchsvoll und verlangt ein hohes Maß an Konzentration, Selbstdisziplin und ein Bewusstsein von der eigenen kreativen Kompetenz. Und all das fällt natürlich nicht vom Himmel.

SS: Du stellst, wie Du vorhin erwähntest, die persönliche oder individuelle Entwicklung bei den Studierenden sehr in den Mittelpunkt. Welche Lehrinhalte sind nötig, um dem Beruf des kreativen Produzenten Profil zu verleihen?

GH: Die Tatsache, dass ein Produzent in der Lage sein muss sich auch zurückzunehmen, ist Bedingung für das Entstehen eines »kreativen Flows« innerhalb einer Produktion. In der Branche gibt es immer noch eine Reihe Ego-getriebener Old-School-Produzenten, die nach der Maxime verfahren, allen sagen zu müssen, wo der Hase lang läuft, was richtig und was falsch ist. Diese Kollegen

Der Wunsch, Filme zu machen, reicht nicht

merken oft nicht, dass diese Haltung Kreativität auch erschlagen kann. Es kann nicht angehen, dass ein Produzent seine künstlerischen Ansprüche über die der anderen kreativen Mitarbeiter stellt. Ein wichtiger Begriff innerhalb meiner Ausbildung der angehenden Produzenten ist Respekt, und der hat wesentlich damit zu tun, dass man sich selbst einzuschätzen weiß. Deshalb müssen an der ifs die Studierenden des Fachschwerpunkts Kreativ Produzieren selbst Stoffe entwickeln. Ohne Autoren. Sie schreiben selbst, auch damit sie Respekt vor dem leeren weißen Blatt und damit Achtung vor der Arbeit von Autoren entwickeln. Das hat den Effekt, dass sie in einer gewissen Weise bescheiden werden. Möglicherweise geben sie dann einer von Autoren entwickelten Idee den Vorrang gegenüber einer, die sie selbst entwickelt haben.

Das halte ich für die Arbeit von Produzenten ganz wesentlich: Sie müssen zwar initiieren, aber vor allem anleiten und führen können, um letztendlich die Kontrolle zu behalten. Dafür dürfen sie auch die zu Beginn vereinbarte Vision eines Projekts bestimmen. Das heißt also: Kreative Produzenten müssen in vielen Bereichen gleichzeitig aktiv sein, sie stehen wie eine Mutter oder ein Vater über einem Projekt. In dieser Rolle müssen sie aber auch daran interessiert sein, dass die anderen Kreativen ihren Entfaltungsraum bekommen, damit alle zusammen das Beste für einen Film geben. Wenn ich z.B. einem Editor immer nur sage, »Das musst du so und so montieren«, dann wird er nicht innovativ und interessiert sein, mit dem Material zu experimentieren. Also, dieses »Raum geben«, dem Autor, dem Regisseur, dem Kameramann, dem Editor – das gehört auf der kreativen Seite mit zum Wichtigsten, was ein Produzent lernen muss. Natürlich nicht um jeden Preis, sondern »Raum« in dem Sinne, dass man eine Steigerung der künstlerischen Qualität oder den kreativen Input, den ein Film braucht, nicht verhindert. Gleichzeitig darf aber auch kein Wildwuchs entstehen. Mit anderen Worten: Der Produzent agiert zudem wie ein Gärtner, der die unterschiedlichen Gewächse seines Gartens pflegt und hegt, um den besten Ertrag zu bekommen.

SS: Dafür braucht man bestimmte Persönlichkeitsmerkmale, die vielleicht nicht von Anfang an ausgeprägt oder vorhanden sind. Wie führt man die Studierenden zu einer solchen Haltung?

GH: Dazu ist zunächst wichtig, dass ein Vertrauen zwischen den Lehrenden und den Studierenden entsteht. Im Fachbereich Kreativ Produzieren reden wir viel miteinander, das ist sehr wichtig. Die Studenten werden dadurch veranlasst, sich selbst vor der Gruppe zu zeigen, sich offen zu artikulieren. Aber auch durch gehaltene Referate und durch Feedbacks, die innerhalb der Gruppe gegeben werden, bauen wir eine Kultur gegenseitiger respektvoller Kritik auf. So wird jedem Studierenden die Möglichkeit gegeben, das Eigenbild und Fremdbild innerhalb der Fachgruppe in Einklang zu bringen. Dadurch entsteht ein Grundvertrauen, auf dem man aufbauen kann. Das kann aber nur entstehen, wenn man auch als Professor eine gewisse Vorbildfunktion erfüllt: Durch eine Öffnung der eigenen Person und die ständige Auseinandersetzung mit gesellschaftspolitischen Vorgängen. Hinzu kommt, dass ich aus meiner eigenen Praxis als Produzent viel in den Gruppenprozess hineintrage, dass ich berichte, welchen Zwängen ein Filmproduzent aktuell in Deutschland unterworfen ist. Aber auch meine Zweifel mache ich zum Thema und welche Krisen damit verbunden sind. Ich zeige mich und zeichne damit ein Berufsbild, das von einem gewissen Realismus geprägt ist.

Wenn eine Vertrauensbasis zwischen mir und den Studenten besteht, dann wissen sie,

Gerd Haag

dass sie sich mit allen Belangen, sowohl was ihr Studium oder auch – wenn sie es wollen – ihr Privatleben angeht, an mich wenden können. Sie wissen, dass ich mich bemühe, mich mit ihren Anliegen differenziert auseinanderzusetzen. So entdecken sie oft Möglichkeiten, wie sie schwierige Situationen aus eigener Kraft überwinden können. Eine Krise gehört zu jedem Filmstudium. Es ist ein entscheidender Moment, wenn eine fundamentale Destabilisierung der eigenen Überzeugung eintritt. Das ist eine fragile und zugleich fruchtbare Phase für die eigene Persönlichkeitsentwicklung. Damit muss man als Lehrender sensibel umgehen. Dieses Stadium ist meines Erachtens ein ganz wesentlicher Teil des »Film Lehrens«.

SS: Das ist sicher wichtig, aber dadurch lernt man ja nicht führen. Wie lernen die Studierenden zu führen?

GH: Lernen zu führen besteht vor allem in dem Prinzip, dass die Produktionsstudierenden innerhalb der Ausbildung an der ifs eine immer größere Verantwortung innerhalb der Drehwerkstätten übernehmen. Das beginnt damit, dass sie zunächst als Produzentengruppe, als Kollektiv gemeinsam eine Drehwerkstatt organisieren und durchführen. Die Verantwortung wird im weiteren Studium individueller. Anfangs übernehmen sie Tätigkeiten als Produktionsleiter für ein Projekt, beim Abschlussfilm werden sie als Producer/Produzent tätig und betreuen von der Stoffentwicklung über die Finanzierung bis zur Fertigstellung ihr Projekt. Sie stellen also nicht nur das Team zusammen, sondern sind mit Autor und Regisseur gleichermaßen an der Stoffentwicklung beteiligt, kommen zu einer gemeinsamen Vision. Sie sind auch für die organisatorische Umsetzung verantwortlich, wenn sie dafür sorgen, dass das zur Verfügung stehende Geld optimal eingesetzt wird und ein Team konfliktfrei arbeitet. Das hört sich leicht an, das ist natürlich nicht immer der Fall ... oft sind die jungen Produzenten dann von den organisatorischen Belangen so in Beschlag genommen, dass für die kreative Arbeit wenig Zeit bleibt. Darunter leiden einige, besonders dann, wenn sie sich in der Abwägung von künstlerischen und ökonomischen Belangen z.B. von Regisseuren nicht ernst genug genommen fühlen, was durchaus konfliktträchtig ist.

SS: Wie lernen sie mit Konflikten umzugehen?

GH: Den Umgang mit Konflikten, beispielsweise im Team, lernen sie auf mehreren Ebenen. Einmal dadurch, dass ich bei Konflikten ebenso wie die Herstellungsleitung der ifs immer als Ansprechpartner zur Verfügung stehe, also durch die enge Betreuung ihrer produzentischen Tätigkeit innerhalb einer Drehwerkstatt. Zweitens, indem wir für die Produktionsstudenten von einem gewissen Punkt des Studiums an Psychologen und Coaches in der praktischen Arbeit einsetzen. Sie beurteilen die Studierenden aus einer distanzierten Warte, geben ihnen aber auch Feedback bei der Steuerung von Konflikten. Diese punktuellen Hilfestellungen sind sehr fruchtbar. Wir sprechen über das ganze Studium hinweg immer wieder über klassische Konfliktformen: Über solche, die sie selbst in ihrem Team erlebt haben, aber auch über Konflikte genereller Natur, um die Studierenden mit entsprechenden Strategien fit zu machen.

SS: Du sagtest eingangs, als es um die Persönlichkeitsbildung ging, dass die Studenten sich selbst gut kennenlernen müssen und eine Art von Selbstmanagement entwickeln sollen. Wenn es um die Kenntnis der eigenen Person, der eigenen Geschichte und der damit verbunden Abgründe geht – wie gehst Du da vor?

GH: Innerhalb der Produzentenausbildung fordere ich etwa zur Mitte des Studiums die Studierenden auf, ein eigenes Projekt zu entwickeln, das sich mit einem Ereignis ihrer Biografie auseinandersetzt. Da entstehen kleine dokumentarische Übungen oder Filme, manchmal sehen wir nur Rohmaterial, das wir innerhalb der Fachgruppe ansehen und ansonsten unter Verschluss halten ...

SS: Das heißt also, diese Projekte werden nicht mit dem Ziel hergestellt, veröffentlicht zu werden?
GH: Zunächst nicht. Wir diskutieren in der Gruppe, ob etwas in größerem Kreis gezeigt wird oder nicht. Jeder hat ein Vetorecht für sein Material. Das geschieht, um die Angst zu nehmen, zu viel von sich preiszugeben. Mich erstaunt, wie groß die Befürchtung in der heutigen Generation ist, jemand könne zu viel von einem selbst erfahren und man könne dadurch verletzt werden. Das merkt man auch daran, wie schnell der Vorwurf eines Voyeurismus aufkommt, zum Beispiel bei dokumentarischen Filmen. Es gibt da eine Art Kapsel bei den jungen Erwachsenen, die gut verschlossen scheint. Das macht mich manchmal ein bisschen traurig. Aber ...

SS: Das hat sicher damit zu tun, dass die digitale Welt vieles allen zugänglich macht.
GH: Absolut, ja. Mir fällt immer wieder auf, wie stark diese Furcht ist. Und durch die – wenn man so will – vertrauensbildenden Maßnahmen, die ich in der Fachgruppe von Anfang an betreibe, versuche ich das aufzulösen. Ich versuche, die Studenten meiner Fachgruppe alle zwei bis drei Wochen einmal zu treffen, um darüber zu sprechen: Wie erleben sie den Fortgang des Studiums? Was läuft ihrer Meinung nach nicht gut oder schief? Wie haben sie sich als Produzenten oder als Produktionsverantwortliche gefühlt? Diesen Prozess der Vertrauensbildung erlebe ich als Weg einer steten Öffnung, nicht um zu einer Nabelschau zu kommen, sondern um den Studierenden Erkenntnisse über sich selbst zu ermöglichen, die ihre Persönlichkeit festigen. Transparenz und Klarheit sind für mich wichtige pädagogische Kriterien. Und dann bin ich oft überrascht, wie es einer schafft, ganz plötzlich etwas aus seinem Leben zu erzählen. Manchmal ist das mit einer Erschütterung verbunden, wenn es sich auf starke biografische Momente bezieht. Derjenige, der anfängt, funktioniert wie ein Türöffner, dann ziehen andere auch nach. Diese Öffnung ist mir viel wichtiger, als dass man sofort darüber nachdenkt, welche filmische Form man daraus entwickeln könnte. Wenn es dazu kommt, ist das gut. Aber im Grunde genommen ist dieser Moment der Öffnung fruchtbarer.

SS: Welche Schwerpunkte gibt es darüber hinaus in der Lehre von Kreativ Produzieren?
GH: Natürlich beschäftigt sich ein wesentlicher Teil der Ausbildung mit der Filmgestaltung selbst, das geht im ersten Semester los: Grundlagen von Drehbuch und Dramaturgie, Erarbeitung von Recherche-Tools z.B. für Figurenentwicklung aber auch Kamerastile, Ästhetik, Filmgeschichte, Medientheorie. Auch die neueren Entwicklungsperspektiven des Mediums stehen auf dem Lehrplan. Das betrifft alle Fachbereiche an der ifs.

Bei den kreativen Produzenten lehren wir die klassischen Produzenten-Skills, wie das andere Filmhochschulen auch tun. Dazu gehören die sogenannten Business Affairs, die Grundsätze von Film- und Medienrecht, Arbeitsrecht und zum Teil Steuerrecht und Grundlagen der BWL. Darüber hinaus gibt es die unterschiedlichen Arbeitsbereiche der Filmherstellung wie beispielsweise Kalkulationserstellung, Drehplanerstellung. Die Einführung in Filmfinanzierung spielt eine ebenso große Rolle wie die Vermittlung von Marktkenntnissen und Auswertungsstrategien. Für alle diese Lehrgebiete gibt es Seminare, ergänzt durch die großen Flächen mit

Gerd Haag

praktischen Übungen, die Drehwerkstätten, in denen das Fachwissen praktisch erprobt und angewandt wird.

Auch Aufgaben von Verleih und Vertrieb gehören in den Lehrplan der Produzenten: Wir setzen uns im Curriculum intensiv mit den Veränderungen im Markt auseinander. PR- und Marketing-Tools werden gelehrt und geübt – dies meist mit Lehrkräften aus der Praxis. Die starke Präsenz aktiver Produzenten und anderer Filmschaffender innerhalb der Ausbildung lässt schon früh Netzwerke entstehen. Die Studierenden lernen Leute kennen, an die sie sich immer wieder wenden können, z.B. wenn sie später selbst in der Branche arbeiten oder zu Hochschulzeiten ein Praktikum machen. Da entwickeln sich oft nachhaltige Konstellationen, vor allem, wenn die Chemie zwischen Dozenten und Studenten stimmt. Das ist schön zu sehen. Bei uns unterliegt jeder Dozent und jedes Seminar einer Evaluierung. Nicht jeder Filmschaffende ist auch ein guter Pädagoge – manchen ist das Anekdotische näher als eine gut strukturierte Vermittlung. Die Studenten spüren schnell, ob jemand von außen in die Filmhochschule passt und ihnen tatsächlich etwas zu erzählen hat – oder nicht. Da haben auch die Fachbereichsleiter inzwischen ein sehr feines Gespür entwickelt.

SS: Wir erwähnten als wichtiges Persönlichkeitsmerkmal eines kreativen Produzenten die Fähigkeit, im gegebenen Moment auch zurücktreten zu können. In unserer europäischen Regisseur-Kultur ist der Produzent meistens nicht derjenige, der die Preise bekommt, den Applaus erhält und vorne auf der Bühne steht, sondern er ist eher in der zweiten Reihe zu finden. Ist es nicht schwierig, dies Produktionsstudenten zu vermitteln?

GH: Das ist nicht einfach. Aber ich muss ehrlich sagen, dass die künstlerische Leistung, die ein Regisseur in einen Film einbringt, die Form der Ehre, die ihm zuteil wird, in meinen Augen legitimiert. Das sehe ich auch als Produzent genau so.

SS: Aber der Produzent bringt auch eine große Leistung ein, und ein großer Teil davon ist durchaus künstlerisch zu nennen.

GH: Ja, das stimmt durchaus. Ich sehe das so: Der Ehre für die Regisseure entspricht das Leistungsschutzrecht, das dem Produzenten mit Fertigstellung der Produktion zufällt; ihm gehören in der Regel die Rechte an einem Film. Er kann mit diesen Rechten wirtschaften, um für sein eigenes Wohlergehen oder das seiner Firma zu sorgen und um mit Mitteln Beziehungen zu pflegen, die in seinem Sinn künstlerisch und wirtschaftlich interessant sind. Der Produzent ist Unternehmer. Er muss unternehmerisch wirtschaften, und seine ökonomische Grundlage ist das Recht an einem Film, das er durch seine Leistung, sein Risiko, das er in der Regel allein trägt, und das investierte Geld generiert.

SS: Ist ein Unternehmer nicht auch in gewisser Hinsicht ein Künstler?

GH: Ja, zunächst, weil er eine Spürnase für Stoffe haben muss, die in der Luft liegen und eine gewisse Wirtschaftlichkeit ermöglichen. Wenn er ein Gefühl für den Zeitgeist hat, dann wird er sich entweder einen Autor suchen, der in der Lage ist ihm einen entsprechenden Stoff zu entwickeln, oder er wird einen interessanten Stoff optionieren. Heute geht es ja oft um literarische Vorlagen. Insofern hat er immer einen unmittelbaren künstlerischen Zugriff auf seine Projekte, die er früh mit einer Vision verbindet. Dieser Prozess ist immer mit Leidenschaft verbunden, vor allem dann, wenn man zum kulturellen Selbstverständnis einer Gesellschaft etwas beitragen möchte.

SS: Meine Frage zielte mehr auf das Gesamtbild. Muss man nicht, um ein guter

Der Wunsch, Filme zu machen, reicht nicht

Unternehmer zu sein und sich eine Vision für sein Unternehmen aufzubauen, auch zu einem gewissen Anteil Künstler sein?
GH: Auf alle Fälle ein Lebenskünstler ... und das ist schon eine Menge Arbeit.

SS: Könnte man nicht behaupten, dass Unternehmer mit ihren Unternehmen eine Art Werk schaffen, das man mit einem Kunstwerk vergleichen kann? Ein Werk, das eine sehr persönliche Prägung hat und in diesem Sinne ein Einzelstück ist?
GH: So gesehen stimmt das. Du musst mit deinem Unternehmen ein Profil aufbauen, eine Marke herstellen. Die setzt sich einerseits aus deinem Portfolio zusammen, das eine Garantie für ein bestimmtes künstlerisches Werk darstellt. Neben der Entwicklung eines Profils ist es wichtig, die Leute, die für dich arbeiten, fair zu behandeln – anders verlierst du schnell deinen Ruf in der Branche, die recht klein ist.

SS: Lass uns noch einen Blick auf die Zukunft werfen. Man spricht von einem immer enger werdenden Markt, das spürst Du ja auch selbst in Deiner Existenz als Produzent und Geschäftsführer einer Produktionsfirma. Wie bereitet man Studierende darauf vor? Wie müssen sie als spätere Produzenten oder Producer aufgestellt sein, um sich auf diesem Markt als Nachwuchs zu positionieren?
GH: Das ist eine schwierige Frage, darüber denke ich häufig nach. Die Situation hat sich sehr verändert, seit ich vor 33 Jahren selbst angefangen habe. Auch zum Guten, beispielsweise wenn man an den Grad der Professionalisierung denkt. Eine Produzentenausbildung gab es damals in ganz Deutschland nicht. Voraussetzung beim Eintritt in die Branche ist, dass die Absolventen wissen, was der Markt ist, wie er sich gegenwärtig verändert und wo welche Mittel zu finden sind, um sich im Markt mit einem Projekt bewegen zu können. Das ist noch relativ einfach. Aber die Härte des Marktes, oder auch seine Vielfalt, seine – wenn man so will – »Elastizität«, die kann man nicht wirklich lehren. Die kann man zwar darstellen oder sie in Casestudies von interessanten Produzenten präsentieren lassen. Den Markt selbst aber kann man nur erfahren. Das ist eine eminent praktische Frage. Praktische Erfahrungen haben eine emotionale Qualität, die dann zu Erkenntnissen führt, auf deren Grundlage man sich als Produzent entsprechend aufstellen muss. Im Idealfall sagt man: »Okay, ich möchte das oder das machen ... da möchte ich mich noch weiterentwickeln ... ich bin gut für das ...« oder »Ich will als Nischenproduzent mein Glück versuchen und nur Kunstfilme produzieren.« Die Palette der Berufe, in denen Produzenten heute arbeiten können, ist vielfältig. Das ist eine große Chance für unsere Studienabgänger.

SS: Wie berätst Du die Studierenden im Hinblick auf ihre zukünftige Orientierung?
GH: Ich frage sie von Beginn des Studiums an, wohin sie im Beruf wollen, was sie sich wünschen. Ich habe die Erfahrung gemacht, dass sich in fast jedem Studierenden gegen Ende des Studiums eine Perspektive artikuliert, wohin er die Fühler ausstrecken möchte. Über diese Perspektive spreche ich dann meist in Einzelgesprächen, manchmal auch in der Gruppe. Dann sage ich ihnen: »Also, wenn du das und das machen möchtest, dann solltest du es da und da versuchen, dann solltest du dich so und so aufstellen ...«. Oder ich rate ihnen, sich mit anderen zusammenzutun. Da gibt es wirklich sehr viele Möglichkeiten. Wichtig ist, dass sie wissen, dass sie ständig ihr Ohr am Puls der Zeit haben sollten – heute wird niemandem verziehen nicht zu wissen, was in der Welt und in der Branche läuft. Ich bin ziemlich stolz darauf, dass viele Abgänger der krea-

Gerd Haag

tiven Produzenten der ifs relativ schnell im Beruf landen. Da haben wir Glück.

SS: Wie lautet der wichtigste Rat, den Du einem zukünftigen Produzenten/Producer mit auf den Weg gibst?

GH: Der wichtigste Rat hört sich ziemlich konventionell an: Dass man sich selbst treu bleibt, sich nicht verrät und – wenn man an ein Projekt glaubt – alles geben sollte, um es zu realisieren. Ein Produzent, der egal was produziert, um damit sein Auskommen zu haben, wird nicht glücklich werden. Es ist wichtig, die Beziehung zu sich selbst in seinem ganzen Produzentenleben zu behalten und daraus ein Profil zu generieren, das in der Regel vom Markt akzeptiert wird. Das klingt so einfach, aber es ist ein langer Weg, für den man eine Menge Kraft braucht. Man sollte aber wissen, dass es nicht der Markt allein ist, der die Art der Projekte diktiert – auch wenn es oft so aussieht. Gerade durch den radikalen Umbruch, den die Medienlandschaft gegenwärtig durch die Digitalisierung erfährt, ist der Markt dynamischer und für Innovationen offen geworden. Was wir brauchen, sind künstlerisch denkende Produzenten, die ihr Publikum mit neuartigen Projekten überraschen. Ich denke, dass die Konzeption des »Film Lehrens« an der ifs diesem Anspruch Rechnung trägt.

Gerd Haag, Studium der Theater-, Film- und Fernsehwissenschaften, Philosophie und Sozialpsychologie in Köln und Bonn. Er begann zunächst als Regieassistent, dann als Autor und Redakteur für Literaturprogramme und Langzeitdokumentationen im WDR. 1979 Gründung der Produktionsfirma TAG/TRAUM. Zunächst als Regisseur tätig und ab 1994 vorwiegend als Produzent von Dokumentarfilmen, Fernseh- und Kinofilmen, auch als internationale Koproduktionen. (siehe auch unter: www.tagtraum.de) Zahlreiche TAG/TRAUM Produktionen wurden national und international ausgezeichnet, mehrfach mit dem Adolf-Grimme-Preis. Neben seiner Tätigkeit als Geschäftsführer der TAG/TRAUM Filmproduktion ist Gerd Haag seit 2000 Professor im Fachgebiet Kreativ Produzieren an der Internationalen Filmschule in Köln.

Gerd Haag (© Privat)

Fetzen und Bonmots

Ein Text für Filmanfänger

Von Isabelle Stever

»Ein Regisseur braucht nichts weiter zu tun, als die richtigen Leute zusammenzusuchen, und dann geht alles andere wie von selbst.« (Frei nach Roman Polanski)

Seit 2006 arbeite ich als freie Dozentin an der DFFB, dieses Jahr, 2012, erstmalig auch an der Filmakademie Baden-Württemberg. An der DFFB habe ich neben praktischen Regieseminaren (die Einführungskursfilme und das ARTE-Seminar), in denen Kurzfilme, meistens szenische, entstehen, auch theoretisch-praktische Seminare über die Arbeit mit Darstellern (Schauspiel-Workshop) und Besetzung (Casting durch Improvisation) gegeben. In Ludwigsburg betreute ich ein szenisch-dokumentarisches Regieseminar (Filmgestaltung II), in dem kurze Dokumentarfilme, Werbefilme, Experimentalfilme und Spielfilme realisiert wurden.

Das *Lehren über Film* sehe ich als Dialog zwischen Erwachsenen. Wenn ich einen Text für einen Film nicht verstehe, gehe ich immer auch davon aus, dass das an mir liegen könnte. Ich schaue mir gerne die Arbeiten der Studierenden an, glaube individuell auf sie einzugehen und versuche, sie darin zu unterstützen, herauszufinden, was sie erzählen wollen – was genau sie an ihrer Filmidee interessiert.

Wenn ich eine Idee für einen Film habe, weiß ich das in der Regel noch nicht. Ich habe ein Bild oder einen Menschen oder eine Situation – vielleicht auch einen Konflikt – im Kopf. Ich beschäftige mich mit der Frage: Was interessiert mich an dieser Situation, an dieser Begebenheit, an dieser Person, an diesem Konflikt? So entwickele ich langsam so etwas wie eine Perspektive auf dieses Bild, diesen Menschen, diese Situation, diesen Konflikt. Diese vorerst vage Idee für einen Film, die ich nur prozesshaft immer mehr eingrenzen kann, muss ich später in der Filmbranche nicht selten jahrelang aufrecht erhalten. Ich muss sie anderen Menschen immer wieder vermitteln, von den ersten Schritten der Finanzierung bis hin zu der Arbeit am Set.

Eine *Hochschule für Film* verstehe ich als einen geschützten Raum, in dem die Studierenden abseits von Marktgedanken die Möglichkeit bekommen, nach ihrer eigenen Filmsprache zu suchen. Ich denke es ist wichtig, sich im Rahmen des Filmstudiums nicht an Erprobtem zu orientieren. Sondern sich auszuprobieren. Fehler zu machen. Peinlichkeiten zu riskieren. Keine Erwartungshaltungen zu bedienen. Die eigene Persönlichkeit ernst zu nehmen. Denn oftmals ist gerade das, was zuerst bei einer Idee irritierend wirkte, später genau das Reizvolle daran.

Hierzu ein Beispiel aus meiner Arbeit: BEACH BIKINI PARTY, 1999. Bei diesem Film habe ich alles falsch gemacht. Die Handlung: Fünf Frauen in Bikinis vergewaltigen einen kleinwüchsigen Mann. Ich hatte einen Filmschul-internen Wettbewerb gewonnen und ich empfand einen fürchterlichen Druck

Isabelle Stever

durch Erwartungshaltungen von allen Seiten und von mir selbst. Ich hatte die Idee, den ganzen Film nur in Nahaufnahmen zu erzählen. Nahaufnahmen der bourgeoisen Damen, die spöttisch über den kleinwüchsigen Mann sprechen. Mein Kameramann, der schon abendfüllende Filme außerhalb der Filmhochschule gedreht hatte, sagte völlig zu Recht: »Dann sieht man die Bikinis nicht!« Ich war von seiner Professionalität sehr beeindruckt und stolz, dass er überhaupt bei mir mitmachte. Also erarbeiteten wir eine Plansequenz. Dadurch war ich bereits überfordert. Denn fünf Frauen in einer Plansequenz zu inszenieren ist eine Herausforderung. So weit war ich noch nicht. Ich hatte das zusätzliche Problem, dass das ganze Filmteam begeistert war von allem, was geschah. Ich hatte keine Ahnung warum, was mich hochgradig verunsicherte. Aus diesem Grund machte ich den furchtbaren Schritt, den anderen den Film zu übergeben. Ich dachte, die werden vielleicht besser wissen als ich, was für den Film richtig ist, und machte zu viele Kompromisse. Die Maske zum Beispiel war in meinen Augen entsetzlich. Die Frauen sahen aus wie Transvestiten, was nichts mit meiner Intention zu tun hatte. Da habe ich das Licht bunt gemacht, um dieses Überschminkte als Absicht hinzustellen.

Schließlich ist daraus ein Film geworden, der nichts mehr mit meiner Idee zu tun hatte. Ich habe viel später festgestellt, dass die Nahaufnahmen genau meiner ursprünglichen Haltung entsprochen hätten. Die Idee zu dem Film war ein provokativer Witz. Durch die Plansequenz bekam das Ganze etwas Narratives, was gar nicht richtig für den Film war. In diesem Moment, in welchem ich die Idee mit den Nahaufnahmen formulierte, war ich nicht fähig, dieses Verlangen zu begründen. Das war ein angreifbarer Zustand. Diese negative Erfahrung brachte mich aber dazu, herausfinden zu wollen, warum ich auf etwas Lust habe und zu lernen dies zu kommunizieren, also die Argumente dafür zu finden. Ich bin im Nachhinein froh, dass ich dieses so vollständige Versagen bei einem Sechsminutenfilm hatte.

Nun erzähle ich etwas über meine Arbeit an der DFFB. Da wäre zum Beispiel die *Regiebetreuung der Einführungskursfilme* (EK). Das sind die Kurzfilme, die alle DFFB-Studierenden (Regie, Kamera, Produktion) zum Ende des ersten Studienjahres realisieren. Die meisten Studierenden haben am ersten Tag des Seminars noch kein fertiges Drehbuch im Kopf, und eine sofortige Formulierung von ersten Ansätzen zu einem Filmentwurf könnte deren unmittelbare Zerstörung nach sich ziehen. Wir beginnen das Seminar mit der gemeinsamen Sichtung der Bewerbungsfilme und der konstruktiven Auseinandersetzung hierüber. Nach diesem ersten Herantasten sichten wir andere Kurzfilme, z.B. auch ältere EKs. Filme also, die unter Bedingungen entstanden, die jetzt auch auf die Studierenden zukommen. Die Gespräche ermöglichen eine Atmosphäre des Vertrauens und des sich gegenseitigen Unterstützens. Unter diesen Voraussetzungen werden dann die ersten Ideen verbal formuliert.

Ich darf einen Film drehen. Ich darf ihn mir ausdenken, ihn aufschreiben, besetzen, inszenieren, schneiden ... Das kann mit einem Mal wie ein Riesenberg erscheinen, eine Überforderung. Ich möchte am liebsten alles auf einmal machen und weiß gar nicht, wo ich anfangen soll. Es hilft, einen Plan zu machen. Einen Zeitplan. Von wann bis wann möchte ich was haben? Ich muss mich später nicht dran halten, an diesen Plan. Aber der Plan gibt mir Sicherheit, indem er mir verdeutlicht, wann ich nervös werden muss, weil noch zu wenig da oder entschieden ist.

Für *das Schreiben von Drehbüchern* existieren zahlreiche Theorien, Methoden, um einen Filmentwurf »zurechtzubürsten«. Aber dieses Zurechtbürsten von Drehbüchern darf nur Hilfsmittel sein, es darf nicht Selbstzweck werden. Die Entwürfe könnten das Originäre verlieren, wenn fragile, erste Gedanken ungewappnet in solch ein Muster gepresst, sozusagen auf das Reißbrett geschnallt werden. Die Methoden, Regeln und Muster zum Drehbuchschreiben sind meiner Ansicht nach nur dafür da, angewendet zu werden, wenn ein Autor in Not ist und versuchen möchte, durch eine (nachvollziehbare) Struktur und/oder konzentrierte Kürzungsarbeit, eine filmfreundliche Überschaubarkeit in seinen Wust von Ideen und Gedanken zu bekommen. Sie helfen aber nicht beim Entwickeln einer Idee für einen Film. Ich würde sogar sagen: Sie sind dafür eher hinderlich.

An dieser Stelle erzähle ich etwas über meinen Zweitjahresfilm an der DFFB, 1997, schwarz-weiß: REQUIEM FÜR ETWAS, DAS SEHR KLEIN IST. Die anfängliche Motivation für den Stoff war mein Ärger darüber, dass Kunst in unserer Gesellschaft oft als Luxus angesehen wird. Also wollte ich eine Geschichte konstruieren, in der Kunst als etwas Wertvolles dargestellt wird. Ich fragte mich, wo Menschen mit Kunst konfrontiert werden und kam auf Kunst am Bau. Diese scheinbar überflüssigen Dinger, die da vor den Häusern stehen. An denen Menschen leicht irritiert vorbeigehen. Ich wollte diese Irritation als etwas Wesentliches und Wichtiges herausheben. Ich suchte nach einer Geschichte, in der ein Kunst-am-Bau-Werk etwas Positives bewirkt. Ich erfand eine Ehe, in welcher der Mann seine Frau nicht ernst nimmt. Er behandelt sie wie ein Kind. Ich wollte erzählen, dass sich die Frau durch Kontakt mit einem Kunstwerk aus dieser Ehe befreit. Ich hatte die Idee, dem Kunstwerk die Gestalt eines jungen Mannes zu geben. Ein junger Künstler, der sich als Protestaktion gegen Kürzungen im Kunst am Bau-Bereich sieben Tage lang vor dem Haus dieses Ehepaares rasiert. Die Frau fängt ein Verhältnis mit dem jungen Künstler an. Dies löst eine fantastische Verwandlung aus. Sie wird zu einem dämonischen Kind, bringt ihren Mann um und verlässt singend das Haus. Als der Film fertig war, war die ursprüngliche Idee, dass er vom »gesellschaftlichen Nutzen von Kunst« handelt, nicht mehr erkennbar. Aus der ursprünglichen Idee hatte sich die Geschichte einer Frau entwickelt, die sich von ihrem chauvinistischen Ehemann befreit.

Ich denke, es ist gut, wenn eine Stoffidee von möglichst vielen Seiten hinterfragt wird. Wer *Fragen* bekommt, kann inspiriert werden, seinen Entwurf auszuarbeiten, zu modifizieren oder zu verfeinern. Ein Drehbuch kann sich in der Phase der Stoffentwicklung täglich in substanzieller Weise ändern. Manchmal aber ändert sich – nach der ersten Fassung und den darauffolgenden mehrstündigen Auseinandersetzungen in der Gruppe und im Laufe der Zeit mehreren Einzelgesprächen mit mir – nicht mal ein Komma. Beides sagt nichts über die Wahrscheinlichkeit aus, ob der Film nachher als geglückt betrachtet werden kann. Genauso wenig sagt übrigens die Stimmung am Set etwas über den Film aus, der dort entsteht. Ebenso wenig weiß man, wie sich Teammitglieder am Set verhalten werden, nachdem man sie lediglich bei einem Gespräch in einem Café kennengelernt hat. Und nachdem man die Muster mit angelegtem Ton (das ungeschnittene gedrehte Material) gesehen hat, weiß man immer noch nicht, wie der fertige Film werden wird. Bei der Entstehung eines Films kommen so viele sich der Kontrolle entziehende Faktoren zusammen, dass man sich über seine Wirkung bis zuletzt nicht sicher sein kann.

Film ist eine Reihenfolge von Bildern, dazu Ton. Dass daraus eine Wirklichkeit im Kopf eines Zuschauers entstehen kann, liegt an der Wahl der Bilder, des Tons und vor allem, möchte ich sagen, an der Reihenfolge.

Isabelle Stever

Hinderlich für die Kreativität kann es sein, wenn man sein Schaffen selbst auferlegten *Reinlichkeitsgeboten* unterordnet. Das heißt, wenn man glaubt zu wissen, was in einen »guten« Film nicht hineingehört. Wenn man seinen Filmstoff aus der Negation heraus entwickelt, nämlich durch das Eingrenzen dessen, was man nicht will: keine Detailaufnahmen, keine Filmmusik, keine Psychologie, keine Kranfahrten, keine kurzen Einstellungen, keine langen Einstellungen ... Reinlichkeitsgebote führen meiner Ansicht nach zu einem undifferenzierten Blick auf den einzelnen Film. Der Film wird mithilfe solcher Gebote seziert und dann kategorisiert nach Mögen oder Nichtmögen. Ich möchte das provokativ »Filmrassismus« nennen. Wir sehen nicht mehr den Film, sondern die Schublade, in die er gesteckt wurde. Die Konsequenz dieses Denkens ist eine immer gleichförmigere Kulturlandschaft, also ein Verlust der Vielfalt filmischer Ausdrucksmöglichkeiten. Nicht nur breitet sich eine kulturelle Langeweile aus, sondern es entsteht auf lange Sicht auch wirtschaftlicher Schaden. Wie bei den Monokulturen in der Agrarwirtschaft. Dadurch, dass es weniger Apfelsorten gibt, kann ein sich durch irgendeinen Zufall schnell vermehrender Schädling oder eine Krankheit einen unverhältnismäßig großen Schaden anrichten. Der Schädling für den Film wäre der Trend, die Mode. Der Trend, bzw. die Mode, könnte, überspitzt formuliert, eine kulturelle Hungersnot auslösen. Wenn Studierende ihr Schaffen Reinlichkeitsgeboten unterordnen, so versuche ich sie darin zu unterstützen, von dem, was sie interessiert, auszugehen und davon angetrieben zu erzählen. Aber natürlich gibt es auch absolut überzeugende Filmwerke, die unter Qualen und heftigsten Ängsten vor dem, was »kein guter Film ist«, entstanden.

Manchmal, aber nur manchmal, hilft's fürs Weiterkommen mit der Stoffentwicklung, eine Synopsis zu schreiben. Oder auch ein Text zur Motivation, ein *director's statement*, das heißt eine schriftliche Antwort auf die Frage »Warum will ich diesen Film machen?« Ein Beispiel: Annika Pinske, eine EK-Studentin aus dem Jahr 2012, drehte einen Film über eine Frau, der es gelingt – so versuche ich es jetzt zu formulieren –, eine harmonische Mann-Frau-Kind-Konstellation mit sinnlichen Partyerlebnissen außerhalb gesellschaftlicher Normen zu vereinen. Hier ein Ausschnitt ihrer – außerordentlich motivierten – Motivation (siehe unten).

Wie bereits erwähnt, steht am Anfang oft eine recht vage erste Idee. Wie könnte man vorgehen, um daraus einen Film zu entwi-

---

Motivationsschreiben

Es geht nicht darum der Realität zu entkommen, sondern darum sie anzureichern.

Was mich an der Figur der Maria reizt ist, dass sie eigene und unterschiedliche Räume für sich beansprucht und trotzdem in verbindlichen Verabredung existiert. Mich interessiert, dass diese Räume nebeneinander existieren und dass das eine haben wollen, nicht bedeuten muss das andere zu verneinen, sondern das es immer eine Frage der Verabredung ist (und damit eine Frage nach der eigenen Kreativität und Realitätsgestaltung). Mich reizt das Dazwischen, der Übergang von einem Seinszustand in den nächsten, die Entfremdung dabei, das sich abarbeiten an eigenen Konsens- und Moralvorstellungen und den eigenen Ansprüchen und Leidenschaften. Mich reizt das Wiedereingliedern intensiver, außergesellschaftlicher Erfahrungen zurück an ein »Soziales-Ich«. Es geht darum Liebesmodelle nicht nur zu reproduzieren, sondern ihnen die eigene Grammatik zu verpassen – es geht um Selbstbehauptung, um Erkenntnislust, Intensität und die Freiheit zu Begehren und darum das Leben in seiner ganzen Vielfalt zu spüren und erfahrbar zu machen. Und weil es die moralischen Dimensionen sind, die das Gefühlsleben organisieren, ist es fast unmöglich das Moralische vom Emotionalen zu trennen. Das ist die Arbeit die man leisten muss, wenn man unter den Selbstformulierten Bedingungen leben und sich nicht einer bestehenden Ordnung unterwerfen will.

Fetzen und Bonmots

ckeln? Musik hören – ein Bad nehmen – spazieren gehen – den Wecker stellen und einfach losschreiben (egal was) und zehn Minuten lang nicht mehr aufhören – das Ganze dem Friseur erzählen und seine Reaktion testen – Filme anschauen – Fragen stellen – recherchieren?

© David Schmitt

David Schmitt, ein anderer EK-Student 2012, wollte zu Anfang einen Film über eine Verfolgung machen. Ein Mensch, der einem anderen durch die Stadt hinterhergeht. Im Laufe seines Nachdenkens und Diskutierens und vor allem aufgrund seiner Drehortsuche wurde die Stadt in seinem Entwurf immer wichtiger. Am Ende entstand ein Film über einen bestimmten Teil der Innenstadt von Berlin, durch den ein Mensch geht.

Die EK-Studierenden müssen bis zu einem bestimmten Termin eine erste Drehbuchfassung bei der Studien- und Produktionsleitung abgeben. Nun gibt es Studierende, die kein Drehbuch schreiben möchten/können, denn sie gehen ausschließlich von den Bildern aus, die sie drehen möchten. Aber auch hier findet sich eine Form, durch die ein Filmentwurf vermittelt werden kann. Zum Beispiel schickte mir David Schmitt anstelle eines Drehbuchs jeden Tag ein Foto (das erste Foto: siehe oben).

Cécile Tollu-Polonowski, eine weitere EK-Studentin 2012, drehte einen Film über eine Frau, der die Dauerkommunikation mit ihrem Freundeskreis dermaßen auf die Nerven geht, dass sie einem Teil davon ihre Todesanzeige schickt. Folgende Fragen hat sie sich gestellt, um aus dieser Idee ein Drehbuch zu entwickeln: Wie und an welchen Orten zeige ich die Frau? Wie erzähle ich den Freundeskreis und wie den Konflikt aufgrund der Dauerkommunikation? Cécile Tollu-Polonowski interessierte sich für das Witzige, das Radikale, das Provokative an ihrer Idee und entwickelte eine filmische Form, die dies vermittelt. Während die Protagonistin in einer von ihrem Freundeskreis häufig frequentierten Bar als Kellnerin arbeitet, erfahren wir den Konflikt durch einen schwarzhumorigen Off-Text. Sie möchte endlich einmal Zeit für sich haben. Es entsteht ein beabsichtigtes Spannungsverhältnis zwischen dem Befreiungsschlag durch das Verschicken der Todesanzeige und dem Verdacht, dass die Protagonistin gar nicht weiß, was sie mit sich alleine anfangen soll.

Stoffentwicklung, Drehortsuche, Auflösung, Besetzung, Proben, Ausstattung, Kostüme ... Die Reihenfolge ist variabel. Jede könnte wegfallen oder Anfang, bzw. Ende der Realisation sein.

Auflösung heißt, den Entwurf in einzelne Einstellungen aufzulösen. Wo soll die Kamera stehen? Was zeigt der Bildausschnitt? Welchen Teil der Filmerzählung zeigt die Einstellung? Gefällt es mir, während einer Dialogszene zwischen zwei Nahaufnahmen hin und her zu schneiden? Warum? An welcher Stelle schneide ich von einer in die andere Nahaufnahme? Sind beide Gesprächspartner gleich groß im Bild? Zeige ich während des ganzen Dialogs nur einen der beiden Gesprächspartner? Das heißt, der andere wird nur durch den Ton, also aus dem Off, erzählt? Zeige ich die ganze Zeit bei-

Isabelle Stever

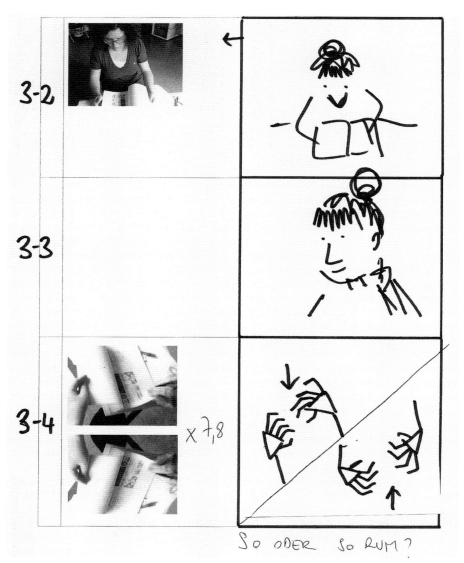

© Cécile Tollu-Polonowski

de in einem Bild? Im Profil? Nah, Halbnah, Amerikanisch oder Total? Drehe ich zwei Overshoulder und schneide diese gegeneinander? Zeige ich keinen der beiden, sondern dafür etwas ganz anderes? Es gibt keine allgemeingültige Wirkung von Einstellungsgrößen und weiteren visuellen Möglichkeiten, einen Dialog zu erzählen. Die Wirkung hängt

Fetzen und Bonmots

© Louis Marioth

vom Kontext ab. Es kann Vergnügen bereiten, sich ein Blatt Papier zu nehmen, eine erdachte oder gefundene Szene in einzelne Einstellungen aufzulösen und darüber nachzudenken, wie diese Auflösung die Wirkung der Szene beeinflusst.

Cécile Tollu-Polonowskis Auflösung in Form eines Storyboards vereint verschiedenste Möglichkeiten, geplante Einstellungen aufzuzeichnen (siehe linke Seite).

Betrachten wir nun den Umschnitt von 3/3 auf 3/4, kommen wir zum Thema *Bildachsen*. Die meisten Studierenden kennen das am Ende des ersten DFFB-Jahres noch nicht. Auch bei mir war das so, als ich an der DFFB studiert habe. In meinem EK-Film stimmte leider kein einziger Blick. Der Film wurde dadurch etwas »surrealer« als geplant. Die Protagonisten schauen sich nicht wie erhofft an, sondern sie schauen alle auf irgendwelche Punkte im Nirgendwo. Deshalb hier kurz etwas zum Thema *Bildachsen*, das die, die es schon kennen, getrost überspringen können.

Schneiden wir die beiden Bilder (siehe oben) in einem Film hintereinander, glauben wir, diese beiden Menschen schauen sich an. Egal, ob das am Set so war. Schneiden wir hingegen die Bilder (siehe unten) hintereinander, glauben wir, dass beide jemanden Dritten anschauen, egal, ob sie sich am Set gegenseitig angeschaut haben. Das hat nichts mit Logik zu tun, sondern es ist eine Konvention.

Das Bild auf der nächsten Seite macht verständlich, warum wir von *Bildachsen* sprechen.

Zwischen den beiden Menschen wird eine Gerade gezogen und unendlich weiter

© Louis Marioth

Isabelle Stever

© Louis Marioth

gedacht. Die Kamera soll auf einer Seite der *Bildachse* bleiben, sonst gibt es einen *Achsensprung*. Allerdings kann ein Achsensprung auch als Stilmittel eingesetzt werden, ein Unterbrechen der Erzählkontinuität im Raum, um einen bestimmten Moment aus einem für den Film interessanten Grund hervorzuheben. Mit diesen Ausführungen wollte ich einen kurzen Einblick in die »Logik« der »Achsen« gegeben. Dies ist gut zu wissen, bevor man seinen ersten Kurzfilm dreht! Nun kann man überlegen, wie der Umschnitt von 3/3 auf 3/4 in Cécile Tollu-Polonowskis Storyboard üblich wäre.

Constanze Schmitt, eine weitere EK-Studentin 2012, erzählt in ihrem Film von einem reisenden Bundeswehrsoldaten mit einem Aufenthalt in Berlin. Er möchte sich dort die Zeit vertreiben, verabredet sich auf der Fanmeile, wartet vergebens auf seinen Freund und sitzt schließlich wieder am Bahnhof. Constanze Schmitt wünschte sich möglichst viel Realität in ihrem Film. Sie baute eine grau angemalte Box mit einem kleinen Spalt für die Kamera. So konnte an Originalmotiven unbemerkt gedreht und vermieden werden, dass Menschen in die Kamera schauen. Das hat wirklich funktioniert (siehe Foto rechte Seite).

Manche Filmschaffende erstellen ein exaktes *Storyboard* und weichen während des Drehs keinen Millimeter davon ab. Es kann sogar ein Studiobau erforderlich sein, weil kein Originalmotiv die erwünschten Perspektiven erlaubt. Andere möchten erst beim Dreh an Originalmotiven über die Auflösung nachdenken. Sie möchten sich von dem am Set entstehenden Moment, bzw. von der Stimmung zu einem Kamerastandpunkt und Bildausschnitt inspirie-

Fetzen und Bonmots

ren lassen. Hier kann es hilfreich sein, ein visuelles Konzept im Kopf zu haben. Eine inhaltlich oder formal motivierte Bildsprache, in der man den Film erzählen möchte. Aber es kann auch ein überzeugender Film entstehen ohne Auflösung, ohne Drehbuch, ohne irgendein Konzept. An einer Filmhochschule kann man diese Möglichkeiten gutgelaunt ausprobieren. Allerdings mit etwas (konstruktivem) Gegenwind, denn man wird aufgefordert, sich mit seinem Projekt auseinanderzusetzen.

Im Folgenden etwas zum Thema *Besetzung*: Das Casting kann verschieden aussehen, z.B. Szenen aus dem Buch werden vorgespielt, den Kandidaten vorher geschickt oder erst vor Ort gegeben. Oder solche, die nicht mehr in der aktuellen Buchfassung sind, die rausgestrichen wurden, oder extra fürs Casting geschrieben. Oder Improvisationen, wobei es ein breites Spektrum von Möglichkeiten gibt. Es reicht von konkreten Situationen mit einem nachvollziehbaren Konflikt (in einer WG die Frage: »Wer trägt den Müll runter?«) und einem festgelegten Ziel bis hin zu unlösbaren Aufgaben, um die Darsteller herauszufordern, wie beispielsweise die Farbe Blau zu »spielen«.

Wenn ich die Schauspielerkataloge nach der Besetzung für eine Rolle durchsehe, suche ich nach Gesichtern, die mich an die Person erinnern, die mir für die Figurenzeichnung als Vorbild gedient hat, falls es ein solches gab. Oder ich suche mir eine ganz besondere Szene. Sie kann aus dem Buch sein oder frei erfunden. Sie hat die Eigenschaft, dass mir nur wenige Darsteller glaubwürdig und interessant erscheinen, wenn sie diese Szene spielen würden. Dann wähle ich die Kandidaten danach aus, ob ich persönlich neugierig auf den Rest des Filmes werden würde. Schließlich noch ein Tipp zur Entscheidungshilfe bei der Besetzung: Wenn man die Fotos der Darsteller für die verschiedenen Rollen

© Isabelle Stever

Isabelle Stever

nebeneinanderlegt, so könnte man sich außerordentlich subjektiv folgende Frage beantworten: Gibt es zwischen diesen Gesichtern eine Spannung, die mit der Filmerzählung auf interessante Art korrespondiert?

Was bewirken *Regieanweisungen*? Wie kann ich die Darsteller im Sinne des Stoffes inszenieren? Ich finde es elegant, den Darsteller nicht mit seiner Figur gleichzusetzen. Um das zu erreichen, kann man mit dem Darsteller über die Figur in der dritten Person sprechen. Regieanweisungen in Form von Adjektiven »freundlich«, »cool«, »erschüttert« könnten das Spiel verflachen, weil die Befindlichkeit der Figur nicht aus der Szene erarbeitet wird. Solche Regieanweisungen können durch eine innere Motivation (des Darstellers oder der Figur, beides möglich) ersetzt werden. Oder die Voraussetzungen für die Szene können verändert werden – um zum Beispiel eine Tempoveränderung zu suggerieren (»das Taxi wartet vor der Tür«). Andere Möglichkeit: Auch eine körperliche Aktion kann die (innere oder äußere) Haltung der Figur ändern (z.B. Hände aus den Taschen nehmen).

Meine erste Begegnung mit dem Medium Film war als Schauspielerin. Der Regisseur fragte mich bei der Inszenierung: »Wie würdest Du Dich in dieser Situation verhalten?« Das war mir zu intim. Ich wäre eher bereit gewesen, etwas von mir zu zeigen, ohne dass mein Gegenüber weiß, dass das von mir ist. Also im vorgegebenen Rahmen einer Filmfigur. Heute, als Regisseurin, möchte ich die Darsteller nicht als Privatpersonen kennenlernen. Ich spreche mit ihnen auch nicht über das Buch oder die Figuren. Dieses Vorgehen hat den Vorteil, dass ich nichts hinzudichten kann, wenn ich das Spiel beobachte. Ich gehe ausschließlich von dem aus, was ich sehe. Ich gebe Situationen für Improvisationen vor und arbeite auf diese Weise mit den Darstellern an den Figuren. Manche Regisseure hingegen lernen die Darsteller so gut wie möglich kennen und nutzen dieses Wissen für die Inszenierung.

Zum Thema *Proben*: Bevor unvorbereitet oder zu kurz geprobt wird, ist es besser nicht zu proben. Vor allem bei der Arbeit mit Laien ohne Spielerfahrung finde ich es wichtig, die Probenarbeit besonders sorgfältig vorzubereiten. Die Szenen aus dem Drehbuch zu proben, die naheliegendste Arbeitsweise, birgt Gefahren. Bei Laien wie bei Schauspielern. Es könnte eine großartige Probe geben. Am Set aber versuchen Darsteller und Regie, diese Darbietung zu wiederholen und sind dadurch nicht offen für den neuen, andersartigen Moment, der hier entstehen könnte. Wenn Szenen aus dem Buch geprobt werden sollen, dann könnte man die Szenen nur »anproben«. Es ist aber auch möglich, mit den Darstellern Situationen zu improvisieren. Dabei arbeitet man Eigenarten oder Fähigkeiten heraus, die für das Spielen der Szenen aus dem Buch notwendig sind. Sich solche Situationen auszudenken, ist ein kreativer Akt, der Zeit und Energie braucht. Laien könnte man anstelle des Drehbuchs eine Synopsis zu lesen geben, oder man erzählt ihnen die Filmhandlung. Das könnte der Darstellung zu mehr Lebendigkeit verhelfen.

Probenarbeit kann übrigens auch Recherche bedeuten. Die Darsteller für die Besatzung des Raumschiffs in Ridley Scotts ALIEN haben bei der New Yorker Müllabfuhr recherchiert, um sich authentische Gesten für die Bewegungsabläufe im Raumschiff zu erarbeiten. Dies zeigt, dass wir für Proben zu einem noch so fantastischen oder surrealen Projekt »dazu passende« Situationen aus der Realität suchen können, aus denen die Darsteller ihre Aktionen ableiten.

Heiner Müller verließ während der Probe den Raum, ließ die Schauspieler alleine weiterproben. Auch eine Methode. Ich habe einen Studenten erlebt, ein Russe, der konnte, während seine Schauspieler probten, die Kamera halten, rauchen und telefonieren. Er hat behauptet, das sei seine Methode. Und er hatte Recht. Ich habe von einer Regisseurin gehört, die mit ihrem Daumen bei den Schauspielern am Körper (imaginäre?) Energiepunkte drückt und danach waren die Schauspieler tatsächlich besser. Daraus könnte man schließen: Es ist egal, was man tut, es ist wesentlich, wie man es tut. Verschiedene Regiepersönlichkeiten werden mit derselben Regieanweisung Unterschiedliches bei den Darstellern bewirken.

Also ist alles erlaubt? Nicht ganz. Alles, außer die Darsteller in Gefahr zu bringen! Bei den *Dreharbeiten*, wenn die Kamera läuft, zeigen vor allem junge Schauspieler oft eine hohe Risikobereitschaft, weil diese offenbar zu ihrer Spiellust beiträgt. Sie würden in einen Fluss springen, aus dem sie vielleicht nicht ohne fremde Hilfe herauskommen, oder sie wissen nicht, dass es gefährlich für sie werden könnte, wenn sie mit dem Auto im alltäglichen Straßenverkehr fahren, während sie spielen.

Obwohl es für die EKs keine *Videoausspielung* gibt, erlaube ich mir eine Bemerkung zu diesem Thema: Die Videoausspielung ist dieser winzige Monitor, der wiedergibt, was die Kamera zeigt. Er steht am Set meist abseits vom zu drehenden Geschehen, oft sogar in einem anderen Raum. Meiner Ansicht nach kann man auf dem kleinen Monitor das Spiel nicht beurteilen! Ich wage zu behaupten, dass diese Ausspielung die Intuition zerstört, weil sie Distanz schafft. Auf der großen Leinwand, im abgedunkelten Kinoraum, da sieht man mehr als auf dem kleinen Monitor, da treten die Schwächen und Stärken einer Filmerzählung viel deutlicher zutage. Da könnte man es furchtbar bereuen, den Dreh vor dem Monitor verbracht zu haben. Es gibt riesige Leinwände und (lichtstarke) Projektoren, die sind so gut, dass man seinen Film so sieht, als wäre

man wieder am Set. Dieses (enorme, heftige, großartige, süchtig machende) Erlebnis haben Filmschaffende leider nicht so oft, es sei denn auf großen Festivals. Es ist auch – so finde ich – viel schwieriger, Regieanweisungen für die Darsteller zu finden, wenn man vor dem kleinen Monitor sitzt. Man sieht nicht, wie sie ins Bild kommen und wie sie rausgehen. Für Regieanweisungen kann diese Information aber wichtig sein. Natürlich gibt es etablierte Regisseure, die während des ganzen Drehs mit Kopfhörern vor dem Monitor hocken und sehr zufrieden mit ihrem Ergebnis sind. Doch einem Regieanfänger würde ich das nicht raten.

Als Regisseur sollte man ein guter Gastgeber sein, wird oft behauptet. Man kann natürlich auch Überzeugendes leisten und dabei der grauenhafteste Gastgeber sein. Trotzdem finde ich das Wort Gastgeber passend, denn die Regie kann die *Stimmung am Set* maßgeblich beeinflussen. Im Hinblick auf die Stimmung am Set gibt es zwei extreme Pole in der Regiepersönlichkeit: die Kontrolle und das Delegieren. In dieses Spannungsfeld lassen sich Regiepersönlichkeiten einordnen. Die einen, eher kontrollierend, haben jeden Gedanken schon vor ihren Mitarbeitern. Dadurch stellen die Mitarbeiter irgendwann ihre Gehirne ab und die Regiepersönlichkeit ist dazu verdammt, den ganzen Dreh alleine zu stemmen. Dann gibt es die, die auch delegieren, den Mitarbeitern vertrauen und ihnen Spielraum für eigene Ideen lassen. Der Film wird, falls es der Regie gelingt, die Ideen der anderen im Sinne des Stoffes zu filtern und zu bündeln, Ergebnis eines größeren kreativen Potenzials, das über die visionäre Kraft eines Einzelnen, also der Regie, hinausgeht. In der Filmgeschichte gibt es Regiepersönlichkeiten beider Verhaltensvarianten, die ein überzeugendes Werk hinterlassen haben.

Ratschläge für *EK-Dreharbeiten*: für gutes Essen sorgen. Reden halten. Die Mitarbeiter

Isabelle Stever

loben. Wünsche und Ideen kommunizieren. Sich jederzeit umentscheiden. Sich jederzeit das Recht nehmen, wegzugehen, um nachzudenken. Nie aufgeben.

Am Set gebe ich den Darstellern das Gefühl, wir hätten alle Zeit der Welt. Ich spiele entspannte Gemütlichkeit, während hinter mir die Handgranaten einschlagen. In der Mittagspause versuche ich aber nicht, die Schauspieler mit lustigen Geschichten zu unterhalten, sondern ich gehe die nächste Szene mit Kamera und Ausstattung durch.

Ein wertvoller Tipp für die Inszenierung am Set: Körperliche Bewegung hilft bei Stress. Bei Stress werden Synapsen blockiert. Das Gehirn sendet Impulse zu Abwehr, Kampf oder Flucht. Physische Bewegung öffnet die Synapsen und der Stress baut sich ab. Falls ein Darsteller unter Stress steht, können ein paar Liegestützen kurz vor dem Take tatsächlich helfen. Oder in verkrampften, angespannten, totgelaufenen oder unkonzentrierten Drehsituationen kann »Herumtollen« den Stressabbau unterstützen. Wenn man die Darsteller gut kennt, kann es in Ordnung sein, den einen zu bitten, seinen Partner durch ein Gebüsch zu jagen. Je nachdem, worum es in der nächsten zu spielenden Szene geht, kann man überlegen, wer wen durch das Gebüsch jagt.

Vorschläge für die Zeit *nach dem Dreh*: So viel Abstand wie möglich zwischen Ende der Dreharbeiten und Anfang der Schnittzeit. Die Muster alleine anschauen, wenn möglich im Kino. Sich dabei die ersten Eindrücke notieren. Vor dem Schnitt versuchen, sich in einen Zustand zu manövrieren, als habe man die Filmrollen irgendwo auf der Straße gefunden und versuche jetzt, einen Film daraus zu montieren. So könnte man übrigens auch für die Dreharbeiten mit dem Drehbuch vorgehen, falls es ein solches gibt: Man hat den Text irgendwo auf der Straße gefunden und möchte jetzt einen Film daraus machen. Manchen Film könnte man ab und an stumm anschauen, um die Montage zu beurteilen. Beim Filmschnitt kann es übrigens auch gefordert sein, Schwächen, die beim Dreh entstanden sind, als (beabsichtigte) Stilmittel zu nutzen. Und manchmal sind später gerade das die reizvollsten Passagen.

Abschließend Gedanken *zum Studium allgemein*: Im Laufe meines Regiestudiums an der DFFB waren nur wenige Seminare, bzw. Dozenten hilfreich für meine zukünftige Arbeit als Regisseurin. Ich wage zu behaupten: nur zwei bis drei. Einmal war es sogar nur ein beiläufiger, missverstandener Satz, der mich dazu inspirierte, mit Darstellern auf mir neue Art zu arbeiten.

Eine Filmhochschule bietet viele Seminare und Dozenten. Manches Seminar, das dem einen Studenten nicht hilfreich erscheint, kann für den anderen im höchsten Maße aufschlussreich sein. Und obwohl nicht jedes Seminar für alle gleichermaßen einen Paradigmenwechsel bewirkt, bekommen die Studierenden dennoch die Möglichkeit, die Gedanken ihrer Mitstudierenden durch wohlüberlegte oder spontane Diskussionsbeiträge zu bereichern. Sie lernen um ihre eigenen Ansichten zu kämpfen, diese zu hinterfragen, zu modifizieren, zu festigen oder zu verfeinern. Sie lernen sich abzugrenzen und sich auszutauschen. Sie üben sich in der Kommunikation ihrer Vorstellungen. Sie bekommen durch die Auseinandersetzung mit anderen die Möglichkeit der Entwicklung und Festigung ihrer eigenen künstlerischen Ausdrucksform, im besten Falle im konstruktiven, respektvollen Austausch.

Wenn es nun aber in meinem Studium ein Seminar gab, das mir nichts sagte oder mich inhaltlich irritierte und in dem meine Beteiligung nicht gefragt war, weil ich zum Beispiel einem Monolog zuhörte, so habe ich stattdessen die Zeit damit verbracht,

Fetzen und Bonmots

mir die vortragende Person als Figur in einem Film vorzustellen. Dabei habe ich mir ihre Idiomatik (besondere Art des Formulierens, Redewendungen) beim Sprechen notiert und mir ihr Zuhause ausgemalt. Ich plädiere also dafür: Nehmt die Umgebung, das Leben, den Alltag als Künstler wahr. Schreibt Situationen, die Ihr beobachtet und die Euch beeindrucken, auf. Schreibt Dialoge, die Euch interessant erscheinen, mit. Denn auch wenn diese Situationen oder jener Dialog nie Platz in einem Film finden werden, so trainiert Ihr dadurch den Muskel im Gehirn, der dafür zuständig ist, Situationen und Dialoge zu erfinden.

Isabelle Stever (© Jörg Gruber)

Isabelle Stever, 1963 geboren, schloss ihr Mathematikstudium an der TU Berlin ab und studierte anschließend an der Deutschen Film- und Fernsehakademie Berlin (DFFB). Ihr dortiger Abschlussfilm ERSTE EHE (2002) erhielt den First Steps Award für den besten Spielfilm. Ihr Debütfilm GISELA (2005) wurde auf dem internationalen Filmfestival Locarno uraufgeführt, erhielt u.a. in Österreich den Crossing Europe Award. 2009 steuerte sie einen Kurzfilm zum Episodenfilm DEUTSCHLAND 09 bei, der im Wettbewerb der Berlinale uraufgeführt wurde. 2010 folgte der Spielfilm GLÜCKLICHE FÜGUNG, dessen Uraufführung auf dem internationalen Filmfestival Toronto stattfand. Seit 2006 arbeitet sie regelmäßig als freie Dozentin an der DFFB für das Fach Regie und seit 2012 auch erstmalig an der Filmakademie Baden-Württemberg.

Torsten C. Fischer

Auf den eigenen Horizont schießen
Von Torsten C. Fischer

Als ich an der DFFB in Berlin studierte, hing dort jahrelang in einem der langen Flure ein Plakat mit einem Zitat von Éric Rohmer: »Es gibt nur eine einzige richtige Kameraposition für ein Bild – und die gilt es zu finden.« Irgendjemand hat dann später mit einem Kugelschreiber darunter gekritzelt: »Habe eine zweite gefunden.« Christian Petzold, der einen Jahrgang über mir an der DFFB studierte, hat sich in einem Artikel[1] auch an dieses Rohmer-Zitat erinnert; es habe ihn lange beschäftigt. Dominik Graf, bei dem ich das Glück hatte, tatsächlich als Regieassistent zu lernen – und nicht etwa ge- oder gar belehrt zu werden – antwortete ihm einmal so: »Ja, dieser Rohmer-Satz mit dem eigenhändigen Zusatz in der DFFB. Sehr lustig. Gordon Willis hat auch immer davon geredet, dass es nur ›ein mögliches Licht‹ für eine Situation gibt. Das sind so Sätze, die klingen immer gut und Filmstudenten schreiben eifrig mit und diese Sätze sind beim Arbeiten nahezu sinnlos. Bei den großen Szenen, die ich gedreht habe, also mordsmäßig Komparserie und Action oder so – da ging's am Schluss immer nur noch darum, vor Sonnenuntergang oder Sonnenaufgang irgendwie fertig zu werden, weil die Sache sonst uferlos teuer wird. Da galten keine Regeln mehr.«[2] Solch rigoros formulierte Leitfäden und Regeln klingen gut. Es gibt ja viele davon. Sie geben ein Ziel vor, ihre Einfachheit verspricht Klarheit, man sammelt sie als Student, einigen versucht man zu folgen. Und manch einer klammert sich daran, erstickt dabei viel zu früh die eigenen Gedanken.

Filmlehre, Film lehren – kann man das überhaupt? Jenseits von Ideologie, Akademismus und den eigenen Vorlieben? Was bedeutet das, worin liegt die Verantwortung, die man als Dozent übernimmt? Als ich das Angebot bekam, an der Filmakademie in Ludwigsburg zu unterrichten, fühlte ich mich aufgefordert mich daran zu erinnern, wie, wann und wodurch ich selbst das Filmemachen überhaupt erlernt habe. Was waren die prägendsten Erlebnisse? Wodurch habe ich mich in dieser Zeit als Student entwickelt, habe ich gespürt, vorangekommen zu sein? Denn dies müsste ich schließlich weitergeben. Ich vertraue keiner Schule des Lehrens, keinem Dogmatismus, keinem festgeschraubten Regelwerk – denn zu filmen bedeutet letzten Endes, wie Graf schreibt, dass keine Regeln mehr gelten würden. Was nicht heißt, dass man sie nicht kennen sollte, die »Regeln«, das »Handwerk«. Man muss wissen, wogegen man verstößt. Retten kann man sich an solchen Drehtagen, wie Graf sie beschreibt, nur durch Handwerk. Und mit einem klaren Bewusstsein davon, was man erzählen will. »Wie nur kann ich schreiben«, fragte sich Beckett, »und nicht dem bitteren Wahn verfallen, nur auf das Handwerk zu achten?«

Das Studium an einer Filmakademie bedeutet im ideellen Sinne eine »geschenkte Zeit«. Für einige Jahre begibt man sich in eine

Auf den eigenen Horizont schießen

geschützte Nische, eine Art Forschungslabor, in dem man sich unabhängig vom Druck des Filmmarkts entwickeln kann. Die Filmakademie vermittelt nicht nur das grundlegende Handwerk und ein Verständnis für verschiedenste filmische Arbeitsbereiche, sondern sie bietet durch all die programmierten Übungs- und Jahresfilme eine für den Studenten fest zu kalkulierende Möglichkeit, sich nicht durch eine, sondern mehrere Filmarbeiten zu entdecken und zu überdenken. Sie ermöglicht auch Begegnungen: mit Filmemachern, Persönlichkeiten aus allen verwandten und beteiligten Berufen ebenso wie mit den anderen Studenten. Immer wieder bilden sich in dieser Zeit Partnerschaften, die noch Jahre über das Studium hinaus fortgesetzt werden. Aufgabe der Filmlehrenden sollte sein, den Studenten diese »geschenkte Zeit« mit all ihren Möglichkeiten nahezubringen und diese Zeit für sie maßgeschneidert zu gestalten.

Mit meiner eigenen Akademiezeit verbinde ich durchaus zwiespältige Erinnerungen. Ich traf dort meist auf festangestellte Dozenten, die keine Filme mehr drehten, die gescheitert waren und sich nun eher frustriert durch ihre Lehrtätigkeit finanzierten. So wurden wir viel zu häufig mit pseudo-akademischen, selbstverfassten Stildogmen konfrontiert. Es entstand ein Klima, in dem die Studenten ihre Dozenten nicht mehr ernst nahmen. Und wem man nicht zumindest Respekt zollt, ganz gleich wohin der eigene Weg führen wird, dem schenkt man auch keine Aufmerksamkeit. Eine Voraussetzung für die Zusammenarbeit mit Studenten sollte deshalb sein, dass ein Dozent auch weiterhin als Filmemacher arbeitet und daher die Spielregeln der Branche kennt. Diese in der Praxis erprobten Dozenten arbeiten sich an Vorgaben und Forderungen des Filmmarkts ab, finden Lösungen, Strategien und kämpfen um Sendeplätze. Diese Kenntnisse und Erfahrungen ermöglichen ihnen, ihren Studenten die Bedingungen des von Quote und fester Formatierung geprägten Fernsehmarkts nahezubringen. Einer der zentralen Lehrinhalte lautet nämlich, mit den Studenten Schlachtpläne zu entwerfen, gerade wenn es darum geht, unkonventionelle Stoffe zu realisieren. Zu diesem Zweck ist es nützlich, Nischen aufzeigen und Redaktionen benennen zu können, die noch immer etwas Freiheit auf ihren Programmplätzen gewähren. Auch Genre-Formate, selbst die der Prime Time wie z.B. die zahlreichen Krimi-Formate, sind mit dem Ziel zu überprüfen und zu befragen, ob man sie in Piratenmanier, quasi unter falscher Flagge segelnd, erobern kann und welche Taktik greifen könnte. Nur dadurch bleiben diese Formate letzten Endes überhaupt lebendig.

In meiner Studienzeit empfand ich die wenigen Begegnungen mit Filmemachern, die »da draußen« arbeiteten, also tatsächlich Filme drehten, als wahre Geschenke. Sie konnten mir mit ihren Stilen und Ansprüchen nicht unterschiedlich genug sein: Jean-Marie Straub und Danièle Huillet (die uns im 16mm-Schneideraum dogmatisch lehrten, niemals – ja: niemals! – schnell vor- oder zurückzufahren beim Schneiden, da sonst jegliches Gefühl für Rhythmus auf immer verloren geht), Michael Haneke (der erste Dozent, der zu spät kommende Studenten – wir sprechen von nichtakademischen zwei Minuten – kategorisch den weiteren Zugang zu seinem Seminar verbot), Harun Farocki (dessen legendäres 69er Politfilm-Manifest DIE WORTE DES VORSITZENDEN uns vor allem in Erinnerung war, der aber nun mit uns völlig überraschend und mit ungeheurer Leidenschaft und Klarsicht die Meisterschaft der architektonischen Raumbehandlung in dem Actionfilm DIE HARD am Schneidetisch erkundete) und schließlich Dominik Graf (den ich, in tiefer Unwissenheit und zu einem schnellen Vorurteil bereit, zunächst kaum

Torsten C. Fischer

schätzte; ich sah in ihm nur einen Apologeten amerikanischer Mainstream-Standards und einen Kritiker des von mir geschätzten Autorenkinos).

Von Dominik Graf muss in diesem Beitrag immer wieder die Rede sein, da mich mit ihm bald eine Arbeitsbeziehung und Freundschaft verband. Ich verließ die DFFB immer öfter, um bei ihm zu assistieren. Bei ihm habe ich unendlich mehr gelernt, als mir die Akademie damals hätte vermitteln können. Nach dem Regieseminar, das er bei uns an der Akademie gab – und auf das ich gleich zu sprechen kommen werde –, lud er mich ein, bei seinem Kinofilm DIE SIEGER die Videoausspielung über die Sets zu schleppen und ihm dabei stets eine Tasse schwarzen Kaffees bereitzustellen. Eine Tätigkeit, die ich noch heute jedem Studenten empfehle: Man trägt keinerlei Verantwortung, kann sich vollkommen auf die Dreharbeiten konzentrieren und bekommt alle Entscheidungs-Prozesse hautnah mit – denn meist wird direkt neben der Ausspielung geflucht, gebrüllt und gelitten. Und es wurde da viel gelitten, die Dreharbeiten waren eine Ansammlung aller nur denkbaren Katastrophen. Glücklicherweise hatte man auch die Notwendigkeit einer Second Unit vollkommen vergessen, ich wurde bald befördert, drehte fast zwei Wochen lang mit eigenem Team und konnte so immer wieder etwas Luft schöpfen von den strapaziösen Dreharbeiten. Ein meinetwegen heute antiquiert wirkendes Lernmodell entstand da. Nennen wir es ruhig: ein Schüler und sein Meister. Ich hatte keinerlei Probleme mit dieser Konstellation, die heute sicherlich vielen Studenten eher aufstößt. Aber ich wollte eben lernen – das heißt ja auch, aushorchen und spionieren. Ich habe mich sehr aufgehoben und beschützt gefühlt in diesem Modell, geachtet, frei und auch stets von ihm nach meiner Meinung befragt.

Dominik Graf hat mich in dieser Zeit »größer« behandelt, als ich es nach eigenem Empfinden war, mir Aufgaben gegeben, die ich professionell noch gar nicht zu leisten vermochte, wie zum Beispiel die erste Regieassistenz – eine sicherlich desaströse Leistung. Die Produktionsleitung muss damals sehr gelitten haben. Ich wurde hineingeworfen, mitgenommen und wuchs genau daran. Vor allem die Gespräche mit ihm, die wir glücklicherweise bis heute, nun meist per E-Mail und mit den üblichen Unterbrechungen, fortgesponnen haben, waren eine ungemeine Bereicherung – eben Kommunikation! Denn Filmemacher tauschen sich, sind sie erst einmal auf die große Bühne des Filmgeschäfts gelangt, eher selten aus: »In Ermangelung eben jener gemeinsamen Gespräche über den Beruf, eben jener gemeinsamen Gespräche, die man eigentlich bräuchte wie die Luft zum Atmen, schreibe ich ja auch meine Artikel über Film. Monologe sind das.«

Graf gab uns damals die Aufgabe, Szenen aus einem von ihm bereits inszenierten FAHNDER zu erarbeiten. Bei diesem Format handelte es sich um eine Krimi-Serie, was uns schon einmal meinte empören zu dürfen. Wir sollten alle schnell spüren, dass wir dem Reichtum an Menschenbildern, den Facetten der Charaktere, nicht im Geringsten gewachsen waren. Christian Petzold, Connie Walther, Mark Schlichter und Benedict Neuenfels nahmen, nur um Beispiele zu nennen, daran teil. Wir hatten, in Teams aufgeteilt, bei jedem Dreh jeweils andere Aufgaben zu übernehmen: So konnte jeder Student seinen Mitstudenten beobachten – heute ein recht verbreitetes System. Die engagierten Schauspieler waren durchaus professionell, aber keine Berühmtheiten. Es entstand ein Prozess, in dem Graf uns alle, ganz gleich, woran man scheiterte oder womit man sich quälte, bei einer gemeinsamen ungeheuren Schwäche ertappte: Wir alle sahen in einem Schauspieler nur einen Erfüllungsgehilfen,

Auf den eigenen Horizont schießen

ein notwendiges Übel. Wir flüchteten uns letzten Endes alle in einen vermeintlich hochwertigen Bilder-Look, reiner Stilwille dominierte. Wir hatten schlicht Angst vor der Energie eines Schauspielers. Wir versuchten ihn zu benutzen – mit ihm arbeiten konnten wir nicht.

Dieses Unverständnis für den Beruf und die Arbeitsweise eines Schauspielers ist nach meiner Erfahrung auch heute häufig zu beobachten. Ich unterrichte die Studenten im Hauptstudium, das heißt, ich begegne ihnen erst nach zwei Jahren Grundstudium. Erste Kurzfilme sind gedreht, es ist also bereits mit Schauspielern gearbeitet und Erfahrung gesammelt worden. Trotzdem beobachte ich nahezu jedes Jahr, wie schon im Angang an eine Szene die Arbeitsweise der angehenden Regisseure mehr der eines Dompteurs gleicht. Sie instrumentalisieren Schauspieler, indem sie in ihnen Objekte sehen, die ihrem szenischen Korsett zu dienen haben. Es geht dabei kaum jemandem um demonstrative Machtausübung, die man als Regisseur vielleicht fälschlicherweise meint vorführen zu müssen. Es ist tatsächlich ein tief sitzendes Unbehagen, einem Schauspieler auf Augenhöhe zu begegnen, ihm etwas von der eigenen Arbeit anzuvertrauen. Zu ihm zu sprechen scheint ein eher notwendiges Übel zu sein, ihm zuzuhören eine ungeheure Anstrengung. Ich weise meine Studenten oft darauf hin, mit welch verkrampftem Gesichtsausdruck mancher von ihnen dem Schauspieler gegenübersteht.

Von seinem Schauspieler überrascht zu werden, löst – spricht man mit den Studenten darüber – tatsächlich Angstzustände aus. Es ist die Sorge, irritiert und überrannt zu werden, die Kontrolle zu verlieren. In solchen »Überraschungen« ein Geschenk zu sehen, durch sie Anregungen und szenische Bereicherung zu erhalten, kommt ihnen zunächst einmal nicht in den Sinn. Die Studenten bemühen sich in diesen szenischen Übungen viel zu häufig vor allem um »Verhinderung«. Alle größeren Ausschläge, alle Elemente, die heftigere emotionale »Ausreißer« motivieren könnten, alle Faktoren, die die Schauspieler zu nicht klar berechenbaren Ausdrucksformen provozieren könnten, werden ausgeschaltet. Lässt man zu, dass die Studenten Szenen aus ihren eigenen, aktuellen Stoffen in diesen Übungen verwenden, um diese zu erproben, dann entdeckt man diese »vorausschauende Vorsicht« schon dort: Es fehlt den Figuren häufig an Komplexität und Vitalität. Eine Figur scheint klarer und damit greifbarer zu sein, je widerspruchsloser und beständiger sie in einem Gefühlszustand verhaftet ist. »Temperaturwechsel« gibt es da kaum: Figuren, die aus tiefer Verzweiflung sich auch mal ins Leben und nicht von der Brücke stürzen; Menschen, die sich in ihrer Passivität langweilen und daher selbst zu Aktion provozieren; die gegen sich selbst aufbegehren und die Ursachen für ein Scheitern nicht nur in erdrückenden Umständen suchen – Figuren auch, die sich einmal selbst überraschen ... Und nun wird schon im Arbeitsprozess mit den Schauspielern die von Regiestudenten erdachte Figurenkonzeption zementiert. Man setzt alle Energie darein, den Schauspieler in seinen Ausdrucksmöglichkeiten zu bremsen, ihn auf das eigene Konzept zu verpflichten und dafür zu domestizieren.

Ich glaube, dass es in dieser Phase des Studiums entscheidend ist, diesen von Angst und Unverständnis verursachten Mechanismus aufzubrechen, eine andere Erfahrung zu provozieren, damit es hier nicht zu so frühen Verkrustungen kommt. In der szenischen Arbeit mit den Schauspielern werden ja die eigenen Menschenbilder erprobt und ausgemessen, die die Studenten auch weiterhin begleiten werden. Dies alles mag auch mit den Vorbildern zu tun haben, die im aktuellen deutschen Kino gezeigt werden, in dem meines Erachtens vieles klein

Torsten C. Fischer

gehalten wird. Kürzlich hörte ich im Radio ein Interview mit dem Schauspieler Lars Eidinger. Er hatte seinen neuen Film zu bewerben, geriet dabei aber immer mehr ins Stocken und Grübeln. Er beklagte, dass er stets für dieselben blassgesichtigen, still alles in sich hineinfressenden Typen besetzt werde, dass er meist wie unter einer Glasglocke zu agieren habe, alles Überraschende wie jede Gegenbewegung unerwünscht sei zugunsten »so einer alles überlagernden Stille«. Als Begründung höre er oft, es sei doch so in unser aller Leben. Man hörte Eidinger kurz etwas unruhig atmen, und dann sagte er mit schmunzelndem Unterton, sein eigenes »sicher durchaus normales Leben« sei dagegen ungleich reicher, ungrader eben, gezähmt wie wild, aufbegehrend wie zweifelnd und manchmal auch recht laut. Da protestiert also – durchaus vorsichtig und höflich – einer der aktuell meistgefragten Schauspieler seiner Generation gegen die Figurenkonzepte der eigenen Filme, deren Gedanken- wie Gefühlswelt er als Protagonist für seine Generation verkörpern soll. Was ist denn da los?

»Ja, sieh Dich um, was für limitierte Figuren! Denk an Rohrbachs Satz, den er uns – Günter (Anm.: Günter Schütter, Drehbuchautor von DIE SIEGER) und mir – bei den SIEGER-Drehbuchkriegen entgegenschleuderte: ›Ihr wollt ja gar nicht, dass man Eure Personen liebt, sondern dass man Euch liebt!‹ Supersatz, stimmte nur damals überhaupt nicht. Aber bei den Berlinern (gemeint: Berliner Schule) stimmt's. Leute ›outrieren‹ auch mal im Leben, sie drücken auf die Tube, werden zu laut, vergreifen sich im Ton. Man muss doch unterscheiden im Film, wann man z.B. durch gegen den allgemeinen Konsens verstoßendes, ›schlechtes‹ Spiel die Hermetik des Wollens aller Beteiligter unterbricht, durchbricht. Als würde man mit Schrot Löcher in den künstlichen Horizont eines Films schießen. Luft kommt durch, für eine Sekunde, störend ... aber richtig am Platz.«
(Aus einem E-Mail-Wechsel mit Dominik Graf)

Wie bekommt man »Luft« da rein? Verschafft sich den Mut, auf den eigenen, selbst verordneten Horizont zu schießen? Das Finden neuer Erzählformen, neuer Impulse, das ja viele Studenten zu Recht beschäftigt, ist doch vollkommen verbunden mit dem Entwickeln seiner Figuren. Sucht man mehr als modische Blendverpackungen von meist kurzer Haltbarkeit, begründet und entwickelt sich jede Form und jeder Stilwille aus seinen zu erzählenden Figuren.

In einem meiner ersten Fernsehfilme, kurz nach der Zeit an der Akademie, konnte ich für eine Nebenrolle Udo Kier gewinnen, den ich zuvor in BREAKING THE WAVES von Lars von Trier gesehen hatte. Udo Kier verkörperte für mich Filmkunst in Perfektion und er wurde für mich zu einer lehrreichen Erinnerung, die an die Seminarerfahrung bei Graf anschloss. Udo Kier hat damals einfach drauflos gespielt, wollte sich freispielen, zügellos sein. Wenn ich dann etwas nicht angemessen, als zu laut oder gestisch übertrieben empfand, antwortete er: »Schlechter Geschmack, ja? Ist mir alles wurscht, Schauspielkünstler oder Charge! Lebendig muss es sein!« So zwang er mich, mich ganz anders einzulassen, wirklich zu proben und verschiedenste Wege zu prüfen. Beständig brach er die Szenen auf, sprengte durch Kleinigkeiten ihr Korsett, bereicherte sie und provozierte wunderbare Momente. Und rief immer lachend und im breitesten Kölsch: »Isch willl minge Schpass hann, Dorsten, do moss misch enzündn, Kons täressierd misch ned!!« Natürlich musste man ihn korrigieren. Natürlich überschritt er Grenzen. Aber mit der »No-Maske«, wie er dieses minimalistisches Spiel nannte, hatte man die Möglichkeit, das Spiel gemeinsam

Auf den eigenen Horizont schießen

mit ihm auszuloten. Viel Freiheit und Luft drang so in die Szenen. Und er arbeitete dann, wenn man sich gefunden hatte, mit einer ungeheuren Disziplin und Beharrlichkeit, wässerte noch morgens früh um sechs die Gänge mit einer Gießkanne für den Kameramann Frank Griebe.

Udo Kier erinnerte mich an das, was Graf uns vermitteln wollte: den Mut haben sich auszusetzen, Lust haben zu suchen und zu finden, indem man nicht alles Vorgedachte in Beton gießt. Jahre später erging es mir ähnlich in der Zusammenarbeit mit Götz George, der nach einvernehmlich erfolgten Proben überraschend vorschlug, noch schnell einen letzten Durchlauf zu machen, in dem er wie alle anderen noch einmal völlig frei wäre und es Aufgabe sei, schlicht alles anders zu machen. Wir nannten das dann »letzte Gegenprobe«. Sie geschah nicht aus Unsicherheit oder Zweifel, sie war spielerische Provokation des gemeinsam Gefundenen. Fast immer bestätigte sich, dass wir einen richtigen Weg eingeschlagen hatten. Aber hin und wieder gab es diese kleinen Momente, winzige Überraschungen, die uns fesselten und die wir dann meist integrieren konnten. Und die unsere Szene noch einmal reicher und lebendiger machten.

Ich bin in meinen Seminaren dazu übergegangen, nicht mehr mit Schauspielerstudenten, sondern mit erfahrenen, aber ganz unterschiedlichen Schauspielern zu arbeiten. Schauspieler, von denen ich weiß, dass sie sich artikulieren können und zu formulieren verstehen sowie auf eine größere Lebenserfahrung zurückgreifen können. Franz Dinda, Jessica Schwarz, Anna Maria Mühe und Matthias Brandt waren zum Beispiel Gäste. Es sind Schauspieler, die auch durch minimal veränderte Regieanweisungen zu völlig anderen Ergebnissen gelangen, da sie alle über eine große Bandbreite verfügen. Darin liegt oft eine der wichtigsten Erfahrungen für die Studenten: Wie wenig – aber genaue – Worte es braucht, um sofort völlig veränderte Schauspielabläufe in derselben Szene zu erhalten und dass auf dem Set keine Vorträge zu halten sind. Vorausgesetzt, es konnte ein tiefes Vertrauen zwischen Regie und Schauspieler aufgebaut werden, ein Arbeitsverhältnis auf Augenhöhe. Wodurch entsteht das? Wie lernt man einem Schauspieler zu vertrauen, ihn als Partner zu gewinnen? Wie gelingt es, dessen Lebenserfahrung einzubeziehen, von dessen persönlicher Sicht auf die Anforderungen einer Szene zu profitieren? Sein Spiel wird dadurch meist glaubwürdiger, da ihm Verhaltensmuster und Handlungen vertraut sind.

Handwerkliche Abläufe sind da mitteilbar: die ungeheure Wichtigkeit der Lesung; das gemeinsame Annähern in diesem Leseprozess, an die Charaktere, die doch jeder noch sucht, die man erschaffen will; alle Fragestellungen zu beantworten, da sich jedes Drücken vor Antworten, aus welchen Gründen auch immer, später rächen wird. Die Lesung ist gerade heutzutage, wo alle Drehzeiten verkürzt werden, die vielleicht bedeutendste Phase. Als ich Praktikant bei Graf war, hat es mich überrascht, wie wenig zwischen Regie und Schauspieler auf dem Set noch besprochen werden musste, wie wenig Anweisungen nötig waren. Es ergab sich fast alles leichtfüßig, wie zwingend aus der vorangegangenen Lesung. So ist es immer ein Alarmzeichen, wenn »W«-Fragen am Set aufkommen. Wenn Schauspieler nach dem »Wie, Weshalb, Warum« fragen, dann ist etwas in der Lesung schief gelaufen. Das kostet dann wertvolle Zeit am Drehort, an dem ja ganz andere Fragen zu beantworten sind. Nach der Lesung zwischen Studenten und Schauspielern fordere ich die Studenten auf, die Schauspieler ohne jede weitere Anweisung die gesamte Szene spielen zu lassen: »Prepare for the unexpected«. Es darf höchstens gesagt werden, wo eine imaginäre Tür steht, wo ein

Torsten C. Fischer

Auftritt beginnen soll etc. Dieser Schritt ist oft ein Schlüsselerlebnis für viele Studenten: auf einmal nur Zuschauer zu sein. Was sich da szenisch plötzlich vor ihnen vollzieht, daran haben sie auch bei der Lesung der Szene noch nie gedacht. Nun gilt es zu lernen, das Gesehene zu bewerten. Sich Schritt für Schritt vorzuarbeiten, zu sammeln, zu filtern und zu verfeinern – im ständigen Dialog mit dem Schauspieler wie im Bemühen, einen dynamischen, nach vorwärts gerichteten Prozess aufrechtzuerhalten. Nach meiner Erfahrung ist das ein ungeheuer befreiender Prozess. Er schafft im besten Falle ein Vertrauen: zum Schauspieler und zu sich selbst. Sie können die Entdeckungen und »Geschenke« annehmen und kontrollieren lernen. Solch ein Prozess schafft die Voraussetzung dafür, die eigenen Figuren aufzubrechen, sie in ihren möglichen Widersprüchen als lebendige Einheit zu verstehen und sie deshalb auch ein Stück weit lieben zu lernen.

François Truffauts Maxime war, dass man einen Liebesfilm wie einen Thriller machen muss und eine Komödie wie einen Liebesfilm. Die Genres mixen, der Oberfläche Tiefe geben, dem Amüsement Dunkelheit hinzufügen, der Leidenschaft Komik, der puren dramatischen Tragik immer auch direkte menschliche Nähe schenken – so hat er jedes Gefühl mit seinem Kontrapunkt konfrontiert. Diese Uneinheitlichkeit, Diskontinuität, Heterogenität der spielerischen Mittel, die auf diese Weise in den Proben entstehen können und als Ergebnis zu entdecken sind, schenken dann dem Spiel wie der Erzählung mehr Freiheit. Sie lassen Luft in die Enge der Dramaturgie. Ich bestehe darauf, diese Vitalität zu provozieren und einzufordern. Erst einmal Bewegung zu suchen und nicht gleich Stillstand zu wollen, selbst wenn dies das notwendig erscheinende Ziel einer Szene ist. Ein Zuviel an Lebendigkeit lässt sich, falls nötig, immer noch reduzieren, aber sie sollte Ausgangspunkt und dann Erinnerung sein. Selbst eine destruktiv schweigende, in völliger Erstarrung verharrende Figur – so sie denn erzählt werden soll – ist aus einem zuvor verlorenen Lebenshunger dorthin gelangt und sie wird immer noch letzte Spuren von diesem Prozess in sich tragen. Schweigen entsteht aus dem Wissen von gescheiterter Kommunikation. Jemand, der schweigt, weiß und wusste aber um ihre Möglichkeit.

»Lese meine eigenen Dialoge und stelle fest, dass ich das Missverständnis für das Wesen der Kommunikation halte. Es werden Fehler gemacht, und die Fehler führen zu allem. Man könnte auch Zufälle sagen, aber das Wort Fehler ist mir lieber. Ich halte den Roman für den Aufbewahrungsort des Falschen. Richtige Theorien gehören in die Wissenschaft, im Roman ist Wahrheit lächerlich. Das Unglück, die neurotische Persönlichkeit, das falsche Weltbild, das falsche Leben. Das richtige Leben, das in den Abgrund führt. Das Böse. Die Zeit.«
(Wolfgang Herrndorf, Text aus seinem Blog *Arbeit und Struktur*)

»Zufälle« wie scheinbare »Fehler« zuzulassen, zu provozieren, sich ihnen auszusetzen, führen eben zu Bewegung wie Reichtum. Dominik Graf schrieb, in Auseinandersetzung mit der Berliner Schule:

»Trotzdem muss man vielleicht irgendwann den Akademismus beim Filmemachen diskutieren. Und vielleicht wird das irgendwann lebenswichtig, weil am Ende, wenn es so weitergeht, mehr Leute in Deutschland auf Filmhochschulen waren als es noch Leute gibt, die ein Leben führen, über dessen Dramen oder Freuden es sich lohnt, Filme zu machen. Autoren wie Charles Willeford gibt's ja jedenfalls auch nicht mehr. Willeford, damit meine ich = erzählerische Kraft wie Melancholie und – natürlich – Genre und Lebenserfahrung.«

Auf den eigenen Horizont schießen

Filmemachen bedeutet eben zu suchen, sich persönlich auszusetzen wie auch zu riskieren, Erfahrungen zu provozieren. Und auch aus einem scheinbaren Scheitern auf diesem Weg zu lernen, sich neue Fragen zu stellen und Antworten zu geben. Von sich zu erzählen, ganz gleich, ob das Drehbuch von einem selbst stammt. Aber eben zu lernen, sich dort einzubringen, es zu füllen mit dem eigenen Leben. Erzählerische Kraft resultiert aus der eigenen Lebenserfahrung, aus dem Wissen um die Kraft verschiedenster Erzählformen – und aus einer Auseinandersetzung mit der Filmgeschichte. Darin soll nun mein letzter Hinweis liegen:

Ich bin häufig überrascht, wie viele aktuelle Filme die Studenten aus allen Ländern der Welt sehen, unendlich mehr, als es mir als Student möglich war – aber wie groß dennoch ihre Unkenntnis der Filmgeschichte ist; ihre Kenntnisse überschreiten selten die 80er-Jahre. Die davor entstandenen Filme stehen viel zu oft unter dem Pauschalverdacht, veraltet, wenn nicht gar überflüssig zu sein. Filme-Sehen konzentriert sich nicht auf das Erkennen der Erzähltechnik und des Genres, es reduziert sich viel zu häufig auf die Bewertung eines Looks – ohnehin ein hässliches Wort –, auf die Beurteilung von Ästhetik und Schnittgeschwindigkeit. Der Bewertungsmaßstab konzentriert sich schlicht auf die Frage: Kann ich mich da bedienen, etwas kopieren? Da wird das Werk auf seine Nützlichkeit reduziert, alles wird in eine Verwertungskette gestellt. Es geht mir nicht darum, einen verstaubten Bildungskanon wiederzubeleben, nicht um das Abhandeln von Best-of-Listen der Filmkritiker, sondern darum, diese Filme zu entdecken, sich für sie zu öffnen – ihre Fragestellungen und die darauf gegebenen Antworten nachzuvollziehen.

Ein Umweg sei mir gestattet: Als ich mit 19 Jahren zunächst an der DFFB abgelehnt wurde (glücklicherweise, denn deren Regel, niemanden unter 23 Jahren aufnehmen, damit mehr Lebenserfahrung vorhanden sei, hat mir sicher gut getan), überbrückte ich die Zeit mit dem Studium der Kunstgeschichte, das ich eher lustlos begann. Da betrat eines Tages ein Professor den Raum, unrasiert, nachlässig gekleidet und sicherlich nicht ausgeschlafen – und wütete los. Ja, er wütete, er sprach zu uns, als wolle er uns gleich in eine Schlägerei verwickeln. Er sprach hitzig, fern jedes gewohnten Akademismus und schleuderte Fragen in den Raum, die keiner der Studenten je gehört hatte: »Stinkt das da auf dem Bild? Ist das Bild laut? Ist es leise? War der Maler geil auf sein Modell?« Er konfrontierte uns mit seinem »Helden«, wie er ihn nannte, Caravaggio, den auch Derek Jarman, ein britischer Filmregisseur, damals für sich entdeckte. »Einer, der nach Leben giert und den Rotwein getrunken hat, der da auf dem Tisch gemalt steht.« Er zeigte uns die dreckigen Fingernägel der nicht länger unirdischen Heiligen, begeisterte uns für die Erotik der bebenden Körper samt der verschütteten Weintropfen, die über die nackte Haut so manch seiner Modelle fließen. Und warf die Arbeiten seiner Zeitgenossen und Vorgänger mithilfe eines scheppernden Diaprojektors an die Wand. Er zeigte uns, was Caravaggio bei seinen Kollegen und Vorgängern studiert hatte, was er daran verachtete und wonach er suchte; wie er für das gleiche, ebenso von der Kirche beauftragte Sujet – im festgefahrenen Genre – eine völlig neue Lösung (er)fand. Er lehrte uns den Krieg unter den Malern, ihr inneres Ringen, das Suchen nach Antworten – zeitlebens. Selbst der greise Tizian habe seine Gemälde immer noch monatelang mit der Vorderseite zur Wand stellen lassen, ohne sie eines Blickes zu würdigen. Wenn er sie sich dann wieder vornahm, habe er sie mit unerbittlicher Strenge beobachtet und nannte sie seine »Todfeinde«. Die Bilder wurden

109

Torsten C. Fischer

Torsten C. Fischer (© Privat)

ungeahnt lebendig, die Ölfarbe schien nun noch nass. Von »Kunst*geschichte*« mochte er nicht länger sprechen, denn Kunst im strikten Sinne habe gar keine Geschichte. Nichts in ihr würde schon dadurch inaktuell, weil es länger zurückliege: »Sie ist stets Präsens. Nie außerhalb der Gegenwart zu denken.« Und er schmetterte immer wieder ein »Nennt es ruhig Kalenderweisheit« in das Auditorium: »Gehe nicht in den Fußstapfen der Meister, suche, wonach sie suchten.«

Graf schrieb einmal in einem seiner »Monologe« über die Arbeiten Truffauts:

> »Wie bei allen notorischen Charmeuren gibt es in Truffauts Filmen jedoch eine dunkle, getriebene Seite: einerseits die zutiefst depressive, hoffnungslose, manchmal todesnahe Aura. Anderseits die funkelnde Kälte aus präziser Berechnung und Ernüchterung, wie sie wahre Verführer stets umgibt. Um nämlich das Kino der ›großen Emotionen‹ dem natürlichen Verfallsdatum seiner modischen Erzählgesten und Allüren zu entziehen – dazu ist ein Höchstmaß an Wahrhaftigkeit, Unmittelbarkeit, Unbestechlichkeit und an erzählerischer Ökonomie notwendig. Truffauts Filme erreichen noch heute ihr Ziel, uns an der Oberfläche flugs zu verzaubern. Das gelingt ihnen mit der wunderbaren emotionalen Intelligenz und dem warmen – nur ab und zu abgrundtief sarkastischen – Humor ihres Autors, mit der Frische seiner Figuren und Themen. Aber unter ihrer süßen Haut trägt ein ausgeklügeltes System von Erzähltechniken zur Überzeugungskraft der Filme bei.«

Filme daraufhin zu erforschen, wonach sie suchten, welche Antworten auch im gesellschaftlichen Kontext sie gaben, welche Grundelemente von Erzähltechniken dafür

Auf den eigenen Horizont schießen

eingesetzt wurden, zieht jeden Film hinein in die Gegenwart. Filme so zu befragen und zu entschlüsseln lernen, treibt Luft hinein in das eigene Denkgetriebe, notwendigen Atem. Bedeutet »lehren« nicht an vorderster Stelle »begeistern«? Ich habe, glaube ich, das, was ich kann und mir stets als zu wenig erscheint, nur von Menschen gelernt, die mich begeistern konnten. Darin sollte die wichtigste Aufgabe des »Film Lehrens« liegen.

Anmerkungen

1 http://www.sueddeutsche.de/medien/drei leben-in-der-ard-eine-oeffentlich-rechtliche-keule-1.1136195-2
2 Dieses Zitat – und weitere, wenn nicht anders erwähnt – stammt aus privatem E-Mail-Wechsel zwischen Dominik Graf und mir.

Torsten C. Fischer, geboren 1963. Studierte nach dem Abitur Kunstgeschichte, Philosophie und Theaterwissenschaften in Berlin. 1989–1995 Studium an der Deutschen Film- und Fernsehakademie Berlin (DFFB). Sein Studentenfilm DIE FLIEGENDEN KINDER wurde 1992 mit dem Max-Ophüls-Preis für die Beste Bildgestaltung ausgezeichnet. Anschließend »Lehrzeit« als Regieassistent von Dominik Graf und 1997 Langfilmdebüt zahlreicher Kriminalfilme mit dem TV-Krimi SPERLING UND SEIN SPIEL GEGEN ALLE. Fischer wurde zweimal als Bester Regisseur mit dem Deutschen Fernsehpreis ausgezeichnet: im Jahr 2000 für DOPPELTER EINSATZ: BLUTROTER MOND und 2003 für DER ANWALT UND SEIN GAST. Mit dem romantischen Drama DER LIEBESWUNSCH gab er 2007 sein Kinodebüt, das für zwei Deutsche Filmpreise in den Kategorien Nebendarstellerin und Schnitt nominiert wurde. 2009 inszeniert er mit Jessica Schwarz in der Hauptrolle den Biopic ROMY, für den er in Shanghai mit der Magnolia für die Beste Regie ausgezeichnet wird. Seit 2006 unterrichtet Torsten C. Fischer »Szenischer Film« an der Filmakademie Baden-Württemberg.

Hans-Erich Viet

Die Angst des Regisseurs vor dem Schauspieler – oder: Wieso glaube ich nicht, was der oder die da macht?

Eine Annäherung an die erste Phase des Studiums

Von Hans-Erich Viet

Prolog. Natürlich ist erst einmal meine Angst vor dem Schauspieler gemeint, biografisch erklärbar mit Theaterbesuchen der Schulklasse zum Beispiel ins Staatstheater Oldenburg. *Der Biberpelz* von Hauptmann wurde gegeben. Es wurde postuliert und behauptet und der Staub schwebte über allem. Das Sozialdramatische sah ich zwar, aber es bewegte mich nicht. Das Komödiantische ahnte ich, es war aber nicht komisch.

Ich vermochte den Schauspielern nicht zu »glauben«. Es berührte mich nicht, was da »oben« passierte. Nun war ich aber nicht in der Lage zu sagen: »Vielleicht ist das eine hölzerne Inszenierung, vielleicht liegt es an der Regie.« Möglicherweise waren die Schauspieler alleine gelassen und spielten um ihr Leben. Es war aber auch nicht so, dass mich die Aufführung langweilte, dazu war ich zu aufgewühlt. Nicht etwa aufgrund der Qualität der Vorstellung. Nein, es quälte mich ein schlimmes Schuldgefühl, gerade weil ich nicht emotional angerührt war. Weil das Stück »mir nichts gab«, suchte ich die Schuld bei meiner eingeschränkten Wahrnehmung. Es schlich sich gar eine perfide Analogie ein: Ich war es durch sonntägliche, evangelisch reformierte Gottesdienstbesuche gewohnt, von oben »abgekanzelt« zu werden. In der Kirche ließ ich den Gedanken der Erbsünde nicht an mich heran. Ich war ein unschuldiges Bürschchen von hinterm Deich, das Schuldhafte meines Daseins wollte mir nicht einleuchten. Ich wehrte mich gegen diese Bevormundung, ich wehrte mich gegen die in Anspruch genommene Bedeutungshoheit der Kirche und des Theaters. Und ich litt zweifach – unter der Langeweile und unter Schuldgefühlen, gerade weil ich mich langweilte. Ein ziemlicher Teufelskreis.

Aber der Film brachte die Rettung. Schon die Menschen- und Tierrettungsfilme mit LASSIE oder RIN TIN TIN ließen mich vor Anspannung in die Tischkante beißen oder es flossen Tränen der Rührung. MIT SCHIRM, CHARME UND MELONE kam sogar die Menschheitsrettung jede Woche neu auf die Bildröhre, in schwarz-weiß zuerst und heimlich geschaut bei der nachsichtigen Oma. Als ich später dann Romy Schneider mit Orson Welles in dessen Kafka-Verfilmung sah, Anthony Perkins als zum Tode Verurteilter, ohne zu wissen warum, traf es mich mit aller Wucht. Der Film erschütterte mich, nie war ich zuvor derartig gerührt,

Die Angst des Regisseurs vor dem Schauspieler

außer bei einem Bach-Konzert an einer Arp-Schnitger-Orgel. Die Parabel *Vor dem Gesetz* verwirrte mich ob ihrer absurden Logik einer Sinnlosigkeit. Die Blicke im Film, die Räume, Menschenmassen, sinnlose Fluchten, Küsse, die Musik. Eine faszinierende Welt offenbarte sich. Es war also möglich, nicht nur als Kind beeindruckt zu sein. Eine Hoffnung, eine Herausforderung.

Viele Jahre später. Alle zwei Jahre bewerben sich viele Kandidaten an der ifs in Köln und möchten dort Filmregie studieren. Was sind das für junge Menschen, welche Träume haben sie? Was wollen sie mit »Film« machen? Warum soll ich / sollen wir acht Studierende aufnehmen? Eine der von uns gestellten Aufgaben in der praktischen Phase der Aufnahmeprüfung gibt vor, dass von den Bewerbern je zwei szenische Texte eingereicht werden. Etwa zwei Seiten lang, eine dramatische Situation zwischen zwei Personen. Der erste Text soll von den Kandidaten selbst geschrieben werden, der zweite soll aus einem Lieblingstext oder -film entnommen sein. Die professionellen Schauspieler, die für die Aufnahmeprüfung zur Verfügung stehen, kennen beide Texte. Der Filmstudiumskandidat bekommt eine halbe Stunde vor der Inszenierungsprobe mit diesen Schauspielern mitgeteilt, welcher vorgelegte Text zu bearbeiten ist. Vorbereitet hat er sich auf beide. Eine halbe Stunde Zeit hat der Kandidat, um mit den Schauspielern zu »proben«. Hier zeigen sich natürlich große Unterschiede zwischen den Bewerbern. Manche haben noch nie »inszeniert«, andere haben irgendwelche Erfahrungen am Theater, in der Schule gewonnen oder haben Filmpraktika absolviert – immer wieder sind auch ausgebildete Schauspieler dabei. Der Probenlauf wird nach den 30 Minuten unterbrochen und vor der Aufnahmekommission fortgeführt. Zunächst mache ich keine Vorgaben, sondern lasse die drei in Ruhe, beobachte den Ablauf. Allerdings habe ich vor der Probe angekündigt, in den Prozess einzugreifen. Dies hat je nach Situation unterschiedliche Gründe. Es kann sein, dass sich der Bewerber verrennt, sich nicht mitzuteilen vermag oder auch nach vier Minuten »fertig« mit der Inszenierung ist und uns erwartungsvoll anschaut.

Je nach Situation oder Ablauf greife ich ein, stelle Fragen. Ermahne innezuhalten, wenn zu hektisch gearbeitet wird. Ich bitte Abläufe zu wiederholen, wenn oberflächlich gearbeitet wird, verändere die Prämisse, wenn ich sehe, dass Bewerber in die Sackgasse laufen. Unser Prinzip ist nicht 45 Minuten zuzuschauen, um dann mit dem Urteil herabzusteigen, wie es in TV-Castingshows üblich ist. Ich versuche eine vorhandene Arbeitssituation durch die Anmerkungen zu vertiefen. Es kommt vor, dass ich wenig sage, z.B. wenn die Selbstgewissheit der Kandidaten zu groß ist, wenn meine Anmerkungen als störend interpretiert werden. Es geht um Kommunikation: Wie geht der Bewerber mit der Stresssituation um? Können Fragen oder Anregungen der Schauspieler umgesetzt werden oder möchte der Kandidat einfach nur, dass die Schauspieler tun, was verlangt wird? Auch dies kann gut gehen, wenn die Probensituation feinfühlig, intensiv ist. Das ist aber die Ausnahme. Bewerber, die schon eine Schauspielausbildung haben, können zwar wunderbar Auflockerungs- oder Konzentrationsübungen machen, haben aber selten die Übersicht über die Dramaturgie der Szene. Es gab auch schon Bewerber, die ergriffen ihren eigenen, von den Schauspielern vorgetragenen Texten lauschten. Sie vergessen, dass das Zitieren eines Textes noch keine Inszenierung ist. Auch gab es Kandidaten, die die Probe als Verlängerung des Grundwehrdienstes in der alten Bundeswehr verstehen. Es gibt jede Art von Anstrengung, Verwirrung, Verirrung, Erleuchtung, aber auch Momente des Glücks: wenn sich z.B.

113

Hans-Erich Viet

trotz der anstrengenden Prüfungssituation eine Wahrhaftigkeit, eine Ernsthaftigkeit, eine Verletzlichkeit herstellt – die berührt. Nach einer Stunde ist so viel Emotion offenbar geworden, dass wir eine gute Grundlage für ein offenes Gespräch unter Beteiligung der Schauspieler haben. Die Empirie der Probensituation ermöglicht die Analyse des Ablaufs und kann die Kriterien unserer Entscheidung verstehbar machen.

Ein paar Monate später beginnt der neue Jahrgang mit der sogenannten *Drehwerkstatt 1* (DW 1), einer dokumentarischen Seminarform, die vom Kollegen Dominik Wessely konzipiert wurde (siehe Text Dominik Wessely). Zum Ende des ersten Semesters folgt dann meine »Schauspieleinführung«. Sie betrifft alle Fachbereiche, mit einer Erweiterung für die Regiestudenten. Mein Gesamtkonzept für das Seminar hat folgende Ankündigung, die gleichzeitig eine Gliederung ist: »Interdisziplinäres Seminar mit allen Studenten. Mit Filmanalysen, Lese- und Inszenierungsproben, mit Videoaufzeichnung. Analyse von Filmausschnitten und Feedback-Runden. Theater- und Filmbesuche in Köln, Stuttgart und Bochum – Thomas Bernhard und Shakespeare und dem Assistenten von Jörg Haider.«

Vorher die Frage: Was ist mit Schauspielführung gemeint? Sie ist Teil der Regieleistung und abhängig von
A – dem zu erstellenden Produkt,
B – der Persönlichkeit des Regieleistenden,
C – den methodischen und künstlerischen Fähigkeiten des Regieleistenden.
In Übungen werden Analysefähigkeit und der eigene Stilwille erforscht. Diese werden erprobt und ausgebaut – im Laufe des Semesters und natürlich im Verlauf des weiteren Studiums. Alles beruht darauf, dass ich eine universelle Methode zur Schauspielführung als Illusion ansehe. Es gibt verschiedene Ansätze aus unterschiedlichen Traditionen und Richtungen, die dazu dienen – und ich nutze sie –, um den jeweiligen persönlichen Stil zu entwickeln. Um Sidney Lumet zu zitieren: »Für einige Dinge haben wir eine natürliche Begabung und andere Dinge müssen wir lernen. Wieder andere Dinge bekommen wir einfach nicht hin.«

Wie anfangen mit der Arbeit? Wir schauen uns zwei Filme an, Gangsterfilme unterschiedlichster Art, beides Meisterwerke in ihrer jeweiligen Art:
1 – LE SAMOURAÏ (Der eiskalte Engel) von Jean-Pierre Melville, F 1967
2 – DOG DAY AFTERNOON (Hundstage) von Sidney Lumet, USA 1975.

Die wenigsten der neuen Studenten kennen Melville oder Lumet. Erstaunlich, erschreckend. Aber beide Filme entwickeln ihre jeweilige Dynamik in der Vorführung und faszinieren. Wir arbeiten die unterschiedlichen Arbeits- und Produktionsmethoden der beiden Regisseure heraus. Melville wollte kontrollieren, reduzieren. Er hatte ein eigenes Studio. Lumet war weniger unabhängig, probte aber wochenlang mit seinen Schauspielern im gebauten Set, änderte aufgrund der Proben das Buch. Er variierte und verfeinerte, die Arbeit entstand im Dialog.

»Sie (Schauspieler) sind darstellende Künstler, und darstellende Künstler sind komplexe Menschen. Ich liebe Schauspieler. Ich liebe sie, weil sie mutig sind. Jede gute Arbeit verlangt nach Selbstentblößung ... Die Fähigkeit des Schauspielers besteht darin, seine Gedanken und Gefühle dem Publikum augenblicklich zu vermitteln. Mit anderen Worten: Das ›Instrument‹, das ein Schauspieler benutzt, ist er selbst.« (Sidney Lumet)

Dazu im Gegensatz Melville, dessen eigentlicher Name Jean-Pierre Grumbach war:

»Meiner Meinung nach ist die Führung der Schauspieler die wesentliche Aufgabe des Re-

Die Angst des Regisseurs vor dem Schauspieler

gisseurs ... Ich glaube, ich bin imstande, einen Schauspieler so weit zu bringen, dass er seine eigenen Bewegungen verleugnet und dafür meine Gesten annimmt ... Das erste Mal drehe ich mit Direktton, dann nehme ich jeden Schauspieler für sich und lasse ihn sich selbst im Studio vor einer Schlaufe, die endlos sein Bild spielt, so lange doubeln, bis er eine Art Ekel verspürt ... er leistet nur noch wenig Widerstand. Dann lasse ich ihn endlich den Text sprechen, so wie ich ihn verstehe.«

Melville kritisiert die aus seiner Sicht übertriebene Art der europäischen Schauspieler, er lobt die »amerikanische Methode«:

»Die amerikanischen Schauspieler spielen immer ›under play‹ ... diese Sparsamkeit, die ich so bewundere. Nichts dergleichen der europäische Schauspieler, der ängstlich seine Individualität und seine Ticks bewahrt. Ich zwinge meine Schauspieler dazu, vor der Kamera das gleiche schweigsame, lakonische und vom ›under play‹ geprägte Verhalten zu praktizieren, das ich im Leben angenommen habe. Meine Ethik des Lebens übertrage ich fast immer auf meine Darsteller und zwar mithilfe von Geschichten, die es ihnen gestattet Verhaltensweisen anzunehmen, die den meinen gleichen. Ich habe kein Mitleid mit den Schauspielern. Sie haben das Glück, den schönsten Beruf der Welt auszuüben, aber sie gehören nicht sich, sie gehören den anderen.«

Das Spiel mit der »Realität«. Nachdem die Studenten lustvoll durch diese Widersprüche hindurch geleitet wurden, geht es zur nächsten Übung. Ich verteile die Transkription eines Interviews, das die österreichische Journalistin Nadia Weiss von der *Kronen Zeitung* für KRONE-TV im Oktober 2008 mit Stefan Petzner geführt hat, wenige Tage nach Jörg Haiders Unfalltod nachts auf der Landstraße, auf dem Weg zu seiner Mutter. Das studentische Wissen darüber, wer Jörg Haider war, ist nicht sehr ausgeprägt. Es entspannt sich eine Diskussion, Stichworte fallen und langsam wird klar, um was es geht. Petzner bezeichnet sich im Interview als »Lebensmenschen« Haiders, die taz bezeichnet ihn als den »Witwer«, neben der Ehefrau Claudia Haider. Petzner war ein enger persönlicher und politischer Vertrauter des Rechtsaußen Haider und bietet im Interview das Bild eines weinerlichen, kettenrauchenden, schluchzenden Häufchen Elends. Die Studenten aller Fachbereiche teilen sich in interdisziplinäre Gruppen auf und nehmen den Original-Interviewtext, um ihn in Form von Talkshow, Interview, psychotherapeutischer Sitzung, wie auch immer, zu inszenieren. Sie verteilen die Rollen, manche sind Schauspieler, andere bedienen die Kameras, Aufnahmeleitung, Produktionsleitung, Lichtleute, Kabelträger usw.

Wie zu erwarten, bekommt derselbe Text sehr unterschiedliche Formen. Er erscheint als Tragikomödie, weinerliches Boulevard, schlechtes Interview, Talkshow, die aus den Fugen gerät, oder als anrührendes Trauerstück! Je nach Ansatz der Regie. Das Ganze wird zu einem großen Happening, spielerisch nehmen die Studenten verschiedenste Rollen an. Die Anstrengung dabei geht unter, einfach weil es »Spaß« macht. Der Vorteil dieser spielerischen Form liegt darin, dass sich die Studierenden der verschiedenen Fachgebiete absprechen können/müssen und so filmische Branchenrollen annehmen, ohne Schwellenängste zu entwickeln.

Zum Schluss wird das Original-Interview Petzner/Weiss auf YouTube angeschaut, dies sei auch dem Leser zu Erbauungszwecken empfohlen. Gleichfalls empfohlen sei auch der Monty-Python-Sketch BAVARIAN RESTAURANT, der sich ebenfalls nach Transkription für Inszenierungsvarianten eignet (In Bavaria, wo die Bäume aus dem Boden ragen). Eine schnelle letzte Empfehlung auch: Rowan Atkinson als Blackadder, ins-

115

Hans-Erich Viet

besondere der Sketch: THE COURTROOM SCENE (Mord an der Taube des Generals). Bei den zuletzt genannten Szenen überwiegt das Groteske, während der Reiz des Petzner-Interviews in der Verquickung von dokumentarischem Ausgangsmaterial und der Freiheit der Interpretation liegt.

Wir sehen uns auch Ausschnitte aus Dokumentarfilmen an, z.B. von meinem Film SCHNAPS IM WASSERKESSEL, und diskutieren darüber, was im Film denn ›authentisch‹ ist. In der Szene mit der fast 90-jährigen Katharina W. geht es um die Frage der Interaktion mit Protagonisten. Wie entsteht die Magie eines anrührenden Dialogs mit anschließendem Mundharmonikaspiel? Wo begegnen sich das Dokumentarische, das wir gewillt sind zu »glauben«, und die Inszenierung? Wir stellen fest, dass es klare Grenzen nicht gibt. Wenn wir vom Geschehen fasziniert sind, ist unsere analytische Distanz verloren. Dieses ursprüngliche, vielleicht kindlich zu nennende Verhalten gilt es zu bewahren, trotz allen Wissens um Rezeptionsmechanismen.

Im zweiten Semester, gleich zu Anfang in der sogenannten *Drehwerkstatt 2* (DW 2), ist es dann nicht mehr ganz so lustig: Die erste filmische Übung mit Studierenden in ihren gewählten Fachgebieten birgt nicht geringes Konfliktpotenzial. Immerhin treffen Studierende in branchenüblicher Konstellation zusammen, ohne dies je erlebt zu haben. Der erwachende Ehrgeiz, endlich »professionell« zu arbeiten, bringt trotz aller Unterstützung einiges an Problemen zutage.

Doch vorher lassen wir noch einmal Sidney Lumet zu Wort kommen:

> »Wir sind kurz davor zu drehen ... Probenräume sollten immer ein wenig schäbig sein. Zwei Produktionsassistenten (PA) erwarten mich nervös. Sie haben die Kaffeemaschine in Bewegung gesetzt. In einer Plastikbox stehen ... Saft, Milch und Joghurt. Auf einem Tablett liegen Bagels, Plundergebäck, Mokkakuchen ... Plastikmesser. Natürlich haben die PA's die beiden Probentische falsch aufgestellt, nämlich hintereinander, sodass die zwölf Leute, die in einer halben Stunde hier aufkreuzen, in einer langen Reihe wie in einer U-Bahn sitzen müssen. Ich lasse die Tische an den Breitseiten zusammenstellen, damit alle möglichst dicht beieinander sitzen. Vor jedem Platz liegen frisch gespitzte Bleistifte. Und eine neue Drehbuchkopie ... Gemächlich trudeln die Schauspieler ein. Eine falsche Jovialität überdeckt ihre Nervosität. Hast du schon gehört ... ich bin ja so froh, dass wir wieder miteinander arbeiten ... Umarmungen, Küsse. ... Jetzt ertönt schallendes Gelächter aus dem Treppenhaus. Einer der Stars ist erschienen. Auch der Star schmeichelt sich ein, indem er demonstriert, was für ein normaler Mensch er ist ... Zuletzt erscheint der Drehbuchautor. Er kommt deswegen als letzter, weil er weiß, dass er zu diesem Zeitpunkt in der Schusslinie steht. In diesem Augenblick kann alles, was falsch ist, nur sein Fehler sein, da ja noch nichts anderes passiert ist. Daher steuert er still die Kaffeetafel an, stopft sich den Mund mit Plunderteilchen voll, damit er keine Fragen beantworten muss und versucht sich so klein wie möglich zu machen ... Ich habe ein falsches warmherziges Lächeln aufgesetzt und warte darauf, dass der Minutenzeiger ganz oben steht, sodass wir uns dem eigentlichen Anlass für all das hier zuwenden können: Wir sind hier, um einen Film zu machen.«

Die Drehwerkstatt 2 im zweiten Semester ist die stringentest durchorganisierte und konzipierte filmische Übung der ifs. Die Bereiche Drehbuch, Regie, Produktion, Kamera, Editing sind beteiligt. Die Schauspielstudenten kommen von der Folkwang Universität der Künste Bochum/Essen (Prof. Johannes

Die Angst des Regisseurs vor dem Schauspieler

Klaus) und von der Staatlichen Hochschule für Musik und Darstellende Kunst Stuttgart (Prof. Franziska Kötz). Außerdem habe ich die Kooperation mit der Hochschule für Musik Freiburg begründet, die Kompositions-Studenten von Prof. Cornelius Schwehr sind in der Postproduktionsphase mit Musik bzw. Sounddesign befasst.

In der DW 2 entstehen acht Filme. Es werden also acht Teams gebildet, die sich traditionell zusammensetzen. Jedes Team bekommt einen Proben- und einen Drehtag. Gedreht wird auf 16-mm-Farbe, die Bearbeitung ist digital. Es gibt einen großen Drehort: Dies waren in den vergangenen Jahren ein leeres Krankenhaus in Leverkusen, ein großes, auf Mittelalter eingerichtetes Studio (wurde von uns zum Hotel umgearbeitet) oder ein riesiges, leerstehendes Kino in Köln am Ring. Der Drehort als zu dramatisierender Ort ist dann auch für die studentischen Autoren die inhaltliche Vorgabe neben der Notwendigkeit, dass das Script in einem Tag umzusetzen ist. Weiterhin soll darauf geachtet werden, dass die Schauspieler alle etwas zu spielen haben – also keine Statistenrollen für Schauspielstudenten. Immerhin ist die DW 2 der ifs köln ihre erste Filmerfahrung, Bestandteil ihres Grundstudiums und folglich selbstredend eine Herausforderung.

Mit Vorfreude und Euphorie wird vorbereitet, die Texte werden von den Drehbuchstudenten geschrieben. Wichtig dabei, neben den o.g. formalen Vorgaben, ist die frühzeitige Vermittlung bzw. Kommunikation mit Regie, Produktion und Kamera. Erste Friktionen treten auf. Einige Texte sind zu lang, können nicht an einem Tag gedreht werden. Wie geht man damit um? Wer darf kürzen? Kürzen kann bedeuten, dass die Intention klarer wird. Eine Konzentration sozusagen. Kürzen kann aber auch eine Verstümmelung bedeuten. Und wer definiert diesen Vorgang? Da alle beteiligten Studierenden Anfänger sind, fällt ihnen diese Entscheidung schwer.

Verschiedene Kommunikationsformen stellen sich dar. Einige Studenten setzten sich zusammen, diskutieren, versuchen gemeinsam eine Annäherung an die ›Regiefassung‹ des Textes. Andere geraten dermaßen in Streit, dass ein normales Gespräch schwer möglich ist. Drehbuchstudent wirft sich in die Brust: »Nur so kann mein Text bestehen. Wenn mein Text nicht so gedreht wird, ziehe ich meinen Namen zurück.« Regiestudent: »Ich kann mit dem Text wenig oder nichts anfangen, kann so nicht drehen.« Zeit vergeht. Kamerastudenten monieren, dass der Text nicht vorliegt, dass sie nicht mit der ›Auflösung‹ beginnen können. Sie reklamieren viel Zeit für diese Arbeit. Denn: »Das wird die erste Kameraarbeit sein, die auf meinem Showreel zu sehen ist.« Produktionsstudenten drängen auf Eile: Wie sollen sie ordentlich vorbereiten, wenn der Text nicht steht, wenn die ›Auflösung‹ nicht fertig ist und infolgedessen die Drehplanung für den Tag nicht gemacht werden kann? Schauspieler melden sich verunsichert: »Wie sollen wir proben, wenn wir nicht wissen, was?« Die einzigen, die (noch) ruhig sind, sind die Editoren.

Wir versuchen, diesem durchaus realistischen Szenario durch ein festes Korsett einer Produktionsvorbereitungsphase zu begegnen. Für jeden Fachbereich sind Profis aus der Branche engagiert, die in allen Phasen dabei sind, beraten und anleiten. Ich selbst übernehme den Regiebereich, schon mehrfach assistiert vom ifs-Absolventen Matthias vom Schemm, der alle Kinderkrankheiten des filmstudentischen Daseins am eigenen Leib erfahren hat. Es gibt auch einen erfahrenen Produktionsleiter, der bei der Disposition hilft und auf die Einhaltung der notwendigen Arbeitsstruktur achtet. Tontechniker, Beleuchter, Kameraassistenten sind vor Ort, alle gestählt durch die Erfahrung ihres Berufs. Und tatsächlich, wenn es dann losgeht mit Proben und dem Dreh, wenn all die erwähnten Stützen zur Verfügung stehen

117

Hans-Erich Viet

– weht eine Ahnung durch den Drehort, wie es sein könnte, wenn alles gut wäre.

Auf Regie bezogen noch einmal Sidney Lumet:

> »Aber worum geht es in emotionaler Hinsicht? Was ist das Thema des Films, das Rückgrat, der Bogen? Was bedeutet der Film für mich? Den Film zu personalisieren ist ganz wichtig ... denn sonst wird die psychische Belastung doppelt erschöpfend sein.«

Eine äußerst wichtige Aussage. In der Tat muss die Regie in der Lage sein, die Szene, den Film zu erfassen, im Kopf zu haben, bevor gedreht wird. Oft eine Überforderung für Anfänger, die gelegentlich durch autoritäres Verhalten kaschiert wird. Oder auch das Gegenteil, wenn die Verunsicherung so groß ist, dass sie in Beliebigkeit oder bloß formales Arbeiten ausartet. Gerne auch noch damit verbunden, auf keinen Fall das Gesicht zu verlieren. Allerdings gilt das für alle Fachbereiche. Bei Regisseuren kommt noch ein Faktor hinzu: Sie müssen letztlich irgendwann in der Lage sein, den gesamten Filmherstellungsprozess zumindest zu verstehen, alle Bereiche von der Drehbucharbeit bis zur Postproduktion müssen eingeschätzt und koordiniert werden können. Zwar hat jeder Bereich seine absoluten Profis, aber der künstlerische und psychologische Zusammenhalt muss vom Regisseur gewährleistet sein. Dieser Aspekt wird häufig unterschätzt, auch in der Ausbildung.

Es ist ein Mythos, dass alle »gleich« sind. Alle sind gleich viel wert und der jeweilige Respekt ist konstitutiv – aber die künstlerische Leitung ist kein demokratischer Posten. Wie begegne ich diesem »normalen« Problem in der Praxis und in der Praxis der Ausbildung? Die Antwort erscheint einfach – durch Transparenz, Kommunikation, Inspiration. Und durch Erfahrung.

Nur so erwächst eine künstlerische Autorität. Das bedeutet logischerweise, dass es am Anfang noch schwerer ist. Was passiert also an einem DW 2-Drehtag? Der Tag ist gut vorbereitet, die Dispo wurde frühzeitig verteilt, die notwendigen Vorgespräche mit allen Abteilungen wurden geführt, das Ritual eines normalen Drehablaufs kann beginnen. Oberstes Prinzip ist die Loyalität zur Regie am Tag des Drehs. Alle geben ihr Bestes, leisten eine gute Arbeit, helfen, die Vision des Textes und der Regie Wirklichkeit werden zu lassen. Dasselbe Engagement erfährt der nächste Student am nächsten Drehtag.

Alle Beteiligten gehen durch die Untiefen eines Drehtages. Regie macht die beklemmende Erfahrung des Nichtweiterwissens, Drehbuchstudenten – beim Dreh an der Tonangel – hören und sehen ihren Text aus nächster Nähe, mit allen Konsequenzen. Der Kamera fehlt es an Zeit und der ›richtigen‹ Perspektive, die Regieassistenz verliert den Überblick über die Zahl der Einstellungen, die Produktionsstudenten halten es nicht für wahrscheinlich, dass das Pensum geschafft wird. Das Catering schmeckt nicht so gut, wie es schmecken könnte. Und da sind auch noch die Schauspieler! Sie verausgaben sich, geben ihr Bestes, wollen nichts falsch machen – und machen meist zu viel. Weil ihnen das Maß fehlt, weil niemand ihnen sagt, wie groß die Einstellung ist. Weil das »Danke« zu früh oder zu spät kommt. Weil sie zu wenig Feedback nach einem Take bekommen. Weil es schwer ist zu vermitteln, weshalb die Einstellung noch einmal gedreht wird. »Nein, es lag nicht an Dir – die Kamera hatte ein Problem oder der Ton hatte eine Störung.« Oder lag es doch am Spiel? Dauernd müssen Entscheidungen gefällt werden.

Ich halte mich nach den grundsätzlichen Einweisungen im Hintergrund, dränge mich nicht auf. Ich habe vorher mehrfach angeboten: »Fragt, wenn Ihr was wissen wollt.« Viele sind so unter Dampf, dass es

Die Angst des Regisseurs vor dem Schauspieler

ihnen nicht in den Sinn kommt zu fragen. Manchmal erst, wenn die Mauer himmelhoch ist. Andere behalten die Ruhe, sagen eine Vier-Minuten-Pause an. Beraten, proben und drehen wieder. **Die haben plötzlich Zeit – denn Zeit ist nicht objektiv und sie schmiegt sich dort an, wo man sie lässt. Es kann so schön sein.**

Plötzlich doch Zeitnot: Ansage Aufnahmeleitung – noch 15 Minuten bis Drehschluss. Panik bricht aus. Obwohl in der Mittagspause in einem kleinen Briefing schon abzusehen war, dass es knapp wird. Aber wir brauchen noch die und die Einstellungen, sonst erzählt sich die Geschichte nicht! Okay, was tun? Einstellungen zusammenziehen vielleicht? Oder eine ganz andere Lösung? Kurzes, knappes Gespräch der unmittelbar Beteiligten. Ruhe! Es ist zu laut! Dann der Endspurt – 15 Minuten können lang sein. Okay, 5 Minuten überziehen ist ok. Endlich Drehschluss.

Eine kurze Pause, dann das obligate 16:30 Uhr-Plenum mit allen Beteiligten. 40 bis 50 Leute in der Runde. Jeder darf sich zu Wort melden, viele müssen etwas sagen. Kritik, Lob, Erleichterung. Ehrliche Worte fallen. Alle sind so angestrengt und müde, dass Fassaden fallen, und das ist gut so. Viele können sich nicht vorstellen, dass »daraus« ein Film wird. Die anwesenden Editoren ahnen, was auf sie zukommt. Zum Schluss des Plenums kommen die Profis, die Dozenten, die Praktiker zu Wort. Offen wird ausgesprochen, was gut oder schlecht war. Die Praktiker haben einen schnellen Blick für Stärken und Schwächen der Beteiligten und sprechen aus, was zu sagen ist. Sie wissen, für Oberflächlichkeiten ist kein Platz und die Arbeit zu wichtig. Umso besser schmeckt dann das Bier danach. Die Editoren werden schon unruhiger.

Im Grunde passiert an einem Drehtag all das, was passieren kann. Streitigkeiten zwischen Drehbuch und Regie im Vorfeld müssen zurücktreten: Es zählt nur die Probensituation,

der/die Autor/in sollte dabeisitzen. Kamera auch, Produktion sowieso. Der Text, die Szene werden geprobt und die Zuschauer dürfen nichts sagen. Jetzt ist nicht mehr die Zeit für Debatten. Schauspieler, Text und Regie müssen in der Probe eine Form finden, wie auch immer. Szenen können sich verändern, das passiert sozusagen mit der Genauigkeit der Arbeit, bestenfalls. Dann kann die Runde auch wieder geöffnet werden. Immerhin ist es für die Autoren auch das erste Mal, dass ihr Text lebendig wird. Das kann beglückend sein, aber auch quälend. Beim gemeinsamen Denken kann etwas Neues entstehen, wenn alle Eitelkeiten und Besitzstandsdünkel über Bord geworfen werden.

So ist z.B. ein Text melodramatisch gedacht, ein Paar streitet. Es geht um Betrug, um Lügen und um die verschwundene Liebe. Und um eine Schwangerschaft. Der ganze Abgrund einer Beziehung wird offenbar. Wortreich vorgetragen von Schauspielern, die sich Mühe geben. Aber die Szene berührt nicht, wir sehen hart arbeitende Akteure, ein hart arbeitendes Team, hören einen ausufernden Text und beobachten eine verzweifelte Regie. Was ist zu tun? In der Situation nicht allzu viel. Der Text kann verknappt werden, Pausen im Text. Blicke. Vielleicht ein plötzlicher Ausbruch im Spiel. Die Studierenden sind in dieser Phase des Studiums noch nicht in der Lage, das Ausmaß ihrer Arbeit einzuschätzen. Da hilft es auch wenig, wenn wir als Dozenten vorher analysieren und prophetisch erscheinen. Das kann sogar kontraproduktiv sein. Die Studierenden müssen durch diese Situation hindurch, müssen in der Drehwerkstattsituation ihre vielfältigen Erfahrungen machen. Danach wird analysiert, anhand der Muster. Am Schneidetisch, in der Montage. Im Vergleich zwischen ursprünglichem Text und dem Schnitt. Aus der Unmittelbarkeit der Arbeit können Schlüsse gezogen werden, die konstruktiv

Hans-Erich Viet

sind, die weiterführen und die im gemeinsamen Nachdenken bestenfalls weitere gemeinsame Arbeit ermöglichen.

All das ist nicht ungewöhnlich, sondern liegt in der Natur der Sache. Aber die größten Konflikte entstehen durch Einfluss von außen. Was ist in diesem Fall außen? Gemeint ist die berufsständische Besitzstandswahrung. Dem Drehbuchstudenten wird gesagt: »Beschütze deinen Text, lass ihn nicht von der Regie versauen.« Dem Produktionsstudenten wird gesagt: »Lass dir nicht auf den Kopf machen, du musst die Dreh-Disziplin durchsetzen.« Dem Kamerastudenten wird gesagt: »Nimm dir die Zeit, die du brauchst für deine Bilder.« Eigentlich sind diese Handlungsanweisungen nicht falsch – aber im Kontext einer ersten großen Zusammenarbeit zu kurz gegriffen. Hier muss die Notwendigkeit der Kooperation im emphatischen Sinne hochgehalten werden, weil die Studierenden im Umgang mit ihren Mitteln noch nicht sicher sind. Vor allem weil es nicht angehen kann, dass ›alte Hasen‹ ihre Rollenklischees weiter vererben. Die Regiestudenten sind wahrscheinlich am meisten überfordert – sie müssen mit Drehbuch, Besetzung, Produktionsvorbereitung, Inszenierung, Drehablauf etc. umgehen und alles koordinieren. Gar noch künstlerisch anleiten und gruppenpsychologisch ausgleichen! Da kann schon Panik aufkommen, der nur mit genauer Analyse aller Aspekte in Einzel- und Gruppengesprächen zu begegnen ist. Auch und gerade unter der Prämisse, dass sie objektiv überfordert sind. Es muss ausgesprochen und erklärt werden, dass Koordinationsprobleme in der Natur der Sache liegen. Sonst kommt es zu ›Fluchttendenzen‹ – beispielsweise in unangemessen autoritäres Verhalten, in Ausblendung ganzer Arbeitsbereiche, in Technik-Verliebtheit (insbesondere bei männlichen Studenten, gern in Kombination mit der Kamera) oder Ausweichen ins Private oder gar in Krankheit.

Im Laufe des Studiums wird oft versucht, z.B. von Drehbuch- und Produktionsseite, die Regiestudenten dazu zu bringen, einen gegebenen Stoff »so umzusetzen, wie er geschrieben ist«. Mit der Begründung, »in der Arbeitswirklichkeit ist es später auch so«. Erstens liegt darin in sich ein Widerspruch – es liegt in der Natur eines Textes, dass er bei sich ist und jede Transformation eine Interpretation ist. Zweitens bilden wir nicht speziell für industrielle Serienformate aus. Andererseits spricht nichts dagegen, dass die Absolventen sich später diesem Bereich zuwenden. Technisch-organisatorische Fähigkeiten gehören unbedingt zur Regie dazu, aber die Ausbildung der sogenannten Handschrift, des persönlichen Stils, des besonderen Blicks ist unsere wesentliche Aufgabe. Eben das, was Lumet die Personalisierung des Films nennt. Und dieses Persönliche gilt es zu erkennen, zu entwickeln und zu fördern. Wie das von Studierenden genutzt oder erkannt wird, ist wiederum eine offene Frage. (Siehe auch im Text von Dominik Wessely im Albanien-Verweis).

Es gibt kontinuierliche Entwicklungen bei den Studenten, überraschende Kreativitätssprünge und manche enttäuschen mit den Jahren, trotz intensiver Betreuung von allen Seiten. Ein Student wurde auch schon wegen »unsozialen Verhaltens« der Schule verwiesen, zwei Jahre später wieder aufgenommen, um mit dem Abschlussfilm den begehrtesten aller Preise zu gewinnen. In den ersten zwei Semestern wird die Grundlage für das weitere Studium gelegt. In den ersten Übungen entstehen die notwendigen Netzwerke unter den Studierenden. Die müssen gefördert werden und sollten nicht der überholt autoritären Prägung der Fachbereiche dienen. In dieser frühen Phase bilden sich Verbindungen, die belastbar sind oder eben nicht. Ich kann mich noch sehr gut an meine Studienzeit an der DFFB erinnern, und bis heute kann ich sagen, mit wem ›man‹ arbeiten konnte und mit

Die Angst des Regisseurs vor dem Schauspieler

wem ich nie wieder etwas zu tun wollte. Es ergeben sich künstlerische Kooperationen, aber auch Unvereinbarkeiten aufgrund eigener Erfahrungen und nicht aufgrund imitierter Verhaltensmuster, die von Dozenten abgeschaut werden.

Zum Schluss noch einige Anmerkungen zum weiteren Verlauf des Studiums. Nach meiner Erfahrung bevorzugen Studierende psychologisierende Stoffe, Bilder, Stimmungen, Atmosphären und vernachlässigen dabei das Dialogische. Sie scheuen sich vor textreichen Szenen, bekommen dadurch zu wenig Übung in diesem Teilbereich. Ich habe daher eine semesterübergreifende Seminarform um das Drehbuch von Ingmar Bergmans SZENEN EINER EHE eingeführt. Die Aufgabe besteht darin, sich mit erfahrenen (!) Schauspielern den Text vorzunehmen, ihn nach bestimmten Kriterien zu kürzen, zu proben, zu inszenieren. Teilweise unter Mitwirkung von Kamerastudenten, die eine einleuchtende, skizzenhafte Auflösung erarbeiten. Das Material wird geschnitten und analysiert. Dies über mehrere Semester mit möglichst immer denselben Schauspielern. Auffällig ist dabei, dass auch die Schauspieler mit der Freiheit der Textveränderung Probleme haben, denn in ihrem Arbeitsalltag wird dies nicht gefordert. Im Gegenteil: Schauspieler, die »zu viel mitreden wollen«, gelten als schwierig.

Schauspielseminare mit sehr erfahrenen (z.T. in der Branche hoch bezahlten) Schauspielern biete ich nicht mehr für Studienanfänger an. Sie können mit dem Potenzial der Darsteller noch nicht umgehen, staunen zwar ehrfurchtsvoll über deren Fähigkeiten, können sie aber zu wenig nutzen. Dies führt auf beiden Seiten zu Frustrationen. Verschiedene Schauspiellehrer, Regisseure etc. lehren an der ifs. Es sind deutsche, englische oder amerikanische Kollegen mit unterschiedlichen Ansätzen, dies bewusst organisiert als Angebot für die Studierenden, sich die für sie persönlich am besten geeignete Methode zu erarbeiten. Regie darf sehr wohl eklektizistisch sein, je nach Mentalität und künstlerischer Eigenart. Es gilt, wie gesagt, die Ausbildung des eigenen Stils zu fördern.

Die ifs ist im Umbruch, sie ist in den vergangenen Jahren größer geworden. Trotzdem, und trotz des Bachelor-Studiengangs, besteht der Anspruch, eine künstlerische Ausbildung zu befördern. Im dritten Semester haben wir die sogenannte Laborphase eingeführt. Ähnlich wie im ersten Semester sollen alle Studierenden ein eigenes Projekt verfolgen, das kann auch Film sein. Im vierten Semester gibt es dann wiederum eine traditionell gefasste Werkstatt, allerdings ohne die Rundumbetreuung wie in der DW 2. Im fünften Semester sind im Wintersemester 2012/13 zum ersten Mal Auslandsaufenthalte vorgesehen. In Korea, der Türkei und in Kirgisien, letzterer von mir begleitet. Es werden dokumentarische Stoffe entwickelt und gedreht, die Nachbearbeitung findet in Köln statt. Andere Studierende arbeiten an einer LINDENSTRASSE-Kultnacht oder absolvieren Praktika. Die Erfahrungen mit diesen neuen Angeboten stehen zum jetzigen Zeitpunkt noch aus, die Konsequenzen sind noch nicht absehbar. Denn sofort danach oder gar überlappend beginnt die zweisemestrige Abschlussfilmphase. Viele gute Ansätze und Ideen, um ein wertiges künstlerisches Studium im BA-System zu verwirklichen. Tendenziell ist jedoch absehbar, dass zu viel auf einmal gewollt wird. Die Koordination der Bereiche wird aufgrund der Größe und Komplexität der Projekte immer schwieriger. Die Einführung eines Master-Studiengangs bei gleichzeitiger »Entschlackung« des aktuellen Curriculums ist wahrscheinlich.

Famous last words, um es mit Steve Jobs zu sagen: »Find out what you love«. Diese Maxime steht über allen institutionellen Veränderungen.

Hans-Erich Viet

Hans-Erich Viet (© Privat)

Verweise

LASSIE (TV-Serie; USA 1954–1973)
RIN TIN TIN (TV-Serie; USA 1954–1959)
THE AVENGERS (Mit Schirm, Charme und Melone; TV-Serie; GB 1961–1969, 1976–1977)
LE PROCÈS (Der Prozess; F/I/D 1962; Buch und Regie: Orson Welles)
Nadia Weiss mit Stefan Petzner, Interview KRONE-TV, Oktober 2008
SCHNAPS IM WASSERKESSEL (D 1991; Buch und Regie: Hans-Erich Viet)
LE SAMOURAÏ (Der eiskalte Engel; F 1967; Regie: Jean-Pierre Melville)
DOG DAY AFTERNOON (Hundstage; USA 1975; Regie: Sidney Lumet)
Monty Python: BAVARIAN RESTAURANT (GB 1971/72, Ausschnitt auf YouTube)
BLACKADDER: Sketch THE COURTROOM SCENE, mit Rowan Atkinson (GB 1987, Ausschnitt auf YouTube)
Sidney Lumet: *Filme machen. Vom Drehbuch zum fertigen Film.* München 1996
Wolfram Schütte / Peter W. Jansen (Hg.): *Jean-Pierre Melville. Reihe Film 27.* München/Wien 1982
SCENER UR ETT ÄKTENSPAK (Szenen einer Ehe; S 1973; Buch und Regie: Ingmar Bergman)

Hans-Erich Viet, geboren 1953. Chemielaborantenlehre, soziale Tätigkeit in England und Nordirland mit der Aktion »Sühnezeichen/Friedensdienste«, Kraftfahrer, Waldarbeiter. Studium der Politologie, Philosophie, Kunstsoziologie an der FU und (Film) an der HdK in Berlin, sowie Political Science an der Queen's University of Belfast/Nordirland. Absolvent der Deutschen Film- und Fernsehakademie/Berlin (DFFB). Seit 1990 tätig als Regisseur, Autor und Co-Produzent und seit 2006 Professor für Spielfilmregie an der internationalen filmschule köln (ifs).

Filme (Auswahl): SCHNAPS IM WASSERKESSEL (1991 – Adolf-Grimme-Preis); FRANKIE, JONNY UND DIE ANDEREN (1992 bis 1993 – u.a. Förderpreis der Deutschen Filmkritik); GEISELFAHRT INS PARADIES (1997 bis 1998 – Nominierung Grimme-Preis); MILCH UND HONIG AUS ROTFRONT (1998 bis 2000 – dotierte Nominierung Deutscher Filmpreis); DEUTSCHLAND NERVT (2005 bis 2009 – DGB-Preis); FASTEN À LA CARTE (2009).

Vom Glück des Loslassens

Notizen zur Dokumentarfilm-Ausbildung an der ifs

Von Dominik Wessely

»Wenn ich mir einen Dokumentarfilm ansehe, möchte ich etwas lernen, aber auch unterhalten werden. (...) Die Stimme des Sprechers spielt dabei eine elementare Rolle. Sie sollte zum ausgewählten Thema passen und angenehm zu hören sein. Der Film sollte den Zuschauer ansprechen und ihn in das Thema mit einbeziehen. Hilfreiche Mittel dazu sind zum Beispiel nachgespielte Szenen, diese regen beim Zuschauer die Vorstellungskraft an.«

Ein Auszug aus der Bewerbung einer Kandidatin für das Regiestudium an der ifs. Gefragt war, was den oder die Bewerber(in) am Dokumentarfilm interessiere und welche Mittel ein Dokumentarfilm einsetzen solle, um sein/ihr Interesse zu wecken. Nach der Lektüre von mehr als einhundert Bewerbungen zum Studienjahr 2012/2013 kann ich sagen, dass dieses kurze Statement repräsentativ ist. Hier zeigt sich das ganze Dilemma. Denn die Vorstellungen davon, was ein Dokumentarfilm ist, besser was er sein könnte, haben sich auf erschreckende Art und Weise verengt. In Bezug auf den Dokumentarfilm sind die Wahrnehmung und die Vorstellungskraft angehender Filmemacher heute weitgehend geprägt von den ästhetischen Normen des Formatfernsehens. Das ist kein Kulturpessimismus, es ist eine Feststellung. Wer die kulturellen Kollateralschäden besichtigen will, die 20 Jahre »Dokutainment«-Fernsehen im Stile von Guido Knopp & Co angerichtet haben, muss sich nur einmal die Bewerbungsmappen angehender Filmstudenten ansehen. TV-Reihen wie DIE DEUTSCHEN, TERRA X oder N-TV – DIE REPORTAGE werden als Referenzen für kürzlich gesehene Dokumentarfilme genannt. Sprechertext ist ganz wichtig, ebenso die »richtige« Musik sowie Spielszenen.

Vor dieser Wand stehe ich also, wenn ich mit den neuen Erstsemestern eine Woche nach Studienbeginn zu ihrem ersten dokumentarischen Abenteuer aufbreche. Es ist eine kleine Dokumentarfilmübung: zwei Tage Recherche, zwei Drehtage, zwei Schnitttage, fünf Minuten Film. Keine Interviews, kein Sprechertext. Das sind die Spielregeln. Aber bevor das Spiel beginnen kann, ist noch einiges an Aufklärungsarbeit zu leisten. Die Augen und die Ohren müssen frei werden. Durch Hinführen. Durch Hinterfragen. Durch Wahrnehmen.

Hinführen, das heißt Filme gucken, und zwar nur vom Feinsten: Wertow, Flaherty, Maysles, Wildenhahn, Fechner, Herzog, Seidl. Plötzlich tun sich Kontinente auf: »So etwas gibt es? Hab ich noch nie gesehen.« Ganz schnell verstehen die Studenten: Dokumentarfilm kann so viel mehr sein als Informationsvermittlung und Belehrung, das

Dominik Wessely

hier sind filmische Erzählungen, gebaut aus Bildern und Tönen. Ganz ohne Sprecher. Ganz ohne Reenactments. Erster Punktsieg gegen Guido Knopp.

Hinterfragen, das bedeutet die fortwährende Arbeit am Paradoxon: Das Misstrauen in die Bilder wecken und gleichzeitig den Glauben an ihre Kraft stärken. Die Gespräche der ersten Tage kreisen meist um die Frage, ob der Dokumentarfilm in der Lage ist, die Wirklichkeit abzubilden. Auch um die Frage, warum wir im einen Fall sagen können: »Das ist ein Bild, eine Einstellung aus einem Spielfilm« und im anderen »Das ist ein Bild aus einem Dokumentarfilm«. Die Erkenntnis reift, dass das Machen der Bilder ebenso kulturell codiert ist wie ihre Wahrnehmung (John Berger, *Ways of Seeing*). Ich gebe zu, es bereitet mir eine diebische Freude, den Zweifel zu säen. Filme von Werner Herzog eignen sich dafür besonders gut. DIE GROSSE EKSTASE DES BILDSCHNITZERS STEINER, auf den ersten Blick fast eine Sportreportage. Herzog arbeitet hier mit Mitteln, die uns aus dem Fernsehen vertraut sind: Wie ein Reporter steht er mit dem Mikrofon in der Hand am Sprungbang und berichtet von Steiners Weltrekordsprung. Wäre da nicht diese Rabenerzählung am Ende des Films. Am Eisloch stehend erzählt Walter Steiner, wie er als kleiner Junge einen Raben hatte, der von anderen Raben gequält wurde. Sie hackten auf ihm herum, bis er nach und nach all seine Federn verlor und schließlich nicht mehr fliegen konnte. Da musste der kleine Walter ihn erschießen. Diese Rabengeschichte scheint das Schicksal der Hauptfigur zu spiegeln, sie passt so unglaublich gut zu diesem gejagten Skispringer, dass sich jeder fragt »Wie kommt das nur?« Gegenfrage: »Könnte es sein, dass Herzog seinem Walter Steiner diesen Text vielleicht ...?« Nein? Doch? Wenn der Geist einmal aus der Flasche ist, gibt es meist kein Halten mehr. An diesem Punkt wurde ich von Studenten schon öfter angegangen, einer brüllte mich mal an, er fühle sich »verarscht«. Von mir, von Herzog, von der Filmgeschichte. Die Kategorien geraten also ins Rutschen. Das ist schön. Zweiter Punktsieg.

Wahrnehmen: Seit ich Filmstudenten unterrichte, beobachte ich, wie stark die Neigung fast aller Filmanfänger ist, sich »Themen auszudenken«. Ich glaube nicht an den ausgedachten Film, ich glaube an Erfahrung und an das, was sie mit uns macht. Der Weg von der Begrifflichkeit zum Film ist für mich ein Irrweg, weil am Anfang eines Films – das ist meine Überzeugung – keine abstrakte Idee, sondern eine mit Emotionen verbundene persönliche Erfahrung stehen muss. Meine gesamte Arbeit als Filmemacher zielt darauf ab: Ich möchte meinem Publikum von etwas erzählen, das mich selbst berührt, bewegt, beschäftigt hat. Das ist das Gegenteil von Formatfernsehen. Notwendig ist es also, die Aufmerksamkeit der Studenten auf die eigene Wahrnehmung, mehr noch auf den *Wert* der eigenen Wahrnehmung zu lenken. Das geht nur durch Ermutigung und Sensibilisierung.

Innerhalb des Kollegiums der ifs haben wir lange darüber diskutiert, wie viele Voraussetzungen diese erste Dokumentarfilmübung zu Beginn des Studiums benötigt: Sollten wir nicht zunächst filmtheoretisches, filmhistorisches, filmhandwerkliches Grundwissen vermitteln, bevor es an den ersten kleinen Übungsfilm geht? Wir haben uns bewusst dagegen entschieden. Zum einen, weil wir hier sehr früh im Studium den Grundstein für ein wesentliches Ausbildungsprinzip der ifs legen wollen: Die Zusammenarbeit der verschiedenen Gewerke im Filmherstellungsprozess. Respekt und Verständnis für die Arbeit der Kollegen wachsen, wenn man sich in ihren Arbeitsgebieten selbst erproben kann. Aus diesem Grund nehmen die Studierenden aller Fachbereiche an der ersten Drehwerkstatt teil: Drehbuchautoren ebenso wie Editoren, Regie-, Produktions- und Kamerastudenten. Dabei gilt das Prinzip rotierender Aufgabenverteilung. In den gelosten Teams ist jede(r) bei jeweils einem Projekt für die Regie, für die Kameraarbeit, den Ton oder die Produktion verantwortlich. Mitunter führt das zwar zu künstlerisch zweifelhaften Ergebnissen, der Lerneffekt für die Studierenden ist dafür umso höher einzuschätzen. Nach einem intensiven vierwöchigen Herstellungsprozess, in dessen Verlauf zwischen 30 und 40 dokumentarische Kurzfilme entstehen, schwankt die Stimmung bei den Studierenden meist zwischen Demut und Euphorie: Der Stolz auf den ersten »eigenen« Film vermischt sich mit der Ahnung, dass es doch noch allerhand zu lernen gibt auf dem Weg zum Filmemacher. Eine erste Erkenntnis macht sich breit: Es spricht mehr dafür als dagegen, mit anderen zusammenzuarbeiten.

Zudem gibt mir und meinen Kolleg(inn)en aus den anderen Fachbereichen diese erste Drehwerkstatt einen guten Überblick, wo unsere Studierenden stehen, in welchem Maße sie bereits über das verfügen, was wir »filmisches Denken« nennen. Verständnis also für die Wirkungsweisen des Kinos und die Fähigkeit, diese Mittel bewusst und im Sinne der eigenen Erzählabsicht einzusetzen. Dass diese ersten künstlerischen Gehversuche auf dem Gebiet des Dokumentarfilms und nicht im Spielfilm stattfinden, ist ebenfalls eine programmatische Entscheidung. In meinem Verständnis wie in dem meines Kollegen Hans-Erich Viet, mit dem ich mir die Regieprofessur an der ifs teile, bilden Dokumentar- und Spielfilm kein Gegensatzpaar, vielmehr ergänzen sie sich, man könnte auch sagen, es sind die beiden Seiten der einen Medaille. Das Kino hat diese beiden Wurzeln von Anfang an: den an der Realität orientierten beobachtenden Blick der Lumières und die überbordende Fabulierlust von Méliès. Gerade am Beginn eines Filmstudiums ermöglichen dokumentarische Dreharbeiten einen schnelleren, direkteren Zugang zur Sprache des Kinos als eine Spielfilmproduktion, die mit ihren stark arbeitsteiligen, mitunter fast militärisch streng organisierten Arbeitsabläufen nicht ohne die entsprechende Hinführung stattfinden kann.

Mit dem Erfahrungsschatz von inzwischen fünf Jahren Lehre sehe ich in diesem Konzept allerdings auch eine latente Gefahr: Die Gefahr nämlich, dass der Dokumentarfilm in seinen Ausdrucks- und Gestaltungsmöglichkeiten gewaltig unterschätzt wird. Filmstudenten neigen verständlicherweise dazu, ihre Lernfortschritte mit dem Erlernen bestimmter handwerklicher Fähigkeiten gleichzusetzen. Vordergründig bietet der Spielfilm hier ein größeres Feld zur Selbstversicherung: Die Arbeit mit dem Schauspieler, das Zusammenspiel mit Kamera, Kostüm- und Szenenbild – all das erfordert handwerkliche Kenntnisse und will erlernt sein. Dazu muss man nicht immer »ganze Filme« drehen, mitunter reicht es auch, eine Inszenierungs- oder eine Studioübung anzusetzen. Mit dem Dokumentarfilm ist das eine andere Sache. Dokumentarfilm kann man nicht in einer Übungssituation simulieren, wie man auch wesentliche Aspekte dokumentarischen Filmarbeitens gar nicht, oder doch nur in sehr begrenztem Umfang vermitteln kann. Zu fast jeder größeren Spielfilmproduktion gibt es heute ein Making Of, das nicht nur einen Blick hinter die Kulissen wirft, sondern uns auch die Möglichkeit eröffnet, die Arbeitsweise eines Regisseurs zu studieren. Im Bereich des Dokumentarfilms gibt es diese Möglichkeit »durchs Schlüsselloch zu schauen« naturgemäß nicht. Das macht den dokumentarischen Arbeitsprozess ein Stück weit undurchsichtiger, weniger greifbar. Natürlich vermitteln wir im Laufe des Studiums

Dominik Wessely

auch basale Techniken wie Grundlagen der Recherche, Interviewführung usw. Trotzdem bleibt ein unerklärbarer Rest. Empathie, Intuition, die Fähigkeit, auf Menschen zuzugehen – das sind Kompetenzen, über die ein Dokumentarfilmer verfügen sollte. Im Rahmen von Filmübungen sind diese Fähigkeiten schwer vermittelbar.

Womit wir bei einem zentralen Aspekt der Dokumentarfilmausbildung angekommen wären: Dokumentarische Filmarbeit beruht im Wesentlichen auf Erfahrungswissen. Das erfordert aber auch die Möglichkeit, im Rahmen des Studiums neue Erfahrungen zu sammeln – jenseits von curricularen Zwängen. Jeder, der schon einmal mit einem Berg von dokumentarischem Rohmaterial im Schneideraum gesessen hat und verzweifelt »auf der Suche nach dem eigenen Film« war, weiß, dass künstlerische Prozesse ganz eigenen Gesetzen unterliegen, die sich mitunter jeder Planbarkeit entziehen. Die Montage eines Dokumentarfilms lässt sich in dieser Hinsicht gut mit dem Schreiben eines Spielfilm-Drehbuchs vergleichen. Beides sind Findungsphasen, die ihre Zeit beanspruchen. An dieser Stelle kollidieren die Bedürfnisse der Studierenden immer wieder mit den curricularen Erfordernissen des in sieben Semestern eng getakteten Bachelor-Studiums »Filmregie«. Ich halte es für ganz wesentlich, den Studierenden im Laufe ihres Studiums häufiger als nur beim Abschlussfilm die Möglichkeit einzuräumen, einen künstlerischen Prozess bis an die Grenze der Erschöpfung zu durchschreiten: Erst wenn alle Wege gegangen, alle Möglichkeiten ausgelotet worden sind, wenn im Schneideraum jeder Stein dreimal umgedreht worden ist, kann sich eine gesicherte Erkenntnis darüber einstellen, warum bestimmte Dinge im eigenen Film »funktionieren« und andere nicht. Termindruck auf die Studenten stört meiner Erfahrung nach diesen Erkenntnisprozess, weil er die Neigung zur schnellen und damit meist zweitbesten Lösung befördert. Ich halte in diesem Zusammenhang auch nichts von der These, die Arbeitsbedingungen während des Studiums sollten möglichst realitätsnah die Produktionsbedingungen des Marktes simulieren, um einen reibungslosen Übergang von der Filmschule ins Berufsleben vorzubereiten. Meiner Überzeugung nach ist das Gegenteil der Fall: Nur wer sich im ausreichenden Maße künstlerisch selbst erproben konnte, findet zu einer auf Erfahrung basierenden inneren Ruhe, die später auch unter Zeitdruck zu überzeugenden Arbeitsergebnissen führt.

Natürlich, es gilt zuallererst die Selbstverpflichtung des Künstlers gegenüber der eigenen Arbeit. Niemand an der ifs hindert Filmstudenten daran, angefangene Filme nach Unterrichtsschluss, in Nacht- und Wochenendarbeit voranzutreiben. Trotzdem habe ich in den vergangenen Jahren zu viele unvollendet gebliebene Dokumentarfilmprojekte gesehen, um nicht zu verstehen, dass dies nicht nur das Ergebnis studentischer Nachlässigkeit ist, sondern auch die Konsequenz eines übervollen Curriculums, in dem eine Lehrveranstaltung die nächste jagt. Der Dokumentarfilm und seine Vermittlung brauchen also einen besonderen Raum innerhalb der Lehre, zumal wir es noch mit einer weiteren Problematik zu tun haben. Wie an fast allen Filmschulen der Welt träumen auch an der ifs 90 Prozent aller Regiestudenten von einer Karriere im Spielfilmbereich. Das scheinbar höhere Sozialprestige und die vermeintliche Aussicht auf den Millionen-Box-Office-Hit lassen den Spielfilm erst einmal als gelobtes Land erscheinen. In der Wahrnehmung der Studenten hat der Dokumentarfilm dagegen zunächst meist eine eher geringe Anziehungskraft. Keine Schienenfahrten, keine großen Scheinwerfer – stattdessen eine kleine Digitalkamera und als Aufhellung tut es zur Not auch ein Blatt Papier. Der erhoffte Glamour stellt sich da nicht ein. Dass die Reduzierung der Mittel nicht nur Einschränkung bedeutet, sondern auch ein hohes Maß an Freiheit bieten kann – diese Erkenntnis kommt erst im Arbeitsprozess. Davor aber gilt es innere Widerstände zu überwinden. Wenn dies gelingt, können die Studenten Erfahrungen machen, die ihren weiteren Weg als Filmemacher(innen) entscheidend prägen. Ein Beispiel:

Herbst 2010. Studenten der ifs reisen für einen Monat nach Albanien, um dort zusammen mit ihren Kommilitonen von der Marubi Filmschule in Tirana Dokumentarfilme zu realisieren. Für die meisten Studierenden ist es der erste Aufenthalt auf dem Balkan, in Albanien sowieso. Zu Hause, in Köln, haben wir uns im Vorfeld mit einer »Themenwoche Albanien« auf diesen Aufenthalt vorzubereiten versucht; wir haben Filme aus Albanien und über Albanien gesehen, haben mit Albanern über ihr Land und über die Besonderheiten ihrer Kultur und Gesellschaft gesprochen. Trotzdem werden die Studenten in den ersten Tagen in Tirana von ihren Eindrücken überwältigt: Das Erleben des Fremden, die Notwendigkeit, weitgehend nonverbal kommunizieren zu müssen, die starken Kontraste zwischen erbarmungswürdiger Armut auf der einen und ordinär zur Schau gestelltem Reichtum auf der anderen Seite – all das hinterlässt Spuren. Die Studenten entwickeln unterschiedliche Strategien, um das Chaos im Kopf zu ordnen. Bei einigen beobachte ich eine gesteigerte Intellektualität – sie versuchen sich die fundamentale Erfahrung der Fremdheit durch unbewusste emotionale Distanz vom Halse zu halten. So werden wilde Thesen aufgestellt, z.B. über die Frage, warum die Albaner so wahnsinnig Auto fahren. Eine meiner Studentinnen, Anne Maschlanka, reagiert auf ihre Weise: Zwei Wochen lang müht sie sich ab, für sich ein Thema zu finden, das sie »interessiert«, aber sie findet nichts. Sie will dieses ihr so fremde Land verstehen. Schließlich begibt sie sich mit ihrer Kommilitonin Viktoria Gurtovaj auf die Spurensuche nach einer uralten albanischen Volkserzählung, ein Riesenthema, viel zu groß und zu abstrakt für einen kurzen Dokumentarfilm.

Die Zeit verrinnt, nach drei Wochen ist immer noch kein Film in Sicht, bei Anne liegen die Nerven blank, sie fragt mich, ob sie nach Hause fahren könne. Hier sei sie »komplett am falschen Ort«, eigentlich müsse sie sich jetzt um ihre Angelegenheiten zu Hause in Köln kümmern. Wie reagiert man da als Lehrender? Auf keinen Fall mit Druck. Ich sage Anne also, dass sie meinetwegen nicht bleiben müsse. Ich prophezeie ihr aber, dass sie die vorzeitige Rückkehr spätestens in einigen Wochen als Niederlage erleben wird. Dann nämlich, wenn die Kommilitonen mit ihrem Material in Köln im Schneideraum sitzen werden und sie mit leeren Händen und dem Gefühl zurückbleibt, vor sich selbst davongelaufen zu sein. Anne überlegt noch einmal und setzt sich in einen Überlandbus, der sie zwei Tage lang kreuz und quer durch Albanien schaukelt. Bei einem kurzen Halt in einer alten Stadt im Süden entdeckt sie im Schatten einer zerfallenen Burg ein kleines Mädchen, das dort spielt und das, nur in einen Schlafanzug gekleidet, mit einem Holzschwert ihren noch kleineren Bruder verhaut. Dieses Bild löst in Anne etwas aus. (Später sagt sie mir, sie habe sich sofort an ihre eigene Kindheit auf dem Dorf erinnert gefühlt.) Anne spricht das Mädchen an, die beiden kommen mit Händen und Füßen redend ins Gespräch, und irgendwann beginnt Nurie, so heißt das Kind, der fremden Frau ihr Reich zu zeigen. Anne weiß, dass sie hier am richtigen Ort ist. Sie überlässt Nurie ihre kleine Kamera, die damit ihre Welt filmt und

Dominik Wessely

kommt zwei Tage später mit Viktoria aus Tirana zurück. Drei Tage lang drehen die beiden jetzt mit Nurie und ihrer Familie, dann geht es zurück nach Deutschland.

Im Schneideraum in Köln herrscht zunächst große Verwirrung: Nuries wackelige Bilder und viele Erzählungen auf Albanisch, die sich trotz der rudimentären Simultanübersetzung beim Dreh erst mal nicht erschließen – das Rohmaterial liegt wie ein unentwirrbares Knäuel vor den beiden jungen Filmemacherinnen. Wie da eine Ordnung hineinbringen? Wie den Faden einer Geschichte entspinnen? Die Editorin Simone Knappe lässt sich von alledem nicht entmutigen. Sie ist sofort von Nuries Charme eingenommen. Simone entwickelt eine Dramaturgie, die Nuries Wackelbilder ganz bewusst einbezieht – der Film wird konsequent aus der Perspektive des Mädchens erzählt.

Sechs Wochen später: Bei einer internen Präsentation werden zum ersten Mal die Rohschnitte der Albanien-Filme gezeigt. Anne und Viktoria haben immer noch kein rechtes Zutrauen zu ihrer Arbeit. Aufgeregt und verlegen mit den Füßen scharrend steht Anne vor ihren Kommilitonen und möchte sich fast für ihren Film entschuldigen. Zu viel sei ganz anders gelaufen als geplant. Als die beiden dann schließlich DER MOND IST EIN SCHÖNER ORT zeigen, sind wir alle überwältigt. Ein achtjähriges albanisches Mädchen führt uns durch seine Welt. Es beschreibt uns, warum es die Stadt und die Landschaft, in der es lebt, so liebt. Und plötzlich verstehen wir etwas über Albanien. Der Film ist zu Ende, das Licht im Saal geht an und Anne ist so verwirrt über die Reaktionen des Publikums, dass sie erst einmal losheulen muss. Was ist hier bloß schief gelaufen? Nichts. Nur geht der Gott des Dokumentarfilms manchmal seltsame Wege. Annes und Viktorias Film ist ein dokumentarisches Kleinod geworden, ein Film, der ganz und gar vom bezaubernden Charme seiner kleinen Hauptdarstellerin lebt. Was als stolpernder und tastender Versuch begann, mündete schließlich in einem märchenhaften Happy End: DER MOND IST EIN SCHÖNER ORT läuft auf zahlreichen Festivals im In- und Ausland und hat inzwischen drei Preise gewonnen, darunter den Preis für den besten Dokumentarfilm auf dem Internationalen Festival der Filmhochschulen in München.

Warum habe ich die Entstehungsgeschichte eines viertelstündigen Dokumentarfilms hier in solcher Ausführlichkeit dargestellt? Die Erfahrungen, die Anne Maschlanka und Viktoria Gurtovaj mit der Arbeit an DER MOND IST EIN SCHÖNER ORT gemacht haben, berühren meiner Ansicht nach den Kern dokumentarischen Arbeitens; vielmehr noch geht es um ein grundsätzliches Verständnis menschlicher Kreativität. »Ich suche nicht, ich finde«, sagte Picasso einmal, und in seinem knappen Bonmot verbirgt sich eine ganze Philosophie. Wer sucht, dessen Blick ist erwartungsvoll fokussiert: Beständig wird abgeglichen zwischen dem Vorgefundenen und der eigenen Erwartung. Es ist ziemlich einsichtig, dass der suchende Blick wenig zu entdecken vermag, denn das Meiste widerspricht dem inneren Suchbild und wird somit als unbrauchbar kategorisiert und beiseitegelegt. Finden kann also nur der, dessen Blick mit einer gewissen Absichtslosigkeit schweift, der bereit ist, sich vom Vor-Gefundenen inspirieren zu lassen. Erst nachdem alle abstrakten Großkonzeptionen gescheitert waren, konnten Anne und Viktoria sich innerlich öffnen und etwas erkennen, das sie sonst wohl nicht entdeckt hätten. In dem Moment, in dem sie sich dem Augenblick und der Richtigkeit ihrer Empfindungen anvertraut haben, konnten sie mit der Kamera und dem Mikrofon etwas einfangen, was schlagartig von anderen (von uns, dem Publikum) verstanden wurde. Unsere Absichten und Ideen als Dokumentarfilmer sind

Vom Glück des Loslassens

das eine – die Wirklichkeit, die wir vorfinden, das andere. Nur wenn wir bereit sind, von unseren Konstruktionen, d.h. auch von unseren vorgefassten Meinungen zu lassen, werden wir mit der Wirklichkeit um uns herum in einen echten Dialog treten; erst dann kann ein lebendiger Fluss der Gedanken und Emotionen entstehen. Anne und Viktoria haben diese Erkenntnis für sich im Nachhinein so formuliert: »Wir haben viel zu lange versucht, an die Sache wie an einen Spielfilm heranzugehen.«

Es geht bei diesem Bericht aber noch um etwas anderes als nur um unterschiedliche künstlerische Verfahrensweisen. Im Grunde geht es um Fragen der Lebenspraxis. Während der Suchende beständig bemüht ist, die Kontrolle über die Situation zu bewahren, um seine Suche zum gewünschten Erfolg zu führen, erleidet der Flaneur mit dem schweifenden Blick in gewisser Weise einen Kontrollverlust, denn er lässt zu, dass ihn das Gesehene verändert. Die Wirklichkeit wirkt. In dieser Hinsicht gleicht die Arbeit an einem Dokumentarfilm häufig einer Zen-Übung: Es geht um die Kunst des Los-Lassens. Aus eigener glücklicher Erfahrung bin ich überzeugt von der produktiven Kraft des Kontrollverlusts. Im Kern ist das eine hochpolitische Angelegenheit. Der Dokumentarfilm, wie ich ihn liebe, wie ich ihn lehre und wie ich ihn selbst immer wieder realisieren möchte, ist seinem Wesen nach eine Entdeckungsreise. Entdeckungsreisen sind aber immer Operationen mit offenem Ausgang und damit risikobehaftet. Das öffentlich-rechtliche Fernsehen als wichtigster Auftraggeber und potenzielles Arbeitsfeld für Filmstudenten hat in den vergangenen

Dominik Wessely (© Privat)

Dominik Wessely

20 Jahren aus Risikoscheu die Sendeplätze, auf denen solche Entdeckungsreisen möglich waren, radikal eingeschränkt oder ganz abgeschafft. Stattdessen hat es dokumentarische Sendeplätze »formatiert«, also standardisiert. Selbstverständlich geht es dabei auch um die Kontrolle über den Blick auf die Gesellschaft. Indem man Sendeplätze formatiert, minimiert man die Risiken unerwünschter Entdeckungen, kurz: Man domestiziert künstlerische Prozesse. Der schweifende Blick des Flaneurs wird kanalisiert, er darf sich jetzt zwischen den Leitplanken des Formats bewegen.

Es liegt auf der Hand, dass ich diese Entwicklung weder als Filmemacher noch als Lehrer unterstützen will. Möglicherweise setze ich mich damit dem Verdacht aus, angehende junge Kolleg(inn)en nicht ausreichend »auf den Markt« vorzubereiten. Die Freiheitserfahrungen, die Studentinnen wie Anne und Viktoria mit einem kurzen Dokumentarfilm über ein kleines albanisches Mädchen machen konnten, wiegen dagegen so schwer, dass ich diesen Vorwurf getrost auf mich nehmen kann. Dem Kino sind über die Jahrzehnte die verschiedensten Eigenschaften zugeschrieben worden: Es sei Kulturgut, Wirtschaftsgut, Propagandainstrument und noch vieles andere mehr. Für mich war und ist das Kino zuallererst ein Ort der Freiheit, in dem ich Filme gesehen, erlebt habe, die meinen Blick auf die Welt geweitet haben. Eben diese Erfahrung möchte ich weitergeben.

Dominik Wessely, geboren 1966. Studium der Neueren Geschichte, Kunstgeschichte und Philosophie in München (ohne Abschluss), von 1991–1996 Studium an der Filmakademie Baden-Württemberg in Ludwigsburg mit Schwerpunkt Regie/Dokumentarfilm. Seither tätig als Autor und Regisseur, überwiegend im Bereich Dokumentarfilm. Im Laufe von 15 Jahren Erfahrungen mit so ziemlich allen dokumentarischen Erzählformen von der Doku Soap über Living History bis zum Kinodokumentarfilm. Seit 2008 Professur für Dokumentarfilmregie an der internationalen filmschule köln GmbH (ifs).

Filme (Auswahl): DIE BLUME DER HAUSFRAU (1998); BROADWAY BRUCHSAL (2001, Adolf-Grimme-Preis 2002 – Sonderpreis des Landes NRW – gemeinsam mit Marcus Vetter); WINDSTÄRKE 8 – DAS AUSWANDERERSCHIFF 1855 (2005); PATIENT LANDARZT (2005); DIE UNZERBRECHLICHEN (2006, Preis des Goethe-Instituts 2006); GEGENSCHUSS – AUFBRUCH DER FILMEMACHER (2008); GEHEILIGTES GEBEIN (2008).

Mit der eigenen Stimme über die Welt singen

Doris Dörrie im Gespräch mit Béatrice Ottersbach

BO: Fangen wir beim Anfang an: Sie unterrichten seit 1997 an der HFF München. Was war der Auslöser?
DD: Der Auslöser war ganz einfach: 1997 gab es immer noch keinen Drehbuchstudiengang. Da es mich so gestört hat, als ich hier studierte, dass keiner einem etwas über das Drehbuchschreiben erzählt hat, habe ich gedacht: »O.k., dann mach' ich das jetzt!« Ich hatte bis zu diesem Zeitpunkt schon sehr viele Drehbücher geschrieben, auch immer wieder in Amerika Kurse belegt und dort auch schon unterrichtet. Ich habe von dort den Gedanken mitgebracht, dass man verpflichtet ist, das, was man kann und zudem beruflich ausüben darf, weiterzugeben. Das ist eine sehr angloamerikanische Vorstellung vom Lehrbetrieb, die mir immer gut gefallen hat. Deshalb findet man an den amerikanischen Unis sehr viele Leute, die direkt aus der Praxis kommen.

BO: Sind Sie zu HFF gegangen und haben gesagt: »Ich will hier unterrichten«?
DD: Nein. Ich weiß gar nicht mehr, wie es entstanden ist und woher die Eingebung kam – nach mehr als 30 Jahren –, dass man vielleicht doch Drehbuch unterrichten sollte. Die Erkenntnis, dass man Schreiben auch wirklich als Handwerk begreift, ist in Deutschland leider immer noch nicht wirklich verbreitet. Das verändert sich nur ganz zögernd, weil Schreiben als Geniestreich begriffen wird. Nach dem Motto: Man kann schreiben oder man kann es nicht. Aber dass es da auch ganz klar Dinge zu lernen gibt, das gilt fast noch als Tabu. Das wird noch, ich weiß nicht, 250 Jahre dauern, bis sich diese Vorstellung grundlegend verändert.

BO: Wie fängt man mit dem »Filmlehren« an? Das bekommt man ja nicht beigebracht und kann sich auch nicht an konkrete mathematische Formeln halten ...
DD: Schon, ich hatte ja ein Vorbild in Amerika. Ich wusste sehr genau, wie ich das machen wollte. Da ich auch sehr viel Prosa schreibe, war es für mich wichtig, nicht zwischen Prosa- und Drehbuchschreiben zu unterscheiden und diesen Ansatz des Creative Writings mitzubringen. Den gab es hier noch überhaupt nicht.

BO: Das war von Anfang an Ihr Ansatz: Creative Writing?
DD: Also ganz klar einerseits Dramaturgie und anderseits Creative Writing zu unterrichten. Damit bin ich eingestiegen und wir haben dann zu dritt, meine Assistentinnen Gunda Borgeest, Jeannette Ischinger und ich, diesen Lehrstuhl aufgebaut und diese beiden Ansätze absichtlich sehr wild gemischt. Ich habe auch darauf bestanden, dass alle Studenten zu mir kommen können, was ich als Einzige immer noch durchhalte.

Doris Dörrie

BO: Auch Kamerastudenten?
DD: Ja, und Produzenten – alle! Ich stelle immer wieder fest, dass gerade die, die meinen nicht schreiben zu können, am Ende oft besser sind als die, die sich für Genies halten.

BO: Kommt es auch zum Beispiel vor, dass ein Kamerastudent das Schreiben für sich entdeckt und die Kamera beiseite lässt?
DD: Ja, ständig. Das passiert vor allem bei den Produzenten. Weil unter den Produzenten oft Studenten sind – und das erkenne ich von mir damals wieder –, die nicht so recht wissen: »Hmmm ... bin ich eher Regisseur? – Nee, eigentlich nicht. Mehr Autor? – Bin ich vielleicht auch nicht. Kamera? – Weiß ich auch nicht.« Sie sind also unentschieden und bewerben sich für das Produzieren, weil sie da zu Recht annehmen, dass das Studium klar strukturiert ist und dort nicht so viel »Talent« – in Anführungszeichen – von ihnen erwartet wird. Das sind aber oft die, die sehr gut Schreiben können. Wohingegen die Regiestudenten unter einem ständigen Talentverdacht und -druck stehen *(lacht)*, der sie dann auch erst einmal schwer ins Gebüsch treibt. Der normale Weg des Regiestudenten ist, dass er bald auch sehr enttäuscht von seinem erwarteten Talent ist. Wie soll er das denn auch gleich wissen, was er erzählen will, warum und wie? Da gibt es eine enorme Fallhöhe.

BO: Sie sind ja eine sehr produktive und anerkannte Filmemacherin und Buchautorin. Welche Auswirkung hat das auf Ihre Lehrtätigkeit, dass Sie bei Ihrer Karriere aus dem Vollen schöpfen können?
DD: Es hat viele Vorteile, glaube ich. Zum einen ist mein Leben nicht das akademische Leben und deshalb erhoffe ich mir auch keine Karriere im akademischen Umfeld. Das macht mich sehr frei. Ich bin nicht hier, um aufzusteigen und meinen Stuhl für die nächsten 15, 20 Jahren zu sichern. Im Gegenteil: Mir war es immer wichtig klarzumachen, dass ich jederzeit gehen kann, wenn ich es denn will. Und zum anderen bringe ich natürlich eine gewisse Glaubwürdigkeit mit. Ich brauche nicht zu beweisen, dass ich weiß, wovon ich spreche.

BO: Das kann bei den Studenten sowohl große Hoffnungen (»Das schaffe ich auch!«) als auch Ängste (»So wie die, das schaffe ich nie!«) auslösen, oder?
DD: Das weiß ich nicht. Ich steige jedes Jahr mit den neuen Studenten auf die gleiche Art und Weise ein, indem ich versuche klarzumachen, dass ich sie als Kollegen betrachte. Sehr junge und unerfahrene Kollegen, aber Kollegen. Wir sind hier, um Filme zu machen. Ich bin ja hier, weil ich einen Erfahrungsvorsprung habe *(lacht)*. Ich war mal diejenige, die wenig Erfahrung hatte, jetzt bin ich die, die Erfahrung hat. Aber erst einmal sind wir Kollegen. Und diese Herangehensweise funktioniert ganz gut.

BO: Es ist also ein offenes Weitergeben?
DD: Naja, ich betrachte mich zunächst wohl eher als eine Gesangslehrerin. Ich bin dazu da, den Studenten zunächst Vertrauen in die eigene Stimme zu geben und ihnen beizubringen, wie man eine eigene Stimme überhaupt findet, wie man sie schult und wie man damit immer klarer und lauter singt. Die zweite Aufgabe besteht darin, seine Musik und seine Lieder zu finden. Diese Verbindungen, also eine eigene Stimme zu entwickeln und gleichzeitig die Welt auch wirklich wahrzunehmen und zu merken, was man über diese Welt erzählen will, das sind meine Hauptpfeiler. Es ist das Beobachten der Welt, das Wahrnehmen von der Welt, eine eigene Vision von der Welt zu finden, zu erspüren und gleichzeitig auch die eigene Stimme zu stärken und zu trainieren.

Mit der eigenen Stimme über die Welt singen

BO: Wie muss ich mir den Unterricht denn vorstellen?

DD: Mit der eigenen Stimme über die Welt singen *(lacht)*. Ja, das ist eben diese Mischung, die ich immer wieder den Studenten deutlich zu machen versuche. Dass sie erst einmal sehr genau über sich selbst, über ihre Art die Dinge wahrzunehmen nachdenken und darüber schreiben müssen – sehr viel schreiben müssen. Das kann über sehr kleine Dinge gehen und auch über größere ... aber erst mal ganz genau gucken: »Wie sehe ich diese Welt? Was ist überhaupt mein Blick auf diese Welt?« Und ich möchte ihnen gleichzeitig auch klarmachen, dass sie bereits das Produkt ihrer Umwelt, ihrer Familie, ihres Landes sind – dass sie nicht unabhängig davon existieren. Im nächsten Schritt versuche ich ihnen beizubringen, dass sie sich mit offenen Ohren und Sinnen auf die Suche begeben müssen nach dem, was sie erzählen wollen. Das sind sehr unterschiedliche Dinge. Das eine ist dokumentarisch angelegt: Man muss zugucken und zuhören. Das muss man allerdings auch erst lernen. Dazu machen wir viele Übungen – Wie guckt man? Wie hört man zu? Die Welt wird erst interessant, wenn man ihr wirklich lauscht und zuschaut. Und auf der anderen Seite: Was ist wirklich mein eigener Blick? Also jedem klarzumachen, dass ein jeder seinen eigenen Blick hat. Denn die große Falle für Autoren ist der Gedanke: »Oh Gott, es ist doch alles schon erzählt, alles ist besser erzählt und ich habe dem nichts hinzuzufügen.« Das ist der tägliche Frust, der am Schreibtisch lauert.

BO: Aber wie lernt man zu gucken? Wie übt man zu gucken?

DD: Indem ich die Studenten zu Übungen verdonnere. Sie müssen sich zum Beispiel an einen Platz setzen und eine, zwei, drei Stunden alles aufschreiben, was passiert. Das müssen sie alle machen und zwar alle am selben Platz. Dann wird schon sehr klar, wer was wie sieht – wer was wie hört. Wo konzentriert sich das Interesse? Was interessiert einen eher nicht? Wohin wandert der Blick? Wo bleibt er hängen? Das sind interessante Übungen *(lacht)*. Wir machen auch jedes Jahr eine Exkursion. Aber da kann ich leider immer nur 15 Studenten mitnehmen.

BO: Eine Exkursion?

DD: Jedes Jahr fahren wir für zehn Tage in ein fremdes Land. Das ist ein wichtiger Baustein, finde ich, fürs Schreiben. Wir fahren an einen Ort, an dem die meisten noch nie gewesen sind und ich auch oft nicht. Dort versuchen wir mit diesem etwas geschärften Blick, den man hat, wenn man in ein fremdes Land kommt, zu beobachten, zuzuschauen, zuzuhören. Wir fahren beispielsweise nach Kuba, nach Istanbul, nach Transsilvanien, nach Gran Canaria, nach Malaga, *(holt Luft)* nach Barcelona, nach ... Jerusalem.

BO: Suchen Sie diese Orte aus oder findet die Auswahl in Absprache mit den Studierenden statt?

DD: Nee, die suchen eine Assistentin und ich aus – natürlich auch nach logistischen und finanziellen Kriterien. Vor Ort versuchen wir ein interessantes Thema zu recherchieren. Wir haben z.B. über afrikanische Flüchtlinge in Spanien recherchiert, gerade waren wir in Istanbul und haben deutsch-türkischen Biografien nachgespürt. In Transsilvanien waren wir auf der Spur von ›Blutsaugern‹ – auf allen Ebenen. Wir haben auch Kooperationen mit Studenten vor Ort, zum Beispiel in Kuba und in Jerusalem. Wir machen jedes Mal etwas anderes. Aber immer geht es darum, auch sich selbst zu beobachten. Was passiert mit einem und mit der eigenen Wahrnehmung, wenn man in fremdes Gewässer geschmissen wird?

133

Doris Dörrie

Einladungskarte »Flashback« (© Lehrstuhl Creative Writing / Reichert)

Das versuchen wir dann als fokussierten Blick wieder mit nach Hause zu bringen. Mit diesem Blick, den man auf die Fremde hat, auch wieder das Vertraute zu sehen. Jede Reise in unbekanntes Gebiet führt zu einer Verschärfung aller Sinne und das ist genau der Blick, den man zuhause für das Vertraute braucht.

BO: Bringt die Lehrtätigkeit neue Aspekte in Ihre eigene Arbeit als Filmemacherin?
DD: Es ist schwer, einen direkten Nutzen zu beschreiben. Es ist eine stete Aufforderung darüber nachzudenken, was ich von mir gebe, mich selbst immer wieder infrage zu stellen und neu zu überlegen: Was sind zeitgemäße Erzählformen? Welche Veränderungen stehen an? Das ist im Moment ein wichtiges Thema. Ich habe das Gefühl, dass die Filmhochschulen insgesamt – und unsere besonders – auf einer Erzählform beharren, die vielleicht schon längst überholt ist: der 100-Minuten-Kinofilm. Ich denke, dass wir ganz andere Erzählformen finden und damit auch experimentieren müssen – kürzere, andere, schnellere, langsamere Formen ... *(lacht)* aber andere.

BO: Sie meinen für andere Träger? Für Handys zum Beispiel?
DD: Warum nicht? Für alles. In diesem Herbst machen wir zum ersten Mal ein Seminar über Web-Serien. Wie schreibt man das überhaupt? Wie schnell lässt es sich schreiben und umsetzen? Was sind die Vorteile? Mir geht es immer wieder darum, spielerisch zu sein, neue Spielplätze aufzumachen. Also, was können wir bei den Credos, die wir vor uns hertragen, wieder umschmeißen? Welche neue Regeln lassen sich erfinden, um anders zu erzählen? Das Spielerische ist ganz entscheidend für mich an meinem Lehrstuhl. Wir laufen manchmal auch über glühende Kohlen. *(lacht)*

BO: Wie muss ich mir das vorstellen?
DD: Buchstäblich! Ich habe zum Beispiel einen Feuerschamanen eingeladen und er hat uns beigebracht, wie man über glühende Kohlen läuft. Ich wollte den Studenten zeigen, dass die Angst davor viel größer ist als das Schmerzempfinden. Schreiben oder Filme machen ist wie über glühende Kohlen laufen. Ach, wir machen lauter seltsame Dinge: In diesem Jahr haben wir eine Ausstel-

Mit der eigenen Stimme über die Welt singen

lung aufgebaut, in der wir versucht haben, Text und Bild zu verbinden. Die Studenten haben auf großen Fahnen über Kleidungsstücke ihrer Kindheit geschrieben. Diese Kleidungsstücke wurden ausgestellt und man konnte über einen Audio Guide die Texte hören und sozusagen diese Kleidungsstücke durchwandern ...

BO: Darüber habe ich auf der Website der HFF gelesen. Sie haben die Studenten aufgefordert »einen Schatz zu heben und sich an längst vergessene, heiß geliebte oder vehement verschmähte Kleidungsstücke der Kindheit und Jugend zu erinnern«. Da kann es sehr persönlich werden und starke Emotionen können zutage kommen. Wenn ich an die Faltenröcke meiner Kindheit denke, puhh ...

DD: Bravo. Finde ich sehr gut. Genau darum geht es hier.

BO: Aber wie gehen Sie denn mit diesen Emotionen um? Die können auch zu heiklen Situationen führen ...

DD: Schreiben ist heikel. Ich versuche dann den Student(inn)en klarzumachen, dass auch

Ausstellung »Flashback«, Studierende des Jahrgangs 2011
(© Lehrstuhl Creative Writing / Reichert)

ihr Schmerz ihr Schatz ist, dass sie selbst schauen müssen, was sie davon hergeben möchten. Sie dürfen sich nicht übernehmen, aber sie müssen schon begreifen, dass das ihr Futter ist und darüber werden sie schreiben müssen. Ob sie das dann in der ersten Person machen oder ob sie diese Gefühle und diesen Faltenrock einer fiktiven Person geben, ist dann ihre Angelegenheit und ich zeige ihnen, wie das geht. Ich zeige

Doris Dörrie

Ausstellung »Flashback«, Eingangshalle der HFF München
(© Lehrstuhl Creative Writing / Reichert)

ihnen auch, wie sie sich durch eine fiktive Person schützen können und es als ihren Schreibschatz betrachten dürfen.

BO: Wie zeigen Sie ihnen das? Also, wenn ich beim Erwähnen der Faltenröcke meiner Kindheit ins Schleudern kommen würde, was würden Sie mir zeigen?
DD: Also erst einmal würde ich Sie über den Faltenrock schreiben lassen – und zwar sehr konkret: Was war das für ein Faltenrock? Wie sah er genau aus? Ich würde Sie dazu bringen, ihn mir so exakt wie möglich zu beschreiben. Nicht nur optisch, sondern auch, wie er sich angefühlt hat, wie er gerochen hat, ob er gebügelt wurde, wie er gewaschen wurde, wo er gehangen hat ... Also wirklich alle Details zu sammeln, die Sie mir über diesen Faltenrock erzählen können, ohne gleich emotional zu werden. Dann würde ich Sie auffordern zu schauen: Wo bringt dieser Faltenrock Sie überhaupt hin, wenn Sie den mal laufen lassen? Was erzählt der denn alles? Erzählt er was über einen Ort? Über eine Familiensituation? Über Sprache? Über Herkunft? Über Religion? Dieser Faltenrock von Ihnen hat anscheinend sehr viel zu erzählen. Ich würde versuchen Ihnen zu zeigen, dass all das natürlich genau das ist, was Sie immer wieder brauchen werden, um einen lebendigen Charakter – eine Figur zu beschreiben. Dass der Faltenrock ein großartiges Mittel ist, um mehr über eine Figur zu erfahren. Vielleicht sagen Sie zunächst: »Dieser Faltenrock ist für mich so traumatisch, ich kann

Mit der eigenen Stimme über die Welt singen

ihn noch nicht beschreiben.« Sie werden irgendwann über Ihren Faltenrock schreiben müssen, wenn der so viel auslöst, weil das Ihr Schreibschatz ist. Aber dann könnten wir uns darauf einigen, dass es kein Faltenrock ist, sondern ein Schottenrock. Sie werden sofort merken, dass dieser Schottenrock nicht diese emotionale Kraft hat, aber dass Sie viel von dem, was der Faltenrock ausgelöst hat, dem Schottenrock andichten können. Den Schottenrock können Sie jetzt einer Figur anziehen, die vielleicht klein, dick und schwarzhaarig und noch mal einen Schritt weiter von Ihnen weg ist. Trotzdem hat der Schottenrock eine Wahrheit bekommen durch den Faltenrock, die er – wenn wir uns jetzt von vornherein über einen Schottenrock unterhalten hätten – sonst nicht hätte. So funktioniert's. Das ist das Einmaleins des Schreibens.

BO: Was für eine Studentin waren Sie denn?

DD: Ach, ich war eine äußerlich sehr rebellische und innerlich sehr unsichere Studentin, was ich natürlich auch dauernd hier wiedererkenne. Was sich mir sehr stark eingeprägt hat – und das sehe ich nicht nur, sondern ich versuche dem entgegenzuwirken –, ist diese wahnsinnige Angst voreinander. Man hat Schiss davor, dem Talentanspruch, dem Genieanspruch, der hier immer im Raum steht, nicht zu genügen. Das verunsichert nicht nur, sondern man wird auch wirklich eingekocht und traut sich nichts mehr zu. Dagegen anzugehen, das betrachte ich ebenfalls als meine Aufgabe, den Studenten ein Angst-Management beizubringen und die Ermunterung groß auf unsere Fahnen zu schreiben. Hier geschieht sehr schnell Entmutigung, und das kommt von den Studenten untereinander und weniger von den Professoren. Es findet blitzschnell statt, wie in allen Kunsthochschulen. Das Vertrauen auf das Talent wird erschüttert, weil jeder so tut, als wäre er genial. Jeder hat dieselbe Angst. Die wenigen, die das nicht haben, die Genialischen, sind interessanterweise meistens die Studenten, die später nicht überleben. Das ist eine merkwürdige Dynamik, die sich wiederholt: Studenten, die am Anfang Überflieger sind, können sich am Ende oft nicht durchsetzen.

BO: Weil sie ihr Talent nicht fokussieren können?

DD: Ja, weil sie es nicht fokussieren können oder weil sie zu früh zu viel gelobt werden und sich dann gar nicht mehr trauen, auch mal zu scheitern. Es ist eine schwierige Mischung. Aber die meisten Studenten sind zunächst sehr unsicher und zögerlich, was auch völlig normal ist. Ermunterung zu betreiben ist hier auch mein Hauptjob.

BO: Aber noch mal zu Ihnen als Studentin. Was hat Sie bewegt?

DD: Ich hatte den Vorteil, dass ich aus Amerika kam und diese Vorstellung von »Handwerk« mitgebracht hatte. Die gab es hier damals überhaupt nicht, sondern eher diese »Punkattitüde«: »Wir machen es einfach, egal ob wir es können oder nicht« – was ja auch erst mal prima ist –, »aber wir brauchen es auch gar nicht zu lernen. Es gibt auch niemanden, der es uns beibringen kann.« Das reicht nicht lange, was man auch gut in der Punkmusik beobachten kann *(lacht)*. Damit kann man nur schwer einen langen Atem entwickeln. Und ich hatte auch diesen doch sehr beeindruckenden amerikanischen Fleiß vor Augen, den ich zwar nicht unbedingt für mich umsetzen konnte, aber er bedeutete eine Messlatte. Ich wusste, dass man unentwegt üben muss. Immer wieder und immer wieder. Man lernt schreiben nur durch schreiben. Ich habe dann so komische Sachen gemacht, von denen ich inzwischen weiß, dass andere sich genauso verhalten haben: Ich habe

Doris Dörrie

Kurzgeschichten abgeschrieben, einfach stur abgeschrieben, auch Drehbücher. Ich habe THE APARTMENT von Billy Wilder, glaube ich, zehn Mal abgeschrieben.

BO: Um den Rhythmus zu erspüren?
DD: Ja. Da es mir niemand beigebracht hat, habe ich verzweifelt versucht, es mir selbst beizubringen. Dadurch habe ich den Rhythmus erspürt und vor allem auch sehr genau erkannt, was nicht hingeschrieben wurde – was weggelassen wurde. Das war meine tägliche und heimliche Fleißaufgabe, weil man nicht laut sagen konnte, dass man so doof übt. Dann habe ich wieder instinktiv etwas anderes angefangen: Ich habe mit Dokumentarfilmen geübt, um – das war mir nicht bewusst, aber das war letzten Endes das Ziel – Sprache anders kennenzulernen. Also nicht die Schriftsprache, sondern gesprochene Sprache. Indem ich diese Dokumentarfilme geschnitten habe oder im Schneideraum daneben gesessen habe, wenn geschnitten wurde, habe ich gelernt, wie Leute wirklich reden. Wie irrational Leute reden. Sie antworten nie auf Fragen und alle reden immer nur von sich selbst – das habe ich alles im Schneideraum gelernt. So habe ich begriffen, dass diese Dialoge, die man in schlechten Filmen ständig hört, in denen der eine logisch auf die Frage des anderen antwortet, Quatsch sind. Mir wurde klar, wie bizarr wir denken und sprechen. Das war meine zweite große Schule – diese Dokumentarfilme – und das Abhören der O-Töne.

BO: Das klingt nach Disziplin.
DD: Ja, erstaunlich viel Disziplin für jemanden, der eigentlich aus der rebellischen Hippie-Ecke kam. Aber Disziplin gehört unabdingbar zum Schreiben. Und ich hatte diesen Drang zu erzählen – den ich zum Glück immer noch habe. Geschichten hören, aber auch selbst erzählen.

BO: Sie schreiben auf der Website der HFF, Schreiben sei wie ein Sport: »Man muss seinen Schreibmuskel jeden Tag trainieren.«
DD: Ja, was ich da nicht hingeschrieben habe und dringend hinzufügen muss, ist, dass man auch viel lesen muss, um Schreiben zu können. Ich vergesse es immer wieder zu erwähnen, weil das für mich so selbstverständlich wie Wasser trinken ist: täglich Prosa lesen. Aber leider ist es für die wenigsten normal.

BO: Gibt es Empfehlungen an die Studenten, einen Literatur-Kanon?
DD: Ja, ich habe eine kleine Bibliothek im Nebenzimmer, in der man alles ausleihen kann. Ich empfehle vor allem viele Kurzgeschichten zu lesen, weil Kurzgeschichten – besonders die amerikanischen – eine sehr filmische Dramaturgie haben, die sich besonders für Kurzfilme eignet. Und Studenten müssen ja am Anfang Kurzfilme drehen.

BO: Sie erwähnten vorhin, dass Sie die Studierenden ermutigen müssen. Und das Problem sei weniger zwischen Lehrenden und Studenten, sondern eher unter Studenten angesiedelt, richtig?
DD: Ich glaube nicht, dass ein Professor willentlich seine Studenten entmutigt. Das tut er vielleicht unabsichtlich, weil er auch unsicher ist, durch falsche Kritik oder indem er seine Sicht auf einen Film durchsetzen will – das kann passieren. Aber der Druck besteht unter den Studenten: Sie stehen in Konkurrenz zueinander und haben große Berührungsängste untereinander. Das macht vielen Studenten zeitweilig das Leben zur Hölle. Viele gehen darunter auch richtig in die Knie. Das weiß ich inzwischen. Im zweiten Jahr sehe ich sie wieder und dann sind sie ganz blass, haben komische Frisuren und wirken so ein bisschen zombieartig, traurig und deprimiert – das ist der normale Verlauf.

Mit der eigenen Stimme über die Welt singen

BO: Es soll Spaß machen, aber eigentlich ist es ein harter Weg?

DD: Ja, sehr hart. Er ist hart, weil sie spätestens nach dem ersten Jahr richtig was auf die Glocke bekommen, indem sie versuchen, sich in die Hierarchie der Talentierten einzuordnen – so wie in der Schule auch: Da gibt es halt immer die Bestimmer, die Anführer, die Coolen, die Tollen ... Und dann durch Talent und gute Filme dagegenzuhalten ist wirklich schwierig und sehr hart.

BO: Aber die Studenten haben schon eine sehr große Hürde überwunden. Sie wurden in der HFF aufgenommen!

DD: Ach, naja. So furchtbar schwierig ist die Aufnahmeprüfung nicht. Mit ein bisschen Witz, Charme und Chuzpe ... Aber sie haben dann natürlich das Gefühl, dass sie eine irrsinnige Hürde überwunden haben und dass erst einmal alles gut ist. Das stimmt natürlich nicht. Dann geht es erst richtig los!

BO: Und dann schauen sie tagein tagaus auf die ehrwürdige Alte Pinakothek.[1]

DD: Wo kein Student jemals reingeht! Wir versuchen das zu verändern. Wir haben hier natürlich mehr Möglichkeiten, künstlerische Verbindungen einzugehen als in der Bettenfabrik in Giesing. Aber die Studenten sind zunächst durch ihren Lehrplan und das strenge Curriculum überlastet. Gerade im Hauptstudium passiert wahnsinnig viel. Wir fordern sie jedoch immer wieder auf, über den Tellerrand zu gucken und Grenzen aufzulösen, ob das die Alte Pinakothek direkt gegenüber ist oder Ausflüge in den Journalismus. Ich arbeite zum Beispiel mit im Reporterforum vom *Spiegel* und versuche die Studenten auch für journalistische Themen zu interessieren. Leider habe ich nicht so viel Erfolg damit, ich erachte es aber trotzdem als wichtig zu zeigen, dass woanders auch sehr viele spannende Dinge passieren, die man irgendwann vielleicht auch verwenden kann.

BO: Auf der HFF-Site des Lehrstuhls Creative Writing ist zu lesen: »Die Crew Maya Reichert und Morgane Remter bringen zusammen mit Doris Dörrie tagein tagaus neue Ideen und Projekte mit dem, was Ihr auf Eurem Weg zum Filmemacher und Autor unbedingt braucht, auf einen Nenner.« Da frage ich mich, was braucht man heute unbedingt als angehender Filmschaffender?

DD: Als angehender Filmschaffender oder Autor braucht man erst einmal eine große Neugierde. Man muss neugierig auf die Welt, auf Menschen und auf Geschichten sein – und das kann man natürlich nur begrenzt lernen. Wenn man das nicht hat, hat man hier auch nichts verloren. Man muss etwas erzählen wollen. Dieser Wille zum Erzählen ist allerdings auch ein deutsches Handicap. Ich erkläre den Studierenden, dass man nationale Handicaps hat und diese auch kennen muss: Wir sind keine große Erzählnation. Das waren wir vielleicht einmal, aber wir sind es nicht mehr. Wir erzählen uns nicht so wahnsinnig gerne Geschichten. Geschichten erzählen ist hier kein Nationalsport, wie es zum Beispiel im angloamerikanischen oder auch im lateinamerikanischen Raum der Fall ist. Wir fühlen uns doch sehr viel sicherer, wenn wir kritisieren. Also setzen wir uns lieber zusammen und kritisieren die Filme, die wir gesehen, die Bücher, die wir gelesen haben. Aber wir setzen uns nicht zusammen und erzählen einfach mal eine Geschichte von unserer verrückten Tante. Da wir das nicht geübt haben und weil man das – zu meiner Verzweiflung – auch in der Schule immer noch nicht übt, muss man hier ziemlich bei Null anfangen. Ich habe das an meiner eigenen Tochter gemerkt, die in Amerika zur Vorschule gegangen ist. Eines Tages kam sie aus der ersten Klasse nach Hause und hat mir erzählt, was eine

Doris Dörrie

Geschichte braucht: »A story has to have a problem.« Okay, das ist Grundkurs I der Dramaturgie – aber das ist den Studenten hier zu 99 Prozent nicht klar.

BO: Die Studenten haben nicht einmal Syd Field durchgeblättert, wenn sie hier ankommen?
DD: Nein. Die meisten nicht. Die Bewerber sind auch immer jünger, wenn sie hier anfangen, inzwischen kommen sie direkt nach dem Abitur. In der Schule wurden sie ganz anders trainiert. Eben analytisch.

BO: Aber sie kommen doch, weil sie Geschichten erzählen wollen?
DD: Sie wollen irgendwas mit Film zu tun haben. Das ist bei den meisten sehr vage. Das war es bei mir auch. Ich hatte keine Ahnung, ich wollte irgendwie etwas erzählen und habe zunächst Schauspiel studiert, weil ich dachte, da kann ich etwas erzählen. Bis ich gemerkt habe, dass ich als Schauspielerin die Geschichten von anderen erzähle. Aber ich habe das am eigenen Leib erleben müssen, um zu kapieren, dass ich lieber eigene Sätze erfinden will. Dass man dabei schwimmt, finde ich relativ normal. In Amerika schwimmen die Studenten weniger, weil sie durch die hohen Studienkosten unter einem ganz anderen Druck stehen. Filmhochschulen kosten dort um die 50.000 Dollar pro Jahr. Das erzeugt einen anderen Druck.

BO: Auch eine andere Auswahl ...
DD: Na klar. Wobei es in Amerika wirklich viele Stipendien gibt. Wenn man sich anstrengt, bekommt man auch ein Stipendium. Aber letztendlich bleibt es ein elitäres Studium.

BO: Und hier?
DD: Hier ist es zum Glück anders, auch wenn wir leider zunehmend weniger Bewerber aus sozial schwächeren Gruppen haben.

Aber man merkt auch an der Filmhochschule eine Veränderung in der Gesellschaft. Als ich studiert habe, war es selbstverständlich, sich für eine andere soziale Klasse, ich weiß gar nicht ob diese Klassenbezeichnungen überhaupt noch stimmen, zu interessieren. Heute ist das kaum noch der Fall. Die Nähe der Kunstschaffenden zur Arbeiterklasse, die es so auch nicht mehr gibt, sehe ich nicht mehr. Heute beobachte ich eine andere Entwicklung: Wir haben viele Bewerber mit einem ausländischen Background – Studenten mit türkischem, albanischem oder mit bosnischem Hintergrund oder die deutschen Immigrantenkinder der zweiten oder dritten Generation – und die haben, das muss man einfach sagen, sehr viel mehr zu erzählen und einen ganz anderen Hunger, auf eine Filmhochschule zu kommen. Sie haben mehr Ehrgeiz, mehr Biss, mehr Power.

BO: Weil sie weniger behütet sind?
DD: Ja, aber auch, weil der Hunger größer ist, etwas zu schaffen, was die Eltern noch nicht hatten. Deutsche Kinder, die ohne ethnischen Hintergrund aufwachsen, müssen sich anders anstrengen. Sie müssen sich oft intensiver fragen, worauf sie hungrig sind, wonach sie gieren. »Worauf bin ich hungrig?« ist eine komplizierte Frage. Wenn man nie Hunger auf Geschichten hatte, dann will man auch nichts erzählen. Das ist ein Problem. Diesen Erzählhunger, den muss man haben! Wenn man den nicht hat, dann sollte man seinen Platz anderen überlassen, die hungriger sind.

BO: Gibt es Studenten, die frühzeitig erkennen, dass das Filmstudium nichts für sie ist?
DD: Es gibt sehr viele, die sich hier durchstudieren, hängen bleiben, nicht fertig werden, nicht so recht wissen wohin. Das ist in vielen Jahrgängen die Mehrheit, wie an allen Kunsthochschulen. Nicht viele haben dann

noch wirklich den Biss Künstler, Filmemacher zu werden. Es gibt auch viele Möglichkeiten, im Filmgeschäft unterzukommen und einen Job zu bekommen. Unser primäres Ziel ist Geschichtenerzähler auszubilden – aber es sind wenige, die das durchhalten.

BO: Gibt es auch Zusammenarbeiten, auf die Sie stolz sind, Studenten, bei denen Sie nachträglich das Gefühl haben, Türen geöffnet zu haben?
DD: Klar, sonst würde ich das hier nicht machen. Ich bin jedes Jahr so sehr über bürokratische Abläufe frustriert, dass ich den Lehrauftrag immer wieder hinschmeißen will. Und dann gibt es jedes Jahr ein bis zwei Studenten, bei denen ich wirklich glaube, dass eine Tür aufgegangen ist. Dann denke ich, dass es sich doch gelohnt hat. Also mache ich noch ein Jahr. So hangele ich mich von einem Jahr zum nächsten – seit 15 Jahren!

Was ich aber nach all diesen Jahren immer noch schmerzlich vermisse, ist, dass es in unserem Haus so wenig Kooperation zwischen Autoren und Regiestudenten gibt. Da ist eine so tiefe Grube, strukturell und charakterlich, weil die meisten Regisseure ziemlich arrogante Menschen sind – und ich spreche auch von mir selbst –, die Autoren schlecht behandeln. Ich weiß, wovon ich rede, ich behandle mich selbst als Autorin auch schlecht.

BO: Das hat wirklich mit der Realität da draußen zu tun. Drehbuchautor zu sein ist oftmals kein Zuckerschlecken.
DD: Natürlich nicht. Junge Drehbuchautoren machen schon während des Studiums schlechte Erfahrungen, weil sie von den Regiestudenten sehr wenig geachtet werden. Das fängt leider hier schon an! Ihr Name steht nicht auf Abspännen, andere Autoren werden heimlich hinzugezogen oder ein Regisseur ändert selbst das Skript und sagt nicht Bescheid. Das sind große Probleme, die sich aufbauen. Das muss deutlich anders werden! Autoren und Regiestudenten müssen sehr viel klarer und strukturierter zusammenarbeiten.

Es ist ein wirklich quälender Beruf, Drehbuchautor zu sein, weil man immer wieder in Kompromisssituationen geworfen wird, in denen man meistens den Kürzeren zieht. Ermunterung lautet, wie gesagt, die Devise. Wir versuchen von morgens bis abends den Studenten klarzumachen, dass es ohne Drehbuch keinen Film gibt. Aber auch in der Branche muss sich das ändern, die Arroganz der Regisseure ist unerträglich! Den Autoren muss mehr Respekt entgegengebracht werden. Ich halte mich an Billy Wilder: »Was braucht ein guter Film? Drei Dinge: Drehbuch, Drehbuch, Drehbuch.« Als Autor ist man immer so unsichtbar und sitzt in seinem Stübchen. Der Regisseur ist am Ende derjenige, der Interviews gibt und dessen Name auf den Plakaten steht. Die Regisseure drängeln sich wahnsinnig in den Vordergrund und das ist ihnen nicht einmal bewusst. Es heißt immer »ein Film von« – und dann steht da nur der Name des Regisseurs.

BO: Aber nicht weil Regisseure die schlechteren Menschen sind. Was ist die Erklärung?
DD: Sie haben es nicht anders gelernt. Das ist eine Erziehungssache. Das fängt schon an den Filmhochschulen an – und ist zudem gesellschaftlich so etabliert. Kein Kritiker weist explizit auf den Drehbuchautor hin, kein Mensch macht sich die Mühe, sich den Namen des Drehbuchautors zu merken, wenn ihm ein Film besonders gut gefallen hat. Es ist allgemeine Erziehung, allgemeine Filmerziehung.

BO: Es fällt mir schwer zu begreifen, dass es einer Institution wie dieser nicht möglich ist, Drehbuchautoren und Regisseure zusammenzubringen!

Doris Dörrie

DD: Weil hier jedem Spielfilmregisseur signalisiert wird, dass er Autorenfilmer zu sein hat. Das ist schon ein sehr klares Signal, das die Filmhochschule immer gegeben hat. Das ist Tradition. Ich bin selbst eine klassische Autorenfilmerin, wenn man es so will. Aber ich habe das Schreiben zu meinem Beruf gemacht. Das Schreiben war für mich immer das Vorrangige. Die Situation, in der hier viele Regisseure sind, ist die, dass sie das Gefühl haben »Ich muss jetzt selbst schreiben, das wird von mir auch erwartet, außerdem machen Drehbuchautoren auch Ärger und sind kompliziert.« Das schwingt unterschwellig mit. Die amerikanische Arbeitsteilung und auch Teamarbeit, die man üben muss, findet hier nur begrenzt statt. Das ist einer der Gründe, warum ich immer alle zu den vorhin erwähnten Exkursionen mitnehme – Regisseure, Produzenten und Drehbuchautoren. Die Gruppen sind immer gemischt, und ich versuche, ihnen schon sehr früh den Dialog beizubringen, indem sie den anderen fragen: »Was interessiert Dich an dieser Geschichte?« Es ist viel schwieriger, sich nachher zusammenzusetzen und ein Drehbuch zu kritisieren. Auch das muss man lernen, wie man ein Drehbuch kritisiert. Da fehlt dann den Spielfilmregisseuren sehr schnell auch das Know-how. Wenn man das nicht strukturell beherrscht, wie soll man das dann kritisieren?

BO: Nun frage ich mich, warum Sie Drehbuch und nicht Regie unterrichten?

DD: Weil ich primär Autorin bin. Ich habe mit dem Schreiben angefangen und bin dann auf eine Filmhochschule gegangen, weil ich mir nicht vorstellen konnte, Prosa zu schreiben. Schriftstellerin zu werden war unvorstellbar weit entfernt. Ich habe ursprünglich Regie gemacht, um mich zu verstecken. Um mich als Drehbuchautorin hinter der Regisseurin zu verstecken. Das funktioniert auch prima: Es gibt wunderbare Schauspieler, die Sätze aussprechen, die man geschrieben hat und die man schlecht fand – und plötzlich werden diese Sätze besser, weil sie anders betont werden. Es gibt plötzlich Bilder, Töne, Musik, alles Mögliche. Diese Geschichte, die einem fast peinlich war, kriegt sehr viel mehr Saft. Und dann braucht man nicht mehr für seine Sätze geradezustehen, da sind ja die anderen und vor allem der Regisseur. Da habe ich gemerkt, dass es mir unglaublichen Spaß macht, mit Schauspielern zusammenzuarbeiten und meine eigenen Texte zu verändern, die Drehbuchautorin zu vergessen und schlecht zu behandeln ...

BO: Das nächste Semester steht an. Was bedeutet das für Sie?

DD: Ich freue mich immer sehr auf die neuen Studenten. Ich weiß ja auch, wen wir aufgenommen haben, und dann hofft man natürlich, die Richtigen ausgewählt zu haben. Die, die neu hinzukommen, bekommen von mir erst einmal einen Dampfkochtopf »Schreiben« verpasst, damit sie gleich anfangen zu schreiben – und ich versuche, ihnen auch gleich eine große Portion Spinat zu verabreichen *(lacht)*!

BO: Liebe Doris Dörrie, ich danke Ihnen für das Gespräch!

Anmerkung

[1] Die HHF München hat im Herbst 2011 ein neues Gebäude im Museums-Viertel, direkt gegenüber der Alten Pinakothek bezogen.

Doris Dörrie, geboren 1955. Studiert ab 1973 Schauspiel und Film am Drama Department der University of the Pacific (Kalifornien). Anschließendes Studium an der New School for Social Research in New York. 1975 Studium an der Hochschule für Fernsehen

Mit der eigenen Stimme über die Welt singen

und Film in München. Dann freie Mitarbeiterin für verschiedene Fernsehsender, Publikation zahlreicher Romane, Buch und Regie zahlreicher Filme und Operninszenierungen. 1997 wird Doris Dörrie als Professorin für Angewandte Dramaturgie und Stoffentwicklung an die Hochschule für Fernsehen und Film in München berufen.

Filme (Auswahl): MÄNNER (1985 – u.a. Filmband in Gold und Silber und Gilde Filmpreis); ICH UND ER (1988; BIN ICH SCHÖN? (1998); NACKT (2002); DER FISCHER UND SEINE FRAU (2005 – Bayerischer Filmpreis); HOW TO COOK YOUR LIFE (2007); KIRSCHBLÜTEN – HANAMI (2008 – u.a. Bayerischer Filmpreis, Beste Regie); KLIMAWECHSEL (2010 – Grimme-Preis, Beste Unterhaltung); GLÜCK (2012 – Bayerischer Filmpreis, Beste Regie).

Bücher (Auswahl): *Der Mann meiner Träume* (1991); *Samsara* (1996); *Was machen wir jetzt?* (2001); *Das blaue Kleid* (2003 – Deutscher Bücherpreis); *Mitten ins Herz* (2007); *Alles inklusive* (2011) – alle Zürich.

Doris Dörrie (© 2012 Constantin Film Verleih / Dieter Mayr)

Operninszenierungen (Auswahl): *Così fan tutte* (2001 mit Daniel Barenboim, Staatsoper Berlin); *Turandot* (2003 mit Kent Nagano, Staatsoper Berlin); *Rigoletto* (2005 mit Zubin Mehta, Bayerische Staatsoper München); *La finta Giardiniera* (2006, Salzburger Festspiele).

Schreiben

Von Sylke Rene Meyer

Ich habe immer geschrieben. Schon bevor ich schreiben konnte, habe ich ganze Hefte mit Schrift gefüllt. Wenn man vier Jahre alt ist, kann man in einer Stunde ein ganzes Buch schreiben und hat später nicht mehr so viel Angst vor dem weißen Blatt. 1996 hatte ich Glück und ein linksabbiegender Kleintransporter übersah mich auf meinem Motorroller. Als ich im Krankenhaus wieder zu mir kam und merkte, dass ich meine Beine noch bewegen konnte, war mein erster Gedanke: »Super ... mein erstes Stipendium.« Eine Woche später lag ich mit Gips und Apple im Bett und schrieb ein Drehbuch. Nach sechs Wochen war ich fertig. Es hieß 9-5 und war unglaublich schlecht. Aber es hatte Spaß gemacht, ich wollte weitermachen und studierte Drehbuchschreiben. Ich lernte viel über Wendepunkte, Heldenreisen, Fallhöhen, Obstacles, Character Mappings, Wants und Needs etc. Es gibt viele Werkzeuge in der Toolbox des Drehbuchschreibers. Das Handwerk muss gelernt und ein Leben lang geübt werden. Aber das ist es nicht, was das Schreiben, was das Drehbuchschreiben ausmacht und auch nicht, warum man Drehbuchschreiben studieren kann und soll.

Das Drehbuchschreiben unterscheidet sich von allen anderen Filmgewerken durch vieles, aber vor allem durch das Alleinsein des Autors oder der Autorin. Sie fängt allein an. Sie fängt mit nichts an. Die Regie, die Schauspieler, die Kamera, das Szenenbild – sie alle haben ein Drehbuch, das sie umsetzen, an dem sie sich festhalten können. Filmemachen ist Teamarbeit, auch Drehbuchschreiben ist ein kollaborativer Prozess, an dem Produzenten, Redakteure, Regisseure und viele andere beteiligt sein werden. Aber der erste Anfang geschieht allein. Die Autorin schreibt auf ein weißes, leeres Blatt einen ersten Entwurf, ein Exposé. Ein Mensch, eine Idee, ein Anfang. Tatsächlich unterscheiden sich Autoren und Nichtautoren häufig durch genau diese Fähigkeit: auf drei leeren Blättern eine erste Idee aufschreiben zu können. Für das Schreiben hängt alles daran: Wie kann ich die leeren Seiten füllen? Und damit an der Frage: Woher kommen die Ideen?

Vorstellungskraft

»Poi piovve dentro a l'alta fantasia«[1]

»Dann regnete es in die hohe Fantasie hinein.« Der italienische Autor Italo Calvino beginnt sein Buch *Six Memos for the Next Millennium* mit der Frage nach dem Ursprung der Vorstellungskraft. Eigentlich ist es kein Buch, sondern eine Vorlesungsreihe, die Calvino 1985-86 in Harvard halten sollte und dessen Vorbereitung er über ein Jahr lang verfolgt hatte. Calvino starb am Abend seiner Abreise nach Harvard. Das letzte Kapitel der Vorlesungsreihe *Consistency* blieb ein Fragment. Calvino also wählte Dante für seine Ausgangsmeditation – aus dem zweiten Teil der *Göttlichen Komödie*, dem *Purgatorio*, den Terrassen des Läuterungsberges.

Dort, zwischen Hölle und Paradies, finden wir die »Imagination«. Das lateinische (und englische) Wort trägt das Bild (image) in sich, imaginationem, auch halluzinieren. Auch im Wort Fantasie steckt das Bild: das griechische phantazesthai »ein Bild von sich selbst«, von phantos »sichtbar«, es ist verwandt mit phaos, phos »Licht«, und phainein »zu zeigen, zu erleuchten«. Ein Bilderregen, eine Erleuchtung, die vom Himmel in den Menschen fällt. Auch der deutsche Ein-fall verweist darauf. Ein anderes deutsches Wort dagegen, die Vorstellungskraft oder die Einbildungskraft, deutet auf die eigene Kraft, etwas mit dem eigenen Willen herzustellen, etwas vor-zu-stellen oder ein-zu-bilden.

Grundsätzlich gibt es zwei Möglichkeiten, auf die Frage nach dem Woher der Vorstellungskraft zu antworten: von innen oder von außen. Existieren die Bilder ohne unser Zutun oder entstehen sie in und durch unsere seelisch kognitive Individualität, unsere Vorstellungs-Kraft? Beide Positionen werden vertreten, für das Erzählen vielleicht am klarsten abzugrenzen über die beiden Psychologen C.G. Jung und Sigmund Freud. Jung, der Schweizer Pfarrerssohn und Freud, der Jude aus Wien. Beide sind der Ausbildung nach Mediziner.

Von Jung stammt die Idee des kollektiven Unbewussten, das uns angeboren ist. Alle Erzählung beruht auf einem Mythos, der immer wieder erzählt wird. Nach seiner Vorstellung gibt es einen Kanon von Archetypen, wie die weise Frau, den Schatten, Anima, Animus, den Trickster etc., die gewissermaßen genetisch in uns verankert sind und die eine Art Monomythos formen, den wir nicht erlernen, sondern mit dem wir geboren sind. Nach Jung sind Archetypen universell vorhandene Urbilder in der Seele aller Menschen, unabhängig von ihrer Geschichte und Kultur. In der Filmdramaturgie spielt Jung eine herausragende Rolle mit seinem Einfluss auf den amerikanischen Mythenforscher Joseph Campbell und dessen Konzept vom *Hero with a Thousand Faces*. Campbells Monomythos wurde durch den Disney-Executive Christopher Vogler[2] zu einem Drehbuchstandard: der sogenannten Heldenreise. Sein Monomythos erzählt von dem Helden als jungem Mann, der seine (Tag)welt verlässt, dem Dämon in der (Nacht)welt das Elixier entreißt und es in die Tagwelt zurückbringt. Praktisch alle Disneyfilme, die STAR WARS-Trilogie und vieles mehr beruhen auf diesem Erzählmuster.

Eine andere Heldenreise, ein anderer Monomythos (und schon deshalb kann man eben auch nicht von einem Mono-Mythos sprechen), der fast gleichzeitig aus der Schule der Psychoanalyse heraus entwickelt wurde, stammt von Otto Rank.[3] Sein Held ist das (oft im Weidenkörbchen) ausgesetzte (Königs-)kind, das von einfachen Menschen großgezogen wird und das als junger Mann seinen ihm eigentlich zustehenden Platz auf dem Thron zurückerobert. Die Heldengeschichte von Rank hört also, was das Alter des Helden betrifft, genau da auf, wo die von Campbell/Jung beginnt. Rank deutet seine Mythentheorie mit Freud psychoanalytisch, Jung seine Archetypen religiös. Es lohnt sich vielleicht, noch einen Blick auf die »Rechtfertigungsmythen«[4] zu werfen – dem Monomythos von der Ausstoßung oder Tötung der Frau. Der Mythos erzählt typischerweise von der schrecklichen und grausamen Erdmutter, die ihre Kinder umbringt und schließlich von ihrem heldenhaften Sohn getötet oder verbannt wird. Bei den Azteken beispielsweise lebte die grausame Mutter in dem Feuersteinmesser fort, mit dem den Opfern im Ritual das Herz herausgeschnitten wird.[5]

Was hat nun das Feuersteinmesser mit dem Drehbuchschreiben zu tun? Es zeigt uns, dass wir im Mythos – in der Erzählung – Ängste, kollektives Trauma und Neurose verarbei-

Sylke Rene Meyer

ten. Die Erzählung ist – im weitesten Sinne – politisch und nicht religiös.

Die Quelle der Erzählung liegt in uns, in unserem Bedürfnis nach Trost durch Erzählung. Das ist das Geheimnis universellen Erzählens. Wiederholung des Traumas durch Erzählung, Wiederholung als Trost. Aus dem Trauma des Zweiten Weltkriegs entstand der Film Noir, aus dem Wertverlust der eigenen Zivilisation der Western, die Screwball Comedy aus dem (naja) Trauma Emanzipation, der Thriller aus dem Trauma des Kalten Kriegs etc. Und daraus ergibt sich auch die Aufgabe des Drehbuchschreibers: den kollektiven Traumata von Heute nachzuspüren und sie in eine Geschichte zu übersetzen.

Für Freud sind im Wesentlichen Libido, Aggression und unbefriedigte Wünsche die Triebkräfte der Vorstellungskraft. Er schreibt: »Man darf sagen, der Glückliche phantasiert nie, nur der Unbefriedigte. Unbefriedigte Wünsche sind die Triebkräfte der Phantasien, und jede einzelne Phantasie ist eine Wunscherfüllung, eine Korrektur der unbefriedigenden Wirklichkeit.«[6]

Das Unbewusste nach Freud – spezifisch formuliert später von dem französischen Psychoanalytiker Jacques Lacan – ist an das Sprechen und insoweit an das Bewusstsein gekoppelt. Auch in Freuds Traumdeutung[7] gilt in erster Linie das Wort. Die Analyse des Traumbilds erfolgt über seine sprachliche Verknüpfung. Und das scheint mir auch zwingend zu sein, denn das Traumgeschehen basiert auf der Es-Unterdrückung durch das Über-Ich. Und das Über-Ich kennt kein anderes Medium als die Sprache. Folglich wird im Traum Sprachliches ins Bildhafte verschoben und dann in der Traumanalyse wieder versprachlicht, um so der eigentlich unterdrückten Wunschvorstellung auf die Spur zu kommen.

Dinge des Alltags fallen aus dem Regal und werden im Traum wieder in eine Linearität gebracht, lesbar gemacht. Der Traum ist die Urform der Erzählung, ist die Wiederherstellung der Ordnung. Ohne Träume keine Erzählung, ohne Trauma keine Träume. Die Melancholia ist der Stoff, aus dem die Träume sind, von dort stammt die Vorstellungskraft, von dort regnet es in die hohe Fantasie: so beim dänischen Schriftsteller H.C. Andersen und seiner kleinen Meerjungfrau, bei Kafkas Büchern, David Finchers / Chuck Palahniuks FIGHT CLUB, Tarkowskis Filmen, bei Lars von Trier, David Lynch ... – die Beispiele könnten endlos fortgeführt werden. Sie alle erzählen in einer Fabel eigentlich von etwas Anderem. Etwas Unsagbarem. Die Erzählung von Tyler Durden und dem namenlosen Erzähler, den Edward Norton in FIGHT CLUB spielt, kann als Abspaltungsfantasie eines spätkapitalistischen Stadtpsychotikers gelesen werden, die kleine Meerjungfrau als die verkleidete Sehnsucht des homosexuellen Dichters, Tarkowskis mythische Welten fliehen vor dem sozialistisch-realistischen Kino der Sowjetunion in die Tiefenpsychologie des mythischen Raums und beschreiben gleichwohl das Trauma der Gulags, des Kriegs, der Auslöschung des Einzelnen in der Kollektivordnung usf.

Das Handwerk des Drehbuchschreibens kann jeder lernen, aber schreiben kann nur, wer die Gabe hat, Trauma und Neurose in Erzählung zu verkleiden, in einem Traumbild zu verstecken – meist unbewusst im eigenen Sublimieren. Wer Drehbücher schreiben will, muss die Melancholie kennen. Alles Geheimnis (auch und gerade das der Komödie!) liegt in dem Phänomen der Isolation, der inneren Zeit, des Körperbewusstseins, alle Ideen entstammen der Melancholia, den Saturninen, dem Weltschmerz. Und das gilt insbesondere für den Film, für das kollektive Träumen im dunklen (nachtschwarzen) Kinosaal. Hollywood ist die Traumfabrik. Und klug gewählt hat Steven Spielberg den

Namen seiner Produktionsfirma: Dream-Works, das beides bedeutet – »Traumarbeit« und »Traum funktioniert«.

Nun mag sich der Leser fragen, ob man – in diesem Sinne – Drehbuchschreiben überhaupt studieren kann. Oder will. Zum Wollen kann ich nur raten – es gibt kaum ein Studium, das glücklicher macht als das Drehbuchstudium. Im Drehbuchstudium liegt niemand auf der berühmten Couch, sondern lernt, mit unbewussten Ressourcen zu arbeiten. Dazu gehören zum Beispiel Schreibübungen, Drehbuchaufstellungen, Kreativitätstechniken, Schauspielübungen, Zeichnen, Improvisationstheater. Wir lernen unserer Kreativität zu vertrauen und Geschichtenerzählen als Prozess zu begreifen, nicht als Konstruktion.

Dramaturgie

Das ist das eine: die Vorstellungskraft. Jetzt haben wir eine Idee und wissen auch, woher sie kommt. Das andere aber ist: die Dramaturgie. Vorstellungskraft und Traumerzählung sind nicht identisch mit der Kunstform der Erzählung oder des Drehbuchs. Wie alle Verlaufskünste muss Erzählung strukturiert sein. Das Erfinden von geeigneten Ordnungsgesetzen ist eine der wesentlichen künstlerischen Herausforderungen für den Autor und die Autorin.

Die Frage, wie ich etwas erzähle, hat ungeheure Auswirkungen auf das, was ich erzähle und welche Wirkung ich damit erzielen möchte. Nehmen wir beispielsweise die bekannte Geschichte von dem Mops, der in die Küche kam und dem Koch ein Ei stahl. Die Geschichte kann z.B. aus der Perspektive des Mopses erzählt werden, der dieses Ei unbedingt braucht, um seinem alten Vater zu beweisen, dass er auch ein Mops mit dicken Eiern ist. Zu Hause sitzen seine Frau und sein kleiner Sohn, die ihn anflehen, nicht zu gehen, aber der Mops muss tun, was ein Mops tun muss ... er schleicht in die Küche, unter größten Gefahren holt er das Ei, der Koch entdeckt ihn ... wilde Flucht und Verfolgung. Dem Mops gelingt es, in letzter Sekunde mit dem Ei zu entkommen ... er hat es geschafft. Er ist glücklich. Zum ersten Mal spürt er so etwas wie ein Selbstwertgefühl. Sein kleiner Sohn schaut ihn bewundernd an ... und in diesem Moment trifft ihn die tödliche Kelle des Kochs im Flug und er stirbt vor den Augen seines Kindes. Eine Möglichkeit. Eine andere Möglichkeit: Wir zeigen den Koch, der von seinem Chef angebrüllt wird, schneller und billiger zu kochen. Wir zeigen die hungernden Möpse, die sich an der Mülltonne um die Abfälle prügeln. Wir zeigen den Mops und sein ausgemergeltes Kind. Wir zeigen superdünne Frauen in hautengen Designerklamotten und gebräunte Businesstypen, die mit dicken Limousinen vor dem Restaurant vorfahren. Wir zeigen, wie sie feines, teures Essen bestellen, von denen die Frauen nur ganz, ganz wenig essen und den Rest zurückgehen lassen. Wir zeigen den Mops, der versucht, das Ei zu stehlen, den Koch, der verzweifelt zuschlägt. Wir zeigen den Koch, der über dem toten Mops weint. Wir zeigen die Beerdigung des Mopses und die geballten Fäuste der zahllosen Möpse. Sie sehen entschlossen aus. Eine andere Möglichkeit. Der identische Plot, aber eine andere Story. Wer Drehbuch studiert, muss sich mit diesen Fragen auseinandersetzen. Was erzähle ich? Warum erzähle ich das? Und warum erzähle ich es so und nicht anders? Wie kann ich meine Idee in die richtige Form bringen? Das ist die Kunst.

Im Filmgeschäft begegnet mir häufig der Wunsch, dass die Geschichte Gefühle erzeugen soll. Das Drehbuch soll »emotional berühren«, den Leser bewegen. Der Zuschauer soll sich mit der Hauptfigur identifizieren. In diesem Falle wünschen sich die

Sylke Rene Meyer

Betreffenden ein Drama. Die überwältigende Mehrheit aller Kino- und Fernsehfilme sind Dramen oder wollen es sein. Mit dem Begriff Drama wird in der Umgangssprache häufig ein Filmgenre bezeichnet, in dem es im weitesten Sinne um Veränderungskrisen geht. Dramaturgisch gesprochen ist das Drama aber viel mehr – oder weniger, je nachdem von welcher Seite man es betrachtet. Es ist nicht leicht, ein wirklich gutes Drama zu schreiben, aber wenn es gelingt, dann hat der Zuschauer keine andere Wahl, als sich mit der Hauptfigur zu identifizieren. Dann durchlebt und durchleidet er zusammen mit der Hauptfigur die gesamte Geschichte als wäre es seine eigene.

Was ist also ein Drama? (altgriech. δρᾶμα dráma Handlung) Die erste Antwort darauf gab um 335 v.u.Z. der griechische Philosoph Aristoteles. Sie lautet im Prinzip, das Drama ist eine Form, die wie folgt aussieht: Es gibt einen Protagonisten. Der Protagonist hat eine Charakterschwäche (Hamartia). Hamartia leitet sich vom griechischen hamartanein her, einem Verb, das sich auf einen Bogenschützen bezieht, der sein Ziel verfehlt hat. Nicht getroffen. Daneben geschossen. In der zeitgenössischen Dramaturgie wird der Begriff etwas weiter als Charakterfehler, als flaw aufgefasst. Der Protagonist verfolgt ein Ziel – und zwar ein konkretes, sinnliches Ziel, a visible tangible goal. Das Drama erzählt uns, wie der Protagonist sein Ziel erreicht oder nicht erreicht. Und nichts anderes. Das Drama ist durch (mindestens) zwei Wendepunkte in drei Akte geteilt. Ein Wendepunkt – die Peripeteia – ist ein Glückswechsel: ein Umschlag von Glück zu Unglück oder von Unglück zu Glück. Nach dem ersten Wendepunkt geschieht nichts mehr, was nicht durch den Protagonisten verursacht wurde. Am Ende des zweiten Akts muss sich der Protagonist seiner Charakterschwäche stellen bzw. seinen Irrtum erkennen (Anagnorisis – die Wiedererkennung). Der Protagonist trifft am Ende des zweiten Akts eine Entscheidung zwischen zwei gleichwertigen Möglichkeiten (Dilemma δί-λημμα heißt wörtlich: Doppelter – Vorschlag. Entweder/Oder). Und schließlich das Wichtigste: Der Protagonist braucht ein starkes Motiv. Das Erreichen des Ziels muss aus der Sicht des Protagonisten existenziell sein. Die Stärke eines Dramas beruht nicht auf dem Ziel, sondern auf dem Motiv des Protagonisten. Oder wie es mein Professor Peter Rabenalt seinerzeit treffend ausdrückte: »Wer seine Figuren nicht motivieren kann, muss die Finger vom Drama lassen.« Das klingt zugegebenermaßen nicht nach einer schlanken, eleganten Definition, sondern nach einem zwanghaften Regelwerk. Anderseits: Es braucht nur wenig mehr als zehn Punkte, um eine Form zu schaffen, die die Macht hat, die Welt zu verändern.

Man unterscheidet das Drama in Tragödien und Komödien. In der Tragödie stirbt der Held (oder blendet sich wie Ödipus), in der Komödie geht es gut aus. Dramaturgisch gesprochen muss die Komödie also nicht lustig sein. In der tragischen Form ist der handelnde Protagonist der Täter. Ihm wird nichts angetan, er tut es – er macht den Fehler, er macht sich schuldig, und weil wir uns mit ihm identifizieren: wir mit ihm. Der Held verfolgt sein Ziel, wir verstehen seine Motive, sein Handeln ist kausal für das Eintreten der Katastrophe am Ende des zweiten Akts. Hier steht der Held vor seinem berühmten Dilemma. Er muss sich entscheiden zwischen zwei gleichwertigen Möglichkeiten. Ein Verlust wird zwingend zu beklagen sein und er wird im Vordergrund stehen. Das ist der Preis. Das muss er opfern. Oder wie es in der zeitgenössischen Dramaturgie heißt: what's at stake? Weil Agamemnon unbedingt nach Troja will, verliert er seine Frau, seine Familie. Wenn Selma Ježková (DANCER IN THE DARK, Lars von Trier) möchte, dass ihrem Sohn eine Augenoperation bezahlt wird, dann wird sie hingerichtet. Das ist ihr tragisches Dilemma: Ihr Sohn wird sehen, aber seine Mutter wird gehängt werden, oder er wird blind werden, genau wie seine (überlebende) Mutter. Eine Entscheidung zwischen zwei gleichwertigen Möglichkeiten – aus der Perspektive der Hauptfigur.

Der Verlust steht im Vordergrund jeder getroffenen Entscheidung. Deshalb entscheiden wir uns so ungern. Wir hatten alle Möglichkeiten – jetzt haben wir eine Möglichkeit nicht mehr. Nie wieder. Das Dilemma am Ende des zweiten Akts dreht den verantwortlich handelnden Protagonisten vom Täter in die Rolle des Klagenden – denn jetzt hat er einen Verlust zu beklagen. Die identifikatorische Kraft des Dramas zwingt den Zuschauer diesen Verlust mitzubeklagen – in der vollen Schönheit des kathartischen Rausches. Die Männer im antiken Theater im Opferglück: Weinend und schreiend – endlich befreit von der Last der Schuld – sind sie dem eigenen Trauma therapeutisch begegnet. Es kommt also darauf an, in einer dramatischen Fabel den Zuschauer entweder (noch einmal) ins Trauma zu schicken, um ihn dann mit den Kräften auszustatten, die er braucht, um in der Realität die Zustände zu beseitigen, die ihn traumatisieren (das wäre die Komödie, die Opferfabel), oder ihn aber mit dem Zuschauer noch einmal die Schreckenstat begehen zu lassen. Dann muss er sich entscheiden zwischen Untergang oder Schuldanerkenntnis (das wäre die Tragödie – die Täterfabel).

Aber nicht alle Erzählung ist dramatisch. Ein »Beispiel« ist ein Narrativ, das Wissen generiert, speichert und vermittelt. In der Frühzeit, als die wenigsten Menschen über Schrift und geschriebenes Wissen verfügten, wurde alles Wissen durch Beispiel, Gleichnis und Erzählung vermittelt. Das *Alte Testament*, also die jüdische *Tora* bzw. der *Tanach* ist deshalb so erzählerisch, weil es ein Wissen vermitteln will und in der Regel auf mündliche Überlieferung angewiesen ist. Die Urchristen nannten den Text sinnigerweise »Schrift« oder »Schriften« (griech. γράμμα (gramma), γραφή (graphē)), manchmal abgekürzt »Gesetz« (griech. νόμος (nomos) für hebr. הַרוֹת – Tora). Aber das Buch der Bücher wurde in der Regel nicht gelesen, sondern vorgelesen. Es sind Gleichnisse, Beispiele, Geschichten, und so konnten die Menschen das Gehörte begreifen und sich merken. Oder auch mein Beispiel weiter oben. Der Satz »Die Frage, *wie* ich etwas erzähle, hat ungeheure Auswirkungen auf das, *was* ich erzähle, und welche Wirkung ich damit erzielen möchte«, ist abstrakt und im Zweifel hat der Leser noch keine rechte Idee, was damit nun gemeint ist. Die Erzählung aber – das Mops-Beispiel – schafft Bilder und Wissen. Das Narrativ dient hier nicht dem Begreifen und Speichern, sondern es generiert Wissen. Jetzt erst, mit dem Beispiel, ist der Gedankengang für den Leser erfahrbar. Erzählung hat eben manchmal auch diese Funktion: die Welt zu beschreiben und erfahrbar zu machen. In diesem Falle geht es nicht um Emotionen und Identifikation, sondern um Denken und Verstehen. Diese Form der Erzählung ist nicht-dramatisch und wird in der Dramaturgie häufig episch genannt. Das epische Erzählen ist in diesem Sinne von dem Theaterautor und Dichter Bertolt Brecht[8] beschrieben worden, der den Begriff des epischen Theaters prägte und die dramatische Form ablehnte, weil sie den Zuschauer davon abhält, über die reale Welt nachzudenken und Missstände zu beseitigen.

Wer Drehbuch studiert, lernt mit Strukturen und Formen zu arbeiten. Ich muss mich als Autorin immer fragen, ob ich meine Zuschauer mit meiner Hauptfigur identifizieren möchte und sie auf eine kathartische Reise schicken möchte, oder ob ich möchte, dass

Sylke Rene Meyer

sich meine Zuschauer den Film anschauen ohne sich zu identifizieren und deshalb die Geschichte als Ganzes betrachten und bedenken. Ein Film wie THE GODFATHER von Mario Puzo und Francis Ford Coppola, den man umgangssprachlich eher als episch bezeichnen würde, ist eigentlich das Drama von Michael Corleone – einem tragischen Helden. Während DAS WEISSE BAND von Michael Haneke, ein Film, den manche Menschen vielleicht ein Drama nennen würden, tatsächlich ein epischer Film ist. Emotional – zweifellos. Beklemmend. Aber wir sind nicht mit der Erzählerfigur identifiziert. Haneke kam es nicht darauf an, uns mit dem Lehrer eine spannende Verbrechensaufklärung erleben zu lassen. Er wollte auf die Bedingungen der deutschen Gesellschaft am Vorabend des Ersten Weltkriegs verweisen, die letztlich zum Dritten Reich und zum Holocaust führten. Er wählte eine epische Form.

Das Begriffspaar episch/dramatisch beschreibt die zwei reinen Formen. Die überwiegende Anzahl der Filme und Drehbücher ist jedoch weder rein episch, noch rein dramatisch, sondern bedient sich beider Formen, mischt. Das Epische ist ja auch von Hause aus eine freie Form. Unter seinem Namen lässt sich jedes Ordnungsgesetz subsummieren, das nicht (rein) dramatisch ist: Tandem Narratives, Parallel Narratives, Flashback Narratives, Hybriddramen, mit denen im Bereich des interaktiven Erzählens experimentiert wird u.v.m. Manchmal wird etwas ungenau von non-linearem Erzählen gesprochen, weil die Linearität den Zuschauern, den Gamern wie den Intellektuellen suspekt geworden ist. Die Form ist politisch. Auch wenn ich nur unterhalten möchte, treffe ich eine Entscheidung: ablenken statt hinlenken. Beides hat sein Recht und seinen Platz. Ein Drehbuchstudium hat die Aufgabe, angehende Autoren mit dem Wissen und dem Bewusstsein auszustatten, ihre Geschichten auf ihre Wirkung hin zu überprüfen. Wenn Sie Drehbücher schreiben, können Sie die Menschen zum Lachen und zum Weinen bringen und auf die Barrikaden. Sie können Geschichte schreiben.

Es gibt nur wenige Texte, die so intensiv gelesen werden wie ein (abgenommenes) Drehbuch. Abgenommen nennt man ein Drehbuch, wenn der Produzent und seine Geldgeber – das sind zumeist die Fernsehredaktionen und die Filmförderungen – beschlossen haben, dass dieses Drehbuch jetzt verfilmt wird. Dann wird jedes Wort Gesetz und Gebot. Wenn im Drehbuch steht »es regnet«, dann bestellt der Herstellungsleiter die Feuerwehr und lässt es regnen. Wenn da steht »30 Samurai reiten auf schwarzen Pferden auf den Alexanderplatz«, dann schneidert das Kostümdepartment die Kostüme, die Pferde werden bestellt, die Ausstattung schafft Säbel herbei, der Produktionsleiter sperrt den Platz ab usw. Einige beginnen unterdessen das Drehbuch auswendig zu lernen, ganze Gruppen treffen sich, um es gemeinsam zu lesen. Jedes Gewerk eignet sich das Drehbuch an und macht es zu seinem Drehbuch. Die Kamera übersetzt das Buch in Kameraeinstellungen, die Regie richtet die Szenen ein ... aus einem Drehbuch werden viele Drehbücher. Und dann verschwindet es bald ganz. Der Film ist abgedreht, der Filmeditor montiert das gedrehte Material. Das Produktionsbüro räumt auf, die Pferde werden zurückgebracht, der Regen ist getrocknet, die Samuraikostüme kommen in den Fundus ... und die Drehbuchseiten ins Altpapier. Manch einer behält seine beschriftete und zerfledderte Kopie – aus Sentimentalität. Und dann geht der Kinovorhang auf und der Film beginnt. Währenddessen sitzt die Autorin schon wieder allein vor einem weißen Blatt, beginnt ein neues Projekt, eine neue Idee und hofft, dass es ihr bald in die hohe Fantasie hineinregnet.

Schreiben

Der französische Drehbuchautor Jean-Claude Carrière[9] hat einmal geschrieben, das Drehbuch sei ein Übergangsmedium, »eine flüchtige Form, die dazu bestimmt ist, sich zu verwandeln und schließlich zu verschwinden, so wie aus der Raupe ein Schmetterling wird.«

So ist das. Magisch. Traumhaft.

Anmerkungen

1 Dante Alighieri: *Purgatorio* XVII, 25. Stuttgart: Reclam 1986.
2 Christopher Vogler: *The Writer›s Journey: Mythic Structure for Writers*. 3rd edition. Studio City: Michael Wiese Productions 2007.
3 Otto Rank: *Der Mythos von der Geburt des Helden*. 2. Aufl. Wien, Berlin: Turia & Kant 2008.
4 Joan Bamberger: *The Myth of Matriarchy*. In: Michelle Rosaldo / Louise Lamphere (Hg.): *Woman, Culture, and Society*. Stanford: Stanford University Press 1974, S. 263 ff.
5 Ausführlich und mit vielen Beispielen: Marilyn French, *Jenseits der Macht – Frauen, Männer und Moral*. Reinbek bei Hamburg: Rowohlt 1990, S. 69 ff.
6 Sigmund Freud, *Der Dichter und das Phantasieren*. In: S.F.: Studienausgabe. Band X: Bildende Kunst und Literatur. Frankfurt/Main: Fischer 2000.
7 Von Freud stammen die drei Termini der menschlichen Erlebensstruktur: Es, Ich, Über-Ich. Das Es besteht aus triebhaften Strukturen, die wir nur unbewusst wahrnehmen und die aber gleichwohl unser Handeln leiten: Hunger, Sexualität etc. Das Über-Ich bezeichnet jene psychische Struktur, die uns anerzogen ist: Handlungsnormen, Rollen- und Weltbilder. Es ist unser Gewissen, bestimmt unsere Vorstellungen von Gut und Böse – und es unterdrückt ständig das Es. Das Über-Ich ist verantwortlich für das Verdrängen von den Wünschen, die das Es ständig produziert. Das Ich ist das Denken, die Ratio und versucht ständig in dem Ringen zwischen Es und Über-Ich auszugleichen.
8 Bertolt Brecht: *Schriften zum Theater 7: Kleines Organon für das Theater*. Frankfurt/Main: Suhrkamp 1957.
9 Jean-Claude Carrière / Pascal Bonitzer: *Praxis des Drehbuchschreibens. Über das Geschichtenerzählen*. 2., korr. Aufl. Berlin: Alexander 1999.

Sylke Rene Meyer studierte an der FU Berlin Theaterwissenschaften, Philosophie und Jura (Staatsexamen), an der HFF »Konrad Wolf« Drehbuchschreiben und ist Absolventin der Drehbuchwerkstatt München. Sie arbeitete als Regieassistentin am Living Theatre sowie als Ausstatterin und Filmeditorin, Autorin und Regisseurin in New York, Los Angeles, Berlin und Paris. Seit 2009 ist sie Professorin für Drehbuch und Dramaturgie an der Internationalen Filmschule Köln (ifs).

Filme (Auswahl): STRAJK (2003, Drehbuch, Regie: Volker Schlöndorff – Tankred Dorst Drehbuchpreis und International Emmy Awards – bestes Drehbuch Ustinov Award); NASSE SACHEN (2004, Regie und Drehbuch); RONALDO BOXT SICH DURCH (2005, Regie und Drehbuch); LE TROPISME (2007, Regie und Drehbuch); WESTFLUG (2009/2010, Drehbuch, Regie: Thomas Jauch).

Sylke Rene Meyer (© Privat)

Dennis Eick

Schreiben für die Serie

Von Dennis Eick

»Schreibe eine Geschichte.« Mit einer Aufgabe wie dieser kommt man nicht weit. Es ist eine Nicht-Aufgabe. Da kein Konflikt, keine Richtung, kein Leben, kein gar nichts. Leere. Und das Ergebnis wird mit großer Wahrscheinlichkeit langweilig sein, nichtssagend und es wird mit ziemlicher Sicherheit nicht dem entsprechen, was man insgeheim erhofft hat.

»Schreibe eine Szene mit Dialog: Zwei Figuren sind in einem Raum gefangen. Sie haben ein ernstes Problem miteinander – doch nur wenn sie dieses gelöst haben, können sie aus dem Raum entkommen.« Jede Wette, dass man mit dieser zweiten Aufgabe überraschendere und spannendere Ergebnisse bekommt. Und das, obwohl es hier doch viel mehr Einschränkungen und Vorgaben gibt. Aber diese sind der Motor, der unsere Kreativität antreibt, sind die Impulse, die uns zu außergewöhnlichen Geschichten führen. Mit genau solchen engen Vorgaben müssen wir in meinem Unterricht umgehen – denn nichts ist so reglementiert und hat so viele (ungeschriebene) Gesetze wie ein Seriensendeplatz im deutschen Fernsehen. Und auch wenn man sich davon löst und den internationalen Markt betrachtet, wird es nicht einfacher. Die Serie an sich gehört zu den schwierigsten, aber damit auch spannendsten Erzählformen, die es gibt. Serielle Erzählformen kennen wir seit Jahrhunderten und in allen Medien, doch als TV-Genre sorgen sie nicht nur für die stärkste Zuschauerbindung, sondern auch für die größten Quotenerfolge. Und schließlich sind sie für Autoren besonders reizvoll – wo sonst kann man einen ganzen Kosmos entwickeln, eine beinahe epische Geschichte erzählen, eine komplexe Welt, die ihresgleichen sucht?

Umso schöner, dass ich mich damit seit 2009 im Rahmen meiner Arbeit als Dozent für Serielles Schreiben an der Hochschule für Film und Fernsehen in Potsdam auseinandersetzen kann. Serielles Schreiben ist dem Bereich Drehbuch/Dramaturgie angegliedert und meine Studenten und ich beschäftigen uns hier ausschließlich mit seriellen Erzählformen und dem Handwerk, das nötig ist, um auf diesem Markt zu reüssieren. Vornehmlich setzen wir uns mit Fernseh-Formaten auseinander, aber da die digitale Entwicklung alle Medien betrifft und diese mehr oder weniger zwingt, sich zu verändern, werde ich in Zukunft auch andere serielle Formen wie Web-Serien oder transmediale Formate in den Unterricht integrieren.

Das Seminar Serielles Schreiben erstreckt sich über ein Jahr und ist in ein eher theorielastiges und in ein Praxissemester unterteilt. Im ersten Semester beschäftigen wir uns mit seriellen Dramaturgien und Erzählweisen und analysieren viele Beispiele aus den unterschiedlichsten Bereichen, Genres und Fernsehmärkten weltweit. Im zweiten Semester wenden die Studenten dieses grundlegende Wissen an, wenn sie selbst anfangen jeweils ein Serien-Konzept zu entwickeln.

Zunächst aber gilt es, meine Studenten dort abzuholen, wo sie sind – und das ist bei den amerikanischen Formaten. Die Medienwelt hat sich verändert. Nicht nur was die Produktion, sondern auch was die Rezeption angeht. Der Großteil der Studenten will sich die Inhalte nicht mehr vom linearen TV-Programm vorschreiben lassen – die wenigsten besitzen überhaupt noch einen Fernseher. Das heißt nicht, dass sie weniger konsumieren und stattdessen mehr lesen oder sich mit Computerspielen befassen. Sie konsumieren ihre Formate nur auf andere Art und Weise – aber nicht weniger eifrig und intensiv als die Generationen vor ihnen. Die meisten meiner Studenten sind Serien-Fans. Sie verfolgen einzelne Formate stellenweise fanatisch über mehrere Staffeln hinweg. Selbstverständlich haben sie daher stellenweise größeres inhaltliches Wissen über ein Format als ich – aber warum auch nicht? Ich profitiere schließlich davon. Ich war zum Beispiel schon immer gespannt darauf zu wissen, wie LOST endet, ohne dass ich mir die ganzen Staffeln anschauen muss. Und dank der hyperkomplizierten, aber auch anschaulichen Grafik, die zwei meiner Studenten für ihr Referat angefertigt haben (jeder Student muss in einem Referat eine Serie in all ihren Details vorstellen), konnte ich das auch schnell nachvollziehen. Sofern das bei LOST überhaupt möglich ist.

Aber mit dieser Serie ist schon das Grundproblem benannt. Was auf den deutschen Fernsehbildschirmen passiert, ist meinen Studenten meist unbekannt und, noch viel öfter, egal. Ich muss daher versuchen, sie für den hiesigen Markt zu sensibilisieren und sie davon überzeugen, dass es durchaus gute deutsche Serienformate gibt. Das ist nicht immer einfach, wenn sie mit US-amerikanischen Gegenbeispielen kommen, die dort auf Spartensendern laufen und viel mehr inhaltliche und gestalterische Freiheiten haben, oder eben mit einem vielfachen Budget ausgestattet sind, also nicht mit deutschen Formaten konkurrieren können.

Warum ich auf den deutschen Markt achte? Nun, weil ich in diesem Seminar ganz pragmatisch und praxisorientiert arbeite. Und weil die Wahrscheinlichkeit sehr hoch ist, dass keiner von ihnen jemals für den amerikanischen Markt schreiben wird (sofern das überhaupt erstrebenswert ist). Ich kenne kaum jemanden aus dem deutschen Fernsehbereich, der sich langfristig im US-amerikanischen TV-Markt durchsetzen konnte, gerade als Autor ist das schwer. Selbst wenn es einer meiner Studenten irgendwann schaffen sollte – er und alle anderen Studenten müssen sich zunächst auf dem hiesigen Parkett beweisen, bevor sie überhaupt eine Chance bekommen. Deswegen beschäftigen wir uns mit dem deutschen Fernsehen.

Die berufliche Realität für Drehbuchautoren hierzulande ist durch das Fernsehen geprägt und vom Schreiben für Serien dominiert. Darauf will ich vorbereiten, schließlich wird kaum ein Drehbuchautor an diesem Genre vorbeikommen, wenn er von seinem Beruf leben will. Zumeist finden die deutschen Serien jedoch außerhalb des Wahrnehmungsradius der Studenten statt – wenn sie aber mit den Formaten konfrontiert werden, reagieren sie oft erstaunt – und angetan.

Den besten Zugang zu einem Format findet man im Gespräch mit seinen Machern. Auch aus diesem Grund lade ich viele Gäste in das Seminar ein. Sie kommen aus allen Bereichen des fiktionalen Erzählens; sie sind Producer, Produzenten, Geschäftsführer von Produktionsfirmen, Redakteure und Autoren mit den unterschiedlichsten Schwerpunkten. Sie alle haben eine eigene, oftmals sehr unterschiedliche Sichtweise auf die Serie und das Geschäft. Das kann

Dennis Eick

von desillusioniert bis euphorisch gehen, von kreativ ambitioniert bis ernüchtert. Ihre Formate, mit denen wir uns auseinandersetzen, reichen von IM ANGESICHT DES VERBRECHENS über DANNY LOWINSKI, KDD, DER LETZTE BULLE, MORD MIT AUSSICHT, DOKTOR'S DIARY, DIE LETZTE SPUR, KOMMISSARIN LUND und STROMBERG – eine breite Palette all dessen, was im deutschen Fernsehen aktuell und in den letzten Jahren erfolgreich und prägend war. Die Studenten sollen nicht nur die Möglichkeit zur Nachfrage und intensiven Diskussion haben, sie sollen die Möglichkeit nutzen, einen Kontakt zu diesen Profis aufzubauen. Aus eigener Erfahrung weiß ich, dass in diesem Geschäft Kontakte sehr wichtig sind – neben einer guten Schreibe und tollen Ideen vielleicht das Allerwichtigste –, vor allem, wenn man frisch von der Filmhochschule kommt und sich als Autor etablieren möchte.

Der Kern des Seminars besteht also darin, ein Serienkonzept zu entwickeln. Ich will daher an die Aufgabe vom Anfang erinnern: Um besonders kreativ sein zu können, brauchen wir ein Ziel. Je konkreter dieses ist, desto besser. In dem Seminar entwickeln wir nicht blindlings ins Blaue, sondern konkret für einen Sender und seine bestimmten Anforderungen: Die Studenten sollen Serienkonzepte für RTL entwerfen, eine Aufgabe, die nicht unbedingt leicht, aber dennoch sehr spannend ist.

Begleitet werden die Studenten auf dem Weg zu ihren Serienkonzepten – abgesehen von mir – von der RTL-Redakteurin Ulrike Leibfried. In unseren regelmäßigen gemeinsamen Dramaturgiegesprächen arbeiten wir an den Stoffen. Das sind intensive, gemeinschaftliche Diskussionen, an denen sich alle Studenten beteiligen. Aber wie jemand so schön an die Wand eines Fahrstuhls in der HFF gekritzelt hat: »Meckern ist noch keine Kritik.« Das ist der Grundsatz, der uns auf diesem nicht immer leichten Weg begleitet. Aber in der Regel ist es ein Weg, der uns allen Spaß macht, ihn zu gehen. Und das, finde ich, ist ein wesentlicher Bestandteil nicht nur dieser Ausbildung, sondern auch des Berufs als Autor selbst. Wenn man den Spaß daran verliert, sollte man aufhören.

Die (auch finanzielle) Kooperation mit RTL hat sich als sehr fruchtbar erwiesen, für alle Beteiligten – aber dazu später mehr. Zu den positivsten Effekten gehört, dass die Studenten ihre Arbeit am Ende nicht nur für den Papierkorb oder für eine Note machen. Sie haben ein konkretes Ziel vor Augen: die Präsentation vor der Fiction-Chefin von RTL, Barbara Thielen, am Ende des zweiten Semesters. Dabei entsteht meistens eine recht lebhafte Diskussion über Inhalte, Sichtweisen und Marktrealitäten. Auch in den Fällen, in denen Barbara Thielen vielleicht nicht ganz vom Konzept überzeugt ist, bietet diese Präsentation eine große Chance für die Studenten. Wann sonst haben sie die Möglichkeit, mit einem Verantwortlichen außerhalb der Filmhochschule so intensiv und ausführlich über ihre eigene Arbeit zu diskutieren? Dass die Studenten vielleicht an oberer Stelle in Erinnerung bleiben, dass sie einen wichtigen Kontakt aufbauen können, ist einer der Erfolgsbausteine des Seminars.

Nicht jeder Stoff gelingt und nicht jedem Studenten fällt es leicht, sich auf die Sender-spezifischen Vorgaben einzulassen. Vielleicht, weil sie eher in den Arthouse-Bereich wollen, vielleicht, weil sie ohnehin nur amerikanische Formate bevorzugen oder weil sie ausschließlich Kinderformate schreiben wollen. Auch in diesen Fällen finde ich die Aufgabenstellung gerechtfertigt. Denn sich in bestehende Vorgaben einzufühlen und mit Regeln kreativ umzugehen, ist ein wesentlicher Punkt in der späteren Arbeit – und somit auch ein Lernziel. Es geht dar-

Schreiben für die Serie

um, das Handwerkszeug zu verbessern und wenn es den Studenten dann noch gelingt, ihre eigene Stimme zu bewahren, haben sie Wesentliches erreicht. Denn man kann nur gut sein, wenn man sich selbst nicht verleugnet. Ansonsten entsteht etwas Seelenloses, Beliebiges, Langweiliges.

Die Studenten beim Seriellen Schreiben kommen aus den Bereichen Drehbuch und Produktion. Es ist – abgesehen von ein paar Vorlesungen – das erste gemeinsame Seminar der beiden Studienzweige und insgesamt ist diese Kombination sehr fruchtbar für alle. Auch die Produktionsstudenten müssen schreiben. Für manche ist das neu und oft eine interessante Erfahrung, die für ihren späteren Werdegang wichtig ist. Denn was es heißt, eine Serienidee zu entwickeln, wie lange dies dauert und wie kompliziert dieser Prozess sein kann, erfahren sie hier zum ersten Mal. Schreiben ist mühsam, manchmal schmerzlich und oft anstrengend. Ich rede nicht vom ersten Entwurf, der meist locker aus der Feder fließt und im spontanen Rausch entsteht – sondern von den komplizierten späteren Überarbeitungen. Das geht nicht ohne Konflikte und ist manchmal mit Selbstzweifeln verbunden. Aber auch, wenn zum Beispiel einer der Produktionsstudenten feststellen muss, dass ihm das Schreiben nicht liegt, so ist das durchaus ein Lernerfolg. Schreiben ist schwer – diese Erfahrung ist sowohl für die Studenten selbst wichtig als auch für die Drehbuchautoren, mit denen sie als Producer oder Produzenten in Zukunft zusammenarbeiten werden: Sie werden die Arbeit der Autoren dann besser zu schätzen wissen.

Seit mehr als zehn Jahren gebe ich Drehbuch- und andere Seminare. In den letzten Jahren haben sich die Seminarteilnehmer verändert. Manchmal habe ich das Gefühl, sie seien satter geworden, weniger enthusiastisch – aber insgesamt qualitativ nicht schlechter. Vielleicht hat diese leicht gebremste Begeisterung mit dem veränderten Mediennutzungsverhalten zu tun, mit der viel größeren Selbstverständlichkeit, mit der die Studenten den Medien begegnen.

Ich unterrichte darüber hinaus an einigen anderen deutschen Filmhochschulen und Universitäten. Der Unterricht, das heißt: die Lehre, unterscheidet sich zum Teil stark, was nicht nur von den Schwerpunkten der Institutionen, sondern auch von den Studenten abhängt. Sicherlich generalisiere ich, aber die Filmhochschulstudenten scheinen mir in manchen Punkten anspruchsvoller zu sein und eine höhere Erwartungshaltung zu haben. Aber warum auch nicht? Schließlich sind sie spezialisiert in ihrem Fach und haben vielleicht daher besondere Vorstellungen. An den klassischen Universitäten ist das Drehbuchschreiben dagegen ein Orchideenfach. Hier stoßen einige Studenten vielleicht zum ersten Mal auf dieses Thema und entdecken es für sich. Kein Wunder, dass sie stellenweise enthusiastischer und sicherlich auch dankbarer sind – ohne dass ich meinen anderen Studenten zu nahe treten möchte.

Immer wieder gibt es Studenten, die mit einer gewissen arroganten Grundhaltung auftreten. Nichts stört mehr als das und nichts ist unberechtigter. Denn diejenigen, die später einmal erfolgreich werden, sind die anderen. Die, die offen sind, die, die bereit sind, Sachen in sich aufzunehmen und ihr Können und ihr Portfolio zu erweitern. So wie jeder Standup Comedian weiß, dass er auf Gedeih und Verderb auf sein Publikum angewiesen ist und längst nicht jeder Witz an jedem Abend gleich gut funktioniert, so geht es auch dem Dozenten. Als solcher ist man in großem Maße von seinen Studenten abhängig. Seminare zu geben macht mir, in fast allen Fällen, großen Spaß. Ja, es kann ermüdend sein, nervig, aufreibend und auch

Dennis Eick

deprimierend – aber in den meisten Fällen ist es das nicht, denn ich bekomme viel von meinen Studenten zurück.

Wir sind aufeinander angewiesen – schließlich mache ich keinen Frontalunterricht, sondern bemühe mich, die Studenten einzubeziehen. Je nach Seminar und je nach Gegenüber ist es eine partnerschaftliche Beziehung, in der die Studenten ohne Angst agieren können. Schließlich gibt es selten »richtig« oder »falsch«, sondern zumeist nur unterschiedliche Sichtweisen auf einen Stoff. Menschliche Chemie ist überaus wichtig für einen fruchtbaren kreativen Prozess und ohne gute Kommunikation scheitert jede Stoffentwicklung – und darauf gilt es vorzubereiten. Als Autor macht man sich verletzlich, eine Tatsache, die zu viele Profis in diesem Geschäft gerne vergessen, weil es immer noch jemanden gibt, der (vermeintlich) wichtiger ist: der Redakteur, der Regisseur, der Schauspieler.

Ich bin selbst Autor und lerne auch in dieser Funktion viel von den Studenten. Ihre Fragen hindern mich daran, alles für selbstverständlich zu halten. Es reicht nicht, oberflächliche Antworten zu geben, sondern ich muss die Inhalte, die ich vermittle, immer wieder selbst auf den Prüfstand stellen. Dieses Hinterfragen ist anstrengend, aber auch fruchtbar.

Manchmal verliebe ich mich in eine Idee meiner Studenten. Dann würde ich am liebsten selbst daran weiterarbeiten, was aber natürlich nicht möglich ist. In diesen Fällen kämpfe ich vielleicht, mehr als ich es sonst schon tue, darum, dass wir die Idee »an den Mann« bringen. Denn das ist ohnehin Bestandteil des Seriellen Schreibens: Ich möchte den Serienkonzepten die größtmögliche Chance auf eine Realisierung verschaffen. Und sei es, dass ich Kontakte zu Verlagen herstelle, weil wir herausgefunden haben, dass sich der Stoff vielleicht doch eher als Roman eignet. Schließlich sind diese Konzepte auch irgendwie meine Babys, ob ich sie nun

Dennis Eick (© Privat)

selbst schreibe oder nicht – das Gefühl ist ähnlich, schließlich hat man so viel Zeit und Arbeit investiert, dass man sich die Stoffe zu eigen macht.

Insgesamt ist die Bilanz des Seminars Serielles Schreiben sehr positiv. Nicht nur, dass die Studenten Verbindungen und Kontakten in die Fiction-Landschaft aufbauen können, wir konnten schon mehrere Konzepte in die Fiction-Sitzung der Geschäftsleitung von RTL bringen – und ein Serienkonzept wird sogar derzeit pilotiert. Das ist mehr, als man erhoffen kann. Dass sich die Studentin dafür nun ein Urlaubssemester genommen hat, nehme ich gerne hin.

Übrigens: Was bei der obigen Aufgabe mit den zwei Leuten im geschlossenen Raum am häufigsten herauskommt, ist natürlich eine Fahrstuhlvariante. Aber ich freue mich immer wieder, wenn meine Studenten einen anderen, ungewöhnlichen Plot finden und mich aufs Neue überraschen. Dafür unterrichte ich, dafür mache ich das. Wenn ich spüre, dass sich da ein Talent vor mir entfaltet, macht mich das glücklich.

Dennis Eick, geboren 1971, schreibt Drehbücher, Bücher und Bücher über Drehbücher. Er lehrt »Serielles Schreiben« an der HFF Potsdam und ist Dozent an vielen deutschen Filmhochschulen und einigen Universitäten zum Thema Drehbuch und Digitales Erzählen. Seine Romane erscheinen (unter Pseudonym) bei Rowohlt, seine Fachbücher über Drehbuchtheorien, Exposé, Treatment und Konzept, Filmkalkulation und Programmplanung im Fernsehen bei UVK. Er ist MEDIA Expert bei der Education, Audiovisual & Culture Executive Agency, Brüssel und Literaturscout für RTL. Nach seinem Magister in Germanistik in Köln und seiner Promotion in Filmwissenschaften an der Universität Mainz hat er bei RTL einige Jahre als Fiction-Redakteur und Lektor gearbeitet.

Kerstin Stutterheim

Dramaturgie lehren

oder: Dem Geheimnis des Erzählens auf den Grund gehen

Von Kerstin Stutterheim

Vorspann

Dramaturgie – dies ist ein Begriff, der in jüngster Zeit häufig genutzt und eingesetzt wird, aber Dramaturgie als Fach oder Tätigkeit? Fast jede der Bewerberinnen[1] wird diesem Wort schon einmal begegnet sein, gelegentlich symbolisch für eine wundersame Lösung aller Probleme eingesetzt, dann wieder auch als ein Mittel der Formatierung oder Regulierung. Landläufig wird »Dramaturgie« häufig verwendet, um ein Gefühl oder eine Ahnung zu beschreiben; in jüngster Zeit auch, um entweder eine Art Zauberformel zu versprechen oder aber als Korsett zu fungieren. Auf jeden Fall wirkt es zunächst, wenn mehr Dramaturgie eingefordert oder auf Probleme in der Dramaturgie verwiesen wird. Dies geschieht beispielsweise, um ein Exposé, Treatment oder Drehbuch zurückzuweisen, einen Rohschnitt oder einen fertigen Film zu kritisieren. Man kann auch erleben, dass mit Dramaturgie argumentiert wird, ohne dabei genauer auf das Problem einzugehen oder eine Lösung des attestierten Problems anzubieten. Andererseits ist die Position von Dramaturginnen im Entwicklungs- und Produktionsprozess eher fragil, unsere Meinung wird im Entwicklungs- und vor allem im Produktionsprozess eines Films selten eingeholt. Wenn dies aber geschieht, dann durchaus mit einem Gewinn für den entstehenden Film.

Diese Entwicklung der jüngeren Zeit, mit der Dramaturgie zu einem Schlagwort wurde, macht es uns bzw. mir als Dramaturgie-Lehrender zunächst schwer, Neugierde dafür zu wecken, was Dramaturgie eigentlich ist und welch wunderbare Unterstützung für die eigene Kreativität man in ihr finden kann. Eine in Produktionsbesprechungen genutzte Formulierung wie diese: »Ich als Dramaturg sage dir, das musst Du ändern« – oder: »Deine Hauptfigur muss sich so und so verhalten, die Geschichte muss an einem anderen Ort als dem von Dir bestimmten spielen oder der Konflikt sollte auf bestimmte Art gestaltet werden« – ist das Gegenteil von dem, was ich im Fach und in der Praxis von Dramaturgie gelernt und erlebt habe, bis heute praktiziere und selber lehre. Die geschilderte Aktion ist die eines Vollstreckers von Produktionsvorgaben, aber nicht die einer Dramaturgin. Sicher, man muss Produktionsumstände berücksichtigen, aber eine Dramaturgin muss vor allem im Sinn der konzipierten Geschichte denken, sich darauf einlassen und die Intentionen von Autor und Regie begleiten, unterstützen und befördern. Eine Dramaturgin ist keine Gegen-Autorin und auch keine Drehbuch-Ärztin. Denn das Drehbuch an sich ist nicht von einer geheimnisvollen Krankheit befallen, sondern vielleicht noch nicht ganz präzise durchdacht und aufgeschrieben. Diesen

Dramaturgie lehren

Prozess des auf eine Aufführung hin konkreten Denkens gilt es zu befördern. Um dies gut zu können, bedarf es Wissens verschiedenster Art, Fantasie und eines guten, vertrauensvollen Verhältnisses zwischen Autorin und Dramaturgin.

Doch Dramaturgie beschränkt sich nicht nur auf das Drehbuch, die verbalisierte Vorlage. Dramaturgie ist ein Prozess, der im Idealfall eine Produktion von der Ideenfindung bis zur Endfertigung begleitet. Eine gute Regisseurin hält Kontakt zu einer Dramaturgin ihres Vertrauens. Das kann (und sollte) bis zum Pressetext andauern. Die Dramaturgin sollte immer die gesunde Distanz zur Produktion wahren und so manchen »Darling« rechtzeitig aufspüren und zur Diskussion stellen können, wenn man das geflügelte Wort »Kill your Darlings« in den Produktionszusammenhang denkt. Es sei hier noch einmal erwähnt, dass von einer guten Dramaturgin auch dann, wenn ein derartiger Darling aufgespürt ist, eher Vorschläge als Vorgaben gemacht werden. Manchmal geht es aber um viel einfachere Aspekte als um die Lieblinge der Regieperson. Bei einer der Fernsehproduktionen, die ich betreut habe, fiel es dem Autor schwer, die Nebenfiguren wieder aus der Handlung herauszuschreiben. Da es sich um einen Krimi handelte, wollte er die Figuren, die er nicht mehr benötigte, verunglücken lassen. Wir haben dann doch einen Weg gefunden, die Zahl der Toten zu reduzieren.

Ich komme aus der Produktionsdramaturgie des Theaters, habe als Dramaturgieassistentin am Deutschen Theater (Berlin) begonnen, dann Dramaturgie für Sprech- und Musiktheater an der Theaterhochschule Leipzig und der Humboldt-Universität studiert. Anschließend habe ich mich in einem Forschungsstudium mit der Dramaturgie von Fernsehserien beschäftigt und bin dabei auch der Frage nachgegangen, wie die Werbeblöcke dramaturgisch eingebunden sind. Danach arbeitete ich zunächst als Lektoratsleiterin im Fernsehen. Seit 1992 realisiere ich als Filmemacherin auch eigene Filme, betreue gelegentlich Produktionen als Dramaturgin oder dramaturgische Beraterin.[2]

Worum geht es also in diesem Fach? Kann man das lehren, was ich gerade umrissen habe? Ich denke schon, aber in verschiedenen Stufen. An der HFF »Konrad Wolf« ist dies traditionell ein Grundlagenfach, an dem nahezu alle Studierenden einmal teilnehmen. Darüber hinaus biete ich Aufbaukurse nicht nur für Drehbuch-/Dramaturgie-Studierende an.

Was verstehe ich unter Filmdramaturgie und was lehre ich?

Filmdramaturgie verstehe ich als eine dem Medium Film gemäße Fortschreibung der klassischen Produktionsdramaturgie des Theaters, die sich dem »Ins-Werk-Setzen« eines Textes widmet. Filmdramaturgie ist nach meiner Erfahrung ein Fach, das sich aus unterschiedlichen, zusammenwirkenden Aspekten zusammensetzt. Dramaturgie definiere ich daher als eine praxisbasierte Wissenschaft aus dem Bereich der Ästhetik, die eine wissensbasierte Praxis ermöglicht – die schon erwähnte Produktionsdramaturgie. Es handelt sich um eine besondere Tätigkeit, für die man eine spezifische Begabung mitbringen sollte. Dramaturgie erfordert die Fähigkeit zum analytischen Denken und zur Abstraktion ebenso wie die Fähigkeit, eine Geschichte zu antizipieren und aufgrund der Ideen von Anderen Fantasie zu entwickeln. Die Tätigkeit einer Dramaturgin basiert auf der speziellen Kenntnis tradierter Modelle des Erzählens in den darstellenden Künsten, verbunden mit einer möglichst guten Kenntnis der unterschiedlichen filmischen Mittel sowie einem möglichst umfassenden und universellen Wissen. Das klingt zunächst recht abstrakt und in dieser Abstraktheit vielleicht auch unscharf – wie so manches, worauf Dramaturgie fußt. Richtig gut funktioniert sie, wenn man die Arbeit der Dramaturgin im fertigen Werk nicht mehr spürt. Das heißt aber nicht, dass sie keinen spürbaren Einfluss hätte.

Für die Kinoproduktionen Nord- und Osteuropas ist Filmdramaturgie schon lange eine Selbstverständlichkeit, anderen Ortes ist die Bedeutung von Filmdramaturgie weniger bekannt – vielleicht, weil dann eine Person mehr ein Honorar und vielleicht sogar einen Credit erhalten würde. Daher wird dies je nach Produktionskontext unterschiedlich gehandhabt. Vor allem im marktorientierten Bereich der Filmproduktion wird von den Autorinnen und Regisseurinnen erwartet, dass sie gleichermaßen schreiben, Regie führen und sich selbst dramaturgisch beraten können sollten. Oft verstehen sich auch Produzentinnen als Dramaturginnen. Diese Personalunion dient vor allem ökonomischen Aspekten. Ich möchte der einen oder anderen Person die Doppelbegabung nicht absprechen. Jean-Claude Carrière zum Beispiel hat nicht nur viele Drehbücher geschrieben, sondern auch als »dramaturgist«, wie er es nennt, gearbeitet – so zum Beispiel für DAS WEISSE BAND von Michael Haneke.[3]

Im Folgenden werde ich kurz umreißen, worin diese praxisbasierte Wissenschaft Dramaturgie aus meiner Sicht und in meiner Lehre besteht, bevor ich auf die wissensbasierte Praxis eingehe. Grundsätzlich kann man sagen, dass ein Basiswissen in der Filmdramaturgie sowohl für den fiktionalen als auch für den nonfiktionalen Bereich außerordentlich hilfreich ist. Es gibt einige Grundregeln, die völlig unabhängig vom Medium oder Genre wirken, eben »das Geheimnis des Erzählens«.[4]

Bevor ich darauf gleich genauer eingehe, möchte ich ganz kurz auf die Traditionslinie verweisen, aus der heraus ich Filmdrama-

turgie verstehe und lehre: Filmdramaturgie stellt aus meiner Sicht die Weiterführung der seit Jahrhunderten tradierten »Kenntnis des Erzählens« in Werken dar, die vor einem Publikum aufgeführt werden. Praktiziert wird sie als Dramaturgie, seitdem sich Gotthold Ephraim Lessing in seiner Tätigkeit als Dramaturg am Nationaltheater Hamburg zwischen 1767 und 1769 intensiv mit Fragen auseinandersetzte, wie Aspekte der Aufführung ein Stück zur Entfaltung bringen oder auch zu dessen Scheitern beitragen. Diese als Geburtsstunde der Dramaturgie angesehene Auseinandersetzung ist bis heute als *Hamburgische Dramaturgie*[5] bekannt. In seinen Reflexionen der Aufführungen analysierte er, wie die Besetzung (heute als Cast bezeichnet), die Schauspielführung und Interpretation durch den Regisseur, der Gestus und die Interaktion der Darstellerinnen, der Musikeinsatz und seine Darbietung, Rhythmus usw. der Aufführung eines Textes zum Erfolg verhalfen oder ihm seinen Sinn raubten, um nur die beiden Extreme zu nennen. Die in diesen Texten dargelegten Überlegungen findet man noch heute als wichtige Finanzierungs- und Produktionsentscheidungen wieder.

In Dramaturgie steckt unverkennbar das Wort Drama. Ein Drama ist ein Werk, das szenisch für ein Publikum aufgeführt wird – auch als narrativ-performatives Werk bezeichnet. Der einer Aufführung zugrunde liegende Text an sich macht noch nicht das sich durch die Aufführung realisierende Werk aus, sondern erst seine Umsetzung durch die Inszenierung – einer Theateraufführung, einer Performance oder eines Films. Deshalb widmet sich die Dramaturgie auch der Gesamtheit dessen, was das szenische Werk zu einer das Publikum fesselnden, berührenden und unterhaltenden Aufführung werden lässt. Das meint ganz konkret, dass die Dramaturgie sich nicht nur dem Text zuwendet. Die Arbeit an einem Drehbuch stellt eine erste Stufe dar, in der aber bereits die Aufführung beziehungsweise der Film antizipiert werden muss. Daraus ergibt sich, dass in der dramaturgischen Beratung für eine Drehbuchentwicklung die verschiedenen filmsprachlichen Mittel und deren jeweilige dramaturgische Funktionen mitgedacht und diskutiert werden sollten. Eine wichtige Aufgabe für eine Dramaturgin besteht zum Beispiel darin, darauf zu achten, dass eben nicht alles gesagt werden muss, weil der Gestus der Schauspielerinnen, die Mitwirkung der Set-Designerinnen und Kostümbildnerinnen, die Kameraführung und auch die Gestaltung der Soundebene dramaturgisch gesehen die Handlung zur Entfaltung bringen bzw. Elemente der Narration übernehmen.

Das Geheimnis der Dramaturgie für den Film besteht darin, einerseits die klassische Dramaturgie zu kennen und zu beherrschen, andererseits – und darauf aufbauend – die Besonderheiten der Filmsprache und des Mediums Film zu berücksichtigen. Aus diesem Grund ist Dramaturgie nichts, das man einmal festschreiben, dann auswendig lernen und mechanisch anwenden könne. Dramaturgie basiert auf einer Kenntnis von Regeln und Modellen, die einerseits fundamental sind, andererseits dem jeweiligen Thema und der Geschichte entsprechend flexibel gehandhabt werden können. Nicht minder wichtig ist die Kenntnis der verschiedenen Bereiche einer Filmproduktion, aber auch ein sogenanntes Weltwissen. Das bedeutet, dass eine versierte Dramaturgin quasi ein leibhaftiges und sich ständig anreicherndes »Universallexikon« sein sollte. Da dies selbstverständlich nicht vollkommen zu erreichen ist, muss er oder sie auch in der Lage sein, die Lücken im eigenen Lexikon schnell und anwendungsorientiert schließen zu können. Die Erfordernisse – gemeint sind sowohl eine gute Kenntnis der tradierten und bewährten Modelle, der dramaturgischen Kunstgriffe und Möglichkeiten der Variabilität als auch ein möglichst weitgefächertes Wissens – entsprechen der Doppelnatur der Dramaturgie als expliziter und impliziter Dramaturgie.

Die explizite Dramaturgie umfasst unter anderem die Strukturierung und Kausalität der Handlung, die Figurenkonstellationen oder auch eine Verortung im Genre. Die explizite Ebene bildet quasi das Gerüst, die Struktur, den Bauplan. Auf der – leider oft unterschätzten oder auch negierten – Ebene der impliziten Dramaturgie finden sich die zeitgeschichtliche Verankerung, die Bezugnahme auf kulturelle, soziale oder auch gesellschaftliche Traditionen. In der Theaterdramaturgie widmet man sich nicht nur der Struktur und den funktionalen Elementen der Dramaturgie, sondern auch den ›impliziten‹, also eingeschriebenen oder ›versteckten‹ Dramaturgie-Anteilen. Sie sind nicht in jedem Fall auf den ersten Blick erkennbar und durch die jeweilige dramaturgische Programmatik auch nicht zwingend begründet, »haben aber für die ideelle Substanz der Werke und für ihre praktische Aneignung oder für die Organisation der Handlung eine besondere Bedeutung«.[6] Zurückführen kann man die implizite Dramaturgie auf den von Aristoteles benannten Aspekt der Denkweise (diánonia). Dabei geht es jedoch nicht um eine rhetorische Überzeugung, sondern um eine methodisch geschulte Erkenntniskompetenz. Diese verhilft dazu, in Bezug auf das nacherzählte menschliche Handeln herauszufinden, was glaubwürdig und überzeugend wirkt. Die Nutzung der aristotelischen Rhetorik, die sich in der Denkweise wiederfindet, soll ebenso in die Lage versetzen, im Text oder der Inszenierung zu erkennen, was tatsächlich glaubwürdig und überzeugend ist – also wahrhaftig und notwendig – und was nur zum Schein, aufgrund einer behauptenden Darstellung. Bestimmt wird die Ebene der impliziten Dramaturgie

Kerstin Stutterheim

durch Bezugnahme auf tradiertes Wissen, wie zum Beispiel die Charakteristik und Bedeutung von Farben, auf aus der Kunstgeschichte bekannten Motive, popkulturelles Wissen oder auf bekannte Werke aus der Filmgeschichte. Besonders heute, im Zeitalter der DVDs bzw. der wie auch immer gearteten Möglichkeit, Filme mehrfach zu sehen, anzuhalten, zurückzuspringen etc., erhält die Ebene der impliziten Dramaturgie eine besondere Bedeutung. Über die implizite Ebene kann der Mehrwert geschaffen werden, der einen Film oder eine Serie so interessant macht, dass man sich die DVD kaufen mag, um den Film oder die Serie mehrfach anzusehen und all den Andeutungen, die einen beim ersten Sehen neugierig gemacht haben, nachzugehen.

Die große Herausforderung an eine Lehre dieses Faches besteht aus meiner Sicht heute vor allem darin, den Glauben an die durch die Drehbuchratgeber postulierte schematische Zauberformel zu erschüttern und darauf neugierig zu machen, das »Geheimnis des Erzählens« auf neue Art zu erkunden, um es für sich nutzbar machen zu können. Ich hoffe, durch mein Lehrangebot der Formatierung der Handschriften und der Köpfe, der Gedanken und der Träume, der Rollenmuster und Lebensentwürfe entgegenzuwirken. Wunderbar wäre es, wenn die jungen Filmemacherinnen sich mithilfe dramaturgischen Wissens argumentativ künstlerische Freiräume erhalten, ihre spezifische Handschrift bewahren und festigen, ihre Filmprojekte überzeugend konzipieren und realisieren könnten.

Kenntnisse der Dramaturgie befruchten aber auch die Analyse, können Überinterpretationen oder Interpretationsnotstände verringern. Wenn man schon ein wenig versiert ist, kann man auf diese Weise in die Werkstatt großer Filmemacherinnen hineinschauen und herausfinden, worin die Besonderheit des jeweiligen Werkes lag, das dann in seiner Gesamtheit mehr ist als jede verbalisierte Interpretation es je leisten kann. Das wiederum kann inspirierend wirken, wenn deutlich wird, wie stark filmkünstlerisches Handwerk und Kreativität einander bedingen und befruchten, Regeln plötzlich zu einer festen Basis für lang erträumte Experimente werden und diese schließlich ein breites Publikum in den Bann ziehen.

Ich sehe Dramaturgie als eine Teildisziplin der Ästhetik, und so ergänzen sich die Fächer Medienästhetik und Einführung in die Dramaturgie fiktionaler Werke. In Medienästhetik wenden wir uns den filmsprachlichen Mitteln zu – ausgehend von der Frage, was denn Ästhetik sei und bedeutet. Es geht darum, wie man überhaupt wahrnimmt und sieht, was Affekte sind und wie sie entstehen; um die Bedeutung von Bildgestaltung, um die Zuschreibung von schön und hässlich, um Farben und ihre Wirkung, Kunst und Kino, deren tradierte Bedeutung, philosophische Grundlagen und den Diskurs dazu; aber vor allem: wie dies für eine eigene filmische Arbeit – im Sinn der impliziten Dramaturgie – nutzbar gemacht werden kann.

Die Grundlagen der Dramaturgie fiktionaler Werke werden an der HFF »Konrad Wolf« aufgrund der zahlreichen Teilnehmer als »große Vorlesung« vermittelt. Der Wissensstand der Studierenden, die in das Grundlagenfach kommen, ist unterschiedlich ebenso wie die Sympathie für oder die Neugierde auf dieses Fach. Aus diesem Grunde, aber vor allem wegen der wunderbaren Besonderheit von Dramaturgie, sowohl Grundlagenwissen als auch eine Analysemöglichkeit zu sein, verbinde ich die Vermittlung theoretischen Grundlagenwissens mit der konkreten Anwendung in der Analyse eines beispielhaften Werkes. Die Filme suche ich nach ihrer jeweiligen dramaturgischen Besonderheit aus, greife dabei sowohl auf Klassiker der Filmgeschichte zurück als auch auf relativ neue, ausgezeichnete Werke.

Dramaturgie lehren

Die Auswahl treffe ich unter dramaturgischen Gesichtspunkten: Lassen sich mit dem ausgewählten Film einerseits allgemein gültige Regeln in der Dramaturgie gut diskutieren? Und: kann man andererseits darstellen, wie diese für eine spezifische Geschichte genutzt werden können? Dabei ist es mir ein Anliegen, US-amerikanische Produktionen und europäische Filme ins Verhältnis zu setzen, ergänzt um Filme des Weltkinos. Mein Schwerpunkt liegt, bei aller Wertschätzung für das immer wieder großartige Hollywood-Kino, vorrangig auf europäischen Erzähltraditionen. Dies ist der Produktionskontext, in dem die meisten unserer Absolventen arbeiten werden. Und für diejenigen, die eine Hollywood-Karriere anstreben, kann dieses Wissen auch nicht schaden, denn Regisseure wie Martin Scorsese oder Brian De Palma, George Clooney oder Steven Soderbergh schöpfen eher aus europäischen Erzähltraditionen und dramaturgischen Modellen. Um in Hollywood erfolgreich zu sein, gibt es dennoch einige kleine, aber bedeutende dramaturgische Besonderheiten, die ebenfalls dargestellt werden. Daher beginnt die Vorlesungsreihe mit dem Drei-Akter im klassischen Hollywood-Stil, begleitet von einer Einführung in die Besonderheiten der »amerikanischen Dramaturgie«. Es liegt mir grundsätzlich daran, dramaturgische Entscheidungen für eine spezifische Erzählweise im kulturellen wie historischen Kontext zu diskutieren und dabei auch die Rahmenbedingungen der Produktionen zu berücksichtigen.

Die Gestaltung eines Fünf-Akters führt uns zurück nach Europa, den haben wir vor allem Shakespeare zu verdanken. Fünf Akte strukturieren die Geschichten auch im Film noch bis heute. Das Spiel von Intrige und Gegenintrige stellt eine weitere Raffinesse dar, bewährt seit dem »pièce bien faite« (well-made play) der großen französischen Autoren, wie zum Beispiel *Le Verre d'eau* von Eugène Scribe. Darauf aufbauend wird es immer differenzierter und komplizierter: diskutiert wird die Möglichkeit, eine Rahmengeschichte mit einer Binnenhandlung zu verbinden oder auch eine Szene vorzuziehen. Das führt dann zu den offen gestalteten Formen. Wie kann man heutige Rezeptionsgewohnheiten berücksichtigend episch erzählen? Welche Geschichten entsprechen einer Reise des Helden? Was ist das Geheimnis eines episodischen Films wie zum Beispiel COFFEE AND CIGARETTES von Jim Jarmusch? Wie kann man verschiedene Perspektiven auf eine Geschichte organisieren, ohne dass das Publikum irritiert wird? Welche Bedeutung haben dabei Kameraführung und Schauspiel? Warum muss man nicht immer chronologisch erzählen, dabei aber dennoch den Kunstgriff kennen, der alles zusammenhält? Wie webt David Lynch seine Filme? Warum kann man über INCEPTION von Christopher Nolan streiten und welche Geschichte erzählt BLACK SWAN (Darren Aronofsky) eigentlich? Wie strickt man eine gute Serie, verbindet die horizontale Erzählung mit den vertikalen Geschichten? Besonders die offen erzählten, non-linearen Formen werden – soweit es in einer einführenden Vorlesungsreihe möglich ist – ausführlicher behandelt. Auch und besonders moderne oder postmoderne, epische oder episodische, Ensemble- oder multiperspektivische Filme folgen besonderen Regeln, die nicht auf Intuition beruhen – aber diese unglaublich gut unterstützen können.

Die Heimtücke in dieser Vorlesung wie in der Dramaturgie an sich besteht darin, dass – einmal erkannt, wie eine Erzählung aufgebaut ist – alles so einfach wirkt. Doch eine – hoffentlich – überzeugend dargebotene Analyse, die den theoretischen Unterbau ausgesprochen logisch erscheinen lässt, befähigt Studierende umgekehrt noch längst nicht dazu, das Erkannte unmittelbar und adäquat umzusetzen. Entscheidend dabei ist, das Gehörte und Gesehene erneut und

Kerstin Stutterheim

möglichst vertiefend selbst anzuwenden. Meine Empfehlung lautet daher, sich einen Film vorzunehmen, der einen sehr beeindruckt oder vor Rätsel gestellt hat, um dessen Dramaturgie zu analysieren. Um diese eigenständige Vertiefung durch Übung zu erleichtern, gibt es Handouts zum behandelten Stoff. Zur Verfügung steht auch ein Handbuch, das ich gemeinsam mit meiner vormaligen künstlerisch-wissenschaftlichen Mitarbeiterin Silke Kaiser geschrieben und für die zweite Auflage überarbeitet und erweitert habe. Hier können einige Analysen nachgelesen, der theoretische Hintergrund vertieft oder auch Quellen nachgeschlagen werden. Aus Erfahrung weiß ich, dass es hilfreich ist, wenn man wissensbasiert Argumente austauschen kann. Gerät man in die Situation, dass die Gefühle, die man als Filmemacherin hat, mit den Gefühlen einer Redakteurin oder einer Produzentin konkurrieren – wessen Gefühle haben da wohl mehr Gewicht? Kann man aber argumentieren, warum man etwas vorhat, dann spielen Emotionen, »Bauchgefühle« und Ähnliches keine Rolle und eine an der Sache orientierte Diskussion führt mit großer Wahrscheinlichkeit eher zum Ziel. Dramaturgisches Wissen ist also eine Argumentationshilfe.

Dramaturgie für den dokumentarischen Film basiert zunächst auf demselben dramaturgischen Grundwissen. Da jedoch die filmische Praxis beim Dokumentarfilm anders abläuft, bedeutet die Vermittlung von Dramaturgie für dieses Genre vor allem, Grundmodelle des Erzählens so weit zu kennen und zu beherrschen, dass man das, was Dsiga Wertow einmal als die »sechs Stufen der Montage«[7] bezeichnet hat, für sich und das jeweilige Projekt anwenden kann. Da dokumentarische Filme nahezu ausschließlich Filme der offenen Form sind – oder zumindest lange waren –, geht es hier besonders darum, für das gewählte Thema ein »Bedeutungsfazit« zu formulieren und zu nutzen.

Ein Grundwissen an Dramaturgie kann vor allem die Dreharbeiten und den Prozess der Montage erleichtern, konzentrieren und befördern – mit positiven Wirkungen sowohl fürs Team als auch fürs Budget. Auch bei der Vermittlung von Dramaturgie für den dokumentarischen Film hat sich aus meiner Sicht eine Verbindung von theoretischem Grundwissen, die Übung in der Analyse sowie Diskussionen des Zusammenhangs von Grundwissen und Analyse als hilfreiche Kombination erwiesen.

Für diejenigen, die daran interessiert sind, mehr Dramaturgie und Ästhetik für sich nutzbar zu machen, gibt es sowohl aufbauende Seminarangebote als auch die Möglichkeit einer individuellen Projektberatung und -begleitung im Einzelunterricht. Meine weiterführenden Seminarangebote widmen sich jeweils einem Thema, das dem aktuellen Filmschaffen entspricht. In diesen Seminaren analysieren und diskutieren wir die Filme sequenzweise, manchmal sogar Einstellung für Einstellung. Die Gestaltung der expliziten Dramaturgie wird im Verhältnis zur impliziten diskutiert. Erforscht wird so, wie der Einsatz der filmischen Mittel diese zur Geltung bringt – wir schauen sozusagen in die Box des Magiers. Die Interdisziplinarität eines solchen Seminars ist sehr befruchtend, da jeder der Studierenden aus seiner bzw. ihrer Sicht den Film und seine Mittel befragen und aufschlüsseln konnte. Dies ist eine Form der Übung in dramaturgischem und filmästhetischem Denken. Denn vor allem durch die Übung in der Analyse interessanter Beispiele wird die Erkenntnis verkörperlicht und unterstützt später als verinnerlichtes Wissen oder Intuition die eigene kreative Arbeit. Durch die Verfestigung dramaturgischen Wissens gelingt es dann, spielerisch mit den Modellen umzugehen und dabei stets festen Boden unter den Füßen zu spüren.

Dramaturgie lehren

Die Übung in der filmästhetischen und dramaturgischen Analyse auf der Basis tradierten Wissens befördert die Fähigkeit, Wissen und strukturiertes Denken für die eigene künstlerische Praxis nutzbar zu machen. Nach meiner Erfahrung – sowohl als Filmemacherin als auch als Dozentin – kann man sich heute nur behaupten, wenn man seine künstlerischen Intentionen auch überzeugend argumentieren kann. Die romantisierende Vorstellung vom Künstler, der nur aus seiner Intuition heraus schafft, sehe ich als eine Verkleisterung der Verhältnisse und eine Form von Entmündigung von Kunst und Künstlern. Ja, selbstverständlich ist Film auch Kunst. Wie schon Rudolf Arnheim sagte, ist aber nicht jedes Werk Kunst. Postkarten und formatierte Arbeiten, seien es die Liebesgeschichten der Groschenhefte oder Telenovelas, sind es eher nicht. Jedoch Kinofilme, gut gemachte Serien oder Fernsehspiele sind es oder könnten es sein – doch das gelingt nicht ohne eine gewisse Kenntnis der Traditionen und Konventionen des Mediums, für das man arbeitet. Hinzu müssen Kreativität, Fantasie und die Beherrschung des Handwerks kommen. Natürlich sind Verstand und künstlerische Begabung oder Kreativität keine Gegensatzpaare, sondern sie befruchten sich gegenseitig. Die sich mehr und mehr bietende Gelegenheit, gute Filme mehrfach zu sehen, erfordert heute regelrecht, dass man diese auf intelligente Weise anreichert. Auch wenn es in Deutschland nach wie vor die (schon aus der Theatergeschichte tradierte) Vorstellung gibt, dass Unterhaltung und Intelligenz beziehungsweise ein aufklärendes, bildendes Anliegen nicht in einem Werk vereint werden könnten, so gibt es doch unzählige Gegenbeispiele. Seien wir doch manchmal weniger traditionell deutsch, bitte.

Aber jetzt bin ich vom Pfad abgekommen – oder auch nicht. Film lehren heißt für mich auch, zum Nachdenken anzuregen, kritisch nachfragen zu lehren – gerne auch von mir angebotene Inhalte; vor allem aber Dinge, die als festgeschrieben gelten und denen blind gefolgt wird. Oft werden Thesen, Regeln, Vorstellungen, Schemata und ähnliches als für alle Zeiten gültig postuliert, um Verhältnisse zu festigen, Macht zu sichern und Veränderungen zu erschweren. Doch Begriffe und Definitionen machen nur dann Sinn, wenn diese mit der Praxis, auf die sie verweisen, abgeglichen und entsprechend angepasst fortgeschrieben werden – das haben schon Hegel und Adorno gefordert. Film ist ein wichtiges Mittel, um gesellschaftliche Rollenmuster, Lebensvorstellungen, Träume, Konzepte etc. zu prägen, auch, um ein Nationalgefühl und Traditionen zu bedienen. Wir müssen uns dessen bewusst sein. Durch die gewählte Ästhetik, durch dramaturgische Gewichtungen, durch die Gestaltung der impliziten Ebene können soziale und gesellschaftspolitische Ansichten verstetigt oder hinterfragt werden. Der Opfertod junger Frauen zum Beispiel hat auch eine symbolische Funktion und ist nicht nur die Konsequenz einer singulären Geschichte. Die entscheidende Frage ist daher nicht nur die, ob die Geschichte so erzählt werden muss, dass wieder einmal eine junge Frau zu Tode kommt; sondern ebenso, wenn dem schon so sein muss, wie dieser Tod gefilmt und dargestellt wird.

Doch zurück zu der an mich gerichteten Frage, wie ich Dramaturgie für den Film lehre. Eine weitere Facette meiner Lehre besteht in der Einzelbetreuung von Projekten. So berate ich bei Bedarf Drehbuch- bzw. Filmprojekte von Regiestudierenden. Diese Beratung besteht vor allem in einer kritischen Auseinandersetzung mit der Idee, einem Exposé oder einer ersten Drehbuchfassung. Einige Studierende der höheren Semester ziehen mich gelegentlich erst hinzu, wenn sie mit mir den Rohschnitt diskutieren wollen. Im günstigsten Fall verläuft die Betreuung von

Kerstin Stutterheim

der ersten Idee oder Drehbuchfassung bis zur Fertigstellung des Films. So kann ich eventuell dramaturgische Modelle anbieten und auf beispielhafte Filme hinweisen, wenn mir eine Idee vorgetragen wird. Durch kritisches Nachfragen und die Diskussion der ersten Ideen versuche ich, die Studierenden mit ihrem Vorhaben voranzubringen, Schwachstellen aufzuspüren, genauer zu werden. Gelegentlich empfehle ich konkrete Recherchen, Literaturstudium und auch Überarbeitungen. Abhängig vom jeweiligen Projekt als auch von dem – durchaus auch von Chemie bestimmten – Verhältnis zwischen der Studentin oder dem Studenten und mir, kann sich diese Betreuung intensiver und direkter oder distanzierter gestalten. Diese Art von Projektbetreuung sehe ich auch und vor allem als eine Begleitung in der Übung und Verstetigung des Zusammenspiels von Konzeption und Handwerk, die dem geplanten Film zu einer möglichst adäquaten Erzählweise und Ästhetik verhelfen. Es geht mir darum, den Autorinnen oder Regisseurinnen Mut zu machen, ihre Geschichte so zu erzählen, dass sie ihr Publikum erreicht und dabei die Geschichte bleibt, die sie erzählen wollten.

Darüber hinaus betreue ich regelmäßig künstlerisch-wissenschaftliche Auseinandersetzungen mit Fragestellungen aus den Bereichen Dramaturgie, Drehbuch und Filmästhetik. Dies reicht von Hausarbeiten über Diplom-, Bachelor- und Master-Arbeiten bis hin zu Promotionen. Auch bei dieser Aufgabe gehören fördern und fordern zusammen. Grundsätzlich geht es mir darum – auch und besonders in der theoretischen Reflexion – die Studierenden und Doktorandinnen darin zu bestärken, ihre jeweilige Praxiserfahrung stets zu berücksichtigen. Ich bin davon überzeugt, dass mehr und mehr junge Künstlerinnen im Film durchaus in der Lage sind, eine künstlerisch überzeugenden Praxis mit einer nicht minder überzeugenden wissenschaftlichen Reflexion zu verbinden. Künstlerisch-wissenschaftliche Forschung ist ein Bereich, zu dem ich die junge Generation der Filmemacherinnen ermutigen möchte. International sind auf diesem Gebiet bereits einige interessante Arbeiten entstanden.

Der Diskurs zur künstlerisch-wissenschaftlichen Forschung wird derzeit vorrangig außerhalb Deutschlands geführt, was vielleicht auch dem oben schon erwähnten und immer noch weit verbreiteten romantisierenden Künstlerbild geschuldet ist. Solange man glaubt, dass der beste Künstler oder die beste Künstlerin der- oder diejenige ist, der oder die nur aus sich schöpft, aus seinem bzw. ihrem künstlerischen Elfenbeinturm auf die Welt schaut und diese interpretiert, können künstlerisches Schaffen und eine forschende Auseinandersetzung mit der Welt nicht zusammenfinden. In anderen Regionen der Welt, die in dieser Hinsicht weniger vorbelastet sind, gibt es einerseits einen etwas bodenständigeren Begriff für diese Art der Forschung, nämlich: »practice based research«. Mithilfe dieser künstlerischen bzw. praxisbasierten Forschung wäre es möglich, tradiertes Wissen, das heute vor allem im Arbeitsprozess oder in der an Meister-Schüler-Verhältnisse erinnernden Lehre an Kunst- und Filmhochschulen weitergegeben wird, in die Medien- und Filmwissenschaft und auch in die Kultur der Filmrezeption einzuspeisen. Wäre es nicht wunderbar, wenn in Zukunft in der filmtheoretischen und vor allem journalistischen Auseinandersetzung mit unseren Werken auch der Produktionsprozess, die künstlerischen Leistungen und Fähigkeiten der Kamera-, Sound-, Setdesign- und Montageschaffenden, vielleicht sogar die der Dramaturginnen ebenso berücksichtigt würden wie die der Regisseurinnen? Nicht immer werden die Bilder von der Regie gefunden, denn dafür wählt sich ja der Regisseur/die Regisseurin eine Kameraperson ihres

Dramaturgie lehren

Vertrauens. Nicht selten findet die Montageperson eine verblüffende und gleichermaßen großartige Lösung. Der Prozess des Zusammenwirkens derjenigen, die im Film beteiligt sind, spiegelt sich in der Komplexität der Filmsprache wider. Man könnte sie mithilfe praxisbasierter Forschung auch denjenigen näher bringen, die über keine derartigen Praxiserfahrungen verfügen und somit die Diskussionen über Filmwerke erleichtern, qualifizieren und das »verborgene Wissen«, wie es im angloamerikanischen Raum heißt, in den Diskurs einbringen.

Anmerkungen

1 Um die Lesbarkeit zu verbessern, werde ich im folgenden Text nur die weibliche Form der Berufsbezeichnungen nutzen.
2 www.kerstinstutterheim.de
3 Carrière erzählte davon in seiner Key-Note auf der *Screenwriting Research Network Conference* in Brüssel, 2011.
4 Jean-Claude Carrière / Pascal Bonitzer: *Praxis des Drehbuchschreibens*. Berlin: Alexander 1999, S. 143.
5 Gotthold Ephraim Lessing: *Hamburgische Dramaturgie*. Stuttgart: Reclam 1981.
6 Rolf Rohmer: ›Implizite‹ oder ›versteckte‹ Dramaturgien. Skizzierung eines wandelbaren Phänomens – Hypothesen zu seiner theaterhistorischen und theatertheoretischen Bestimmung. In: Peter Reichel (Hg.): Studien zur Dramaturgie. Kontexte, Implikationen, Berufspraxis. Schriftenreihe Forum modernes Theater 27. Tübingen: Narr 2000, S. 13–24.
7 Die Montage während und nach der Beobachtung, die Montage während und nach der Aufnahme, das Ausgangsmaß und die endgültige Montage. Vgl. Dziga Vertov: Vorläufige Instruktion. In: Hohenberger (Hg.), *Bilder des Wirklichen*. Berlin, 1998. S. 90/91.

Kerstin Stutterheim, geboren 1961, ist Filmemacherin, Medienwissenschaftlerin, Dramaturgin und Professorin. 1985–1990 Studium der Theaterwissenschaft und kulturellen Kommunikation an der Theaterhochschule Leipzig und der Humboldt-Universität Berlin und Dramaturgie-Assistentin am Deutschen Theater Berlin (Mentorin: Ilse Galfert); 1990 Diplom am Institut für Theaterwissenschaft und kulturelle Kommunikation der Humboldt-Universität Berlin zum Thema »Henrik Ibsen und das pièce bien faite«. Dort 1999 Promotion zum Thema »Okkulte Hintergründe in dokumentarischen Filmen des ›Dritten Reiches‹«.

2001–2006 Professorin für Film/Video an der Fakultät Gestaltung der FH Würzburg-Schweinfurt und seit 2006 Professur für AV-Mediendramaturgie und -Ästhetik an der HFF »Konrad Wolf« in Potsdam-Babelsberg.

Filme (Auswahl): DIE WÄSCHEREI (1992); MYTHOS, MACHT UND MÖRDER (1998); FLIEGEN & ENGEL (2009); gemeinsam mit Niels Bolbrinker: ORIGINAL WOLFEN – AUS DER GESCHICHTE EINER FILMFABRIK (1995); DIE THURANOS – JUST A MATTER OF BALANCE (2001); BAUHAUS – MODELL & MYTHOS (1998/2009).

Kerstin Stutterheim (© Niels Bolbrinker)

Andrea Kuhn

Über die Hebammenkunst

Von Andrea Kuhn

»Geschichten muss man erzählen; darum müssen wir Menschen erzählt werden. Wer auf das Erzählen verzichtet, verzichtet auf seine Geschichte.«
(Odo Marquard, *Apologie des Zufälligen*, Stuttgart 2008)

Kürzlich überraschte mich eine Autorin, mit der ich schon einige dramaturgische Gespräche über ihren Filmstoff geführt hatte, mit einer Reflexion über die Art unserer Gespräche. Die Autorin hatte zum ersten Mal ein Drehbuch geschrieben und mit der ersten Einreichung gleich eine Förderung bekommen. Sie war zu Recht stolz auf diese Unterstützung und Anerkennung. Auch ihre Produzentin hatte bereits mit mir gearbeitet, uns zusammengebracht und so für ein gewisses Vertrauen gesorgt. Auf dieser Basis äußerte ich mich mit meinem dramaturgischen Wissen und meiner Erfahrung zum Plot, zu den Figuren, der Handlung, zur Struktur und auch zum Thema.

Ich bemerkte sehr schnell, wie fremd der Autorin dieses Sprechen über ihren Text war. Es war ja auch eine Art Einmischung in ihre Geschichte, die, da der Stoff zudem autobiografische Züge trug, ihr mitunter sogar unheimlich erschien. Ich akzeptierte ihre abwartende Haltung und ihr Zögern. Es waren ihre Erfahrungen und Gefühle, die hinter dem Drehbuch standen und diese galt es zuerst einmal zu formulieren und in einem weiteren Schritt in eine spannende Filmhandlung zu transformieren. In kleinen Schritten näherte ich mich den Konflikten des Stoffs, vor allem, indem ich präzise Fragen stellte und Anmerkungen machte, an denen sie erkannte, wie genau ich ihr Thema erfasste. Allmählich öffnete sich die Autorin und damit unser Gespräch. Die Geschichte fing an sich zu bewegen. Eines Tages begann die Autorin unser Treffen mit dem Wunsch, über diese neue Erfahrung zu sprechen: wie unsere Gespräche plötzlich eine Wirkung gezeigt hätten, meine Fragen, Anmerkungen und Kommentare ihr neue Räume beim Schreiben ermöglichten. Sie schaute nun selbst mit einem frischen, aber eigenen Blick auf ihre Figuren und war frei für Änderungen. Vieles kam in Bewegung.

Die Autorin erzählte einem Freund, der nichts mit Film zu tun hat, von diesem wundersamen Einfluss und den Auswirkungen der dramaturgischen Gespräche auf ihr Schreiben. Diese beratende Person müsse dann wohl eine Mäeutikerin sein, belehrte sie der Freund. Mäeutik ist Hebammenkunst und eine Mäeutikerin – wörtlich übersetzt – nichts anderes als eine Hebamme. Als metaphorischer Begriff hat er eine philosophische Tradition seit Platon und bezeichnet eine spezielle Kunst der Gesprächsführung. Er steht für die – didaktische – Kunst, den Gesprächspartner durch gezielte Fragen so in den Dialog einzubinden, dass er selbst zu Erkenntnissen, zum Wissen kommt. Den

Über die Hebammenkunst

Begriff schreibt Platon Sokrates zu, der ihn wiederum dem Beruf seiner Mutter entlehnt haben soll.

Die Einbindung meiner dramaturgischen Tätigkeit in eine philosophische Tradition gefiel mir. Spiegelte doch einerseits die Rückmeldung der Autorin das Gelingen der Arbeit wider, kündigte ihren Fortschritt in der Entwicklung des Schreibens und damit sozusagen die Geburt des Drehbuchs an. Andererseits bot der Vergleich mit der »Hebammenkunst« auch Anlass, über die Form meiner dramaturgischen Arbeit und deren Vermittlung nachzudenken. Hier war es der Vergleich der Gespräche mit der Hebammentätigkeit als einer besonderen Kunst, der mir sehr einleuchtete. Für mich war dies eine adäquate Bezeichnung für die komplexe, auch schillernde Tätigkeit der Beratungsgespräche, die ich im Laufe der Jahre als Dramaturgin entwickelt hatte, oder besser gesagt, die sich auf ihre Art selbst entwickelt hatten. Die Gespräche beinhalten ja mehr als eine Technik der Gesprächsführung vermitteln kann. Sie erschöpfen sich nicht in der Beherrschung und »richtigen« Anwendung dramaturgischer Regeln auf den jeweiligen Stoff. Sie erfordern geistige Beweglichkeit und Erfindungsreichtum, die glücklicherweise mit jedem neuen Drehbuch, das man hilft mitzuentwickeln, wachsen. Jedes Gespräch verlangt Aufmerksamkeit, die kann man trainieren, nicht aber Neugierde, die man besitzen und sich bewahren muss. Ebenso unverzichtbar ist ein psychologisches Geschick und Gespür, sowohl für den Stoff als auch für den Autor und natürlich für die Beziehung des Autors zu seinem Stoff. Man liest ja nicht nur das, was dort steht, sondern auch das, was ausgespart ist – unbewusst oder bewusst. 20 Jahre Erfahrung helfen, auch mit »schwierigen« Fällen umzugehen. Wichtig finde ich, dass man auf der Grundlage von Respekt für die Schreibarbeit immer auch Abstand bewahrt und Ironie einsetzen kann, nicht nur als dramaturgisches Mittel. Verzweiflung und Frust sind Begleiter des Schreibens; Stolz, Spaß und Lust müssen daher gefördert werden.

Dramaturgische Gespräche brauchen Zeit. Das beginnt mit dem Lesen und Verstehen der Scripte, dem Registrieren der Gefühle. Dann beginnt die Analyse: Wo liegt das Potenzial des Stoffs, was sind seine Stärken und Schwächen? (Dieser Vorgang ist in der einschlägigen Literatur genau beschrieben.) Gut ist, wenn man vor dem Gespräch noch Zeit genug hat, ein wenig mit dem Stoff »zu leben« und ihn dann ein zweites Mal zu lesen. Im Rahmen des Unterrichts ist das häufig nicht der Fall. Die Scripte kommen kurzfristig vor dem Termin. Das ist in der Ausbildung so, damit muss man leben und eben schneller lesen. Im Laufe der Jahre, die ich nun an der Filmakademie unterrichte, hat sich mein »Muskel« für schnelle Auffassung gut trainieren lassen. Übrigens auch der für die gleichzeitige Aufnahme mehrerer Stoffe. Und die Fähigkeit, sie jeweils dann auch abrufen zu können.

Selbst wenn die Analyse gut vorbereitet ist, nehmen die Gespräche manchmal einen eigenen Verlauf, der auch eine unerwartete Bewegung in den Entwicklungsprozess der Stoffe bringen kann. Mitunter werden die Gespräche selbst zum Ereignis. Dann entstehen eine Dichte und eine Intensität des Sprechens, die für die Gesprächspartner höchste Aufmerksamkeit und genaues Zuhören erfordern. Assoziationsschleifen, abenteuerliche Fantasien und gedankliche Ausschweifungen, auf die man nicht vorbereitet war, können zu Tage kommen. Wichtig ist, diese Ausflüge für die Weiterentwicklung des Stoffs zu nutzen und den Autor bei der Umsetzung zu unterstützen. Für die Autoren bedeutet das auch,

169

Andrea Kuhn

das Wesentliche der Gespräche später zu memorieren; selbst herauszufinden und zu erfassen, was er für das Script umsetzen soll. Das ist häufig ein längerer Prozess und der Erfolg/Ertrag dieser Gespräche ist daher nicht immer sofort einzuschätzen und zu bewerten.

Natürlich münden nicht alle dramaturgischen Beratungen in Gespräche dieser Art. Das hängt von vielerlei Prämissen und Kriterien ab. Manche sind persönlicher Art – nicht alle Autoren wollen oder können sich auf diese Gespräche einlassen. Häufig ist es auch eine Frage des Stoffs, des Genres, des Anspruchs des Autors an seine Geschichte. Manchmal stimmt die Chemie einfach nicht, man findet nicht zu einer gemeinsamen Sprache, trifft nicht die Vision des Autors. Die meisten Beratungsgespräche sind selbstverständlich zeitlich begrenzt. Wenn sie aber überraschend die Geschichte zum Tanzen bringen, dann lasse ich sie weiterlaufen. Zu den Themen gehören neben Filmen, Kunst und Politik, Philosophie und Lektüren auch ganz alltägliche Sachen. Sehr persönliche Dinge, Erfahrungen, Erlebnisse, Gefühle können dazugehören, wenn sie vom Gesprächspartner selbst eingebracht werden. Dramaturgische Pflicht ist es, das Muster einer Geschichte zu erkennen und ihr zum überzeugenden Ausdruck zu verhelfen. Die Kür des Dramaturgen besteht darin, dass der Autor Figuren und ihre Geschichten an ihre Grenzen führt. Und ihnen eine Unverwechselbarkeit gibt, in der sich der Autor auf seine – und sei es verborgene – Art spiegeln kann.

In der gegenwärtigen stark verkürzten Ausbildung spielen diese Gespräche eine wichtige Rolle, weil deren Inhalte den Unterricht beeinflussen. Der Druck auf die Studenten ist groß und wächst. Vom Nachwuchs verlangt die Filmbranche außer der üblichen Kreativität und Flexibilität auch Kompetenz für innovative Formate. Die Ausbildung muss ihnen Selbstbewusstsein und Kraft für diese Herausforderungen vermitteln und ihnen die Zeit lassen herauszufinden, wo ihre spezifischen Begabungen liegen. Im diesjährigen Aufnahmecolloquium beklagten viele Bewerber die fehlende Gesprächsbereitschaft der Generation ihrer Eltern und Erzieher. Es wird immer weniger gesprochen. Über Konflikte schon gar nicht, da werden materielle Lösungen angeboten. Umso wichtiger ist es im Studium, Raum für Gespräche zu schaffen, Neugierde und Respekt für die Belange der Studenten, Zuwendung und Kritik für ihre Arbeiten. Das sind meine Prämissen für den Unterricht an einer Filmhochschule.

Seit gut zehn Jahren unterrichte ich an der Filmakademie Baden-Württemberg. Als ich anfing, musste ich die fast institutionalisierte Front zwischen Regie und Drehbuchstudenten mit der gemeinsamen Entwicklung ihrer Drehbücher aufbrechen, Teamarbeit üben zwischen den Regiestudenten, die sich als die eigentlichen Macher fühlten, und den Drehbuchstudenten, die sich in der Rolle der »Schreibsklaven« gefielen. Die gemeinsame Buchentwicklung und Betreuung ist heute etabliert, die Rolle der Drehbuchstudenten gestärkt. Damals warnte mich ein Kollege aus der Regieabteilung, man könne als Dramaturgin nicht lange arbeiten, ohne frustriert oder zynisch zu werden. Weil man zu viele Ideen verschenke, werde man bald unbedingt selber schreiben wollen. Das ist bei mir nicht eingetroffen. Ich bin damit zufrieden, Geschichten auf die Welt zu helfen. Mein Ehrgeiz besteht darin, dass sie gut, besser werden, spannend und überraschend, dass sie den Autoren gelingen. Ich muss sie nicht selbst schreiben und mag während der Entwicklung einer Geschichte dieses gemeinsame Ringen mit den Autoren. Diese Überzeugung entstand aus meiner eigenen Geschichte

Über die Hebammenkunst

und meinen beruflichen Erfahrungen, die mich eher zufällig, aber unweigerlich zum Film führten.

Ich hatte von 1984 bis 1989 eine befristete Stelle als Dozentin für Germanistik an der Freien Universität Berlin. Ich unterrichtete gern, auch wenn mitunter 80 und mehr Studenten an meinen Seminaren teilnahmen. Es war erstaunlich, wie groß ihre Lust war, sich mit Texten zu beschäftigen. Ich setzte mich zunehmend labyrinthisch mit dem Werk von Ingeborg Bachmann auseinander. Und dachte an eine Verfilmung ihres Romanfragments *Der Fall Franza*, für den ich bereits in Ägypten recherchiert hatte. Im Januar 1989 im Theater Fenice in Venedig traf ich bei einem Liederabend einen englischen Regisseur und Produzenten. Aus einem Gespräch über die Liedtexte entwickelte sich eine gemeinsame Filmidee: ein Mauermelodram. Aus beiden Projekten wurde nichts. Die Rechte für den Bachmann-Stoff waren unbezahlbar und das englisch inspirierte Mauerdrama zerfiel mit dem Fall der Mauer. Aber meine Verbindungen zum Film hielten.

Anfang 1990 bekam ich das Angebot, dem legendären Regisseur Chris Marker (er ist im Juli 2012 gestorben) bei einer Dokumentation über die ersten freien Wahlen in der DDR im März in Ost-Berlin zu assistieren. Sein Film SANS SOLEIL (1983) war eine Offenbarung. Chris Marker beim Drehen zu erleben, war für mich eine Offenbarung. Seine unbeugsame Haltung teilte sich sofort mit. Zwei Jahrzehnte hatte er die DDR nicht besucht, und nun drehte er als erstes die Elefanten im westlichen Zoo und im östlichen Tierpark. Nach der Erfahrung mit diesem Regisseur suchte

Andrea Kuhn (© Privat)

Andrea Kuhn

ich mir entschlossen eine Tätigkeit beim Film. Und was lag für eine Literaturwissenschaftlerin näher, als sich für Dramaturgie zu entscheiden, also für die Kunst des Geschichtenerzählens?

»Weil die Menschen zu Geschichten erst dann werden, wenn ihnen etwas dazwischen kommt (...) sind wir stets mehr unsere Zufälle als unsere Leistungen (...) Es sind die Kontingenzen, die Zufälle, die sie zu Geschichten machen. Erst wenn einem geregelten Ablauf oder einer geplanten Handlung ein unvorhergesehenes Widerfahrnis widerfährt, müssen sie – die Geschichten – erzählt werden; denn in der Regel weiß man erst hinterher, ob es eine Geschichte ist. Wir Menschen sind unsere Geschichten.« (Odo Marquard)

Andrea Kuhn, Studium der Germanistik, Soziologie und Philosophie in Frankfurt/Main und Berlin (1968–1974, M.A.). Tätigkeit als Lektorin, Autorin und Herausgeberin. Dozentin mit Schwerpunkt »weibliche« Ästhetik, Medien und Sozialisation und von 1984 bis 1989 Wissenschaftliche Mitarbeiterin an der Freien Universität Berlin (1984–1989). Beginn der Filmtätigkeit mit Assistenz bei Chris Marker für BERLINER BALLADE (1990), Dramaturgie für die von Vietinghoff Filmproduktion (1990–1996), u.a. für Filme von Heiner Carow, Reinhard Münster und für Andreas Kleinert.

Seit 1996 freie dramaturgische Beraterin für Kino- und Fernsehfilme, u.a. für Moovie – the art of entertainment, Berlin; Wüste Film, Hamburg; Reverse Angel Factory, Hamburg und Berlin; Noirfilm, Karlsruhe; teamWorx, Berlin. Dramaturgische Beratung für das NIPKOW Programm Berlin und den BKM. Seit 2001 Gastdozentin für Drehbuch/Dramaturgie an der Filmakademie Baden-Württemberg.

Sagen, was man denkt – Tun, was man sagt – Sein, was man tut

Von Sibylle Kurz

Meine berufliche Laufbahn im Bereich Medien, Kunst und Kultur begann nach dem Abitur in Frankfurt 1977 in einer Schallplatten-Vertriebsfirma und Konzertagentur. Dort lernte ich die praktischen und wirtschaftlichen Bedingungen kennen, die im Vertrieb von kreativen Produkten maßgeblich sind. Speziell die Management-Arbeit mit den unter Vertrag stehenden Künstlern und die Organisation von Tourneen haben mein Gefühl für die Arbeit mit Kreativschaffenden sensibilisiert und geschärft. Ich hatte schon immer ein Faible für die Gedanken der Kreativen, die wachsam, sinnlich, zuweilen provokativ und unorthodox auf das schauen, was sich in der Welt abspielt und wie Menschen miteinander umgehen. Mich fasziniert an meiner Arbeit sie zu begleiten, wenn sie das Erspürte auf ihre individuelle künstlerische Art umsetzen. Musik, Songtexte, Installationen, Bilder, Skulpturen, Bauwerke drücken es aus, ebenso, und darum dreht sich primär meine Arbeit, das bewegte Bild in allen seinen Formen, Formaten, Genres und Spielarten.

Mein Weg führte mich schnell weiter von Musik »live on stage« und auf Vinyl zur Musik auf Video, ein Übergangsmedium, das mich schließlich zum Film brachte. Nie selbst als Kreative, aber immer in der Position, das, was andere geschaffen hatten, in die Welt zu bringen und zu begleiten. Meine Arbeit bestand darin, das fertige »Produkt« dem Publikum zugänglich zu machen, das der Filmemacher seinerzeit bei Konzeption und Ideenentwicklung (hoffentlich) bereits anvisiert hatte. Die Filmvertriebs-Firma befasste sich anfangs primär mit dem Einkauf und Vertrieb von internationalen Filmrechten für Kino, Video und Fernsehen. Als Assistenz der Geschäftsführung spielte sich mein Leben fortan auf internationalen Filmfestivals und Märkten mit dem Schwerpunkt Akquise und Projekt-Evaluation ab. Aufgrund der enorm expandierenden und sich stetig verändernden Marktsituation Mitte der 80er-Jahre wurde bald darauf eine neue Funktion in das Unternehmen integriert: eine Ko-Finanzierungs- und Ko-Produktionsabteilung. Ich wurde zum ersten Mal in der Position einer »Entscheiderin« mit dem Pitchen konfrontiert, sprich: Ich wurde »bepitcht«!

Pionierarbeit hat mich schon immer interessiert. Ich wollte wissen, und will dies nach wie vor, was sich hinter dem Heute verbirgt, welche Strömungen uns in welche Richtungen bewegen und was sich zum Besseren verändern lässt. Es hilft uns, miteinander und voneinander zu lernen und aneinander zu wachsen. Kreativität, Kunst und Kultur sind dafür die wichtigsten Lehrmeister. Kein Wunder, dass ich dann bald wieder zu neuen Ufern aufbrach. Ich näherte mich, noch vollkommen unwissend, meiner späteren Berufung, dem Pitching-Training und der Arbeit mit jungen Kreativschaffenden.

Sibylle Kurz

Ich hatte 1987 parallel zu meiner beruflichen Tätigkeit in München ein Studium der Kommunikations- und Medienwissenschaften, der Psychologie sowie der Soziologie und interessehalber »ein bisschen Schnupper«-Philosophie begonnen. Im Anschluss daran absolvierte ich eine berufliche Zusatzausbildung als Kommunikations- und Verhaltenstrainerin mit dem Schwerpunkt der lösungsorientierten Zielarbeit im beruflichen wie privaten Umfeld. Nun hatte ich viel Wissen und Erfahrungen in offensichtlich sehr unterschiedlichen Bereichen gesammelt: Musikvertrieb, Konzertagentur, Künstlermanagement, Filmmarketing, Akquise und Vertrieb von Filmrechten, das breite Spektrum der Kommunikationswissenschaften, die Psychologie – und alles hatte einen inneren Zusammenhang, denn ich verstand, wie schwierig es ist, seine persönlichsten kreativen Ideen und Visionen zu kommunizieren, sie gar zu »verkaufen«. Aber geht es nicht gerade darum, dass die kreative Idee nicht nur dem Kreateur zusagt, sondern einem Publikum zugänglich gemacht werden muss?

1995 stand mein Entschluss fest: Ich gründete mein eigenes Unternehmen Pitching & Communication Skills und nutzte fortan all das Kumulierte in einer neuen beruflichen Tätigkeit als hauptberufliche Pitching-Expertin. Damit erschloss ich eine völlig neue, zu Beginn fast exotisch anmutende Nische in der Medienindustrie. Ich bin sehr stolz, dass ich diese doch recht einfältige hauptberufliche Spezialisierung auf »Die Kunst des Pitchings« immer noch exklusiv im europäischen Raum besetze, voller Freude an dieser wunderbaren Arbeit. Die vorangegangenen 18 Jahre Berufspraxis in der Medienbranche sowie die Arbeit mit Kreativschaffenden und Künstlern und deren Visionen führten somit zu einem ganz neuen Berufsbild. Das war seinerzeit ein wirklich wagemutiger Sprung in das große Unbekannte. Im klassischen Sinne gab es keine Erfahrungswerte oder Referenzen. Ich musste das umsetzen, an das ich glaubte. Ich kann nur jedem raten, mutig seine eigenen Visionen und Ideen in die Welt zu setzen. Nicht das Wiederholen von Bekanntem ist die Aufgabe des Kreativen, sondern das Aufzeigen von Neuem, das Provozieren und Verführen, sich seinen Visionen, Träumen, manchmal auch Utopien zu stellen, dafür mit Leidenschaft und Klarheit einzutreten.

Diese tief verinnerlichten Erfahrungen und das durch die Ausbildung systematisierte Wissen um zwischenmenschliche Kommunikations- und Wahrnehmungsprozesse, gekoppelt mit der praktischen Arbeit in der Industrie ermöglichte mir nun eine intensive Basis für meine Arbeit als Pitching-Expertin, Kommunikations-Trainerin und Personal Coach. Gerade die Arbeit am Projekt-Development wird durch das konstruktive Feedback, das sich immer wieder an die Pitching-Übungen anschließt, unterstützt. Es hilft den Teilnehmern und Studenten der vielen nationalen und internationalen Workshops, Schulungsprogramme und Gastdozenten-Stellen an den unterschiedlichen Hochschulen, schnell und gezielt Klarheit zu gewinnen und das Entwicklungspotenzial in ihren Projekten wie auch in sich selbst zu entdecken. Dies einerseits bezogen auf die inhaltlich-dramaturgischen sowie strukturellen, formalen Komponenten ihrer Projekte. Andererseits sind die Übungen hilfreich, wenn sie ihre persönlichen Stärken und Schwächen in der verbalen und non-verbalen Kommunikation bei den Präsentationen analysieren und verbessern wollen. Wenn man sich einer Definition des Wortes Pitching annähern möchte, muss man zuerst einmal das Pitchen als einen lebenden Organismus begreifen, als einen sich permanent wandelnden Entwicklungsprozess von Projekt und Person. Seine Projekte zu pitchen bedeutet lediglich einen

Sagen, was man denkt – Tun, was man sagt – Sein, was man tut

professionellen, strukturierten Austausch von Projekt- und Personendaten zwischen Profis, die das gleiche Ziel verfolgen: Gute Projekte zu realisieren, die einen selbst und sein Publikum »bewegen« müssen, die den kreativen Ausdruck ermöglichen, die »Kultur machen« und die Position, die Karriere unterstützen. Pitchen impliziert auch, und das ist enorm wichtig, die Entwicklung von Netzwerken zwischen den Kreativschaffenden. In diesen Kooperationen auf regionaler, nationaler wie internationaler Ebene liegt die Zukunft. Am allerwichtigsten aber ist: Pitching muss Spaß machen und Freude an der Entwicklung der Projekte und seiner selbst hervorbringen. Das ist mein Anliegen in der Vermittlung von »The Art Of Pitching«. Umso mehr freute mich das Feedback von Florian Cossen, ehemaliger Regiestudent an der Filmakademie Baden-Württemberg, auf unsere gemeinsame Arbeit an seinem erfolgreichen und wunderbaren Diplomfilm DAS LIED IN MIR. Hier ein Auszug:

> »Ich bin nach DAS LIED IN MIR mal gefragt worden, was das wichtigste sei, was ich in den Jahren an der Filmakademie gelernt hätte. Pitchen. Das Pitchen einer Idee. Aber auch das Pitchen der Träume, der Zweifel, der Ängste, der Vision. Mut pitchen geht natürlich auch. All das hat natürlich viel mit Dir und der Zeit, die ich bei Dir lernen durfte, zu tun. Ganz viel davon hat mir viel Kraft und Mut gemacht, um meinen Film so zu machen, wie ich das Gefühl hatte, ihn machen zu wollen.«

Seit 1995 leite ich nunmehr vorrangig internationale Pitching-Trainings, Workshops und Seminare, hauptsächlich für Autoren, Regisseure und Produzenten im fiktionalen wie non-fiktionalen Bereich (Spiel, Dokumentar- und Animationsfilm). Ich arbeite aber auch für weitere Berufszweige in der Medienbranche, u.a. für Kostüm- und Szenenbildner, Filmmusiker und Komponisten, also alles Persönlichkeiten, die sich und ihre kreativen Fähigkeiten nach außen darstellen müssen. Ein weiteres Arbeitsfeld sind Buchverlage, für die ich seit 2004 im deutschsprachigen Raum Inhouse-Pitching-Seminare halte. Eine neue, hochspannende Herausforderung sind die Neuen Medien, in denen es die 360°- und Crossplatform-Development und Vermarktungs-Strategien fokussiert und priorisiert zu pitchen gilt – auch hier wieder mit meinem Schwerpunkt Pitchen in Ideengenerierungsphasen, während Projekt-Developments und konkreter Umsetzung. Zusammengefasst: Kunst und Kultur in all ihren Spielarten und Ausdrucksformen. Mit der Weiterentwicklung von Vermarktungs- und Vertriebsformen im digitalen Bereich wird sich hoffentlich auch der Zugang für die unterschiedlichsten Nischen-Gruppen beim Publikum verbessern. Damit erhöhen sich auch die Chancen für nicht nur unter kommerziellen und marktgängigen Aspekten (um nicht zu sagen: kleinstem gemeinsamem Nenner-Niveau) erstellte Projekte.

Noch nicht erwähnt ist meine leidenschaftliche Arbeit als Personal Coach: therapeutisches Coaching im persönlichen Verhaltens- und Kommunikationsfeld. Meine Klientel reicht von Studierenden mit aktuellen, auf das Studium bezogenen Themen, aber auch persönlichen Belangen, bis hin zu Führungspersonen in privatwirtschaftlichen Unternehmen. An der Filmakademie Baden-Württemberg konnte sich zu meiner Pitching-Arbeit ein Coaching-Konzept mit regelmäßigen »Sprechstunden für studentische Anliegen« im Studienplan etablieren, das jetzt auch schon ins fünfte Jahr geht.

Hierbei ist mir folgender Aspekt sehr wichtig: Filmschaffende, egal aus welchem Gewerk, sind einem permanenten Wettlauf

Sibylle Kurz

mit der Zeit ausgesetzt. Minutiöse Drehpläne, Einreich- und Abgabetermine bei Förderungen, Redaktionen, limitierte Studio- und Schnittplatz-Kapazitäten, Verfügbarkeiten von Cast und Team ... überall tickt die Uhr der kollektiven Zeitorganisation, die besonders für die Filmteams von großer Wichtigkeit ist. Demgegenüber steht die Notwendigkeit, freie Zeit zu haben. Kreativschaffende brauchen unbedingt eine die Kreativität fördernde Zeit der Muße sowie Raum, um Neues zu kreieren. Kreativität ist erst dann möglich, wenn der Kopf befreit und leer von den Alltäglichkeiten ist. Dafür müssen Phasen eingeplant sein, die frei von organisatorischen Kleinteiligkeiten sind.

Wie bringt man nun als Kreativer diese beiden gegensätzlichen Parameter »kreative Zeit und künstliche, fremdbestimmte Zeit« zusammen, um »kreative Produkte« zu erschaffen? Man muss sich einen Raum schaffen, in dem man sozusagen außerhalb der gesellschaftlich vereinbarten Zeit lebt, aber zugleich in den Raum der persönlichen, ganz individuell getakteten Zeit eintaucht. Diese Phase beinhaltet andererseits aber auch, sich mit den Phänomenen der Jetzt-Zeit zu befassen. Das bedeutet, gesellschaftliche Bewegungen und persönliche Emotionen zu erspüren, Menschliches sensibel aufzugreifen. Nur so lässt sich der Stoff, aus dem die Träume sind, weben. Künstlerisch arbeitende Menschen sind sehr »spürig« für die subtilen Trends in unserer Gesellschaft und können dadurch mit ihren Arbeiten Aufmerksamkeiten, emotionale Effekte, neue Gedanken und Reflexionen beim Publikum initiieren. Um diese zeitlichen Parallelwelten konstruktiv und inspiriert zu bereisen, braucht es ein entsprechendes Bewusstsein, Übung und die Bereitschaft, sich von bisherigen Mustern, die sich vielleicht nicht so bewähren, zu lösen. Gelingt dies, bezeichne ich es als »Zeitwohlstand«.

Aus diesen Überlegungen ist die Idee entstanden, ein Individual-Coaching-Segment an der Filmakademie Baden-Württemberg anzubieten, das den Titel trägt »Vom Umgang mit der knappen (?) Zeit – Vom Zeitmangel zum Zeitwohlstand«. Hier reflektiere ich mit den Studierenden ihre ganz persönliche Zeitorganisation, analysiere ihre Zeitdiebe, die nicht nur ihre Kreativität stören oder stehlen, sondern sie oftmals auch ihrer Motivation berauben. Daraus entspringen erquickliche Erkenntnisse: alte Muster und Glaubenssätze aus psychologischer Sicht werden deutlich und auf ihre Gültigkeit im jetzigen Leben der Studierenden hinterfragt. Im nächsten Schritt werden neue, qualitativ sinnvollere persönliche Strategien in den Alltag des Studiums, aber auch ins Privatleben implementiert. Alles dient dazu, diesen wunderbaren Beruf und das Handwerk zu erlernen, um sich später professionell kreativ so auszudrücken, damit die Absolventen stolz auf ihre kreativen, visionären, intellektuellen und emotionalen Fußabdrücke sein können. Es bedeutet vor allem, den Schritt in die Freiheit zu wagen, gedanklich und individuell kreativ. Nicht nur für die Studierenden, sondern auch für mich. Lehre macht unglaublich viel Spaß!

Ebenso spannend ist eine weitere Pionierarbeit, die wir drei Dozentinnen, Angelika Niermann, Andrea Kuhn und ich, an der Filmakademie Baden-Württemberg seit 2010 zusammen mit den Studierenden des ersten und zweiten Studienjahrs jährlich zu Beginn des Herbst-/Wintersemesters durchführen (siehe Beitrag »Ein Teil von uns« in diesem Buch). Dabei geht es darum, mithilfe von kleinen persönlichen künstlerischen Arbeiten – keine Filme wohlgemerkt – zu reflektieren, was jeder Studierende in seinem Rucksack der persönlichen Werte, Hoffnungen, Wünsche, Ängste und Nöte in das Studium mitbringt. Durch die Zusammenführung der ersten beiden Jahrgänge wird den »Neuen« bewusst, dass

Sagen, was man denkt – Tun, was man sagt – Sein, was man tut

das alles normal ist, was sie mitbringen, dass es allen anderen genauso geht und sie ähnliche Gefühle und Befindlichkeiten teilen. So wird von Anfang an gefördert, Film als Teamprozess und gemeinsame künstlerische Gestaltungsform zu begreifen. Jeder in diesem künstlerisch-kreativen Einführungs-Workshop sieht, spürt, nimmt mit allen Sinnen wahr, welche Talente bei seinen Kommilitonen vorhanden sind und ins Leben möchten.

Sibylle Kurz (© Privat)

Mein Herz schlägt also nach wie vor – wie schon zu Beginn meiner beruflichen Laufbahn vor 33 Jahren – für alles Spannende, Innovative und Neue, das rundum aus den Bereichen Kunst, Kultur und Medien entspringt und sein Publikum treffen und berühren will. Und ich werde weiter meine Energie solange in die Menschen und ihre Kreativität stecken und sie bei der Erarbeitung mit Verve unterstützen, bis die Projekte schaubare, fassbare, sinnlich-erfahrbare, spielbare und erlebnisfähige Realität sind. Mein Credo lautete deshalb auch dank dieser komprimierten Berufserfahrung: »Sagen, was man denkt – Tun, was man sagt – Sein, was man tut.«

Sibylle Kurz, Jahrgang 1958, arbeitet seit 1994 als freiberufliche Kommunikationstrainerin und -coach im Medienbereich für Produktionsfirmen, Produzenten und Autoren ebenso für bekannte Buchverlage. Sie lehrt an namhaften in- und ausländischen Universitäten, Filmschulen und -akademien »Die Kunst des Pitchings – Professionelle Projektpräsentation für Medienschaffende«. Ihre intensiven Workshops helfen den Teilnehmern, ihre Projekte marktgerecht aufzubereiten und fokussiert zu präsentieren.

Publikationen: *Low-Budget-Filme* (gemeinsam mit Esther van Messel und Björn Koll), Konstanz, 2006; *Pitch it!*, Konstanz, 2008.

Angelika Niermann

Working Together: Einzel- und Teamcoaching

Von Angelika Niermann

»Krise kann ein produktiver Zustand sein. Man muss ihr nur den Beigeschmack der Katastrophe nehmen.« (Max Frisch)

Junge Filmschaffende haben zu Beginn ihres Studiums eines ganz sicher: das durchdringende Gefühl, das »große Los« gezogen zu haben. Sie treten mit ihrer spezifischen Begabung an, mit Visionen und Tatkraft. Um dies während des mit vielschichtigen Anforderungen bestückten Studienalltags zu erhalten, bietet die Filmakademie Baden-Württemberg Seminare und Beratung. Mein Angebot gilt dabei dem Erkennen und Bewältigen von Hindernissen und Krisen im persönlichen Erleben und/oder in der Zusammenarbeit von Projektteams.

Rückblende ...

Zu recherchieren begann ich gegen Ende der 90er-Jahre. Nach 15 Jahren therapeutischer Tätigkeit (in eigener Beratungspraxis und als Ausbilderin für Paar- und Familientherapeuten) wünschte ich mir, in einem neuen Bereich Fuß zu fassen. Mein Hang zur bildenden und darstellenden Kunst und ein Freundeskreis mit Schauspielern, Regisseuren und Autoren legten nahe, in diesem Umfeld zu beginnen. Dass es in der künstlerischen Arbeit reichlich Hindernisse und auch Krisen gab, hatte ich oft hautnah miterlebt. Doch würden Künstler sich für Beratung öffnen? Käme die Annahme eines solchen Angebots nicht einem künstlerischen Armutszeugnis gleich? Ich begann auf Partys, Premierenfeiern, Lesungen und abends am Küchentisch mit meinen »Erkundigungen«: »Was denkst Du Dir, wir leben von Krisen und Konflikten. Das ist der Quell unserer Inspiration.« (Regisseur); »Wann kannst Du anfangen? Und unbedingt auch am Set, dann hätte ich endlich Zeit meine Arbeit in Ruhe zu machen.« (Szenenbildnerin); »In meinem jetzigen Projekt könnte ich es gut gebrauchen. Bei den Schauspielern entwickelt sich gerade eine Dynamik, die ich, unter uns gesagt, nur schwer steuern kann.« (Regisseur)

Das Unterfangen schien nicht aussichtslos. Mit der Zeit hatte ich offenbar eine so gute Resonanz erhalten, dass ich 2001 durch eine zufällige Begegnung mit Lutz Konermann[1], den ich am Ende seines Studiums an der HFF München kennengelernt hatte, zu meinem ersten Seminar an die Filmakademie Baden-Württemberg eingeladen wurde. Ich begann dort mit »Drehbuchaufstellungen« im szenischen Film. (Ein Angebot, das dort bis zum heutigen Tage besteht.) Gespräche mit Studierenden, die ich am Rande dieser Veranstaltungen führte, legten nahe, auch diese Gruppe zu befragen: »Klar, wir brauchen das unbedingt. Wenn Du einen Platz hättest, an dem man ungesehen hinein- und wieder herauskommen könnte, hättest Du die Bude voll.« (Produktionsstudent)

Meine therapeutische Arbeit war, wie gewünscht, inzwischen in den Hintergrund getreten und ich war hauptsächlich als Supervisorin für Teams im Sozialwesen und als Trainerin für zwei Unternehmensberatungen tätig. Mein Fokus lag somit deutlich auf der Zusammenarbeit in Teams, dem konstruktiven Umgang mit Konflikten und dem Coaching von Führungskräften. An der Filmakademie hatte ich inzwischen Einblick in die Alltagswelt der Studierenden bekommen und so bot ich ein Seminarkonzept an, das meine bisherigen Erfahrungen mit den Anforderungen an die Zusammenarbeit mit Studenten verband. Im Studienjahr 2006 ermöglichte mir Prof. Arthur Hofer, der damalige Direktor der Filmakademie, den ersten Workshop »Working together« in Ludwigsburg, und schon im nächsten Jahr entschieden wir, einen Beratungstag an das Seminar anzuhängen, denn der Bedarf nach Vier-Augen-Gesprächen lag auf der Hand. Prof. Thomas Schadt ist es nun zu verdanken, dass sich das Angebot seit dem Studienjahr 2009/2010 konsolidiert und erweitert hat. Erfreulicherweise scheint es für die Studierenden keinen Imageverlust zu bedeuten, nach getaner Arbeit einander die Klinke in die Hand zu geben.

Das derzeitige Angebot

1. »Working Together« – Das Seminar

Das zweitägige Seminar mit dem Titel »Working together« findet einmal im Jahr als Wahlfach für alle Studierenden (Begrenzung auf zwölf Teilnehmer) und ein weiteres Mal für die Studierenden im zweiten Jahr (DiT) statt. Ein Tag für optionale Einzelgespräche schließt sich jeweils an. Das Seminar bemüht sich um Antworten auf die Fragen:

- Mit welchen Wertevorstellungen trete ich an und welche Wirkung hat dies auf meine Arbeit und die Kooperation mit Kolleg(inn)en?
- Nach welchen Kriterien wähle ich ein Team aus?
- Wie kann ich zu konstruktiver Zusammenarbeit beitragen?
- Was ist mein Stressmuster und wie kann ich sinnvoll damit umgehen?
- Wie kann ich Dynamiken im Team erkennen und beeinflussen?
- Wie kann ich Signale für einen sich anbahnenden Konflikt erkennen und Eskalationen, wenn gewünscht, abfangen?
- Wie kann ich die Motivation im Team fördern und was macht sie zunichte?
- Über welche »Selbstsabotage-Techniken« verfüge ich? Was ist ihr geheimer Nutzen?
- Was tue ich, wenn … (Q+A)

2. Beratung für einzelne Studierende und Projektteams

Die Studierenden aller Fachbereiche haben die Möglichkeit, sich für Einzel- oder Teamgespräche bei mir einzubuchen. Der Fokus meiner Beratung liegt hier auf dem Erkennen und mitunter auch Bergen der Ressourcen des Einzelnen, der Analyse von Prozessen und dem Erarbeiten von möglichen Lösungswegen.

Themen für die Einzelberatung:
- Einbrüche der eigenen Motivation
- Positionierung im Team
- Umgang mit Konflikten
- Persönliche Krisen

Themen für die Teamberatung:
- Erstes Set-up für die Zusammenarbeit bei Projekten
- aktuelle Konflikte in der Zusammenarbeit
- Reflexion der Zusammenarbeit nach oder während der Postproduktion

Nach dabei angewandten Methoden meiner Arbeit gefragt und auf dem Hintergrund der jahrelangen Erfahrungen mit probaten Beratungstechniken fällt die Antwort eher schlicht

Angelika Niermann

aus: zuhören, verstehen lernen, entschleunigen, Platz schaffen für die Möglichkeit neuer Erfahrungen und Verhaltensweisen. Somit ist hier ein durchweg ziel- und ressourcenorientierter Ansatz formuliert. Das inhaltliche Spektrum dieser Arbeit ist, wie unschwer zu erkennen ist, weit gefächert. Sie beruht auf entgegengebrachtem Vertrauen und auf einem Rahmen, der einen gewissen »Schutz« bietet. Allen Studierenden, die dieses Angebot wahrnehmen, ist eines gemein: Sie haben den Mut zu zeigen, wie sie sich erleben und ringen dabei aufrichtig um Wege für die eigene Entwicklung und eine konstruktive Zusammenarbeit. Für mich wäre ohne die Einbindung in den Kreis der Kolleg(inn)en und vor allem ohne den regelmäßigen Austausch mit Thomas Schadt diese Arbeit nicht zu leisten.

Eine abschließende Bemerkung erscheint mir wichtig und angebracht: Die Welt, in der sich die heute Studierenden schon von Kindesbeinen an zurechtfinden und ihr Glück machen müssen, ist nicht immer selbsterklärend und leicht zu begreifen. In einer Gesellschaft, die dem Bild der Perfektion huldigt, können persönliche Krisen nur schwerlich als notwendige Entwicklungsschritte gedeutet und entsprechend in das eigene Leben integriert werden. Als naheliegend und nützlich erweist sich dann die Verdrängung. Deren Preis allerdings, damit auch einen Teil von sich selbst zurückgelassen zu haben, wirft zeitversetzt einen Schatten, dessen Wirkung zwar deutlich erlebt, aber nicht leicht zugeordnet oder verstanden werden kann.

Statements aus der Erfahrungswelt der Studierenden

»Und mitten in dem Strudel aus Arbeit, Leidenschaft, Angst, Erfolgsdruck, Selbstzweifeln und Ego, der die meisten von uns immer wieder zu verschlingen droht, ist da dann plötzlich ein echter Mensch mit Herz und Seele, der zuhört und Verständnis hat für die großen und kleinen Sorgen. Dann wird man selber auch wieder zum Menschen, der sich erlaubt, auch mal Angst zu haben und mit gesunder Erdung weitergehen kann.« Nora Fingscheidt, Regisseurin

»Die Einzel- oder Gruppengespräche dienen vor allem der Stärkung der Teamfähigkeit. Hierbei geht es vorrangig um die Reflexion der eigenen Arbeitsweise, sozusagen als Spiegelung der persönlichen Kommunikations- und Handlungsweisen.« Verena Jahnke, Regisseurin

»Der ›ambitionierte‹ Regiestudent hat den Kopf immer voller Ideen, Dutzende Pitchlines, Exposés, Besetzungsvorschläge und Budgets. Was könnte der nächste Erfolg werden? Vielleicht sollte man auch einfach mal über den konkreten Inhalt nachdenken? Ohne Spiegel und Ordnungssystem ist man da schnell mal verloren im Sog seiner sich ständig kreisenden Gedanken. Nach einer Stunde Beratung kann man wieder Luft holen und sich auf das Wesentliche konzentrieren – nur einen Film nach dem anderen machen, die Beziehungen im Team pflegen und neben all dem ›wichtigen‹ Filmstress noch ein Privatleben leben.« Christian Werner, Regisseur

»Als ich noch ganz frisch in Ludwigsburg und alles schnell, aufregend und wichtig, eben neu war, kam es mir seltsam vor, dass uns zwei Frauen vorgestellt wurden, die hier ausschließlich im Bereich der Konfliktbewältigung arbeiten. Persönliches Zeitmanagement, Individual-Coaching und Gruppenprozesse ... Aha. Was ist das für ein Hippie-Kuschel-Verein? Doch inzwischen weiß ich, dass ich naiv war und mich damals ein bisschen zu unverwundbar gefühlt habe. Denn Filmemachen bedeutet für jeden, den ich kenne, neben aller kreativer Freude, Selbstverwirk-

Working Together: Einzel- und Teamcoaching

lichung, Teamgeist und einer Menge Spaß, immer auch Druck, enorme Selbstzweifel, viele Ängste und unvermeidbares Scheitern. Die Filmhochschule ist ein Hochdruckkessel, in dem viele starke Persönlichkeiten (nicht nur Studenten) auf engstem Raum aneinandergepresst werden. Sie reiben sich, reagieren miteinander, vergleichen und entwickeln, verbinden sich und stoßen sich ab. Diese Emotion und stetige Bewegung fördert sicherlich großartige Filme, bildet gleichzeitig aber auch einen Sog, einen Energie-Strudel, dem man sich nur schwer entziehen und in dem man leicht verloren gehen kann. (...) Es ist wichtig, dass ich weiß, wohin ich gehen kann, wenn die Probleme zu groß scheinen, wenn die vielen Fragen mich nicht schlafen lassen und ich mich in ewigen Gedankenkreisen verheddere. Es ist wertvoll, dass es bei uns diese kompetenten Berater gibt, die mich von außen betrachten, die Dinge strukturieren und somit objektivieren können. Sie können mir sagen, dass ich nicht der einzige bin, der solche Sorgen hat. Es ist kein Problem Probleme zu haben. Man hat bei den Beratungsgesprächen nicht das Gefühl ein Patient zu sein, der sich irgendwelche Stunden bei der Krankenkasse inklusive Wartelisten erkämpfen muss, weil er psychisch daneben ist. Nein, wir machen etwas, das einfach belastend ist und deshalb gibt es neben den Dozenten für Filmgeschichte etc. auch Dozenten für unser individuelles Innenleben. Ich weiß, dass es eine schwierige Vokabel ist, aber das finde ich modern – oder unserer Situation und Zeit angemessen. Und es sollte an jeder Universität Standard sein. Es ist auch beachtlich, dass die Coachings ein Klima an der Filmakademie schaffen, in dem man seine Schwächen zugeben darf und sie nicht durch Ignoranz größer macht. Sie können einen leiten, seinen Weg zurückzufinden und inzwischen

Angelika Niermann (© Privat)

Angelika Niermann

nehmen sogar viele Studenten das Coaching-Angebot präventiv wahr und kommen gar nicht erst in die Kreativ-Krise. Es ist für mich als Student wichtig zu wissen, dass ich an der Filmakademie nicht mit allem alleine fertig werden muss. Das gibt der ganzen Schule einfach eine bessere Atmosphäre, die mir erlaubt, mehr ICH zu sein.« Florian Schnell, Regisseur

Abspann

In den Studienjahren 2009 bis 2012 nahmen das Gesprächsangebot folgende Studierende wahr:
    49 Produktion
    30 Szenische Regie
    19 Drehbuch
    11 Dokumentarregie
    10 Bildgestaltung/Kamera
    2 Werbefilm
    3 Schnitt/Montage
    6 Animation
    9 Bildungs-und Wissenschaftsfilm
    1 Motion Design
    1 Filmmusik
    7 Interaktive Medien
    16 Projekt-Teams

Mein besonderer Dank an

Alle Studierenden, die sich mir mit ihren Fragen und Nöten anvertrauten und damit nicht zuletzt auch meine eigene »Lernkurve« deutlich gesteigert haben.
    Prof. Thomas Schadt, Heide Schwarze, Prof. Lutz Konermann, Prof. Christian Wagner, Thomas Lechner, Tony Bozic, Silke Regele, Peter Kuczinski, Silke Harten-Preiss, Michael Achilles …

… und an Andrea Kuhn und Sibylle Kurz für die inspirierende Zusammenarbeit in unserem Semestereröffnungs-Projekt »Ein Teil von uns«.

Anmerkung

1 Lutz Konermann, Regisseur und Professor an der Filmakademie Baden-Württemberg in der Abteilung Szenischer Film.

Angelika Niermann, geboren 1955 in Essen. Leitet nach Abschluss ihrer ersten Ausbildung 1974 eine soziale Einrichtung in Essen. Anschließend Studium der Sozialpädagogik und Arbeit bei einem Träger der Jugend- und Familienhilfe. Weitere Ausbildung zur Paar-und Familientherapeutin und zur Hypnotherapeutin bei Jeff Zeig, Ernest Rossi, Stephen Gilligan, den engen Schülern von Milton Erickson. Im Anschluss leitet sie sieben Jahre das psychosoziale Team der kinderonkologischen Station des städtischen Krankenhauses München-Schwabing. Im Anschluss Supervisions-und Beraterausbildung, Arbeit als Lehrtherapeutin beim IFW München und Gründung der eigenen Beratungspraxis. Arbeitet heute als Supervisorin für Teams im Sozialwesen, als Trainerin und Coach in Wirtschaftsunternehmen und als Dozentin. Für Filmschaffende ist sie an der Filmakademie Baden-Württemberg, der HFF München, der ZHdK Zürich, für FOCAL Lausanne und das Nürnberger Autorenstipendium tätig. Drehbuchaufstellungsseminare finden auch in Zusammenarbeit mit Dr. Claudia Gladziejewski (BR) und Trainings für Schauspieler und Regisseure in Zusammenarbeit mit Robert Spitz statt.

»Ein Teil von uns«

Künstlerische Arbeit als Begegnung

Von Andrea Kuhn, Sibylle Kurz und Angelika Niermann

Die Einladung

Seit drei Jahren findet an der Filmakademie Baden-Württemberg ein Kunst-Projekt zur Semestereröffnung für das erste und zweite Studienjahr statt. Der Ursprungsgedanke war, schon gleich zu Beginn des Studiums mit diesem »Kunstworkshop« eine stärkere Vernetzung unter den Studierenden herzustellen. Aufgrund der Erfahrungen aus den Einzel- und Teamberatungen unserer jeweiligen Dozententätigkeiten erschien uns die frühe Förderung des Teamgeistes und eine den Studiengang übergreifende künstlerische Arbeit eine angemessene Antwort zu sein.

So entschied Prof. Thomas Schadt, am Beginn des Studienjahres 2010/2011 ein viertägiges Pilot-Projekt anzubieten. Den Auftrag, dieses Projekt durchzuführen, erhielten wir drei Dozentinnen – Andrea Kuhn, Sibylle Kurz und Angelika Niermann. Wir waren erfreut. Nicht nur, weil wir es als Wertschätzung unserer bisherigen Beratungstätigkeit an der Filmakademie verstanden, sondern auch, weil wir damit gemeinsam die Möglichkeit bekamen, in ganz neue Gefilde aufzubrechen. Mit gehörig »Wind unter den Flügeln« machten wir uns an die Arbeit.

Die Motivation

Über Sinn und Ziel des Kunstworkshops waren sich bei der Geburt dieser neuen Unterrichtseinheit alle einig: Teamgeist entwickeln durch Gespür für sich selbst und die anderen, Sensibilisierung, Stärkung – und auch scheitern dürfen. Praktisch bedeutete das für uns, den ersten und zweiten Studienjahrgang – insgesamt rund 250 Studierende – künstlerisch wie »kommunikatorisch« zusammenzubringen und die von ihnen erstellten Arbeiten während eines Kunstworkshops (Installationen, Objekte, Präsentationen) zu verknüpfen. Festgelegt waren lediglich der Zeitraum und die Ausstellungsräume. Offen war der Inhalt. Es gab kein Unterrichtsmodell, keine Vorlage, keinen Vorläufer für dieses Projekt. Eine spannende Herausforderung.

Andrea Kuhn fiel spontan ein Buch ein, das seit zwei Jahren auf ihrem Schreibtisch lag. »Ein Buch, von dem ich immer gehofft hatte, das ich es mal für meine Arbeit mit den Studenten werde brauchen können: *Learning to love you more* von Miranda July und Harrell Fletcher. Es ist die Dokumentation eines Kunstprojekts im Internet. Ungewöhnliche und witzige Objekte verraten eine kluge Konzeption: Kreative werden mit präzisen Aufgabenstellungen zu ästhetisch

Andrea Kuhn / Sibylle Kurz / Angelika Niermann

provokativen und gleichzeitig sozial herausfordernden Arbeiten ermuntert. Kunst als Handeln zu erleben, als Chance zur Veränderung war die Intention des Projekts. Das Konzept überzeugte die Kolleginnen und wir entwickelten gemeinsam in Anlehnung an July/Fletcher spezifische Aufgabenstellungen für die Ziele unseres Workshops.«

Im Oktober 2012 fand nun bereits der dritte Kunstworkshop zur Semestereröffnung statt. Wieder war die Veranstaltung – und wird es hoffentlich in den Folgejahren bleiben – ein Experiment. Es gibt bis auf unsere interne und informelle Nachbereitung keine Auswertung dieses Projekts. Aber wir drei konnten an den Reaktionen der Studierenden merken, dass das Konzept auch beim dritten Mal funktioniert hat.

Wie gestaltete sich unsere Arbeit: strukturell, inhaltlich, logistisch?

Für uns als Projektleitungsteam bestand diese Arbeit zunächst darin, unter dem Haupt-Motto »Ein Teil von mir« – später »Ein Teil von uns« – ein jährlich neues künstlerisches Sub-Motto zu definieren. Dazu trafen wir uns im Vorfeld, um Erfahrungen auszutauschen, die wir im vergangenen Jahr mit den Studierenden gemacht hatten. Das betraf die dramaturgische Beratung und Arbeit an den Stoffen, die viermal jährlich stattfindenden großen Studio-Pitchings ausgewählter und trainierter Projekte sowie die Ergebnisse aus dem persönlichen Coaching und den erfahrungsintensiven Drehbuchaufstellungen. Daraus entwickelten sich unsere Arbeitsthesen für unseren Kunstworkshop aus unseren jeweiligen Zusammenarbeiten und Diskussionen mit den Studierenden.

Wichtiger aber als das WIE ist natürlich das WAS. So war diese Veranstaltung für die Semestereröffnungswoche mit konkretem Inhalt zu füllen und dazu mussten außergewöhnliche und inspirierende Aufgaben entwickelt werden, welche die Studierenden unter nur einer festen Vorgabe zu bewerkstelligen hatten: *Filmische Mittel durften nicht verwendet werden.*

Um Inhalte und Struktur zu vertiefen, mussten wir uns mehrere Male weit vor der Semestereröffnungswoche im Oktober treffen. Zum Termin am Semesterbeginn bestand unsere Projektwoche dann neben den vier kreativen Arbeitstagen für die Studierenden zusätzlich aus ein bis zwei weiteren, vorgeschalteten Vorbereitungstagen in Ludwigsburg. Es mussten Arbeitsmaterialien für die Aufgabenstellungen besorgt, Zeitpläne abgestimmt und vervielfältigt werden. Immerhin waren wir mit rund 250 Studierenden konfrontiert, die zu unterschiedlichen Zeiten mit uns zusammenarbeiteten, diskutierten oder ihre Kunstobjekte erstellten und zum späteren Ausstellungsort für eine Vernissage transportierten. Dieser Vorbereitungs-Marathon wiederholt sich jedes Jahr.

Die Themenschwerpunkte: Motto und Sub-Motto

Wie so oft zu Beginn von neuen Lebensphasen sind Verunsicherung und Selbstzweifel einerseits und Neugier und Vorfreude andererseits ganz nahe beieinander und oszillieren in hoher Frequenz mit- und durcheinander. Die Überlegung, einen Kunstworkshop zu machen, der das filmische Mittel ausschließt, basierte auf dem Gedanken, den Fokus sowie die individuellen kreativen Referenzen der Studierenden noch einmal auf andere Sinne und Wahrnehmungen zu legen, bevor sie sich dem großen Thema Film widmen oder aussetzen, das sie die nächsten vier Jahre nicht mehr loslassen werden und auch nicht sollen. Am Beginn eines Lernprozesses läuft die (über-)kritische Reflexion als ständiger Begleiter mit. Kreative Lösungen kommen dann aber oft unverhofft, wenn man das Problem aus seinem direkten Kontext nimmt und anders betrachtet, anders zu »begreifen« versucht. Werden dann Lösungen gefunden, Konflikte kreativ und im Team beseitigt, ist das wunderbar. Das ist eine Fähigkeit, die wir als Kinder haben und die wir uns dringend bewahren sollten. Insofern ist dies ein weiterer Aspekt, der die Workshop-Inhalte sinnvoll ergänzt.

Die übergeordnete Prämisse war aber: Selbstwert zu generieren und/oder stärken, Vertrauen in das eigene Können zu erfahren, Teamgeist freizusetzen, Freude an kreativer Arbeit zu fühlen, üben sich loszulösen von eigen- und fremdreferenziellem Leistungsdruck. Um diese hehren Ansprüche und auch Hoffnungen zu integrieren und die Studierenden der beiden ersten Jahrgänge, die ja am stärksten von diesen Herausforderungen und Problemen betroffen sind, so schnell wie möglich zusammenzuführen, trafen wir dennoch eine weitere Entscheidung: Wir trennten die Studierenden des ersten und zweiten Jahres zunächst und gaben ihnen unterschiedliche Aufgaben, die ihren bisherigen Erfahrungen, arbeitstechnischer wie auch zwischenmenschlicher Natur, an der Filmakademie entsprachen. Das Thema bzw. die Themen für die Studierenden des zweiten Jahres wurden und werden in Anlehnung an aktuelle, gesellschaftlich oder künstlerisch relevante Fragen gestellt. Die Aufgaben für die Studierenden des ersten Jahres sollten sich mit dem »Ankommen« in Ludwigsburg beschäftigen. Für sie ging es folglich um ihre Entdeckungslust, Neugier sowie ihre Wünsche und Hoffnungen für diesen neuen Lebensabschnitt.

Die Themen im Einzelnen von 2010 bis 2012

Das zweite Studienjahr: Das übergeordnete Motto im Studienjahr 2010/11 lautete nun also »Ein Teil von mir«. Unter dem künstlerischen Sub-Motto galt es dann für die Studierenden des zweiten Jahres, 125 Objekte nach fünf Themenschwerpunkten – angelehnt an das bereits erwähnte Projekt *Learning to love you more* von Miranda July und Harrell Fletcher – zu erstellen.

Das gewünschte und vitale Feedback der Studierenden nach der Pilotprojektwoche war und ist seither ein steter, enorm wichtiger Quell des Überdenkens, auch Umdenkens und damit der Weiterentwicklung des Projekts. So veränderten wir im Studienjahr 2011/12 das Motto. Aus »Ein Teil von mir« wurde »Ein Teil von uns«. Die Entscheidung, fortan in Teams zu arbeiten, entstand aus der Rückmeldung der Studierenden des zweiten Jahrgangs: Es frustrierte sie, mit Einzelarbeiten betraut zu werden, nachdem sie sich nach den Semesterferien auf die Kolleginnen und Kollegen gefreut hatten. Die Studierenden des zweiten Jahres bekamen nun keine Einzelaufgaben mehr, sondern losten sich zu Fünfer-Teams zusammen, um die Aufgabe gemeinsam zu bearbeiten. Das heißt, es sollten statt 125 Einzelarbeiten wie im Jahr zuvor nun 25 Installationen respektive Präsentationen zum künstlerischen Sub-Motto in gemeinsamer Arbeit erstellt werden. Das inhaltlich künstlerische Sub-Motto »Schatten« entstand aus der Reflexion der Themen, mit denen wir im vergangenen Jahr in unserer Beratung konfrontiert worden waren: Angst, Leistungsdruck, Überforderung etc. Die Belastungen der Studierenden mussten wir zu einem Thema formulieren, das es ermöglichte, sich auf einer symbolischen Ebene damit auseinanderzusetzen. »Schatten« war also das Motiv, das sich sehr schnell anbot und uns zu Aufgabenstellungen inspirierte, die wir dann auf technische und zeitliche Machbarkeit überprüfen mussten. Als sehr anregend empfanden wir auch die Fotoausstellung von André Kertész im Martin-Gropius-Bau Berlin, *Fotografien – Retro-*

Andrea Kuhn / Sibylle Kurz / Angelika Niermann

spektive (11. Juni bis 11. September 2011), der als ausgesprochener Schattenkünstler die vieldeutige Dimension des Themas erfahrbar machte. Schatten – sowohl als ein Element in der Kunst, aber auch in seiner psychischen Deutung (Archetyp bei C.G. Jung) und überhaupt als ein Erkenntnisinstrument – erwies sich schließlich in dem überraschenden Spektrum der künstlerischen Arbeiten der Studenten als ein sehr produktives Thema. Von beiden Einsätzen angeregt, wählten wir das Thema und boten jedem Team eine von fünf Aufgaben zum Thema »Schatten« an.

Vom Schatten zum Licht: Wir forderten zum Beginn des Studienjahrs 2012/13 – »Ein Teil von uns« blieb natürlich bestehen – die Studierenden des zweiten Jahrs auf, 25 Präsentationen zu »Eine Geschichte des Gelingens« zu erarbeiten. Anstoß zu diesem Thema war die Beobachtung und Erfahrung, dass den großen und kleinen Erzählungen von und über Krisen und Konflikte etwas Positives entgegenzusetzen sei. Intensiviert wurde dieser Gedanke durch die Beobachtung, dass sowohl international als auch in der Filmakademie vermehrt Geschichten entwickelt wurden, die sich mit aktiven, Verantwortung übernehmenden Figuren beschäftigten. In den Stoffen, die uns zunehmend in der Arbeit begegneten, war eine Sehnsucht nach konstruktiven Lösungen spürbar. Im Kunstworkshop hat unsere Aufforderung an die Studierenden, Geschichten von Menschen festzuhalten, die über Gelungenes berichten konnten, alle Beteiligten erleben lassen, welche ermutigende Wirkung Erzählungen entfalten können.

Das erste Studienjahr: Wir erwähnten eingangs die gewünschte Zusammenführung und Vernetzung der Studierenden des ersten mit dem zweiten Jahrgang. Der AStA an der Filmakademie leistet dabei bereits eine wunderbare Arbeit, indem er Patenschaften der jeweils höheren Jahrgänge für die jüngeren Kommilitonen initiiert. In der Semestereröffnungswoche lautete die Aufgabe für die Studierenden des ersten Jahres: »Entdecke Ludwigsburg«. Dazu mussten sie ausschwärmen und innerhalb weniger Stunden 125 DIN-A4-Exponate zu Plätzen der für sie meist unbekannten Stadt erstellen. Diese Plätze, Orte, Monumente, Stätten gaben ihre spontanen Eindrücke wieder, die sie in den ersten Tagen ihres »Ankommens in Ludwigsburg« erfahren hatten. Eine berührend emotionale Arbeit, die viel über Sehnsüchte wie auch Bedenken erzählte. Dieser Programmteil unseres Kunstworkshops hat sich für »das Ankommen« der Neulinge derart bewährt, dass der Programmteil auch künftig durchgeführt wird. Als Aufgabe benutzen wir die Thematik also jedes Jahr aufs Neue.

Mittlerweile haben wir ein Archiv von weit mehr als 350 neugierig machenden, nachdenklichen Werken der Erstjahres-Studierenden, die ihre Eindrücke und Fragen, humoristischer Couleur, widerspiegeln, die sie aufgrund unserer Aufgabenstellung nach ihrer Ankunft in Ludwigsburg spontan erfasst haben. Eine erneute Auseinandersetzung mit ihren ersten hoffnungsvollen, aber auch kritischen Kunst-Objekten ist für das kommende Jahr geplant. Wir sind sehr gespannt darauf, ob sich die ersten Eindrücke vom »Ankommen in Ludwigsburg« verändert haben werden. Man darf nicht unterschätzen, dass, im Gegensatz zu anderen Filmschulen, die sich in Großstädten befinden, Ludwigsburg eher beschützt und nicht so konfrontativ wie vielleicht Berlin oder Köln daherkommt. Hier sind die Studierenden gezwungen, die Konflikte und Kontraste, die für starke, emotionsgeladene Filme nötig sind, hinter der beruhigten, glatten Oberfläche zu finden. Dafür muss man gut hinschauen und neugierig recherchieren wollen.

Die Vernetzung

In der gemeinsamen Abschlussveranstaltung, einer Vernissage, wurden und werden alle Studierenden mit ihren im Kunstworkshop hergestellten Exponaten zusammengeführt. Das Anordnen und Platzieren der Objekte in dem von uns vorbereiteten Ausstellungsraum den Studierenden eigenverantwortlich zu überlassen, war eine Entscheidung, die wir erst im zweiten Jahr trafen. Im Pilotjahr hatten wir als Projektleitungsteam noch alle 125 Exponate selbst positioniert. Die Einbindung der Studierenden in den gesamten Prozess von Konzeption, Kreation, Erstellung, Exposition schuf jedoch eine so dichte Atmosphäre von Tatendrang und kreativer Konzentration, die wir nun nicht mehr missen wollen. Für die 2011/12-Eröffnungswoche konnten wir erfreulicherweise zwei Studierende aus höheren Jahrgängen zur Unterstützung hinzugewinnen. Eine wunderbare Bereicherung, da sie so viel näher als wir an dem Erleben ihrer Kolleg(inn)en sind.

Es ist beglückend zu berichten, dass die Studierenden die zu Beginn etwas ungewöhnlich anmutenden Anforderungen mit erstaunlicher Kreativität und inspiriertem Teamgeist meisterten. Es entstanden nicht nur sehenswerte künstlerische Objekte/Installationen, sondern darüber hinaus auch ein reger Austausch untereinander. Bei der Vernissage am letzten Tag unserer Projektwoche treffen ja beide Studienjahrgänge aufeinander. Schön zu beobachten ist die Neugier, mit der die Studierenden des zweiten Jahres sich den »Entdecke Ludwigsburg«-Werken der Erstjahres-Studenten widmen. Es ist ja die gleiche Arbeit, die sie im Jahr zuvor selbst gemacht haben. Welche Plätze, Orte, Inspirationen sind für die neue Generation berührend und attraktiv? Ist ihr Blick der neuen Stadt gegenüber kritischer oder milder? Und umgekehrt fragen sich die Studierenden des ersten Jahres, welche Aufgabe sie wohl von uns im kommenden Jahr gestellt bekommen werden. Aber sie fragen auch uns und ihre Kommilitonen, wie sie sich der Aufgabe genähert haben und warum sie wie zu welchen Resultaten und Erkenntnissen gekommen sind, die sich dann im großen Ausstellungsraum präsentieren. Bunt, extravagant, provokant, liebevoll. Nun ist es an den Studierenden, genau diese konstruktive Energie auf den Campus und in die Projekte zu tragen und das weiterzuführen, was ihre Vorgänger der beiden vorhergegangenen Studienjahrgänge bereits getan haben.

Die Erfahrungen der Dozentinnen

Die Premiere des Projekts 2010/2011 war aufregend. Auch uns Dreien hat diese Arbeit im Team vielfältige Erfahrungen beschert – persönliches Wachstum inbegriffen. Jede von uns ist es gewohnt, in Workshops, Seminaren oder Coachings intensiv mit kleinen Gruppen oder in Einzelberatungen zu arbeiten. Hier aber war nun plötzlich für uns alle gemeinsam eine wirklich große »Anzahl an Studierenden« zu organisieren, zu motivieren und so zusammenzuhalten, dass sich die Teamarbeit in den kleinen wie in den größeren Gruppen kreativ gestalten konnte. Außerdem haben wir drei in unserer jeweiligen Arbeit mit den Studierenden manchmal unterschiedliche didaktische Herangehensweisen. Insofern war es absolut erforderlich, auch uns – als Team – optimal zu koordinieren und unsere gemeinsame Arbeit in Zwischen-Feedbacks zu justieren. Nur so war die permanente Optimierung dieses Großgruppen-Projekts möglich.

Eins soll an dieser Stelle der »Bekenntnisse« zum Arbeitsprozess nicht verschwiegen werden: Da die gesamte Projektwoche im Studio 2 der Filmakademie stattfindet, einem von Tageslicht komplett depriviertem Raum, bekamen wir von einem bestimmten Zeitpunkt an einen Lagerkoller. Neben der

Andrea Kuhn / Sibylle Kurz / Angelika Niermann

gedanklichen und intellektuellen Arbeit mit den Teilnehmern, der laufenden und dem Workflow angepassten Auseinandersetzung um inhaltliche Nuancen sowie didaktische Effekte, bereiten wir in diesem Studio den Ausstellungsraum für die Vernissage der Objekte und Installationen vor. Da müssen Stellflächen und Trennwände gebaut und die optimale Lichtsetzung zusammen mit dem Studiomeister bestimmt werden. Intensive körperliche Anstrengung, Zweifel und Euphorie im Wechsel und der Mangel an Schlaf haben uns zugegeben ab und an ordentlich zugesetzt. Aber seit dem dritten Jahr sind wir bis auf Kleinigkeiten gut eingespielt.

Keine von uns hatte zuvor mit einem solch großen Projekt Erfahrungen gemacht. Auch nicht damit, ein solches organisatorisch und logistisch zu durchdenken. Die Vorbereitungszeiten waren aufgrund unserer sonstigen beruflichen Verpflichtungen zwangsläufig knapp ausgefallen. Zudem kommen wir aus unterschiedlichen beruflichen Zweigen. All das ließ sich aber immer wieder mit einer guten Prise Humor oder mithilfe eines kurzfristigen Gewitters klären. Was anfangs viel wichtiger war und zeitlich immer näher rückte, war die bange Frage, wie die Studierenden das Projekt aufnehmen würden. Denn wir wollten mit dieser ungewöhnlichen Semestereröffnung Erfolg haben und etwas ganz anderes wagen als das bisher Übliche. Und wie würden die Kollegen an der Filmakademie unser buntes Treiben finden? Uns blieb im ersten Jahr nur die Hoffnung und das Vertrauen darauf, dass schon die Tatsache etwas ganz anderes auszuprobieren richtig sein musste. Im zweiten und im dritten Jahr durften wir unsere Erfahrungen vertiefen und unsere Hoffnung wurde bestätigt.

Das Gelingen

»›Ein Teil von uns‹ – Künstlerische Arbeit als Begegnung« erfüllt die vielleicht wichtigste Anforderung, die wir an uns und – über das Projekt – auch an die Studierenden gestellt haben: sich während der so wichtigen beiden ersten Studienjahrgänge intensiver zu vernetzen, eine bessere Kommunikation zu ermöglichen und eine Vertrauensbasis zu schaffen. Eine derartige kreative, ja künstlerisch-spielerische Projektwoche bereits zu Beginn des Studiums hat sich als inspirierend erwiesen, fordernd wie fördernd. Sie hilft den Studierenden, sich im manchmal rauen bis einsamen Produktions-Alltag stabiler zu verorten. Wenn dieser Buchbeitrag erscheint, ist »Ein Teil von uns« ein fester Bestandteil des Studienplans an der Filmakademie Baden-Württemberg geworden. Das ist unsere ganz persönliche Geschichte des Gelingens. Danke für die Chance.

Immer mit einem Bein in der Kunst

Fragen an Jochen Kuhn – Ein Interview per E-Mail von Béatrice Ottersbach

BO: Sie leiten den Lehrbereich »Filmgestaltung« an der Filmakademie. Das ist ein weites Feld. Was beinhaltet konkret dieser Lehrbereich?
JK: Der Begriff umfasst natürlich prinzipiell alles, was mit Filmkonzeption und -produktion zu tun hat. Selbstverständlich befassen sich also auch alle anderen Abteilungen mit der Gestaltung. Das Spezifische des Begriffs Filmgestaltung an der Filmakademie Baden-Württemberg scheint mir darin zu liegen, dass wir das Gestalten zusammendenken mit dem Wahrnehmen, dem Sehen als Interpretieren, dass wir es auffassen als einen primär geistigen und nicht handwerklichen Vorgang. Wenn wir uns im Seminar einen Film anschauen, fragen wir nicht zuerst: »Wie ist es gemacht?«, sondern: »Was sagen uns diese Zeichen?« Wir versuchen einen Film wie Kriminologen zu sehen, die die Tatmotive der »Film-Täter« herausbekommen möchten. Das führt uns automatisch zur Unterscheidung zwischen expliziten und impliziten Aussagen und den sie »tragenden« Filmformen. Diese Art der Reflexion eröffnet beim Selbst-Produzieren quasi zwangsläufig das Experimentieren mit filmischen Mitteln. Und wo experimentiert wird, wird für eine gewisse Zeit alles infrage gestellt, was man für gegeben, für normativ oder unabdingbar hält. Insofern steht die Filmgestaltung immer mit einem Bein in dem Feld, das auch die Kunst beackert.

BO: Was bringen Sie Ihren Studenten bei? In der Theorie und in der Praxis?
JK: Zum Beispiel, dass die Trennung zwischen Theorie und Praxis aus hirnphysiologischer, aber auch aus rein empirischer Sicht zu schematisch ist. Geistige Antizipation geht allem Handeln voraus. Zugleich müssen wir schon als Kleinkinder alles anfassen, begreifen, im Raum erfahren etc., um uns auch cerebral gesund entwickeln zu können. »Learning by doing« beschreibt also nur die eine Seite der Medaille, die andere könnte heißen: »Learning by reflecting«. Der Satz: »Alle Theorie ist grau« möchte ja klarmachen, dass erstens es in der Wirklichkeit immer anders kommt als gedacht, und zweitens, dass das reine Besprechen und Erwägen spekulativ bliebe, wenn ihm kein tätiges Schaffen folgte. Aber das Geschaffene muss seinerseits ja wieder gesehen, interpretiert, bewertet werden – und das wäre dann wieder ein theoretischer, reflektierender Vorgang. Ich schließe mich also der immer wieder anzutreffenden pauschalen Diffamierung des »Theoretischen« nicht an.

Ich weiß gar nicht, ob ich den Studenten etwas »beibringe« in dem Sinne, dass ich ihnen sagte: »So muss man das machen«. Ich sehe es eher als Aufgabe meiner Abteilung, möglichst viele Dinge infrage zu stellen, die festzustehen scheinen. Die Leitfragen sind: Muss man es so machen? Warum will ich etwas so machen und nicht anders? Wie ist mein Wille überhaupt entstanden? Warum finde ich etwas gut und etwas anderes schlecht? Wie

Jochen Kuhn

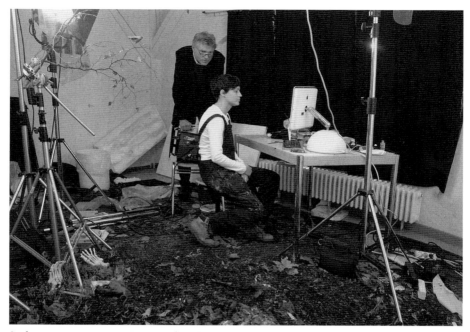

Setfoto DANCE MACABRE, 2007, Prof. Jochen Kuhn & Nadine Ilarina Voss (© Julian Schneiders)

ändern sich Aussagen, wenn man die formalen Mittel ändert? Muss ich alles vorher verstehen, bevor ich es tue? Was kann ich wissen? Und wieviel Spielraum darf ich meiner Intuition geben?

Aber sicher gibt es daneben auch sogenannte Regeln. Unter anderem die, dass sehenswerte Arbeit fast immer unter dem Regime großer Disziplin entsteht; dass straffe Organisation ein guter Nährboden für Intuition ist; dass wir in unseren Filmen bei aller Experimentierfreudigkeit auch immer ein hohes Maß an Verbindlichkeit zu einem Publikum suchen. Und selbstverständlich gibt es strikte Regeln beim korrekten Umgang mit den technischen Apparaturen.

BO: Wie verläuft der Unterricht?
JK: Wir haben immer nur acht oder neun Wochen pro Kurs. Ich halte keine Vorlesungen, sondern beginne sofort mit Seminaren, in die zuweilen vorlesungsähnliche Teile eingebunden sind. Wir schauen uns Filme der Studenten an und besprechen sie ausführlich. Dabei folgen wir der alten Methode, dass der/die Vortragende (Film-Zeigende) das Privileg hat, anschließend zu schweigen, das heißt seinen/ihren Kommilitonen zuzuhören. Diese können sich ihre Interpretationen nicht durch den Vortragenden »absegnen« lassen. So verfahren wir anschließend auch mit historischen oder aktuellen Filmbeispielen. Das Wichtigste ist dabei immer das Gespräch. Denn in ihm zeigt sich, dass die Filme – auch wenn sie noch so unscheinbar wirken – Bedeutung haben. Es werden auch Grundfragen angesprochen. Zum Beispiel: Was ist »Moderne« und was könnte dann »Post-Moderne« heißen? Oder: Wollen wir Künstler sein?

Immer mit einem Bein in der Kunst

Filmstill DIE STARRE, 2012, Regie: Moritz Lenz (© Filmakademie Baden-Württemberg)

Was ist Kunst und wie könnte man sie von Nicht-Kunst unterscheiden?

Es gibt dann schon sehr rasch Einführungen in bestimmte Animationstechniken (mit sofortigem Herstellen kleiner Filmarbeiten) sowie Seminare zu diesen Techniken, zur Filmmusik und zum Filmton. In diesen ersten vier Wochen entwickeln die Studenten ihre Kurzfilmstoffe, die sie anschließend mit mir und meiner Projektbetreuerin, Isolde Asal, im Einzelgespräch vorstellen. Es folgt dann die Erstellung des Projektordners, sodass in der fünften bis siebten Woche ein Projekt realisiert werden kann. Die Realisierung wird, ebenso wie der nachfolgende Schnitt, nach Bedarf betreut. Die Arbeit mündet in zwei Präsentationen, die interne (nur im Kurs) und die externe (im Kino, mit Mitarbeitern und Kommilitonen).

BO: Ist es auch ein Experimentier-Labor?
JK: Selbstverständlich. Im Prinzip kann man ja gar nichts tun, ohne auch zu experimentieren. Leben heißt Experimentieren. Nie verläuft ein Vorgang zweimal identisch. Nie wird ein Film genau so, wie man ihn sich vorgestellt hat. Auch in noch so vorprogrammierten Abläufen geschehen unvorhergesehene Dinge, auf die improvisierend reagiert werden muss. Da Not bekanntlich erfinderisch macht, versuchen wir Notstände sozusagen mutwillig herbeizuführen: und zwar dadurch, dass wir Mittel ausprobieren, die uns in die Verlegenheit bringen, etwas Ungewohntes mit ihnen anstellen zu müssen.

BO: Wissen die Erstsemester, was das Fach »Filmgestaltung« beinhaltet? Was hoffen die Studenten eingangs bei Ihnen zu lernen?

Jochen Kuhn

Filmstill MAKE-DOWN, 2009, Regie: Maurice Hübner, Kerstin Laudascher, Christina Heeck (© Filmakademie Baden-Württemberg)

JK: Wir thematisieren den Begriff immer am Anfang. Wir widmen uns relativ eingehend dem Gestaltungsbegriff. Wir sehen uns nicht im Gegensatz zu anderen Abteilungen, sondern als ein Teil des Ganzen. Was sie erhoffen, bei mir zu lernen, weiß ich nicht. Was sie meist wünschen, ist das »freie Arbeiten«, das »Ausprobieren-Können«. Und ich versuche Öl zu gießen ins Feuer ihrer Selbstversuche.

BO: Und was fordern Sie von den Studierenden ein?
JK: Bereitschaft, sich auf diverse Fragen einzulassen; in unterschiedliche Richtungen zu denken; sich zu artikulieren und ästhetische Urteile zu begründen; ungewohntere Mittel auszuprobieren; sich filmisch kurz zu fassen; mit wenig Geld auszukommen; hohe Präsenz; Pünktlichkeit.

BO: Warum ist Filmgestaltung ein Pflichtfach im ersten Studienjahr der Filmakademie? Und dann nicht mehr im zweiten?
JK: Im zweiten Jahr ist es ein Wahlpflichtfach und wird gern gewählt. Ich glaube, dass das, was wir in der Filmgestaltung machen, wirklich zum »Grund«-Studium gehört. Es ist ganz sicher Bestandteil der »Grund-Legung«, wenn man die Bedingungen des eigenen Handelns und Bewertens reflektiert, wenn man seine eigenen ästhetischen Urteile begründen und erweitern lernt. Was die Studenten in diesen zwei Wochen Produktionszeit mit quasi Null-Budget oft hervorbringen, ist übrigens nicht nur »Pflicht«, sondern schon »Kür«.

Dass die Filmgestaltung nicht mehr im sogenannten »Projektstudium« im dritten und vierten Jahr angeboten wird, liegt daran, dass im Projektstudium das Know-how der etablierten Berufe der Film- und Fernsehwelt vermittelt wird. Und ich denke, die Filmakademie ist so konzipiert, dass die Thematisierung des Know-why und Know-what (womit sich die Filmgestaltung ja stark beschäftigt) im Grundstudium anzusiedeln ist.

BO: Filmgestaltung ist seit 1991 Teil des Curriculums der Filmakademie. Inwieweit haben sich seitdem die Inhalte des Fachbereichs verändert?
JK: Es ist unvermeidlich, dass man sich in 21 Jahren, in denen man etwa 2000 Studenten und ungefähr 1500 Filme betreut hat, ständig ändert. Kein Kurs ist wie der andere. Ich

zeige heute Filmbeispiele, die ich früher gar nicht kannte. Ich rege Themen an, die ich früher noch nicht für so wichtig hielt. Das im Einzelnen auszuführen, wäre zuviel.

Im Großen und Ganzen würde ich sagen: Das Sprechen über Sinn und Form des Films hat immer mehr zugenommen, die Praxis ist immer straffer organisiert worden, die Technik ist heute ausgereifter als früher, die Organisation des Studienablaufs hat sich immer mehr verdichtet, um unproduktive Reibungen so weit wie möglich abzubauen.

BO: Was ist die wesentliche Entwicklung/Veränderung? Und die Interessanteste?
JK: Da würde ich sagen: Das Wesentlichste, und damit auch Interessanteste, das ich heute im Unterricht anstrebe, ist die Vermittlung von Sinn-Gefühl: Es ist sinnvoll für mich (als Student) und für die Gesellschaft, so etwas wie Kunst, sei es Film, sei es Malerei, Literatur etc., in die Welt zu setzen. Und diese Selbstvergewisserung, dass das nicht sinnlos ist, was ich tue, erfahre ich durch die Beiträge der anderen. Meist sind das Wort-Beiträge, Reaktionen auf meine Aussagen, seien sie verbal oder filmisch formuliert. Was überhaupt nichts bringt, ist das stumme Abnicken, das bloße Konsumieren von Film oder das reine Aufzählen der technischen Mittel. Ein Film wird eigentlich erst vollendet durch das Gespräch, das man über ihn führt. Und dass dies Gespräch nicht peinlich wird, dafür muss man hart trainieren. Da versuchen wir die Verbindung von Idealismus und Pragmatismus.

BO: Was bedeutet das für den Unterricht?
JK: Wie oben gesagt: nicht nachlassende Versuche, ein Gleichgewicht herzustellen zwischen Reflexion und Handwerk. Das bedeutet auch: Ein Lehrender muss sich zeitlich ziemlich stark einbringen. Lehrende, die im Glanz ihrer Prominenz und Professionalität ab und zu mal kommen, um dann ihre Bedeutung durch Zeitknappheit zu unterstreichen, lassen zu viel zu wünschen übrig. Sicherlich kann und soll man nicht alle Wünsche der Studenten befriedigen (auch nicht die der Lehrenden), aber Dauer und Ausdauer im Unterricht sind meines Erachtens unabdingbar.

BO: Sie kommen von der bildenden Kunst. Sie malen, fotografieren und sind Filmkünstler. Sie haben eine sehr eigene Sprache für Ihre Filme entwickelt – indem Sie u.a. Film

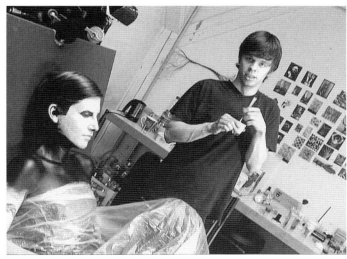

Setfoto MAKE-DOWN, 2009, Kerstin Laudascher und Maurice Hübner (© Christina Heeck)

Jochen Kuhn

LOB DES ANRUFBEANTWORTERS, 1989, Jochen Kuhn (© Jochen Kuhn)

und Malerei verbinden. Nichts, was man in Lehrbüchern lernt. Ist das ein Ansporn für Studierende?
JK: Da täten Sie mir natürlich einen Gefallen, wenn Sie Antworten auf diese Frage bei den Studenten einholten. Meine Erfahrung ist die, dass die meisten Studenten meine Filme nicht oder kaum kennen. Das ist mir auch gar nicht unrecht. Als ich vor 21 Jahren an der Filmakademie anfing, sagten mir bissige Kollegen aus Hamburg: »Ach, willst Du lauter kleine Kuhns züchten?« Es wäre mir gar nicht lieb, wenn jetzt alle Filme machten wie ich. Das würde doch schnell monoton. Das spüren auch die Studenten, die ein berechtigtes Interesse haben, sich vom Professor abzugrenzen. Dass bei unseren Präsentationen so oft die große Vielfalt gelobt wird, freut mich daher ganz besonders.
Aber sicher bilden meine Filme einen wichtigen Rückhalt für die Glaubwürdigkeit meiner Ansätze im Unterricht. Und eine gewisse experimentelle Haltung, die ich propagiere und die auch in meinen Filmen anzutreffen ist, die färbt doch bestimmt auf die Studenten ab. Das finde ich auch akzeptabel. Die Studenten nehmen die Spielregeln unserer Abteilung eigentlich immer an und kommen doch stets zu eigenen Formulierungen.

BO: Ich las neulich den Untertitel eines Buchs zur Filmgestaltung: »Die Regeln der Kunst«[1]. Gibt es denn Regeln für die Kunst?
JK: Einige (sehr pragmatische) Regeln habe ich ja oben schon genannt. Wir hadern oft mit dem Begriff »Regel«, weil er suggeriert, es gebe eiserne Gesetze oder unumstößliche Maßstäbe, die objektive Geltung hätten. Solch ein Regelbegriff kollidiert automatisch mit unseren Freiheits- und Individuums-

Immer mit einem Bein in der Kunst

DIE BEICHTE, 1990, Jochen Kuhn (© Jochen Kuhn)

ansprüchen. Regeln suggerieren Grenzen, Eingrenzungen, Freiheitsberaubungen, alles Dinge, die moderne Individuen ablehnen. Wesentliche Mottos der Moderne waren ja gerade: Grenzüberschreitung, Tabubrüche, Grenzerfahrung, Freiheit. Von daher galten Regelsysteme als konservativ und unterdrückend. Ich habe das Buch von Herrn Müller nicht gelesen, kenne aber das Pathos, mit dem – »gegen« diese Mottos – im Brustton gnadenloser Ernüchterung die Regelhaftigkeit aller Vorgänge konstatiert wird. Dann wird gern das Lied des Biologismus angestimmt, worin der Mensch als festgelegtes Tier besungen wird, hormongesteuert und naturbestimmt durch selbstregulierende cerebrale Determinanten. Ich weiß nicht, ob der Buchtitel diese Auffassung ankündigt. Ich strebe eher einen Kompromiss zwischen beiden Positionen an. Es hat schon so viele »Regeln« gegeben, die dann doch irgendwann ihre Gültigkeit verloren. Und zugleich gibt es Wahrnehmungs- und Verhaltenskonstanten, die man auch kaum leugnen kann. Wie dem auch sei, ich denke, jeder tut gut daran, Techniken und Prämissen, die sich bewährt haben und im Einklang stehen mit eigenen Idealen und Letztbegründungen, zu bewahren. Das Studium wäre doch ein guter Spielraum, um solche Prämissen für sich zu finden und zu etablieren.

BO: Und kann man eine künstlerische Haltung lehren/lernen? Verlangen die Studierenden danach?

JK: Einerseits kann man nichts lehren. Es gibt Studenten, denen sagt man Hundert und sie machen Eins, und es gibt welche, denen sagt man Eins und sie machen Hundert. Sie können da als Lehrender nur die Saite zum klingen bringen, für deren Resonanzen der Student empfänglich ist. (»Student« ist

Jochen Kuhn

SONNTAG II, 2010, Jochen Kuhn (© Jochen Kuhn)

natürlich als Begriff sowohl weiblich wie männlich zu verstehen). Andererseits kann ein Lehrender enormen Einfluss auf Schüler und Studenten ausüben. Er kann fördern oder unterdrücken, anfeuern oder zum Erlöschen bringen. Die Studenten verlangen viel von Lehrenden – sowohl Herausforderung und Bestätigung als auch Widerstand. Es wird, glaube ich, nicht nur künstlerische, sondern auch moralische und intellektuelle Haltung verlangt. Und die Haltung soll eine Übereinstimmung zwischen dem, was ein Lehrender behauptet und dem, was er tut, zum Ausdruck bringen. Ob diese Übereinstimmung wahrgenommen bzw. als gegeben angesehen wird, beurteilt wiederum jeder Student für sich. Diese Übereinstimmung verlangen Studierende übrigens auch von sich selbst.

Um zu beurteilen, ob jemand etwas »Künstlerisches« tut oder eine »künstlerische Haltung« einnimmt, müsste man den Kunstbegriff unter die Lupe nehmen. Das führte hier zu weit. Ich glaube, anstrebenswert ist, dass man überhaupt eine Haltung hat. Das heißt, dass man sich dauerhaft bemüht, eben diese Übereinstimmung zwischen Wertvorstellungen, die man als richtig und positiv vor sich selbst und anderen behaupten kann, und der Lebenspraxis zu bewerkstelligen. Das ist sehr anstrengend. Die von Geld und materiellen Ansprüchen geprägte Lebenspraxis erzwingt meist ambivalente Haltungen bzw. Zwiespalte.

BO: Seit 1991 – seitdem Sie in Ludwigsburg unterrichten – haben Sie 25 Kurzfilme gedreht. Trotz oder dank Ihrer Lehrtätigkeit?
JK: Sowohl als auch: »Trotz« der Lehrtätigkeit – weil die Lehrtätigkeit viel Energie und Zeit kostet, die dann der eigenen Filmarbeit oft fehlt. »Dank« der Lehrtätigkeit, weil diese mich einerseits ökonomisch in die Lage versetzt, Filme zu machen, die in unserer real existierenden, vom Mehrheitsgeschmack geprägten Film- und Fernsehwelt kaum erwünscht sind, und andererseits, weil der Umgang mit den Studenten mich beflügelt und anspornt.

Immer mit einem Bein in der Kunst

BO: Was gibt Ihnen die Arbeit mit den Studierenden?
JK: Die immer erneuerte Gewissheit, dass es kaum Erfreulicheres gibt, als sich mit dem Guten, Wahren und Schönen befassen zu können.

Anmerkung

1 Arnold Heinrich Müller: *Geheimnisse der Filmgestaltung – Das Handwerk. Die Regeln der Kunst*. Berlin: Schiele & Schoen 2010.

Jochen Kuhn, 1954 geboren. 1975–1980 Kunststudium an der Hochschule für bildende Kunst in Hamburg. Seit 1972 Filme, Malerei, Drehbücher, Filmmusiken und Fotografie. 1981–82 DAAD-Stipendium in Rom. Seit 1985 zahlreiche Lehraufträge in Hamburg, Stuttgart, Braunschweig, London, Wien, Sidney, Melbourne u.a. 1988–89 Villa-Massimo-Stipendium in Rom. Seit 1991 Professor an der Filmakademie Baden-Württemberg, Leiter des Fachbereichs »Filmgestaltung«. Gewinner des Landes-Lehrpreises Baden-Württemberg für Kunst und Musik, 2010.

Filme (Auswahl): DER LAUTLOSE MAKUBRA (1980 – Bundesfilmpreis); DIE BEICHTE (1990 – Hessischer Filmpreis); SILVESTER (1993, Deutscher Filmpreis / Bundesfilmpreis); NEULICH I bis IV (2000–04); EXIT (2009 – FIPRESCI-Preis der Jury des internationalen Kritikerverbandes); SONNTAG I bis III (2005–12).

Jochen Kuhn (© Privat)

Axel Block und Peter Zeitlinger

Kameraarbeit: Regeln lernen, Regeln brechen

Von Axel Block und Peter Zeitlinger

Der folgende Artikel basiert auf einem Gespräch zwischen den Verantwortlichen für die Kameraausbildung an der Hochschule für Fernsehen und Film in München: Prof. Axel Block (Geschäftsführer Abteilung VII Kamera)[1] und Prof. Peter Zeitlinger (Schwerpunkt »Bild Licht Raum«). Auch wenn im Folgenden die einzelnen Aussagen nicht einem Gesprächsteilnehmer zugeordnet werden, so sind wir natürlich nicht immer einer Meinung. Aber es gehört zum Lehrstil der HFF München, dass unterschiedliche Ansichten geäußert, gehört und diskutiert werden.

Aufbau und Inhalte des Kamerastudiums

Jeder Studierende der Hochschule für Fernsehen und Film München besucht nicht nur die Lehrveranstaltungen der eigenen Fachabteilung (Regie, Drehbuch, Produktion oder Kamera), sondern auch Seminare der Abteilungen I (Kommunikations- und Medienwissenschaft) und II (Technik). Die Kamera-Studierenden nehmen darüber hinaus auch an ausgewählten Seminaren der anderen Fachabteilungen teil. Dies ist unter anderem deshalb wichtig, damit sich auf freiwilliger Basis Produktionsteams finden können. Denn vom ersten Semester an nimmt das Drehen von Filmen einen wichtigen Raum ein.

Das Grundstudium ist stark geprägt von der Kommunikations- und Medienwissenschaft (z.B. Film- und Fernsehgeschichte) und der technischen Grundausbildung für alle Studierenden. Diese »Auslagerung« der Ausbildung in die beiden übergreifenden Abteilungen hat den großen Vorteil, dass die Studierenden vom ersten Tag an fächerübergreifend zusammenarbeiten müssen. Hier bilden sich schon erste Kontakte, die ein Berufsleben lang bestehen können. Die Abteilung VII Kamera bietet darauf aufbauende technische und handwerkliche Übungen und einführende Seminare in die Bildästhetik (Bildgestaltung, optische Auflösung, Lichtführung) an – speziell für die Kamerastudent(inn)en. Im Hauptstudium sieht das Ganze etwas anders aus: Nun studieren die Kamerastudent(inn)en hauptsächlich in der Abteilung VII Kamera. Das Lehrangebot ist breit gefächert, um möglichst viele Aspekte der Kameraarbeit abzudecken. Einige Beispiele:

In Axel Blocks Genreseminar werden ästhetische Muster untersucht und auf eigene kurze Szenen angewandt. Hier soll nicht mit der Filmwissenschaft konkurriert werden, sondern es sollen handwerkliche und technische Produktionsweisen erprobt und umgesetzt werden. Im Fokus steht die Auseinandersetzung mit tradierten Formen und innovativen Bildsprachen. Dieses Seminar durchläuft im praktischen Teil alle wichtigen Stationen

Kameraarbeit: Regeln lernen, Regeln brechen

der Filmherstellung: vom Schreiben und Erarbeiten einer Szene, Regiebesprechungen, Motivsuche, Erstellen von Storyboards und Lichtplänen über das Drehen der Szenen bis zur Montage und Postproduktion. Betreut wird dieses Seminar ebenfalls von einem Dramaturgen und einem Regisseur. Einige Regiestudierende können ebenfalls daran teilnehmen.

Michael Ballhaus widmet sich im Hauptstudium bestimmten Themen wie z.B. »The Location is a Character« oder »Erotik im Film«. Er arbeitet dabei mit verschiedenen Regisseuren zusammen. Szenen werden inszeniert und die Bildsprache von den Kamerastudenten entwickelt. Die Studierenden sollen auf hohem handwerklichen Niveau mit Bildern experimentieren, neue Formen suchen, die Inszenierung mit Kamerabewegungen und Lichtführung perfektionieren. Besondere Konzentration liegt auf der Kommunikation zwischen Regisseur und Kameramann/-frau, um die bestmögliche bildliche Ausdrucksweise für das Drehbuch zu finden.

Bei anderen Seminaren sind neuere Techniken der Ausgangspunkt: Von kleineren Fingerübungen im Studio, wie Green-Screen-Aufnahmen einer nächtliche Autofahrt im Regen bis zum stereoskopischen Film (3D). Dieser hat seit mehreren Jahren einen festen Platz im Lehrplan. Am Anfang stand eine Initiative der CinePostproduction bei der Bavaria Film, einen etwa zehnminütigen 3D-Film herzustellen, um damit Anschauungsmaterial für mögliche Kunden zu haben; daher wurde dieser Film entsprechend aufwendig postproduziert.

Von außen betrachtet gibt es an der HFF München eine deutliche Trennung zwischen inszeniertem und dokumentarischem Film. Die Bewerber müssen sich schon beim Aufnahmeverfahren für eine dieser beiden Richtungen entscheiden. Im Grundstudium besuchen die Kamera-Studierenden bei den gemeinsamen Seminaren mit den Regie-Studierenden entweder jene der Abteilung Kino- und Fernsehfilm oder der Abteilung Dokumentarfilm und Fernsehpublizistik und bauen somit Kontakte zu den entsprechenden Regisseuren auf. In den Lehrveranstaltungen der Kameraabteilung unterscheiden wir nicht: Alle Kamerastudent(inn)en besuchen hier sowohl Seminare zum szenischen als auch zum dokumentarischen Film, sie alle drehen inszenierte Filme und dokumentarische. Im Hauptstudium verschwinden die Grenzen ganz.

Peter Zeitlinger bietet Dokumentarfilmseminare an, in denen zu einem Thema verschiedene Ansätze der dokumentarischen Filmarbeit untersucht werden. Ein Plansequenz-Seminar beschäftigt sich eine Woche lang nur mit ungeschnittenen Szenen und wie bei allen Seminaren steht auch hier die praktische Filmarbeit im Vordergrund. Im Handkamera-Seminar werden – ganz praktisch – Tanzschritte geübt, um mit der Kamera vorwärts, rückwärts, seitwärts gehen zu können, sie möglichst ruhig in der richtigen Perspektive zu halten. Entscheidend ist, den richtigen Beobachtungsstandpunkt für die Szene zu finden und durch eine kleine Kamerabewegung eine bedeutende Veränderung in der Szene zu bewirken, d.h. also: Wendungen verändern die dramaturgische Kameraführung. Die Beeinflussung der Raumperspektive und der Lichtqualität des natürlichen Lichts und dessen Beleuchtungswinkel finden nicht nur in Dokumentarfilmen, sondern auch bei dokumentarischen Situationen in Spielfilmen immer häufiger Anwendung.

Darüber hinaus werden auch Seminare für die Nicht-Kamerastudierenden angeboten, z.B. ein Lichtseminar für Regie- und Drehbuchstudent(inn)en. Dabei lernen sie, die poetischen und physikalischen Begriffe für Licht zu verstehen und auseinanderzuhalten. Im Studio werden Szenen aus klassischen Gemälden oder aus Filmen nachgestellt

Axel Block und Peter Zeitlinger

und beleuchtet. Die poetischen Lichtbegriffe wie z.B. »weiches Licht« können unter Umständen in der technischen Anwendung das Gegenteil bedeuten.

Regeln (brechen) lernen

Provokant gesagt: Die Filmstudierenden können und müssen sehr viel lernen, das Lehren stößt aber sehr schnell an Grenzen. Das klassische Lehren basiert weitgehend auf Regeln – und Regeln schaffen per se eine große Uniformität. Wir wollen einmal den technischen und handwerklichen Bereich ausklammern; da funktioniert dieses Lehren nämlich sehr gut. Aber das, was man im Kino sehen möchte, ist ja nicht vorrangig die handwerkliche oder technische Brillanz eines Films, sondern es interessieren die Situationen, Emotionen, Geschichten, die auf der Technik und dem Handwerk aufbauen. Die Kameraarbeit beeinflusst sehr stark die Ästhetik des Films, und diese ist nur spannend, wenn sie sich mit der Dramaturgie und der Inszenierung auseinandersetzt. Deshalb brauchen die Lernenden, um ihre Bildsprache auszuprobieren und weiterzuentwickeln, ein breites Angebot, in dem sie sich bewegen und erproben können. Sie brauchen Zeit, um zu erfahren, mit welchem Blick sie auf die Welt schauen. Hier kann der Lehrer nur begleiten, er sollte weniger korrigieren, dafür aber inspirieren. Das ist auch ein wichtiges Kriterium im Aufnahmeverfahren: Wie blickt der/die Bewerber/in auf die Welt, was sieht er/sie; vielleicht auch, was will er/sie nicht sehen, was interessiert nicht? Wir wollen nicht feststellen, ob jemand die Technik gut beherrscht, toll schneiden kann oder eine ruhige oder sehr bewegte Kamera führen kann. Nicht die handwerklichen oder technischen Aspekte sind uns wichtig, sondern der spezielle Blick auf diese Welt und eine besondere Herangehensweise in der Arbeit der Bewerber(innen).

Ein anderer Aspekt bei der Frage nach der Lehrbarkeit des Filmmachens ist z.B. die Lichtführung. Es gibt Lehrbücher darüber, wie man »richtiges«, »schönes« Licht macht. Die Regeln selbst sind nicht so interessant, auch wenn wir sie in vielen Filmen immer wieder beobachten können. Die innere Begründung ist spannend: Warum kommt es zu dieser Regel? Diesen Punkt wollen wir herausarbeiten und wissen, warum man dieses oder jenes angeblich nicht machen darf, was der Grund dafür ist und ob dieser heute noch zählt. Ein weiteres Beispiel ist der Achsensprung. Früher gab es Seminare über Achsen und Achsensprünge. Heute, wenn man sich die Praxis anschaut, spielt das anscheinend gar keine Rolle mehr, man geht sehr viel freier mit diesen Handlungsachsen um. Aber was ist der Grund für diese liberalere Haltung oder wann kann ein Achsensprung doch noch zu einem Problem werden? Wann ist es wichtig, dass man solche Regeln befolgt und wann ist es vielleicht spannender, sie zu brechen oder sich darüber hinwegzusetzen? Es geht nicht darum, Regeln zu ignorieren, sondern sich mit ihnen auseinanderzusetzen, um zu sehen, was man braucht.

Bei der dramaturgischen Lichtführung orientieren sich die Regeln oder Arbeitsweisen daran, was erzählt werden soll. Bei der logischen Lichtführung – die sehr gerne praktiziert wird, besonders dann, wenn einem nichts einfällt – führt man einfach die vorhandene Lichtsituation fort oder imitiert sie. Zwischen diesen beiden Prinzipien – dem dramaturgischen und dem logischen – muss aber kein Widerspruch sein, denn ich kann auch mit natürlichem, vorhandenem Licht verschiedene Lichtstimmungen erzeugen. Wenn ich jetzt hier im Raum die Jalousien herunterlasse, bleibt das gedämpfte Licht »logisch«, aber es bekommt dramaturgisch eine andere Qualität, als wenn ich die Vorhänge aufmache und das Sonnenlicht hereinbricht. Die ästhetische Lichtführung – die

Kameraarbeit: Regeln lernen, Regeln brechen

nicht im Widerspruch zu den beiden anderen Arbeitsweisen stehen muss – versucht, mit dem Licht einen Gesamtzusammenhang im Film herzustellen, dem ganzen Film einen eigenständigen Look zu geben, um ein ästhetisches Gefüge für den Film über die Lichtführung herzustellen.

Ästhetische Lichtführung formt Gegenstände, wie es in der Werbung häufig passiert. Schauspieler sollen optimal – der gängigen Ästhetik entsprechend – ausgeleuchtet werden; das ist weder logisch noch dramaturgisch, sondern es geht darum, Personen oder Dinge »im besten Licht« erscheinen zu lassen. Früher nannte man das Glamour. Diese Dinge werden gelehrt und wenn man sie beherrscht, dann darf man sie auch gegebenenfalls ignorieren. Wir lernen erst die Regeln, erst die Tonleitern, die Toccata und die Fuge, die Kadenzen, dann erst die Atonalität und die Disharmonie, die zu einem höheren Kunsterlebnis führen (können). Das ist das Wichtigste: Den Grund zu wissen, warum was sein soll, damit man weiß, warum man das Gegenteil tun kann oder tun muss, damit es noch besser wird.

Andere Perspektiven lernen

Deshalb sind bei uns auch die Auseinandersetzungen mit Kollegen – auch außerhalb der Hochschule – wichtig. Auf der einen Seite setzen wir uns eine Woche mit dem Werk eines Kollegen auseinander. Auf der anderen Seite laden wir an bestimmten Abenden in Zusammenarbeit mit dem Bundesverband Kamera einen Kollegen aus der Branche ein, der seinen aktuellen Film zeigt und über den wir dann anschließend gemeinsam diskutieren. Zu den Gästen gehörten Petra und Peter Lataster(-Czisch) mit JEROME JEROME, Nicolaus Geyrhalter mit ABENDLAND, Christian Berger mit DAS WEISSE BAND, Philipp Timme mit MASSERBERG und Markus Förderer mit HELL. Und wir fahren mit den Studierenden auch zur »CamerImage« nach Polen, dem wichtigsten Filmfestival für Kameraleute und für die Kameraarbeit, um auch dort andere Kollegen zu treffen und Filme zu sehen, die speziell unter dem Kameraaspekt interessant sind.

Die Kameraabteilung pflegt auch die Kooperation und Auseinandersetzung mit anderen Hochschulen, z.B. dem Lehrstuhl für Raumkunst und Lichtgestaltung der Technischen Universität München. Außerdem findet hier in München jährlich das Festival der Filmhochschulen statt. Das ermöglicht uns intensive Kontakte zu anderen Filmschulen, mit denen wir zusammenarbeiten. So hat z.B. einer unserer Jahrgänge in diesem Sommer in Helsinki an der Aalto University an einem Seminar von Slawomir Idziak teilgenommen. Im Gegenzug kommen die Finnen dann zu einem Seminar mit Michael Ballhaus, der soeben einen Kontakt zur New York University herstellt. Peter Zeitlinger hält Seminare in Lodz. Diese Kooperationen sind uns sehr wichtig. Wir versuchen auch ausländische Studenten an unsere Hochschule zu bekommen, um ein weltoffenes Umfeld zu gestalten und uns nicht immer nur um uns selbst zu drehen.

Eigene Möglichkeiten kennenlernen

Das Entscheidende sind bisweilen nicht die Seminare, in denen die Fertigkeiten geübt werden, sondern die Betreuung parallel zu den Filmproduktionen der Studierenden. Oft sind die Studenten verunsichert und haben Probleme. Als Lehrer macht man dann vielleicht auf kritische Punkte aufmerksam oder öffnet Türen; das ist oft viel wichtiger als an technischen oder handwerklichen Details herumzumäkeln. Wir servieren den Studierenden keine maßgeschneiderten Rezepte, sondern wir stellen ihnen Fragen und versuchen sie dazu zu bringen,

Axel Block und Peter Zeitlinger

selbst Lösungen zu finden. Die besonderen Kunstwerke entstehen zumeist im Grenzbereich, während einer Gratwanderung zwischen dem Misslungenen, dem Gewagten und dem Risikohaften. Wir versuchen daher die Studierenden zu ermutigen, sich vom sicheren ästhetischen und technischen Terrain zu entfernen und die Grenzen auszuloten. Denn dort entstehen die wesentlichen Dinge, werden neue Lösungen gefunden. Wir bemühen uns, den Studierenden die Angst zu nehmen. Natürlich lernen sie, die technischen Grundlagen zu beherrschen, um sie dann verlassen zu können. Als Beispiel kann der überbelichtete, experimentell angesetzte Abschlussfilm HELL (Regie: Tim Fehlbaum, Drehbuch: Tim Fehlbaum und Oliver Kahl) gelten, für den im Frühjahr 2012 Kameramann Markus Förderer und Cutter Andreas Menn den 30. Deutschen Kamerapreis bekommen haben. Solche Arbeiten sind nur mit Mut und mit Neugier auf die Grenzen des Machbaren möglich.

Die Technik und das Handwerk streben immer danach, ein möglichst exaktes Abbild der Realität zu erzeugen. Die Filmmaterialien sind technisch immer weiter entwickelt worden, sodass hohe Kontraste kaum noch ein Problem sind, Farben werden getreuer dargestellt, unter schlechten Lichtverhältnissen kann immer leichter gedreht werden. Ähnliches gilt auch für die Videoformate, für Optiken. Man hat oft den Eindruck, die Technik ziele darauf ab einen vergessen zu lassen, dass man im Kino oder vor dem Fernseher sitzt, dass man stattdessen an der Wirklichkeit teilhat. Aber das Interessante ist nicht dieser keimfreie Blick auf die Realität. Man will einen Standpunkt, gar einen Kommentar, eine spezielle Sichtweise haben und dabei vielleicht unterhaltend sein. Da müssen wir ansetzen: nicht nur ein technisch perfektes Bild abzuliefern, handwerklich sauber ausgeführt, sondern unseren eigenen Standpunkt in der Filmfotografie zu vertreten. Wir begnügen uns zu oft, nur ein Abbild einzufangen, nur eine Geschichte erzählen zu wollen. Doch an dieser Stelle fangen in anderen Ländern wie den USA die erfolgreichen Filme erst an.

Ausprobieren lernen

Bei aller Regel gegen die Regeln, die wir eben erwähnt haben, sollte nicht der Eindruck entstehen, als würden wir Handwerklichkeit ablehnen. Ein ganz wichtiges Fundament für die Kameraarbeit ist z.B. das Schwenken. Im Seminar »Bewegte Kamera« wird Schwenken sowohl theoretisch aufgearbeitet als auch praktisch trainiert (autonom und motiviert, Timing, vom Stativ, Dolly und Kran). Wir machen den Studierenden auch Druck, damit sie in Eigenarbeit versuchen sich zu perfektionieren, weil letztlich jeder Laie beurteilen kann, ob ein Schwenk gut ist oder ruckelt oder ob das Timing stimmt. Das sind Handwerklichkeiten, auf die wir großen Wert legen.

Teamarbeit lernen

Es gibt einen ganz banalen Satz: Film ist Teamarbeit. Der ist leicht gesagt, aber mitunter schwer umzusetzen. Wir fördern, provozieren und stützen die Arbeit im Team in allen Seminaren mithilfe praktischer Übungen: Die Kamerastudierenden (und später die Absolventen) sollten teamfähig und nicht nur nett und sympathisch sein. Sie sollten delegieren, mit anderen kooperieren und auch ein Team steuern können. Bei aufwendigen Produktionen hat man oft einen großen Stab an Mitarbeitern, den man einsetzt und an den man Aufgaben verteilt. Wenn wir also in unserem Studio arbeiten, wollen wir nicht, dass die Studierenden alles selbst machen, sondern Kollegen einbinden und ihnen Aufgaben zuweisen – und zwar so, dass am Ende alle in etwa gleichem Umfang beschäftigt sind. In der praktischen Arbeit

Kameraarbeit: Regeln lernen, Regeln brechen

entwickelt sich automatisch eine gewinnbringende Gruppendynamik. Oft gibt es schüchterne Student(inn)en, die aber sehr viel können und intuitiv künstlerische, hochwertige Ansprüche haben. Denen muss man helfen, sich in der Gruppe zu artikulieren und ihre Ideen umzusetzen. Wir versuchen durch individuelle Betreuung jedem zu helfen, seine Schwächen in Stärken umzuwandeln. Dabei darf nicht übersehen werden, dass bei aller Teamarbeit ein herausragender Film nur von starken Persönlichkeiten geprägt wird.

Wahrnehmen lernen

Ganz wichtig ist uns, dass die Kameraarbeit nicht nur als Bildermachen verstanden wird, sondern als Beitrag zum Gesamterlebnis des Films. Unsere Kamerastudenten lernen daher auch Ton zu machen: Sie müssen das Zuhören genauso lernen wie das Sehen. Das beherrschen in der Praxis ganz wenige Kameraleute, weil sie sich ausschließlich auf das Bild konzentrieren. Viele hören nicht mal mehr zu, was die Schauspieler reden und was in der Szene stattfindet. Bei SteadiCam-Seminaren üben wir dieses Zuhören und ebenfalls, auf akustische Reize und Rhythmen mit einer Kamerabewegung zu reagieren. Deshalb gibt es ein Tonseminar, damit man schon beim Drehen lernt, den fertigen Ton mitzuhören; so verändern sich auch die Rhythmen der Kamerabewegungen.

Das sind wesentliche Fähigkeiten, die bei uns trainiert werden. Unser Gehirn funktioniert nur einkanalig, wir können uns nur auf eine Sache konzentrieren und nicht zwei Aufgaben zugleich und mit derselben Intensität ausführen. Wer zum Beispiel den Ton aufnimmt und zugleich filmt, dem fällt es schwer beides zu bewältigen, weil der Gehirnweg oder die Wahrnehmungsfähigkeit durch neue Eindrücke blockiert sind. Das muss man beim zeitgleichen Kamera- und Tonmachen berücksichtigen. Wir lassen das bei kleinen Reportagen üben. Das funktioniert nur, wenn ein Bereich (Kamera oder Ton) so automatisiert ist, dass die Aufmerksamkeit für den zweiten Bereich gehalten werden kann. Entweder bediene ich die Kamera automatisch und routiniert, dann kann ich zugleich den Ton machen und zuhören; oder ich beherrsche die akustische Komponente, dann kann ich Ton aussteuern und mich auf das Bild konzentrieren. Diese Zusammenhänge haben wir in unsere Ausbildung integriert. Es ist oft zu beobachten, dass Studierende völlig in einen Teilaspekt ihrer Arbeit versinken. Wenn nebenan ein Haus zusammenfiele, würden sie das gar nicht bemerken. Die Fähigkeit, die Umwelt weiterhin wahrnehmen zu können, ist ja nicht nur beim Dokumentarfilm, sondern auch beim inszenierten Film von existenzieller Wichtigkeit. Das Cross-Scanning, das beim Fliegen lebensnotwendig ist, muss man bei der Kameraarbeit auch können. Mal schaut man: Wie ist der Ton, wie ist die Blende? Dann schaut man: Ist der Schauspieler gut im Bild, ist das Mikrofon drinnen, kommt da ein Schatten? Diese Scanprozesse übt man. Das ist ein rein physiologisches Training.

Nach vorne schauen

Das eigentliche Drehen bei einer großen Filmproduktion nimmt nur noch die Hälfte oder weniger der Herstellungszeit in Anspruch. Immer mehr Wert wird auf präzise Vorbereitung mit Prävisualisierung gelegt, und ebenso nimmt die Postproduktion einen immer größeren Raum ein. Heute werden selbst bei Vorabendserien einzelne Bilder oder Einstellungen künstlich generiert und nicht mehr klassisch mit der Kamera aufgenommen. Visual-Effects werden wichtiger und eröffnen neue Arbeitsfelder. Aber selbst wenn immer mehr Bilder künstlich entstehen, so werden doch auch weiterhin die kreativen Elemente der Kameraarbeit gefragt sein. Man muss,

203

Axel Block und Peter Zeitlinger

Axel Block (© Privat)

selbst wenn man am Computer arbeitet, sehr viel über Licht wissen, man muss vor allen Dingen – und das wird sicherlich immer Bestand haben – sehr viel von Dramaturgie verstehen: Welche (An-)Sicht will ich vermitteln, was will ich erzählen, worum geht es? Die unterschiedlichen Aufgabengebiete der Kameraarbeit versuchen wir in der gesamten Bandbreite zu erhalten, damit Absolventen in diese sich neu ergebenden Berufe hineinwachsen können.

Am technischen Wandel, der gerade stattfindet, und an der absehbaren Verdrängung des Filmmaterials zugunsten elektronischer Medien lässt sich erkennen, dass nichts ewig gültig ist. Wir müssen uns beständig mit der Frage auseinandersetzen, welche Welt die Studierenden vorfinden werden, wenn sie ihr Studium abgeschlossen haben. Daraus ergeben sich die Anforderungen an die Lehre, die zukunftsweisende Techniken und Arbeitsweisen einbeziehen muss. Das Berufsbild verändert sich permanent. Manche befürchten sogar, dass der Beruf des Kameramanns, der Kamerafrau aussterben wird, weil die Kameras immer stärker automatisiert funktionieren und sie irgendwann auch die Bildkomposition übernehmen werden – so wie es jetzt schon Fotoapparate gibt, bei denen der Goldene Schnitt im Sucher/ auf dem Display erscheint. Aber unserer Meinung nach wird die Tätigkeit von Kameramännern und -frauen nicht überflüssig werden, weil die intuitive und ästhetische Kraft, die Gestaltung immer notwendig bleiben werden. Und darauf setzen wir unsere Schwerpunkte – auch wenn der Film mal interaktiv sein sollte oder einige Absolventen keine Spielfilme drehen werden, sondern vielleicht in der Videogame-Industrie als »Kameraleute« arbeiten. Die Berufe werden dann vielleicht anders heißen, die Kameraarbeit wird aber auch nach vermuteten Weltuntergangsszenarien – wie man sie für den klassischen Film denken kann – ihre Arbeitsfelder finden.

Anmerkung

1 An der HFF hat jede Abteilung einen Abteilungsleiter und einen Geschäftsführer: Die Abteilungsleiter repräsentieren die Hochschule nach außen und sind deshalb mit führenden Persönlichkeiten der Medienbranche besetzt (u.a. mit dem Intendanten des Bayerischen Rundfunks oder den Leitern bedeutender Produktions- und film/fernsehtechnischer Firmen. Sie schaffen auch die Kontakte für Absolventen in die Branche). In der Abteilung VII Kamera ist Michael Ballhaus der Abteilungsleiter, und er ist einer der wenigen, der regelmäßig Lehrveranstaltungen anbietet. Der geschäftsführende Professor einer Abteilung ist verantwortlich für Lehre, Betreuung und Organisation. Der Schwerpunkt »Bild Licht Raum« bietet sowohl für Studierende der Kameraabteilung als auch für Studierende der anderen Abteilungen Lehrveranstaltungen an.

Kameraarbeit: Regeln lernen, Regeln brechen

Axel Block, geboren 1947. Nach einer Ausbildung als Fotograf 1968–1972 Studium an der neu gegründeten Hochschule für Fernsehen und Film in München in der Filmabteilung. Danach wirkt er als Kameramann bei mehr als 80 Kino- und Fernsehproduktionen mit. Seit 1975 als Lehrbeauftragter tätig, u.a. an der Deutschen Film- und Fernsehakademie Berlin, an der Fachhochschule Dortmund und an der Kunsthochschule für Medien Köln. Seit 1997 ist er geschäftsführender Professor der Abteilung VII Kamera an der Hochschule für Fernsehen und Film München.

Filme (Auswahl): TATORT – DUISBURG RUHRORT (1981, Regie: Hajo Gies); IM INNERN DES WALS (1985, Regie: Doris Dörrie); BETROGEN (1985, Regie: Harun Farocki); ZABOU (1987, Regie: Hajo Gies); DER PASSAGIER (1987, Regie: Thomas Brasch); VW-KOMPLEX (1988, Regie: Hartmut Bitomsky); DER ACHTE TAG (1990, Regie: Reinhard Münster); PAKTEN – THE SUNSET BOYS (1995, Regie: Leidulv Risan); BIBI BLOCKSBERG UND DAS GEHEIMNIS DER BLAUEN EULEN (2004, Regie: Franziska Buch); ICH BIN DIE ANDERE (2006, Regie: Margarethe von Trotta); TAKIYE – IN GOTTES NAMEN (2010, Regie: Ben Verbong).

Peter Zeitlinger, geboren 1960, ist österreichischer Kameramann und Regisseur. 1980–1987 studiert er an der Universität für Musik und darstellende Kunst Wien. Von 1983 bis 1995 führt er Kamera u.a. bei Filmen von Ulrich Seidl und Götz Spielmann, und seit 1995 arbeitet er neben zahlreichen Fernsehproduktionen regelmäßig für Werner Herzog. Er ist Professor an der Hochschule für Fernsehen und Film München mit Schwerpunkt »Bild Licht Raum«.

Peter Zeitlinger (© Privat)

Filme unter der Regie von Werner Herzog (Auswahl): FLUCHT AUS LAOS (1997); MEIN LIEBSTER FEIND (1999); UNBESIEGBAR (2001), GRIZZLY MAN (2005); EIN FÜRSORGLICHER SOHN (2009); DIE HÖHLE DER VERGESSENEN TRÄUME (2010); BAD LIEUTENANT – COP OHNE GEWISSEN (2010).

Michael Bertl

Bilder in die Dunkelheit

Von Michael Bertl

1. Bilder wollen geträumt sein

Bildern kann wie Büchern ein Zauber innewohnen, der den Betrachter entführt in den ungeheuren Raum der eigenen Gedankenwelt. Bilder können weitertragen in die Tiefen des Gefühls, in die Tiefen des Geistes. Bilder können Wahrhaftigkeit und Glaubwürdigkeit vermitteln, Inhalt und Wert – vor allem aber den Trost der Kunst.

Das Wegdriften der Gedanken beim Versinken in das Gesehene, das ist die Qualität der Bilder, um die es hier geht. Zeit, Geduld und Offenheit spielen dabei eine große Rolle, sowohl beim Erstellen der Bilder als auch beim Betrachten.

Das Bild (und ich spreche hier nur in erster Linie von Filmbildern), das hier besprochen wird, ist vor allem eine Idee, eine Vorstellung, ein Entwurf. Das ist wesentlich. Ohne diese Idee bliebe es ein simples Abbild, von denen es viel zu viele gibt und die alle überflüssig sind.

Bildgestaltung ist zunächst die Vorstellung eines Bildes von den Gegebenheiten der Welt, die mithilfe erworbener Kenntnisse umgesetzt, von persönlichen Erfahrungen, künstlerischem Ausdruck und Inspiration geformt wird.

Die Fantasie eines Bildes also.

2. Der Blick

Wir funktionieren über Bilder, sprechen mit und träumen in Bildern.

In Bildern steckt die Welt, die Natur: Orte, Landschaften, Wetter, Atmosphären. Das Licht ist in den Bildern, die Schatten, der Tag, die Nacht, das Dunkle und das Helle. In einem Bild sind die Dinge enthalten: Häuser, Züge, Autos, Messer, Telefone, Geld, Schuhe, Briefe, Zigaretten und die Dinge zwischen den Dingen, wie Staub, Luft und die Leere. Es enthält das Leben, Pflanzen, Tiere, und vor allem die Menschen. In einem Bild findet man Farben, Kontraste, Helligkeiten, das Harte und das Weiche. Ein Bild beinhaltet Momente, Zeit, Erinnerung, Wünsche, Erwartungen, Befürchtungen, erzählt von einem Davor, einem Jetzt und einem Danach. Von Geschichten und Geschehnissen berichtet es – und von Gefühlen.

In einem Bild steckt ein Blick, der Blick einer Person auf eine andere, der Blick eines Lebens auf ein anderes.

Ein Bild ist der Kreuzungspunkt zweier Blicke und steht für ein Ereignis und für die Erzählung davon. Es ist eine Aufnahme und eine Aussage. Durch den Blick enthält das Bild ein Ich, ein Wir, ein Ihr und ein Sie.

Ein Blick von oben, von unten, von außen oder von innen, von der Seite, von vorne und geradewegs in die Augen.

Ein Blick, der außen verweilt, in der Distanz, der sich nähert, herantritt, umkreist, umfängt, beschreibt und berührt. Ein Blick, der in die Tiefe geht, ins Innere, der analysiert, seziert, aufwühlt, umfängt, erklärt, erinnert, tröstet und verzaubert.

Ein Blick erzählt und dadurch erzählen die Bilder. Das ist der Blick der Bildgestalter, das sind ihre Bilder.

3. Augenhöhe

Wenn man sich also entschließt, den Beruf des Bildgestalters oder der Bildgestalterin mit der kinematografischen Kamera zu ergreifen, dann sollte einem klar sein, dass es zuallererst um die Welt geht und dann erst um das Bild von ihr.

Die erste Aufgabe lautet also: Augen auf, Hinsehen. Genaues, konzentriertes Betrachten, Beobachten, Verfolgen, Aufnehmen, Wahrnehmen, Hinsehen. Immer wieder Hinsehen. Das gilt es zuerst zu lernen.

Wie die frühen Strahlen einer aufgehenden Sonne auf einen Fensterrahmen treffen, das muss man gesehen haben, die Farbe der Sonne, die Helligkeit des Himmels und des Hauses gegenüber, der Vorhang zwischen drinnen und draußen, zwischen dem Licht und der Dunkelheit des Zimmers. Das Licht an der Decke, das Licht auf dem Fußboden, der Schatten an der Wand, die Reflexion im Spiegel – wirklich gesehen, immer wieder gesehen und bedacht und beschrieben haben, ehe man auch nur im Traum darüber nachdenken kann, damit zu arbeiten.

Denn die Bilder wollen gesehen sein.

Die Bilder, die gefunden werden sollen, brauchen eine Basis, einen Nährboden. Wir brauchen einen Fundus, ein Archiv, in dem wir graben können, das immer weiter und immer wieder angefüllt und besucht werden muss. Und dieses Archiv müssen wir uns er-sehen.

Wer das gelernt hat, sieht nicht nur die Welt, sondern sieht der Welt in die Augen. Man stellt sich ihr, man trifft sich. Ein Bild ist ein Treffpunkt. Der Treffpunkt eines Gedankens mit der Welt.

Wer das kann, kann eine Kamera in die Hand nehmen. Erst *wenn* man das kann, braucht man eine Kamera in die Hand zu nehmen.

4. Die Bilder stehen nicht für sich alleine

Der nächste Schritt ist also der Umgang mit der Kamera, Cadrierung und Bewegung. Man muss sich mit dem Gerät anfreunden, die Distanz verlieren, die Scheu. Das bedeutet vor allem viel Übung. Man muss die Kamera lieben, man muss sie vergessen.

Die Kamera ist nicht mehr vor dem Auge, sondern sie ist das Auge. Erst wenn das Gerät verschwunden ist, kann man damit arbeiten. Wir können nur verbinden, wenn wir selbst verbunden sind. Man sieht jetzt nicht durch, sondern mit der Kamera.

Und von jetzt an gibt es ein Format, das in einem Rahmen einen Ausschnitt aus der Welt zeigt, ein Bild nämlich.

Diese Ausschnitte müssen so gemacht sein, dass man rechts und links das Daneben, das Darüber und Darunter auch spürt. Ein jedes Bild muss so gestaltet sein, dass es auch neben sich funktionieren könnte. Die Welt ist am Rahmen des Bildes nicht zu Ende, sie geht weiter und das muss in den Bildern enthalten sein.

Bildgestaltung für bewegte Bilder heißt, (zusammen mit der Regie) den Geist eines Buches, einer Idee, einer Geschichte zu erfassen, eine Grundhaltung zu entwickeln und diese dann fotografisch zu formulieren, zu formen, zu vermitteln.

Worum geht es, was will gesagt sein, wohin wird uns das bringen? Welche Konsequenzen hat dies, und – wie sieht das Bild dazu aus?

Jede Szene, jeder Absatz, jeder Satz wird hinterfragt.

Durch die intensive Beschäftigung mit einem Buch und dem/r Regisseur/in und dessen oder deren Ideen und Vorstellungen entstehen Filter und Maßstäbe, die die Wahrnehmung schärfen und Eck- oder Ausgangspunkte für eine Bildgestaltung ermöglichen.

Der frühe Dialog, und er kann gar nicht früh genug beginnen, dreht die Antennen in die richtige Richtung und öffnet die richtigen Schleusen. Inspiration lässt sich nicht erzwingen, aber sie lässt sich vorbereiten.

»Break down« nennt man das im Englischen, die Worte auf dem Papier werden zerbrochen und zu Bildern geformt. Aus einem Buch wird ein Film. Und immer wieder, für Regie und Bildgestaltung: fragen – hinterfragen. Was will ich? Was ist richtig? Was ist richtiger?

Dabei entstehen der Rhythmus und der Takt. Der große und die vielen kleinen Bögen. Dramaturgische Verdichtung, Konzentration, Fokussierung, Öffnung und Auflösung.

Positionen und Perspektiven werden entworfen. Im faktischen wie im übertragenen Sinne. Mit der Wahl der Position, des Blickwinkels, des Bildwinkels, der Tiefenschärfe und der Abbildungsgröße trifft man eine Entscheidung, die im Fortlaufen der Bilder eine Haltung definiert, für das nächste Bild, für die Sequenz, für den gesamten Film.

Diese Haltung ist es, die den Film als Werk unverwechselbar macht, eine Haltung, die dem Zuschauer etwas mitgibt und ihn weiterführt. Ohne diese Haltung machen Bilder, machen Filme wenig Sinn.

5. Raum, Atmosphäre und Emotion

Die Bilder sind skizziert und müssen nun mit Licht beschrieben werden. Damit schreiben wir, wir bildgestaltenden Kameraleute, mit Hell und Dunkel und all den Schattierungen dazwischen. Unser Licht fällt hart oder weich, direkt oder indirekt, von großen und kleinen Quellen. Unser Licht fällt spitz oder flach. Es ist altes Licht, fahles Licht, müdes Licht. Sonnenlicht, Tageslicht, warmes Licht, kaltes Licht. Licht, das knallt und abprallt, das brennt und blendet, flirrend, heiß und hell.

Licht, das glitzert, das glimmt und schimmert, das sich weich um Gesichter schmiegt und dunkel herabsinkt. Licht, das sich verliert, Licht das verschwindet.

Damit schaffen wir Raum, wir teilen ihn, wir füllen, verdichten und dehnen ihn.

Das ist eine sehr, sehr komplizierte Aufgabe, die lange und intensiv erlernt werden will und einen ein Leben lang beschäftigen wird. Sie erfordert viel Übung und produziert so manche Irrtümer. Und, ich wiederhole mich gerne, wer Licht machen will, muss es zuerst gesehen, verstanden und beschrieben haben.

6. Weil die Bilder uns etwas geben

Beim Dreh ist man durch die Kamera der *erste* Zuschauer. Gefordert ist Gefühl, Einfühlungsvermögen, ein Gespür für die feinen, zarten und heiklen Momente. Mit der Kamera rücken wir dem Spiel auf den Leib.

Schweiß, das Zucken einer Lippe, ein flüchtiges Flattern der Lider: Wir folgen den Bewegungen, den großen und den ganz kleinen, unmerklich atmen wir mit dem Schauspieler. Wir befinden uns mitten im Dialog von Schauspiel und Regie, unterstützen und verbinden die Antennen und Sensoren in beide Richtungen. Das erfordert Einfühlungsvermögen, Mitgefühl, Aufmerksamkeit und Vorsicht.

Wir müssen da sein, wenn der Moment entsteht: das Knistern, das Besondere, das Gefühl.

Dann tanzt die Kamera in der Szene mit, nicht nur in der Szene sondern mit ihr, ist mitwirkend, mitgestaltend und lässt aus Spiel und Dekor ein Bild werden – und einen Moment der Wahrheit.

Wenn wir alles richtig machen, dann lacht die Kamera, sie weint, zittert und jubelt. Sie öffnet mit großer Geste und streichelt mit zarter Bewegung.

Bilder in die Dunkelheit

Seminar »Licht und Raum« (© DFFB 2010)

Wir gestalten bewegte Bilder, die wie Tore sind und weit offen stehen müssen. Durch diese Tore tritt mit dem Licht die Emotion in die Kamera und damit in die Herzen der Zuschauer.

Unsere Bilder leben von der Emotion, die sie darlegen, von der Emotion, die sie zeigen. Wir müssen diesen Emotionen gewachsen sein.

7. Mit einer Kamera alleine ist es nicht getan ...

... das hoffe ich dargelegt zu haben. Das zuvor Beschriebene bezieht sich selbstverständlich nicht auf irgendeine Technologie, eine technische Apparatur oder dergleichen. Das gilt immer! Ganz egal, was wie aufgenommen werden soll.

Filmen und fotografieren scheint ein jeder zu können, der eine Kamera hat. Und tatsächlich kann das ein jeder. Der Beweis sind die vollen Speicherkarten und Festplatten dieser Welt. Die digitale Technik ist immer einfacher und besser geworden, für wenig Geld bekommt man viel Bild. Das Material sieht gut aus und ist in der Regel, wie man so schön sagt, sendefähig.

Unsere Welt ist wie nie zuvor bestimmt vom Bild und vom Bilder-Machen. Ein jeder kann Bilder machen und fast alle tun es, immer, überall. Die digitale Welt verspricht vor allem Möglichkeiten. Sie vergisst dabei aber in den immer umfangreicheren Bedienungsanleitungen den wirklichen Umgang damit zu beschreiben. Aus der möglichen Freiheit erwächst in vielen Fällen lediglich ein Diktat des uneingeschränkt Machbaren und sie beinhaltet die Gefahr, den Überblick, den Blick selbst zu verlieren. Denn wir verlieren die Bilder aus den Augen, das hat die digi-

Michael Bertl

tale Welt klar gezeigt. Das Bild selbst wird flüchtiger, von dem wertvollen Gut eines einzelnen Abzuges oder eines durchleuchteten Dias zu einem File unter Milliarden auf einer summenden Festplatte.

Der Umgang mit diesen digitalen Bildern ist sorgloser, das ist zu beobachten. Auch die sinnliche Erfahrung des Bilderbetrachtens verändert sich, die Intensität des Moments. Die Bedeutung des Bildes verblasst. Es bleibt das alles immer und überall Bebilderte, das immer Verfügbare, das in seiner Beliebigkeit nicht angesehen wird. Nur milliardenfach dupliziert. Die Festplatten sind voll mit Bildern, die keiner betrachten will und wird, weil sie zu viele sind und weil sie nichts bedeuten.

Die Bilder werden immer mehr, ob sie besser werden, sei dahingestellt. Klar ist aber, dass es immer schwieriger wird, in dieser Bilderflut einzelne überhaupt noch zu entdecken, sie wahrzunehmen und aufzunehmen. Umgeben von Bildern sehen wir keine mehr, oder immer weniger. Wir sehen eher weg als hin, wir übersehen, wir schließen die Augen, anstatt sie zu öffnen.

Ernsthaftes, gestaltendes Bildermachen bedeutet aber vor allem zuerst Hinsehen und eben nicht einfach auf ON zu drücken und alles immer irgendwie aufzunehmen, nur weil es so einfach scheint.

8. Zum Begriff und zum Beruf

Die Bezeichnung Bildgestaltung taucht erst seit Kurzem lobenswerterweise in den Ab- und Vorspännen der deutschen Filme auf, an der Stelle, an der in der Regel bisher »Kamera« zu lesen war. Die Kamera ist ein Gerät, die Tätigkeit heißt Bildgestaltung. Die Aufnahme eines Bildes mithilfe einer Kamera ist lediglich ein Teil der Aufgabe, ein Bild für einen Film zu gestalten.

In der deutschen Sprache beschreibt der Begriff Kameramann/-frau diese Tätigkeit nur sehr ungenau und das führt im praktischen Leben zu vielerlei Schwierigkeiten. In der Sozialversicherung zum Beispiel (die zwischen Bildberichterstattern, Kameraleuten, Bildgestaltern, Fotografen, Lichtgestaltern unterscheidet, aber keine bildgestaltenden Kameraleute kennt), bei der Statusfeststellung, beim Status überhaupt.

Ist man als Kameramann/-frau respektive Bildgestalter/in weisungsgebundener Ausführender einer angewiesenen Tätigkeit oder ein selbstständig künstlerisch Tätiger? Ist man Lohnempfänger, Dienstleistender, Werkschaffender? Wird man nach tarifgesetzlich vorgegebenen und bewertbaren Bestimmungen oder aufgrund einer ureigenen persönlich-künstlerischen Qualität betrachtet und beurteilt? Als Urheber und Rechteträger? Als jemand an der Auswertung des Werkes Mitberechtigter, als Schaffender, Kreativer, als Künstler?

Die Tätigkeit heißt Bildgestaltung; die Personen, die die bewegten Bilder machen, heißen bildgestaltende Kamerafrauen und -männer. Director of Photography, Direttore della Fotografia, in anderen Sprachen sind die Begriffe klar und zeigen eindeutig, dass es eine/n Direktor/in für das fotografische/kinematografische Bild gibt.

Man kann die Bildgestaltung auf verschiedene Weise erlernen, ein Schritt dahin kann der Weg auf eine Filmhochschule sein.

Benötigt werden die Bereitschaft zu geben, die Lust an lebenslangem Lernen, beachtliches Durchhaltevermögen und der unbändige Wunsch, Bilder in die Dunkelheit zu schreiben.

Michael Bertl, 1963 geboren, absolvierte ein Architekturstudium an der TU München und TU Berlin und ein Studium an der deutschen Film und Fernsehakademie Berlin, DFFB. Er arbeitet seit mehr als 20 Jahren als bildgestaltender Kameramann

Bilder in die Dunkelheit

für bisher mehr als 30 (inter-)nationale TV- und Kinoproduktionen. Er unterrichtet an zahlreichen Filmhochschulen und ist leitender Dozent für Bild- und Lichtgestaltung an der DFFB.

Filme (Auswahl): NAH AM WASSER (1994, Regie: Marc Ottiker); DER NACHLASS (1994, Regie: Rüdiger Sünner); MAMMAMIA (1998, Regie: Sandra Nettelbeck); LIEBE, LÜGEN & GEHEIMNISSE (1999, Regie: Maria Teresa Camoglio); BELLA MARTHA (2001, Regie: Sandra Nettelbeck – Award for outstandig Cinematography in Madrid und best cinematography award vom Simbabwe International Filmfestival); HAND IN HAND (2001, Regie: Maria Teresa Camoglio); SERGEANT PEPPER (2004, Regie: Sandra Nettelbeck); FÜRCHTE DICH NICHT (2006, Regie: Christiane Balthasar); BLÖDE MÜTZE (2007, Regie: Johannes Schmid); ÜBER DEN TOD HINAUS (2008, Regie: Andreas Senn); HELEN (2009, Regie: Sandra Nettelbeck); WINTERTOCHTER (2011, Regie: Johannes Schmid); MR. MORGAN'S LAST LOVE (2012/13, Regie: Sandra Nettelbeck).

Michael Bertl (© Privat)

André Bendocchi-Alves und Su Nicholls-Gärtner

In der Kunst kann man nicht mogeln

André Bendocchi-Alves im Gespräch mit Su Nicholls-Gärtner

SNG: Was bedeutet »Film lehren« für Dich?
ABA: »Film lehren« bedeutet für mich persönlich, dass ich die Möglichkeit bekomme, mich selbst durch Nachdenken und die Erforschung neuer Möglichkeiten in Medien weiterzubilden. Film ist eine Sprache, eine Kunst und ist Teil unserer Kultur und unserer Geschichte. Es gibt die Filmsprache, die Filmgeschichte und beides kann man unterrichten. Man kann auch versuchen zu lehren, was die Komponenten sind, die man braucht, um einen Film zu machen. Aber wie man ein Filmemacher wird, kann man nicht lehren. Es ist wie bei der Malerei: Du kannst Kunstgeschichte lehren, die Malerei üben und jemandem zeigen, wie man mit Aquarell und Öl arbeitet oder ihm Zeichnen beibringen. Aber man kann danach nicht sagen: »Jetzt bist Du ein Picasso!« Das geht nicht.

SNG: Würdest Du den Studenten lieber ein Labor zum freien Experimentieren bieten oder ihnen doch ein konkretes Handwerk vermitteln?
ABA: Reines Handwerk zu vermitteln, ohne die Träume oder die Ziele der Studenten im Blick zu haben, hilft ihnen nur wenig. Ich würde das mit unserem Schulsystem vergleichen: Du musst Biologie und Mathematik lernen, oder im Fall einer Filmschule musst du Filmgeschichte, Grundlagen der Montagen, Sound Editing und vieles andere mehr lernen – aber das alleine hat keinen Sinn! Handwerk ist nur dann sinnvoll, wenn man es mit Träumen und Visionen verbindet.

SNG: Aber viele ifs-Bewerber wollen genau das: »Handwerk und Technik« lernen. Was ist der Hintergrund Deiner Haltung?
ABA: Es ist nicht die Aufgabe unserer Schule, ausschließlich Handwerk und Technik zu vermitteln. Im Gegenteil. Schulen können unmöglich Studierende in drei bis vier Jahren so gut in einem Handwerk ausbilden, dass sie alles auf der Welt schneiden könnten und alles beherrschen. Was ist überhaupt das Handwerk des Schneidens? Ein Paar Tricks zu kennen und über ein Repertoire von geschnittenen Filmen zu verfügen? Geräte oder die heutige Software zu bedienen, das ist auch nicht das Handwerk, das ich meine und das ich vermitteln will. Handwerk bedeutet für mich die Kenntnis der Instrumente, die man braucht, um Film zu gestalten. Handwerk hat nur einen Sinn als Gestaltung. Beim Synchronschneiden besteht das Handwerk darin, an der richtigen Stelle der Lippenbewegung zu schneiden. Das kann man lernen. Aber das heißt noch lange nicht, dass der Editor den Schnitt eines Dialogs beherrscht. Rhythmus, Proportionen des Dialogs sind Ebenen der Gestaltung, die die Wahrnehmung des Bildes beeinflussen. Man lernt mit der Zeit, solche Feinheiten zu erkennen. Das Wichtigste für eine Filmschule ist, jedem einzelnen Studenten dabei zu helfen, eine Mischung aus Vision und Forschung zu finden.

In der Kunst kann man nicht mogeln

SNG: Spricht das nicht dafür, mehr in der Schule zu experimentieren? Lernt man durch das Experiment?
ABA: Durch Experimentieren kann man lernen. Das muss man sogar, weil Filme in ihrem Kern Experimente sind. Kein Mensch weiß genau, wie ein Film zu machen ist – egal welche Art von Film. Filme machen kann man nicht mit der Herstellung von Schuhen oder mit der Arbeit in einer Autofabrik vergleichen. Man arbeitet stets mit Koordinaten, die man nicht ganz steuern kann. Man arbeitet mit Emotionen und subjektiver Wahrnehmung. Zum Beispiel ein Schauspieler: Ein guter Schauspieler kann üben, üben, üben. Er kennt seinen Text beim Dreh. Er wird möglicherweise im Vorfeld über den Text diskutieren. Aber im Moment der Aufnahme entsteht etwas Neues. Er ist keine Maschine und dieser Moment ist keine Wiederholung wie am Fließband.

SNG: Was antwortest Du Bewerbern, die sagen: »Ich will das Handwerk des Filmschnitts lernen?«
ABA: Ich kann das schon verstehen, weil Studenten, die sich an unserer Schule bewerben, aus einer technisierten Welt kommen. Die meisten Menschen haben einen Computer. Sie klicken den ganzen Tag und sagen sich: »Jetzt will ich die Software beherrschen lernen oder ich will lernen, wie man eine Action-Szene, schneidet!« Das muss man auffangen. Wenn man mit Ton arbeitet, sind Träume nicht hilfreich. Man muss auch fachlich lernen, wie man einen Film vertont. Das Handwerk des Tons ist einfach zu erklären. Was sind Frequenzen oder Synchronizität und wie gestaltet man einen tonalen Raum? Es lassen sich klare Regeln definieren, die man lernen kann. Synchronschneiden, die Ordnung von Sound Editing, die Verteilung am Mischpult, das ist alles Handwerk. Aber das alleine hilft nicht viel. Wer das Handwerk beherrscht, kann nicht unbedingt einen Film zum Leben bringen. Trotzdem ist das Handwerk die Basis allen Tuns. Ein Regisseur muss lernen, was eine Achse ist, das richtige Timing einer Inszenierung zu erkennen, ein Gefühl für Positionierung und Räume zu entwickeln und er muss die verschiedenen Objektive kennen. Aber das heißt nicht, dass er automatisch ein Filmemacher ist.

SNG: Muss ein Student einen Traum oder eine Vision mitbringen?
ABA: Ich glaube nicht. Manche Studenten sind gerade mal 19 oder 20 Jahre alt, wenn sie zu uns an die Schule kommen. Man kann nicht erwarten, dass ein 19-Jähriger eine klare Vision von der Welt oder von seiner Zukunft hat. Es gibt natürlich Ausnahmen, aber man kann nicht von allen Studenten verlangen, dass sie schon so weit sind. Man muss allerdings ihre Wünsche und Talente erkennen, um das, was sie mitbringen, vertiefen zu können. Der wichtigste Lernprozess fängt an, wenn die Studenten sich selber die Fragen stellen: »Was ist mein Talent? Was ist meine Handschrift?« Kein Mensch kann alles machen. Es gibt Regisseure, die sich mehr auf Schauspieler und andere, die mehr auf Bilder fokussieren. Genauso gibt es Editoren, die eher für Comedy oder für Actionschnitt geeignet sind. Jeder Mensch ist anders und muss seinen Weg finden. Und das ist wirklich das Hauptziel der ifs: Diesen jungen Menschen eine Sprache zu geben, die sie dann selbst benutzen können, um über ihre eigenen Ideen kommunizieren und gleichzeitig auch Ergebnisse gestalten zu können. Das ist für mich der Hauptgrund für eine filmische Ausbildung. Alles andere, Software zu benutzen oder was auch immer, kann man irgendwo und überall lernen.

Eine andere Komponente, die für mich in der Filmhochschule sehr wichtig ist, ist der menschliche Kontakt. Man kann tausend

André Bendocchi-Alves und Su Nicholls-Gärtner

Dinge am Computer alleine lernen. Aber das Wichtigste, den Austausch mit Filmmenschen, die Erfahrung haben, erhält man nur hier. Der Austausch findet vielleicht im Schneiderraum oder vor einem Bildschnitt statt, aber er ist nicht ersetzbar. Wenn man mit einem Studenten oder mit einem Regisseur an einem Film arbeitet, gibt es Momente, in denen man sich über Wahrnehmung und über Erfahrung bespricht. Da diskutiert man. Und worüber wir sprechen ist zum Beispiel: »Wie nehme ich das wahr?«, »Wieso reagiere ich auf irgendetwas?«

SNG: Was hältst Du von Bewerbern, die sich nicht spezialisieren und gerne alles machen wollen – Regie führen, schneiden, produzieren etc.?
ABA: Na ja, im Film ist Spezialisierung relativ. Ich sehe das so: Es gibt Filmemacher mit verschiedenen Schwerpunkten und Arbeitsweisen und es gibt unterschiedliche Wege, sich Kenntnisse anzueignen. Es gibt Menschen, die kommen vom Schneiden und wechseln in einen anderen Bereich. Es gibt Regisseure, die als Kameramann oder Schauspieler angefangen haben, und Regisseure, die vorher Editoren waren. Der Weg ist viel breiter, als die Studenten am Anfang sehen können. Das größte Problem der Ausbildung ist, dass man theoretisch 30 bis 40 Jahre oder das ganze Leben braucht, um einen Filmemacher auszubilden, aber das ist an einer Schule unmöglich. Stattdessen versuchen wir, ein paar Fenster aufzumachen und sagen: »Vielleicht ist dieses Fenster ein Weg für Dich«. Wir geben unseren Studenten Impulse und die Möglichkeit, Erfahrungen zu machen, sodass sie eventuell ein bisschen Zeit sparen können. Du musst nicht stunden- oder jahrelang forschen, um etwas herauszufinden. Du muss nicht sechs Monate schneiden, um herauszufinden, dass du nicht schneiden solltest, wenn im Film ein Mensch läuft und seine Beine nicht geschlossen sind, weil der Schnitt immer springen wird. Das kann ich dir in zwei Minuten zeigen. Du machst dann zwei Tests und sagst: »Aha!« Danach bleibt dir deine Erkenntnis.

Im Grunde lernt man als Dozent genauso viel wie die Studenten. Der größte Vorteil unserer Schule ist, dass unser Curriculum flexibel ist. Das ist gut, weil wir aktuelle Themen einbauen können. Wir haben hier immer die Studenten im Blick und gehen auf sie soweit wie möglich ein. Aber wir sind keine Privatschule mit einem maßgeschneiderten Programm für einen einzelnen Studenten. Wir können nur versuchen, jeden dieser einzelnen Menschen dabei zu unterstützen, seinen Weg zu finden. Und einigen müssen wir auch helfen zu erkennen, dass sie sich verlaufen haben! Dass sie zum Beispiel feststellen, dass Regie nicht ihr Ding ist.

SNG: Sie sollen also Fehler eingestehen?
ABA: Was heißt Fehler? In der Kunst gibt es keine Fehler. Es gibt schlechte Kunst oder gute Kunst. Das heißt so viel wie anerkannte und nicht anerkannte Kunst. Man kann eigentlich keine schlechte Kunst machen. Wenn man sagt, dass es schlechte Kunst ist, dann sagt man, dass es keine Kunst ist. Die Frage ist, ob man sowas sagen kann.

SNG: Das ist hart für Studienanfänger zu hören: Oft wollen sie ein Handbuch haben, in dem ausgeführt ist, wie Filme gemacht werden.
ABA: Ja, das hat seine Ursachen im Schulsystem. Die Kinder sind gewohnt in der ganzen Schulzeit Verschiedenes zu lernen, ohne genau zu wissen wofür. Teilweise hat dieses Wissen wenig mit der aktuellen Lebenssituation der Kinder zu tun. Die Kinder lernen manches, was sie nicht einordnen können, weil sie es selber nicht erlebt haben. Das habe ich bei meinen Töchtern beobachtet, als wir in München lebten und sie dort zur Schule gingen. In der Schule sollten sie et-

In der Kunst kann man nicht mogeln

was über die Umgebung von Bayern lernen. Aber als sie nach Hause kamen, sah man im Fernsehen nur den Krieg in Afghanistan. Die Realität von Bayern war nur 20 Kilometer weit weg, aber trotzdem viel entfernter als das Weiße Haus in Washington DC. Darum wollen unsere Studenten ein Handbuch haben. Sie wollen Wissen vermittelt bekommen, ohne nachdenken zu müssen, ob es sinnvoll ist. ifs-Bewerbern stellen wir jedes Mal die Frage: »Welchen deutschen Film hast Du zuletzt gesehen?« Darauf können sie nicht antworten, weil sie mit amerikanischen Filmen viel mehr Erfahrung haben. Keiner hat deutsche Filme gesehen. Klar gibt es ein paar Ausnahmen, aber 90 Prozent der Bewerber haben keinen Bezug zum deutschen Film. Ich frage mich, warum die hier studieren und nicht lieber direkt nach L.A. gehen sollten? Wir laden Dozenten ein, die in Deutschland und im Ausland arbeiten und ein Gefühl für die Gegenwart sowie für die Probleme des aktuellen Kinos haben. Das, glaube ich, ist sehr wichtig.

SNG: Was ist in der Filmgeschichte oder in der Filmsprache wichtig zu erkennen?
ABA: Film ist eine Sprache. Man muss diese Sprache beherrschen, sonst kann man sich nicht austauschen. Die Filmsprache hat, wie alle Sprachen, eine Geschichte. Sie hat sich im Laufe der Jahre entwickelt und die unterschiedlichsten Ausprägungen erfahren. Wer also die Filmgeschichte nicht kennt, redet über das Filmemachen, als würde er es ganz neu erfinden – z.B. 3D. 3D wurde schon 1912 ausprobiert und wird heute als eine große Innovation dargestellt. Es gab schon alles! Diese Konfrontation oder Auseinandersetzung mit der Filmsprache hilft bei der praktischen Arbeit. Im Schneideraum sage ich immer wieder: »Wenn Du nicht weißt, wie Du eine Szene schneiden kannst, dann geh auf die Suche nach Referenzen. Suche nach Lösungen in Filmen, die Du gesehen hast.

99 Prozent der Schnittlösungen sind schon irgendwo, irgendwann gemacht worden. Du musst selber nichts erfinden.«

Deshalb sind Filmgeschichte, das Repertoire von Filmen, die du gesehen hast, und die Kenntnisse von Filmsprache sehr wichtig. Weil die Kreativität, die wirkliche Kreativität, auf einem sehr schmalen Grat lebt. Der Unterschied zwischen einem Polanski-Film und einem anderen Film besteht in kaum wahrnehmbaren Nuancen in der Art, wie er gebaut ist. Es ist die Summe von kleinen Anteilen wie Arbeitsweisen, Entscheidungen, Gestaltungen und Momenten zum Beispiel in der Bewegung der Schauspieler oder in der Kameraposition, die diese kreativen Möglichkeiten eröffnen. Man kann nicht sagen: »Ich mache jetzt den Knallerfilm, den größten Film des Jahrhunderts!« Nein. Das gibt es beim Film selten.

SNG: Findest Du, dass wir eine zeitgemäße Struktur an der Schule haben, wenn man den momentanen Entwicklungsstand der Filmbranche bedenkt? Ich meine, dass zum Beispiel die Postproduktion schon während der Preproduktion und Produktion stattfindet. Man könnte sich fragen, ob die Berufsbilder noch aktuell sind.
ABA: Die Filmpraxis wird die Trennung zwischen dem Drehbuchschreiben und der finalen Phase – Produktion, dann Postproduktion, schließlich Kopie – nicht mehr in dieser Art aufrecht erhalten. Man kreiert jetzt schon viel früher das Ergebnis, und die Postproduktion ist bereits in vielen Prozessen enthalten. In unserem Studium denken wir diese Veränderungen langsam auch mit. Man schneidet schon Szenen, bevor sie gedreht werden können. Es ist nicht wie früher, als eine Idee nur von einem Editor, einem Regisseur oder einem Kameramann diskutiert wurde. Heute dreht man ein Layout oder plant mithilfe von Programmen für visuelle Effekte mit den verschiedenen Abteilungen

215

André Bendocchi-Alves und Su Nicholls-Gärtner

Szenen bis ins Detail, während parallel dazu noch am Drehbuch gearbeitet wird. Natürlich muss so etwas auch geschnitten werden. Diese Art der Arbeit wird zunehmen und ich glaube, dass dieser Weg es uns ermöglichen wird, andere Erzählformen zu erforschen und zu erreichen.

SNG: Dann wird es auch kompliziert, das traditionelle Filmemachen zu lehren. Ich habe den Eindruck, dass unsere Filmsprache eine Übersetzungshilfe braucht.
ABA: Man muss ein bisschen weg von dieser Struktur, die vorgibt, dass einzelne Menschen nach und nach an der Entstehung eines Films mitwirken. Ich meine damit natürlich die Filmemacher. Ich glaube, alle Mitwirkenden werden mehr und mehr von Anfang an involviert sein. Wenn viel mehr Mitwirkende in eine Idee eingebunden sind, kann aus dieser Idee etwas Großes werden. Nicht wie in alten Zeiten, in denen erst gedreht und dann ein Editor gesucht wurde, der/die dann nur schneidet und dann war Schluss. Oder jetzt ist das Drehbuch fertig, jetzt holen wir den Schauspieler!

SNG: Wird das nicht eine große Umstellung für die Abteilungen der Schule sein?
ABA: Nein, nicht nur. Ich rede von der Branche. Was ich soeben beschrieben habe, enthält viel Entwicklungspotenzial für die Branche als Ganze. Und auch für den Dreh. Man muss nicht mehr linear erzählen. Es gibt ein paar Projekte im Internet, in denen Filmemacher aufgerufen haben: »Wir brauchen Effekte, wir brauchen Mitwirkende! Wer in der Welt will sich anbieten und bei diesem Filmprojekt mithelfen?« So wie es bei IRON SKY der Fall war. Nun kann ich mir vorstellen, dass Menschen in der ganzen Welt sich in einem Projekt zusammenfinden. Das ist spannend. Für die Filmschule ist auch interessant, dass die Ergebnisse viel schneller überprüft werden können. Man kann ein Drehbuch animieren und sofort feststellen, ob das Timing stimmt oder ob der Dialog so funktioniert, wie er gedacht ist. Man kann mit Simulation viel mehr erarbeiten.

Ich habe kürzlich den Film von Eleanor Coppola, der Frau von Francis Ford Coppola, gesehen, die während der Verfilmung von APOCALYPSE NOW einen Dokumentarfilm gedreht hatte. Das hat mich sehr beeindruckt. In dem Dokumentarfilm sagt Francis Coppola in einem Interview, wie toll das Super-8-Film-Format sei. Weil jeder eine Kamera in der Hand halten und einen Film, also auch »Kunst«, machen kann. Es ist demokratisch, und man kann einen Film machen, ohne dem Einfluss der großen Studios ausgesetzt zu sein. Es ist lange her, dass er das gesagt hat. In Deutschland haben wir den großen Sprung immer noch nicht gewagt. Unsere Aufgabe in Europa ist, in diese Richtung zu denken und zu gehen!

SNG: Was meinst Du mit dem »großen Sprung«?
ABA: Film ist aufgrund seiner neuen gestalterischen Möglichkeiten in verschiedenen Formen denk- und machbar. Es sollten andere Wege gesucht und nicht nur die Industrie, der Markt bedient werden!

SNG: Das ist aber Anarchie!
ABA: Das ist nicht Anarchie. Unser Kinosystem, unsere Verleihe und Förderung folgen noch einem alten Traum. Wir sind eine moderne Gesellschaft, aber die Modelle, die wir von Verleih und Förderung haben, sind uralt und folgen Prinzipien, die vom Unmöglichen träumen. Sie träumen von einem Erfolg, der größer ist als der Erfolg amerikanischer Filme. Das ist einfach Blödsinn. Unser Traum in der Schule ist es, etwas anderes zu machen. Folglich entfernen wir uns ein wenig von diesen traditionellen Systemen. Film wird sich aufgrund der neuen Technologien neue mediale Möglichkeiten

In der Kunst kann man nicht mogeln

erobern. Die Gesellschaft hat viel mehr Platz für Film als früher.

SNG: Aber dann ist es nicht so, dass wir die Industrie nicht brauchen, sondern so, dass wir Mitwirkende an einer neuen Gestaltung der Industrie sind.

ABA: Ja, es gibt Leute, die träumen nur davon, für die Filmindustrie zu arbeiten. Es ist sicher wichtig, für die Filmindustrie arbeiten zu können, aber das interessiert mich nicht. Es reicht nicht, die Filmbranche nur als Möglichkeit zum Überleben zu betrachten.

SNG: Du meinst, in der Industrie zu arbeiten und damit zu überleben?

ABA: Ja, wie ein Mensch, der in die Autofabrik geht und am Fließband arbeitet. Ich muss auch manchmal am Fließband arbeiten. Aber wenn ich hier mit Studenten arbeite, möchte ich nicht Studenten ausbilden, die ausschließlich am Fließband arbeiten wollen.

SNG: Ist es nicht unsere Plicht dafür zu sorgen, dass die Studenten auch für die Filmindustrie arbeiten können?

ABA: Ja, das stimmt. Sie müssen das Handwerk und die Kenntnisse haben, um später in der Filmindustrie arbeiten zu können, damit sie überleben können. Aber wir müssen von diesen Menschen, die hier an die Schule kommen, mehr verlangen.

SNG: Meinst Du, dass die handwerklichen Kenntnisse zu gering sind für eine solche Arbeit?

ABA: Nein, denn es ist auch nicht so einfach, eine Serie zu schneiden. Ich will keine nennen, aber eine von diesen TV-Serien oder -Soaps zu schneiden, ist auch eine anspruchsvolle Arbeit, bei der es hilft die Filmsprache zu kennen. Auch wenn ich es nicht selbst mache, respektiere ich die Menschen, die das können. Aber es ist nicht die Aufgabe unserer Filmschule, nur solche Menschen zu formen. Hier gibt es Visionen, hier wird geforscht, experimentiert und die Möglichkeit geboten, eine andere Filmwelt zu entdecken. Die Studenten sollen hier auch mediale Möglichkeiten für ihre Filme finden und sollten nicht nur das »Kino« als alleinige Ausdrucksmöglichkeit ansehen.

SNG: Ganz platt gefragt, André, brauchen wir dafür eine Schule?

ABA: Natürlich brauchen wir eine Schule. Die Schule ist der zentrale Ort, an dem man viele Verrückte finden kann. Alle Kunst entwickelte sich immer aus einer großen Bewegung. Eine neue Kunst-Bewegung entsteht häufig durch eine Ansammlung von solchen Leuten. Leute, die mit Kunst arbeiten, müssen sich treffen und austauschen. Allein auf einer Insel gibt es kein Genie und keine Künstler. Ein Künstler zu sein bedeutet, in der Lage zu sein, seine Ideen mit Menschen auszutauschen, mit anderen für und gegen Ideen zu kämpfen und zusammen neue Visionen zu suchen und zu finden. Du wirst dann von den anderen gelenkt, geleitet und beeinflusst. Wenn du eine Person triffst, die etwas Geniales macht, dann willst du auch etwas Geniales machen. Deshalb brauchen wir eigentlich viel mehr Filmhochschulen. Wir brauchen die Filmhochschulen als unverzichtbaren Teil des Schulsystems. Gleich nach dem Abitur sollten alle Menschen auf die Filmhochschule kommen. Filmhochschulen brauchen wir mehr als zuvor!

SNG: Findest Du, dass genug im klassischem Schulsystem getan wird, um jungen Leuten Filmkompetenz beizubringen?

ABA: Ich sehe da einen großen Mangel im Schulsystem. Kinder erfahren in der Schule nur wenig über Kunst. Als ich nach Deutschland kam, habe ich diesbezüglich viel mehr erwartet. Die Kinder lernen immer noch wenig vom »Film«, obwohl er ein wichtiger Teil unseres Lebens und unserer Kultur ist.

André Bendocchi-Alves und Su Nicholls-Gärtner

Selten gibt es in der Schule ein Fach »Film«. Die Schüler gucken zwei- oder dreimal im Jahr einen Film an, zum Beispiel, wenn sie *Effi Briest* gelesen haben und anschließend die Verfilmung sehen. Das war's. Das ist leider veraltet. Film gehört in meinen Augen zur Allgemeinbildung des Menschen.

SNG: Das ist der eine Punkt. Der andere ist die Art des Lernens. Die Studenten sind geprägt durch ein Notensystem und lernen für Noten und nicht für sich selbst oder um sich etwas Bestimmtes anzueignen. Merkst Du das an unseren Studenten auch?

ABA: Bewertung muss nicht unbedingt eine Note sein. Man kann einen Studenten bewerten, indem man seine Motivation und seine Intention berücksichtigt. Ich frage mich, wenn ich jemanden bewerten muss: »Hat er/sie das Beste aus sich herausgeholt? Hätte er/sie nicht noch ein bisschen intensiver nach Möglichkeiten oder Antworten suchen sollen?« Die Note für den Studenten ist eine Aussage über ihn/sie als Persönlichkeit. Das ist mein Notensystem. Er kann ein Genie sein, der ein ordentliches Ergebnis bringt, aber er hat nicht viel getan. Dann kriegt er auch keine gute Note von mir.

Die Ausbildung ist *für* Menschen und *über* Menschen. Sie muss die Entwicklung jedes einzelnen Studenten widerspiegeln. Wenn der oder die nicht gut arbeitet, dann muss man darüber nachdenken. Im Grunde kann man die Studenten sich selbst benoten lassen. Diese Hoffnung, die manche haben, gute Noten zu bekommen und nicht viel dafür machen zu müssen, kommt aus deren Schulzeit.

SNG: Wie sieht ein studentischer Erfolg für Dich aus?

ABA: Tja, was ist überhaupt Erfolg? Ich habe keine Ahnung, was Erfolg ist. Dieter Bohlen hat Erfolg, aber das heißt für mich nicht viel. Ich denke, wenn der Student es schafft, seine Vorstellungen und Träume adäquat umzusetzen, zu realisieren, dann ist das ein Erfolg. Das schafft der Großteil der Menschen auf dieser Welt nicht. Erfolg ist demnach, wenn ein Student mit sich und mit seiner Arbeit zufrieden ist und sagt, »Jetzt bin ich gelandet und mach' jetzt, was mich glücklich macht.«

SNG: Für mich ist auch ein Erfolg, wenn die Studenten sich selbst noch besser kennenlernen während der Zeit, in der sie bei uns sind.

ABA: Ja, diese Studenten-Generation hat zu wenig Selbstvertrauen. Sie scheint auch zu wenige Ziele zu haben. Sie haben wohl eine andere Art von Wertesystem. Ich nenne das Umfeld, in dem sie sich befinden, eine »scroll«-Gesellschaft. Alles kann ganz leicht weggewischt oder abgerufen werden. Und weil das alles so leicht ist, fehlt es an Herausforderungen, die zu Zielen umformuliert werden. Deshalb versuchen wir den Studenten dabei zu helfen, Ziele zu entwickeln.

SNG: Wie würdest Du Scheitern definieren? Ist schon einmal jemand hier in der Schule gescheitert – zum Beispiel beim letzten Filmprojekt?

ABA: Das weiß ich nicht genau. An einem Projekt zu scheitern oder Mist zu machen, sodass nichts funktioniert, kann bei einem Studenten durchaus vorkommen. Die Frage ist, wie reagiert er oder sie darauf? Oder wie reagiert die Schule auf diese Arbeit? Die Schule muss einen Weg finden, dem Studenten bei der Suche nach der Ursache zu helfen. Einfach zu scheitern und nicht zu reagieren heißt, wirklich zu scheitern. Es ist sehr wichtig, das zu erkennen. Kinder, die laufen lernen, fallen auch tausendmal zu Boden. Die werden es aber ebenso weiterhin versuchen. Die Studenten sollen an ihre Grenzen stoßen. Dann lernen sie am meisten. Die Tendenz der jungen Studenten ist,

In der Kunst kann man nicht mogeln

dass sie keine gravierenden Fehler machen wollen. Aber wenn man keine Fehler macht, lernt man seine Grenze niemals kennen. Es ist wie bei einem Formel-1-Fahrer. Wenn er nie im Grenzbereich fährt, wird er auch selten gewinnen. Man muss seine Grenzen austesten, um sich selber zu erkennen und zu erforschen. Und somit ist es in Ordnung, wenn man scheitert. Man kann nicht versuchen, etwas mit halbem Herzen zu machen. In der Kunst kann man nicht mogeln.

In der Filmsprache oder beim Schneiden kannst du auch nicht mogeln – auch nicht in der Filmgeschichte. Das bremst nur. Man muss radikal sein können. Man muss in der Lage sein, sich von manchen »darlings« zu trennen, selbst wenn etwas schön geschrieben ist, wenn Schauspieler schön gespielt haben oder wenn Menschen lange an etwas gearbeitet haben. Man muss sagen können: »Nein, es ist für die Geschichte nicht gut. Weg damit.«

SNG: Susan Korda sagt den Regisseuren immer wieder: »You have to kill your darlings!« Findest Du, dass die Studenten sich gut von solchen »darlings« trennen können?
ABA: Nein! Die können sich überhaupt nicht von ihrem eigenen Material trennen! Es ist auch schwierig, sich von Material zu trennen, wenn man im Kurzfilmformat arbeitet. Weil nicht so viel Material da ist. Deswegen ist es während der Ausbildung zum Schneiden wichtig, Ansätze von Spielfilm oder lange Filmformate zu haben. So hat man es mit Träumen zu tun, die ein bisschen größer sind.

SNG: Du bist hier in der Schule fast so lange wie ich – zwölf Jahre. Siehst Du einen Unterschied zwischen den Studenten von früher und denen von heute?
ABA: Nein, ich erkenne keinen Unterschied bei den Studenten, aber *wir* sind anders geworden. Ich behaupte, dass wir inzwischen gelernt haben, besser mit Situationen umzugehen und sie zu steuern. Es ist wie bei einem alten Ehepaar. Es gibt Situationen, bei denen es sich nicht lohnt zu streiten. Man überspringt manches und geht mehr auf das Wesentliche ein. Man lässt die Kleinigkeiten, denn es geht nicht um Kleinigkeiten, sondern um das Wesentliche beim Filmemachen. Deshalb sind wir besser geworden.

SNG: Ist der Studenten-Oscar für unseren Abschlussfilm DIE SCHAUKEL DES SARGMACHERS ein Beweis dafür, dass wir besser geworden sind?
ABA: Der Oscar ist nie ein Beweis für die Qualität einer Arbeit. Klar, die Anerkennung tut gut und ist gut. Er ist auch eine gute Werbung für die Schule. Aber nur dem Oscar zu folgen, macht keinen Sinn.

SNG: Was gibt Dir dann das Gefühl, dass die Schule funktioniert oder anders gesagt, dass wir unsere Arbeit richtig machen?
ABA: Ich sehe es zum Beispiel an der letzten Gruppe von Schnittstudenten, die gerade ihr Studium abgeschlossen hat. Sie alle arbeiten als Editoren. Diesen Beruf lernt man nicht in drei, zehn oder zwanzig Jahren. Nach dreißig Jahren kommt die große Erkenntnis, dass man eigentlich nicht viel weiß. Das ist so. Alle unsere Studenten üben einen Beruf in der Medienlandschaft aus, und von diesen acht Studenten werden mindestens sieben ein ganzes Leben lang Editoren sein. Das sagt viel aus, das ist unser Erfolg.

SNG: Das stimmt. Und von allen, die an der Weiterbildung »Filmmontage« in den Jahren zuvor teilgenommen haben, arbeiten auch 98 Prozent als Editoren.
ABA: Genau, und es ist wichtig, dass die Schule dieses Ergebnis vorweisen kann.

SNG: O.k., aber was können wir noch anders und besser machen hier an der Schule?

André Bendocchi-Alves und Su Nicholls-Gärtner

Hast Du eine Vision, wie wir in Zukunft noch effektiver arbeiten können?
ABA: *(lange Pause)* Na ja, wir müssten viel mehr Filme machen. Wir machen zu wenige Filme.

SNG: Das sehen manche anders. Man könnte sagen, dass ein Film pro Semester schon ein ordentliches Pensum ist.
ABA: Ja, aber wir gehen immer davon aus, dass jeder Regiestudent für sich einen Film macht. Ich vermisse aber die größeren Projekte. Die, in denen eine größere Gruppe von Studenten für ein Semester in ein einziges Projekt eingebunden ist. Ich würde gerne hören: »Wir machen jetzt einen Spielfilm! Ein Jahr lang werden wir hier in der Schule daran arbeiten.«

SNG: O.k., aber dann geht es weniger um die Quantität, sondern eher um die verschiedenen Arten von Filmen, die gemacht werden könnten. Verstehe ich Dich richtig?
ABA: Ja, eigentlich schon, weil in der Schule jeder Autor, jeder Regisseur und jeder Editor in ein Filmprojekt eingebunden ist und jeder arbeitet für sich selbst. Es fehlt der große Knall, indem 20 Leute zusammenkommen und sagen: »Wir wollen etwas Größeres zusammen machen.« Wir sollten Platz im Curriculum schaffen, um das zu ermöglichen. Gleichzeitig muss aber auch ein Teil dieses Projekts von den Studenten selbst kommen. Das ist im übrigen der große Unterschied zu der Zeit, in der ich studiert habe. Zu meiner Zeit waren die Studenten die Revolutionäre und die Professoren waren die Reaktionäre. Heute ist es ein bisschen anders. Als Professor bist du verpflichtet, der Revolutionär zu sein, weil die Studenten zu »normal« sind. Es ist in der Tat eine andere Welt. Ein Teil der Ausbildung ist, revolutionär zu sein. Zumindest sollen die Studenten lernen, eine kleine Revolution anfeuern zu können. Sie tendieren zu stark dazu, in der Normalität bleiben zu wollen und nur zu reagieren. Wenn ich darüber nachdenke, dann sind die neuen Studenten eher reaktionär.

SNG: Aber ist es nicht gefährlich, viele Revolutionäre zu »produzieren« oder zu inspirieren? Wer weiß, was die Studenten damit machen werden?
ABA: Ein Revolutionär ist kein Terrorist oder so etwas Ähnliches. Verwechsle das nicht. Er oder sie sagt: »Wir wollen mit Eurer Hilfe, mit Euren Mitteln etwas anderes machen, als das, was Ihr für uns geplant habt.« So etwas muss man von den Studenten erwarten, denn sonst setzen wir nicht wirklich viel in Bewegung. Wir müssen als Professoren diesen Prozess steuern. Es wäre das Schlimmste, wenn wir hier eine Fließbandausbildung hätten. Die Studenten studieren hier, dann gehen sie weg, schneiden im Fernsehen und reproduzieren in den nächsten 200 Jahren weiter wie bisher. Das ist in meinen Augen nicht Sinn des Studiums. Man muss immer behaupten, dass es eine neue Welt gibt! Wir müssen nach Veränderungen suchen, an die Veränderungen glauben und für die Veränderungen arbeiten!

SNG: Aber dann produzierst Du ein kleines »Unglück« in den Studenten.
ABA: Ach, leiden muss man auch können. Wie willst Du Filme machen oder Künstler sein, ohne zu leiden? Leiden gehört definitiv dazu! Ich muss immer leiden.

SNG: Du hilfst den Studenten Kenntnisse zu erwerben, um in der Industrie zu arbeiten. Dann sagst Du ihnen, dass sie mehr erreichen können – und wenn sie die Schule verlassen, nehmen sie einen Job in der Branche mit dem Wissen an, dass sie eigentlich »mehr« machen könnten.
ABA: Ja, und ich hoffe, dass diese ehemaligen Studenten, wenn sie eine Soap schneiden müssen, irgendwann sagen: »Mir reicht es! Ich

In der Kunst kann man nicht mogeln

mache etwas anderes mit diesem Schnitt!« Ich persönlich versuche immer etwas anderes zu machen und immer wieder an meine eigenen Grenzen zu kommen. Klar, es gibt Grenzen, die die Produktion setzt, oder andere, aber man muss immer an die Grenzen kommen wollen. »Einfach« produzieren heißt dann, alles »einfach« von Computern machen lassen und schließlich brauchen wir die Menschen nicht mehr.

SNG: Meinst Du, dass es so kommen wird?
ABA: Nein, überhaupt nicht, weil die Menschen immer etwas ändern wollen. Gott sei Dank!

SNG: Wie sieht der Austausch zwischen Dir und Deinen Studenten aus?
ABA: Der ist ganz eng. Zum Beispiel war ich gestern im Schneiderraum, um einen Film anzuschauen. Wir haben den Film gesehen und dann kommen beide Studenten zu mir, um zu hören, was ich, der Professor, zu sagen habe. Aber ich kann und muss in dem Moment meine Dozentenfunktion außer Acht lassen und wie ein normaler Zuschauer reagieren. Ich bin dann kein Dozent, der die Möglichkeiten auflistet, was alles hätte gemacht werden können. Das ermöglicht auch einen Moment des Vertrauens. Ich bin dann im Schneiderraum ein Gleicher unter Gleichen und nicht der Pfarrer, der nichts und gleichzeitig vieles sagt. Bla bla bla ... Ich muss ich selbst sein dürfen mit meinen guten und meinen schlechten Seiten, jemand, der vielleicht ein bisschen mehr Erfahrung als die Studenten hat. Und wenn Änderungen anstehen, heißt es nicht, dass die Studenten den Film ändern sollen, wie ich mir das vorstelle. Die Diskussion um Änderungen ist ein offener Prozess. Das ist mein Verständnis vom Austausch mit den Studenten. Man ist eine Vertrauensperson und kein Guru, den man fragt, wie etwas gemacht werden soll. Die Studenten müssen auch auf dich reagieren und eventuell auch sagen können, »Oh je, mit dem Film kann André nichts anfangen. Deswegen reagiert er so voll daneben auf den Film.« Die dürfen durchaus der Meinung sein, dass ich die falsche Person für den Film sei. Das ist auch schon passiert. Schon oft passiert. Dann sag ich: »Ich kann mit diesem Film nichts anfangen. Ihr müsst andere Leute suchen, um Euch zu helfen. Ich bin der falsche Mensch für diesen Film.«

Aber die Studenten wissen, dass alles, was ich sage, ernst gemeint ist. Es kommt von mir selbst, es ist keine Lüge und keine Diplomatie. Wenn man diese Ebene mit den Studenten erreicht hat, dann braucht man kein Protokoll und keine Diplomatie. Man kann einfach man selbst sein. Nur so kann man wirklich erreichen, dass beide lernen: die Studenten und man selbst. Der Weg ist ein gemeinsamer.

SNG: Ich habe das Gefühl, dass die Bewerber vom menschlichen Umgang an der Schule überrascht sind. Ich weiß nicht, woher dieses Erstaunen kommt – vielleicht aus der Gesellschaft –, aber manchmal wirkt es, als ob sie eine gut geölte Maschine erwarten, die nur funktioniert und das Menschliche ausklammert.
ABA: Ja, das verstehe ich, weil ich Orte kenne, an denen Dozent-Sein mehr eine Selbstdarstellung als ein echter Austausch mit den Studenten oder der Wille etwas zu bewegen ist. Dort geht es nur um eine Inszenierung, in der es auf der einen Seite den Professor oder Dozenten gibt und auf der anderen die Studenten. Eine Rollenverteilung wie in der Schauspielerei. Wenn man nach diesem Muster versucht zu arbeiten, dann funktioniert nichts richtig. Beim Arbeiten im Schneiderraum ist eine andere Herangehensweise zwischen Betreuer und Student gefordert. Manchmal sitzen wir stundenlang im Schneiderraum und diskutieren und da

André Bendocchi-Alves und Su Nicholls-Gärtner

Su Nicholls-Gärtner (© Privat)

musst du als normaler Mensch diskutieren. Ich bin nicht als der Professor oder als der Papst da. Es gibt keinen Papst im Film!

Es ist ganz wichtig, diese vertrauensvolle Ebene der Arbeit mit den Studenten zu erreichen. Trotzdem gibt es einen Moment, in dem meine Autorität gefragt ist, wenn ich das Handwerk erkläre oder zeigen muss, wie eine Mischung vorbereitet werden soll. In einer solchen Situation muss ich sagen: »So wird es gemacht und so wird es auch gemacht.« Die Studenten müssen nicht erfinden, wohin die Bremse in einem Auto gehört, links, rechts, hinten oder sonst wohin. Die Bremse kommt

André Bendocchi-Alves (© Privat)

aus dem Center-Lautsprecher im Kino – und Schluss aus. So viel Autorität muss sein, damit muss man klarkommen und hart bleiben. Aber wenn wir von Kunst oder Kreativität reden, dann muss man diskutieren und Mensch sein. Anders geht es nicht, Schluss aus.

Su Nicholls-Gärtner beginnt ihre berufliche Laufbahn in ihrer kanadischen Heimat Vancouver als Produktions- und Regieassistentin. 1993 wandert sie nach Deutschland aus und wechselt in die Postproduktion. Als Editorin ist sie von 1995 bis 2000 für verschiedene Film- und Fernsehproduktionen verantwortlich, darunter JULI (2000) und DAVID IM WUNDERLAND (1998). Seit 2001 widmet sie sich vorrangig der Aus- und Weiterbildung von Editoren, zuerst an der RTL-Journalistenschule und jetzt exklusiv an der ifs internationale filmschule köln. An der ifs ist sie seit mehr als zehn Jahren für den Bachelor-Studiengang »Digital Film Arts« verantwortlich und hat dort seit dem Wintersemester 2012 die Position der Studienleitung inne.

André Bendocchi-Alves, in São Paulo geboren. Dort Studium an der USP Universidades. Seit 1988 in München freiberuflicher Filmeditor und Sound Designer. Gründer und Mitinhaber der 40° Filmproduktion GmbH. 2004 Präsident des Palermo Film Festival del Mediterraneo.

Filme (Auswahl): SCHNEELAND (2004 – Nominierung Deutscher Filmpreis in der Kategorie »Beste Tongestaltung«); FRATRICIDE (2005 – Silberner Leopard Filmpreis Locarno); MÚSICA CUBANA (2004); WER FRÜHER STIRBT IST LÄNGER TOT (2006); SELBSTGESPRÄCHE (2007); ALIAS (2009 – Starter-Filmpreis des Kulturreferats der Landeshauptstadt München); PICCO (2010); DIE BRÜCKE AM IBAR (2012 – Bernhard Wicki Filmpreis »Die Brücke«).

Montage lehren

Ein Gespräch zwischen Marlis Roth, Stephan Krumbiegel und Gerhard Schumm

SK: Soundrecorder läuft!

GS: Marlis, soll ich Dir den Einstieg dazu geben? Wiederholen, was Du vorhin gesagt hast? »Ich trenne nicht mehr zwischen Theorie und Praxis ...«

MR: Na, sagen wir, ich beschäftige mich mit dieser merkwürdigen Trennung von Theorie und Praxis. In meinem letzten Seminar, das mir am lebhaftesten in Erinnerung ist – es lief unter der Überschrift »Montagetheorie« – war mir wichtig, neben der »Montage« auch über die »Theorie« zu sprechen, also zu thematisieren, was wir darunter verstehen. Was erwarten wir, wenn der Begriff Theorie im Raum steht? Was hat es mit der Trennung auf sich, die wir zwischen dem Denken und Fühlen während der Arbeit und dem Denken und Fühlen nach der Arbeit machen? Und was genau ist es, dass wir glauben, Denken sei in Texten zu finden und Fühlen in Filmen?

Für dieses Seminar hatte ich 15 Texte vorbereitet, die ich mit den Studierenden lesen wollte. Ich mag das Gefühl, üppig viel Material zu haben, außerdem weiß man vorher nicht genau, welcher Text zu einem guten Gespräch führt und welcher nicht. Wir haben dann im Laufe dieser fünf Tage nur sieben davon gelesen und zwei Filme gesehen, aber das macht dann gar nichts. Ich benutze Texte wie Filme, um ins Gespräch zu kommen, dafür brauche ich anregendes Material. Anregendes Material hat für mich tatsächlich auch mit Materialität zu tun. Ich gebe die Texte zum Beispiel in Heftform raus. Die Studierenden bekommen also nicht kopierte DIN-A4-Zettel mit schwarzen Rändern, sondern sie bekommen von mir gesetzte und geheftete A5-Broschüren von 4 bis 20 Seiten. Ich sage den Studierenden auch, warum ich das mache: Es wird ein bestimmter Grad an Zuwendung sichtbar, den ich dem jeweiligen Text habe zukommen lassen. Außerdem ist die Haptik schöner als die von einem Stapel Zettel und – das Wichtigste – es ist Papier, man kann also beim Lesen sofort etwas Eigenes notieren, Anmerkungen machen oder Streichungen vornehmen. Das Heft beinhaltet danach nicht den »Text von ...«, sondern es ist »meine Auseinandersetzung mit ...«. Ich kann zum Beispiel – das ist bei manchen Texten wichtig – mit dem Bleistift ganze Nebelfelder markieren, also Stellen, die ich nicht durchdringen kann oder mag und dann – quasi befreit – wieder auf andere Passagen stoßen, die ich interessant finde. Papier ist auch deshalb wichtig, weil ich die Texte während des Seminars ausgebe und die Studierenden bitte, sich dorthin zu setzen, wo sie sich wohlfühlen, um dort zu lesen. Das Seminar trifft sich dann je nach Textlänge nach 20 oder 60 Minuten wieder, um über die Texte zu sprechen. Das mache ich auch, damit ich mir nicht anhören muss: »Ich bin leider nicht dazu gekommen, den Text zu lesen.«

Marlis Roth / Stephan Krumbiegel / Gerhard Schumm

SK: Was waren das für Texte?

MR: Ganz unterschiedliche, es sind Texte von Filmemachern und Editoren dabei, aber auch solche von bildenden Künstlern, Psychologen, Anthropologen, Komponisten und Filmwissenschaftlern. Was ich suche, sind Texte, die sowohl etwas im Denken über Montage öffnen als auch unseren gängigen Theoriebegriff lockern. Es sind nicht unbedingt die Texte, die Studierende bei Montagetheorie erwarten. Ein Text von John Cage zum Beispiel, der schon in der Typografie rhythmisch montiert ist, der mit Leerseiten als Pausen arbeitet und in dem die Frage thematisiert wird, ob Kontinuität etwas ist, das sich einstellt oder etwas, das man herstellen muss – das ist für mich ein sehr schöner, montagetheoretischer Text eines Komponisten. Oder ein Briefwechsel zwischen Hans Werner Henze und seinem Librettisten: Da werden konkret am Material, also am Libretto, Kürzungen und Änderungen diskutiert und deren Auswirkungen auf die Gesamtstruktur oder die einzelnen Figuren. Da werden unterschiedliche Aspekte künstlerischer Kooperation deutlich, wie sie auch zwischen Regie und Montage auftreten. Ich fand es eine schöne Entdeckung, dass diese Verhandlungen immer zwischen Ringen und Rücksichtnahme pendeln.

GS: Guckst Du Texte vor allem daraufhin an, wie Nachdenken in Gang gesetzt wird und bist weniger an den Befunden interessiert?

MR: Ich glaube, mich interessiert das Ergebnishafte an einem Text ebenso wie das, was er in Gang setzt. Ich spreche auch gerne über den Kontext, in dem Texte entstanden sind und mich interessiert der Eitelkeitsaspekt in Veröffentlichungen. Bei einem Textauszug von Christian Metz zum Beispiel finde ich die Heftigkeit einer zweiseitigen Polemik gegen Eisenstein genauso interessant wie seine Überlegungen zu Film als Sprache. Ich gucke die Texte enthierarchisierend an, sie sind eben nicht Erkenntnis pur, sie umspielen das Thema Montage, wie es Filme auch tun. Nur eben in einem anderen Medium.

SK: Lustig, dass wir zuerst über ein Seminarbeispiel aus dem Unterricht zur Montagetheorie sprechen. Dieser offene Ansatz, wie Du ihn gerade beschrieben hast, war mir lange nicht geläufig. Überhaupt klingt der Gedanke sehr spannend, dass Du für einen künstlerischen Unterricht, der um Film kreist, Texte nicht nur als inhaltlichen Ausgangspunkt, aber auch als Material nimmst, weil sie selber eine Textur haben können. Ich weiß noch, wie fremd mir der Theoriebegriff war, als ich an der HFF ankam. Die Seminare meiner Vorgängerin waren stark von einem montagetheoretischen Ansatz geprägt. Ich wusste gar nicht, wie ich das leisten sollte und habe es dann im ersten Jahr mit einem Unterricht in Referatsform versucht. Ich eignete mir anhand von montagetheoretischen Abhandlungen und den entsprechenden Filmbeispielen einen Abriss über die verschiedenen Stile und Epochen der Montagegeschichte an, suchte mir meine Schwerpunkte aus und gab den Studierenden eine Auswahl an Referatsvorschlägen. Sie trugen ihre Themen vor und ich die meinen. So kamen wir ins Gespräch, aber es fühlte sich am Ende zu sehr an wie Schule. Außerdem konnte ich den Seminarteilnehmern bei manchen Nachfragen nicht ausreichend antworten. Es kam mir so vor, als wüsste ich selber zu wenig, als dass das Seminar hätte inspirierend sein können. Nach einem weiteren Jahr, in dem ich bei den Vorträgen mit einzelnen Schwerpunkten experimentierte, habe ich diesen Ansatz erst einmal aufgegeben. Seitdem orientiere ich mich in meinem Unterricht wieder mehr an meinen eigenen Montage-

Montage lehren

Arbeiten. Ich bin Editor und sehe den Unterricht aus dieser Perspektive. Das kann ich nicht ablegen. Wahrscheinlich fühle ich mich im Schneideraum immer noch wohler als in einer Seminarsituation. Auch während meiner Zeit an der Filmakademie in Ludwigsburg saß ich mit den Studierenden viel öfter in den Schneideräumen als um einen großen Tisch. Und das hat mich geprägt: dieser Ansatz, dass es in einer Filmschule im Wesentlichen um die praktischen Aspekte des Filmemachens geht. Da klingt Montagetheorie erst einmal wie eine gute Option zur Kürzung, so, als könne man sie wie bei einem Rohschnitt aus der Langfassung Filmschule herausnehmen.

GS: Ja, Montagetheorie passt tatsächlich schlecht in Texte und Bücher. Sie hat im Medium der Buchstaben auf Papier keinen guten Aufbewahrungsort. Der Grund liegt meiner Meinung nach in der Sache selbst. Nacherzählbares wie Story und Plot passen ganz leidlich auf einen Papierträger. Die für die Montage so wichtigen zeitlichen, rhythmischen, jeweils an Bewegung gebundenen Dimensionen lassen sich in einer Filmsichtung wunderbar zeigen. Doch ohne Anschauung kann über sie eigentlich nicht gesprochen werden. In Texten sind sie nicht darstellbar. Papier, Schrift, auch Fotos und Grafiken sind in vielfacher Hinsicht resistent gegenüber der montagespezifischen Dimension des Films. Vielleicht verfügen wir ja auch noch nicht über die Begriffe, die feinfühlig genug wären, diese Dimension adäquat auszudrücken.

Wenn ich in der Lehre mit Texten arbeite, dann oft mit literarischen Texten, um mit ihnen zu montieren. Das weitet die Sicht auf Montage. Sie wird erkennbar als ein allgemeines Verfahren der menschlichen Vorstellungskraft, des menschlichen Wahrnehmungs- und Erinnerungsvermögens und des fühlenden Denkens. Ich starte zum Beispiel mit folgender Aufgabenstellung: »Hier ist ein literarischer Text. Versucht ihn knapp bis an die Grenze der Textentstellung zu kürzen.« Oder: »Versuchen Sie, ihn fast unmerklich zu kürzen, sodass es niemand merkt.« Oder: »Schreiben Sie etwas Fehlendes hinzu.« Oder: »Versuchen Sie, Textteile umzustellen und überprüfen Sie, ob der umgebaute Text für Sie an Interesse gewinnt.« Ich verwende dabei in der Texttheorie eingeführte und dort geläufige Testmethoden. Aus meiner Sicht aber reinterpretiere ich sie als erkundende Montagemethoden, mit denen der Filmsinn ausgelotet werden kann.

Wie seht Ihr denn das Verhältnis von materialgebundenem Montagedenken und dem Sprechen über Montage?

SK: Die Studierenden haben bei mir schon oft den Wunsch geäußert, ihre Montageentscheidungen besser in Worte fassen zu können. Wenn wir die unterschiedlichen Schnittversionen besprechen, die sie aus meiner Materialvorgabe schneiden, erlebe ich oft, wie sie um Worte ringen, mit denen sich ihr Tun am besten beschreiben lässt. Der Mangel an Begriffen gilt also auch für die gesprochene Sprache. Mein eigenes Vokabular ist aufgrund meiner größeren Erfahrung breiter und detaillierter als das ihre. Außerdem kann ich leichter abseits von meinem Geschmacksempfinden argumentieren. Trotzdem gelange ich immer wieder an die Grenzen einer Versprachlichung von Montage. Daraus habe ich vor langem den Schluss gezogen, dass Sprache nur ein ungenügendes Medium in der Arbeit mit Bildern und Tönen ist. Ich selber mag es nicht, wenn der Prozess im Schneideraum zerredet wird. Wenn ich schneide, entsteht eine Szene sowohl aus Intuition und Empfindungen als auch aus meinen Gedanken. Die Trennung ist sehr schwierig, und nur Teile lassen sich wirklich über Sprache mitteilen. Sicherlich geht es im Unterricht um Methoden, ganz

Marlis Roth / Stephan Krumbiegel / Gerhard Schumm

gleich in welcher Mischung aus Praxis und Theorie, die den Gedanken- und Sprachraum erweitern. Und zum Sprechen gehört auch das Nicht-Sprechen. Wissen, wann Sprechen überhaupt Sinn macht. Vielleicht helfen Texte da manchmal sogar mehr als meine Materialbeispiele. Wenn ich Euch richtig verstehe, liegt die Arbeit mit Texten sozusagen an der Schnittstelle zwischen dem Material aus Gedanken und Worten und einem Angebot an Sprache und Formulierung. Ich müsste es mal ausprobieren.

GS: Bei theoretischen Texten verwende ich – die Anregung dazu habe ich wohl von Dir, Marlis – Textmarker und Schere. Da mache ich aus den Theorietexten found-footage-Montagen im Papiermedium. Mein Arbeitsimpuls: »Streicht an, schneidet heraus, wo es in Euch Klick macht, wo für Euch ein Aha-Erlebnis, ein funkelnder Moment drinsteckt.« Die Textteile werden dann herausgetrennt und an der Wand wie Filmmaterial an einem »Filmgalgen« im Schneideraum bzw. dementsprechend wie in einer »Bin« in Schnittprogrammen isoliert. Dieses Material wird dann auf der Grundlage subjektiven Interesses getrennt und neu in Beziehung gesetzt. Es wird neu montiert. Denn Montieren bedeutet Trennungszusammenhänge erstellen.

SK: Genau darum geht es: Das eigene Interesse entdecken und erspüren lernen. Den Studierenden geht es zu Anfang oft um Sicherheit. Sie haben eine Sehnsucht nach Regeln. Oder sie lehnen sie kategorisch ab. Beides erscheint mir falsch. Regeln sind ein freies Feld und für jede Erweiterung und Infragestellung offen. Es geht in der Montage um Entscheidungsfindung. Ständig werden wir aufgefordert zu urteilen. Also ist die Sehnsucht nach einer Mustervorlage naheliegend. Aber die gibt es nur scheinbar. Wenn überhaupt, dann greifen diese Vorlagen am stärksten bei der standardisierten und ökonomischen Herstellung von Medienware. In einer Daily Soap z.B., die im Studio im Mehrkameraverfahren aufgezeichnet wird, geht es am Ende um die perfektionierte Routine. Natürlich helfen dann festgelegte Standards. Sie sind aber nicht der Auftrag an ein künstlerisches Filmstudium. Interessant wird es, wenn es um ihre Hinterfragung geht. Die Arbeiten, mit denen sich die Leute bei uns bewerben, sind interessanterweise voll von Beispielen, in denen sie mit vermeintlichen Regeln spielen und sie brechen. Sobald sie dann in der Filmschule angekommen sind, suchen sie – wie mir scheint – im Regelwerk eine schnelle und einfache Hilfe für Auseinandersetzungen mit uns und mit ihren Kommilitonen. Anders kann ich mir den Widerspruch nicht erklären. Meine Antwort lautet inzwischen: »Lasst uns die scheinbaren Regeln der Montage am Material erforschen, aber sie nicht zum Maßstab für eine Beurteilung heranziehen.«

GS: Klärst Du solche Fragen anhand von Filmen, die Du selbst montiert hast und die Du den Studierenden im Unterricht vorführst?

SK: Ich bringe Material mit ins Seminar und wir arbeiten daran. Da mich die Entscheidungsmechanismen im Montageprozess häufig mehr interessieren als das Ergebnis, lässt sich das besser am ungeschnittenen Material beleuchten. Beispiele aus fertigen Filmen sind nicht aufschlussreich genug. Welcher Prozess der Montage zugrunde lag, bleibt weitgehend spekulativ. Der Entscheidungsweg ist doch nur für diejenigen nachvollziehbar, die das Ausgangsmaterial und den gesamten Prozess kennen. Folglich benutze ich mein Material, stoße damit aber auch an Grenzen. Im Umgang damit erleben die Studierenden zwar etwas Neues, aber ich selber bin durch den Prozess, den ich bereits mit dem Material

Montage lehren

erlebt habe, vorgeprägt. Mein Gefühl für Qualität, Rhythmus und Energie der Szenen ist eingetrübt. Ich erkenne bereits ein »Schnittmuster«. Gerne würde ich mehr mit fremdem Material arbeiten, aber das wird einem im Normalfall nicht zur Verfügung gestellt. In einem Seminar zur szenischen Montage hat ein Student ein Beispiel aus Valeska Grisebachs Film SEHNSUCHT mitgebracht, den Bettina Böhler geschnitten hat. Dort gibt es zwischen dem Kennenlernen am Abend und dem Morgen nach der ersten Liebesnacht von zwei der Hauptfiguren eine so spannende Auslassung, dass alle im Seminar vor Begeisterung raunten. Aber ohne zu wissen, wie die Ausgangslage war, was sonst alles gedreht wurde, kann man die Montageentscheidung schwer nachvollziehen. Ich kann sie nicht gegen eine andere Option abwägen – was aber für das Seminar enorm wichtig wäre.

GS: Bei der Arbeit mit filmischem Material verwende ich gern found-footage-Material, arbeite unter anderem aber auch mit Digitalfotos für die Montage von Fotofilmen. Manchmal schlage ich Daumenkinos vor, wenn es um das Detail, um Mikromontage, um Feinschnitt geht. Ich setze nicht auf allgemeine Gültigkeiten, gehe nicht abstrahierend und nicht begrifflich vor. Meine Methode ist die Montage-Erkundung im Medium des Films selbst, und sie bleibt auf das jeweils vorliegende Material bezogen. Die Montage-Erkundung ist für mich anschauliches Probehandeln. Sie ist dem Montageprozess an Filmen selber abgelauscht, greift dabei in der Lehre allerdings Teilprobleme der Montage heraus, konzentriert sich auf einzelne Aspekte und reduziert die Komplexität. Methodisch erkunde ich mit der Seminargruppe von identischem Material ausgehend die jeweils individuellen Lösungen einer Studentin, eines Studenten. Untersucht wird dann – ganz ähnlich wie Du, Stephan, es eben dargestellt hast – die eigene Herangehensweise bei der Materialauswahl, bei den Entwürfen und Konzepten der Materialanordnung, bei der Variation der Anordnung mittels Schnittvarianten, beim Vergleichen und Differenzieren der Schnittversionen und bei der Entscheidungsfindung für eine Version. Beim Montieren muss man permanent auswählen, variieren, vergleichen und entscheiden. Montage ist ja konzeptionelle Arbeit im Anschaulichen, im Hörbaren und Sichtbaren. Es geht in erster Linie darum, im Material aufzuspüren: Was zeige ich? An welcher Stelle zeige ich es? Wie lange zeige ich es? Die Artikulation an den einzelnen Schnittstellen kommt noch hinzu. Montage beinhaltet Auswahl, Anordnung, Andauer und Artikulation. Diese Momente versuche ich mit den Studierenden am Material schrittweise auszuloten. Ich arbeite dabei viel mit Timelines auf Papier. Bei fast allen Filmen, die ich zeigen will, trenne ich das Material auf und remontiere die Filme wieder. Daraus gewinne ich meine Timelines. Das ist viel Arbeit, aber sie macht mir Spaß. Zugleich erhöht diese Arbeit meine Haftreibung an den Filmen und ich fühle mich in ihnen dadurch wie zu Hause. Die Timelines drucke ich aus und klebe sie auf Tesafilm auf. Sie sind dann mehrere Meter lang und anfassbar. So wie man ein Maßband in der Mitte oder im ersten Drittel umfalten kann, kann man jetzt mit der Timeline-Filmabbildung hantieren. Die zeitlichen Proportionen werden mit den Händen greifbar und begreifbar.

SK: Einen ganzen Film habe ich noch nicht geschafft nachzuschneiden – alle Achtung. Ich digitalisiere aber Filmpassagen oder Szenenbeispiele und setze Schnittstellen am Bild und Ton ein, die mir helfen, die innere Logik besser zu erfassen. Dabei entstehen automatisch kleine Timelines. Im Unterricht sind sie ein praktisches Tool,

227

Marlis Roth / Stephan Krumbiegel / Gerhard Schumm

um sich in den Szenen zu bewegen, zumal ich die Beispiele von einer Schnittsoftware aus zeige.

MR: Das ist lustig! Was Ihr mit der Timeline macht, mache ich bei Filmen, mit denen ich mich intensiv beschäftige und mit denen ich in Seminare gehe, häufig mithilfe von Screenshots von jeder Einstellung. Ich mache das, um mich dem Film zu nähern und am Ende habe ich dann Hunderte von kleinen Bildern. Wenn ich die im Seminar an die Wand hänge, dann starren erst einmal alle hin, ich auch. Das ist interessant, man ist gebannt und versucht zu »lesen«. Da geht es nicht darum, etwas ganz Bestimmtes zu erkennen oder zu verstehen. Zunächst ist es das merkwürdige Gefühl, den Film auf einen Blick zu sehen. Natürlich ist das nicht der Film, aber es ist ein möglicher Blick auf ihn. Man erfährt etwas, erkennt in dem Nebeneinander ein oder zwei Aspekte des Ganzen, die im Nacheinander der Bilder verloren gehen. Unsere lineare Vorstellung von Filmen stimmt ohnehin nur begrenzt. In der Wahrnehmung bleiben die Filme nicht streifenförmig, sie klumpen eher zu unterschiedlichen Clustern oder Kugeln zusammen. Es ist interessant zu sehen, woran man jeweils andockt, ich mache Hunderte von diesen Bildern, Du klebst Timelines zusammen. Das ist wieder eine Auseinandersetzung, in der die Materialität eine Rolle spielt. Man hat dann einen Packen Bilder in der Hand oder einen langen Streifen. Das ist sichtbare, fühlbare Auseinandersetzung. Darüber hinaus haben diese Methoden, die wir einbringen, auch mit Intensität zu tun. Ich verbringe ja vier bis fünf Tage mit so einem Film, um Screenshots zu erstellen und es ist, so wie Dein Umbauen von Filmen, ein Zeugnis von intensiver Zuwendung. Es geht ja genau darum zu vermitteln, dass die intensive persönliche Zuwendung – egal welcher Mittel sie sich im Einzelnen bedient – die

Basis einer Auseinandersetzung mit Material ist, die Basis von Montagearbeit also. Neuerdings werde ich häufiger vorab nach dem »Stoff« eines Seminars gefragt. Das finde ich immer etwas befremdlich. Ich könnte dann relativ stereotyp antworten: »Unser gemeinsames Gespräch, die Summe aller im Seminar entstandenen Montagen und Deine ganz persönliche Erkenntnis daraus, das ist der Stoff.« So eine Antwort nützt aber wenig und sie wird einem auch nicht so recht geglaubt. Die Entdeckung, dass es so ist, stellt sich im Laufe der Zeit aber doch ein. Wir neigen dazu anzunehmen, dass Erkenntnis oder Wissen bei einer Person oder Institution angesiedelt wären und abzuholen seien. Erkenntnisgewinn als einen Prozess herauszustellen, als interessanten Streit oder als Auseinandersetzung mit Material, darum geht es. Es gibt in künstlerischen Fragestellungen nicht die eine Seite, die es »mit Löffeln gefressen« hätte. Kunst ist in ständiger Bewegung, was eine Generation adäquat fand kann der nächsten fremd sein.

SK: Ich finde das Verlangen – »Du weißt etwas, das ich nicht weiß. Gib mir einen Teil davon« – sehr berechtigt. Ich begegne den Studierenden doch mit einem viel breiteren Hintergrund. Meine Vita ist lang im Vergleich zu ihrer und spricht von den Situationen, die ich in meiner filmischen Arbeit bereits bewältigen musste. Ich verfüge über eine größere Vielfalt an subjektiven Betrachtungswinkeln als sie. Diesen Vorsprung zu verleugnen wäre falsch. Natürlich wollen die Studierenden im Seminar von mir eine Überprüfung im Hinblick auf das »Richtige« oder »Bessere«. Und dieses Anliegen kann ich nicht abweisen, es steckt im Verhältnis Lehrer-Schüler. Fragwürdig wird es, sobald sie mich als jemanden begreifen, der es »richtig weiß«. Sie sollen am Ende nicht von sich behaupten können: »Sobald ich das verstanden habe, liege ich richtig.« Wie gestalte ich also aus dieser Position heraus meinen Unterricht? Ich kann Angebote machen, die darauf zielen ihr Denken zu öffnen, so wie mein Denken über die Erfahrung geöffnet erscheint. Ich kann dafür sorgen, dass meine Seminare etwas Prozesshaftes in sich behalten. Zur Zeit ist eine meiner Methoden, das Material einer gesamten Szene in quasi dramaturgische oder auch formale Einheiten zu zerlegen, bevor ich es im Seminar benutze. Ich ordne das Beispiel als Prozess an. Es beginnt mit einer kleinen Auswahl an stummen Einstellungen, die sich nur wenig voneinander unterscheiden dürfen. Es sind beispielsweise acht Landschaftstotalen: die eine vielleicht geschwenkt, die andere fest; wiederum eine, die minimal in der Achse oder Brennweite verschoben ist von den ersten; durch eine andere fährt plötzlich ein Auto; in einem Take nieselt es usw. Allen gemeinsam ist, dass sie eine ähnliche Stimmung, einen ähnlichen Raum oder eine vergleichbare Zeit beschreiben. Die Schnittversionen, die dann aus den Bildern entstehen, sind erstaunlich unterschiedlich. Vielleicht entdeckt einer darin den Regen, eine andere etwas im Tempo der Kamera, ein dritter arbeitet nach Zusammenhängen und erzählt einen Verlauf, die vierte beharrt auf Betrachtung und sucht nach poetischer Stärke. Manche finden überhaupt keinen Zugang.

Nachdem wir die Skizzen gemeinsam besprochen haben, erweitere ich das Material um eine weitere Option. Der dokumentarische Gegenstand bleibt derselbe, aber zu den Landschaften gesellt sich die Beschreibung eines konkreten Ortes – sei es ein Dorf, eine Industrieanlage oder ein Vergnügungspark. Der räumlich-zeitliche Übergang ist fließend. Plötzlich ändert sich die Betrachtungsweise einzelner Studierender auf das Material. Sie ändern ihren ersten Entwurf, finden auf einmal eine kleine Geschichte; vorher war es nur ein loses Gewe-

be. In weiteren Arbeitsschritten mische ich Töne ein, erst atmosphärisch, dann konkret. Letztendlich kommt eine Figur dazu, vielleicht ein Gespräch oder situative Momente. Die Studierenden dürfen die verschiedenen Materialteile jeweils erst öffnen, wenn sie mit denen davor konkret gearbeitet haben. Ihre Zwischenschritte besprechen wir gemeinsam.

Auf diese Weise versuche ich der Komplexität von Montageprozessen zu begegnen. Am Anfang steht eine Reduktion und langsam reichere ich das Material durch neue Aspekte an. Dabei mische ich in die Bild- oder Tonfiles gerne ein oder zwei Fremdkörper. Sie kommen aus demselben Materialtopf, aber vielleicht sind sie deutlich anders als der Rest kadriert. Oder es gibt plötzlich das Angebot einer Musik. Dann geht es los: »Bediene ich die Musik oder nicht? Der Rhythmus der Musik ist doch so schön. Sie gibt den langatmigen Bildern endlich ein Tempo. Aber so richtig passt es nicht zusammen usw.« In längeren dokumentarischen Prozessen ist ein Material häufig so überwältigend, dass die Versuchung besteht, die dominanten Momente zu betonen. Indem ich zunächst die Reize zum Schneiden gering halte, bremse ich die Versuchungen aus, die beim Montieren immer bestehen.

GS: Marlis hatte vorhin von der Frage nach dem »Stoff eines Seminars«, dieser Sehnsucht nach festen Wissensportionen gesprochen. Ich finde, es gibt Gegenstandbereiche, in denen es tatsächlich gültigen Stoff und eine entsprechend notwendige Wissensvermittlung gibt. Im Medizinstudium werden Knochen mit Namen versehen und ihre Namen und Funktion muss man sich aneignen. Es hat bei mir eine Weile gedauert, bis ich merkte, dass die sieben, acht gebräuchlichen Montageausdrücke für unsere Montagearbeit wenig hergeben. Sie sind zu grob. Sie sind leere Container. Sie müssen erst jeweils

Marlis Roth / Stephan Krumbiegel / Gerhard Schumm

mit Inhalten gefüllt werden. Sie dienen der schnellen Verständigung im Schneideraum, beinhalten aber nichts Entscheidendes. Begrifflich-sprachliche Wissensvermittlung macht bei Montage fast keinen Sinn. Montieren ist ja in sich bereits ein Denken und Sprechen. Man denkt und spricht in Bildern und Tönen. Das Montierte ist bereits eine Schrift. Ein Film wird aus Bildern und Tönen geschrieben. Wenn ich um Ausdrücke wie »Schuss-Gegenschuss«[1] weiß, habe ich beim Montieren noch nicht die geringste Ahnung davon, an genau welcher Stelle ich das Interesse von einem Bild auf das andere umlenken, wo ich also umschneiden will. Das muss ich im Einzelfall auf- und erspüren. »Schuss-Gegenschuss« suggeriert eine schlichte Mechanik des dialogischen Sprechens, die es so nicht gibt und die für mich uninteressant ist.

Ausdrücke wie »cut away«[2] geben nichts her, was den eigentlichen Montageprozess bereichern würde. Cut aways lenken den Blick in ein situatives Umfeld. Das kann aus erschöpftem Interesse am Situationszentrum geschehen, also darum, das Interesse auf das Abseits zu richten und es dort aufzubauen. Es kann aber auch sein, dem Nachdenken über das Zentrum Raum zu geben. Dann thematisiert ein cut away das situative Zentrum gerade durch dessen Abwesenheit so, wie ein Echo auf seinen Ursprung verweist. Und es kann sein, wieder eine ganz andere Art des cut aways, um sich des tatsächlichen Interesses am Zentrum durch zwischenzeitlichen Wechsel zu vergewissern. Weggucken ist in dem Fall ein Anschärfen des Hinguckens. Es gibt zig verschiedene Möglichkeiten. Sie hängen von der jeweiligen Stelle des Materials ab, an der man gerade montiert. Montage ist durch und durch kontextgebunden. Der Ausdruck cut away tut aber so, als würde er etwas Allgemeingültiges beinhalten. Ich halte solche Ausdrücke für Trostpflaster. Sie fingieren Sicherheiten. Man hat im Seminar dann etwas zu lehren und die Studierenden haben etwas zum Mitschreiben. Die Notizen nützen einem im Schneideraum jedoch nichts. Da geht es darum, eine auf das Material jeweils abgestimmte Sprache zu finden.

Die Sehnsucht nach Wissensvermittlung ist bei Studierenden gegenwärtig wirklich groß. Ich kann mich aber auch daran erinnern, wie ich als Student selbst hungrig nach den Gewissheiten der Lehre war. Ich stieß leider nur auf die paar immer gleichen Verständigungsausdrücke. Die standen neben abscheulichen Skizzen von Gesichtern ohne Ohren oder ohne Augen, die mit merkwürdigen Pfeilen versehen waren. Durch die unselige Zurichtung des Studiums zu standardisierten Master-Bachelor-Studiengängen mit ihrer tauschrationalen Logik kommt nun zusätzlicher Druck. Da wird definiert, dass es angeblich immer um die Vermittlung von Wissen, Fähigkeiten und Fertigkeiten gehe. Wissen ist aber keine Ware, die fertig angeliefert und durch Aneignung konsumiert werden kann. Dieses Input-Output-Denken gründet auf Abstraktion von jeder Spezifik, auf Austauschbarkeit, auf Beliebigkeit. Aber bei einem Kunststudium geht es um die Wiederentdeckung von Neugierde, Intensität und Interesse. Es geht darum, sich abseits von Trampelpfaden zu bewegen.

MR: Ich habe das Gefühl im Gespräch mit Studierenden gibt es relativ schnell Einigkeit in dem Punkt »es gibt keine Regeln«. Aber dann bleibt die Frage: »Wenn es keine Regeln und keinen Stoff im herkömmlichen Sinn gibt, was gibt es dann? Was machen wir dann hier?« Unsere Aufgabe als Lehrende besteht glaube ich auch darin, den Studierenden die Angst zu nehmen. Heute ist das einerseits die Angst, überintellektuell zu sein – die ist im Bereich des Films viel verbreiteter als in anderen Künsten – und die andere große Angst ist, belanglos zu sein.

Montage lehren

SK: Was meinst Du mit der Angst, überintellektuell zu sein?

MR: Ich glaube, das verändert sich von Generation zu Generation. Derzeit wird Film eher als emotionale und nicht als intellektuelle Angelegenheit diskutiert. In Wahrheit ist er beides, Denken und Fühlen lassen sich nicht voneinander trennen. Aber im Zentrum der Debatte stehen momentan Affekt und Empathie, nicht Formspiele und Denkansätze. Überspitzt könnte ich sagen, die Angst vor »Kunstkacke« hat die Angst vor »Mainstream« abgelöst. Godard und Kluge werden zum Beispiel als extrem intellektuell eingestuft, ich behaupte aber, dass sie gleichzeitig unglaublich emotional sind, die Kombination macht ihre Stärke aus. Oft wird so getan, als würde das Eine das Andere ausschließen und im Moment ist die Furcht, nicht emotional zu sein viel größer als die, nicht intellektuell zu sein. In meinem Studium war der Experimentalfilm eine heilige Kuh, heute ist es fast ein Schimpfwort. Beides ist ein bisschen absurd, aber es beschreibt eine Entwicklung. Wir fürchteten uns davor, narrativ zu sein und die Studierenden heute wollen keinesfalls als zu abgehoben gelten. Ich glaube, dass ich auch deshalb gern mit Texten arbeite, weil ich dieser merkwürdigen Trennung von Denken und Fühlen etwas entgegenhalten möchte.

GS: Ich fand es als Student übrigens sehr verblüffend, dass man so etwas Tolles wie einen feinen Film nahezu voraussetzungslos erstellen kann. Es war für mich eine umwerfende Erfahrung, dass das Lernen beim Filmemachen wenig mit dem mühseligen schulischen Lernen zu tun hat, sondern viel mehr mit außerschulischen Erfahrungsprozessen. Ich bin jetzt noch oft erstaunt, wie toll manche Arbeiten von Studentinnen und Studenten sind, die zuvor noch nie montiert haben und aus dem Stand heraus etwas ganz Wunderbares vorlegen können. In der Musik muss man meist viele Jahre üben, bevor man ein bisschen artikulieren kann. Bei Film gilt das offenbar nicht. Die Lernprozesse basieren nicht auf knirschend mühseliger Wissensaneignung, eher auf Selbstöffnung. Da geht es um die Entdeckung der eigenen Kräfte, um ein Aufspüren, ob und was man zu sagen und zu zeigen hat. Filmemachen und Montage sind erstaunlich offen fürs Selberlernen. Film ist ein enorm zugängliches Medium.

SK: Das bestätigt indirekt meine Beobachtung, dass es tatsächlich wenigen Filmemachern gelingt, die Stärke ihrer ersten Arbeiten zu bewahren. Die Ungeprägtheit einer Arbeit, die direkt dem inneren Impuls folgt, ist klasse. Vielleicht gelingt sie nur, wenn man nicht durch Erfahrungen verbaut ist. Es muss nicht der »erste« Film sein. Manchmal ist es auch eine Arbeit, in der jemand ein neues Thema oder eine neue Form für sich öffnet. Solche Beispiele bringe ich gerne in den Unterricht ein. Beispiele, die nachwirken, weil sie etwas Einzigartiges in sich tragen. Ich versuche den Studierenden zu vermitteln, dass sie es mit einer Kunst zu tun haben, die in ihrem Ausdruck immer in Gefahr ist, sich zu verfestigen. Film lebt von der Überraschung. Allzu deutlich Geplantes oder Ausgedachtes nimmt ihm seine Wirkung. Erkenne ich als Zuschauer allzu leicht die Regeln, denen eine Arbeit folgt oder widerspricht, verliert sie an Spannung und Wirkung. Das Schaffen vollzieht sich also nicht nach einem linear ansteigenden Prozess des Erkenntnisgewinns: Heute tue ich etwas, das ich morgen besser kann, übermorgen noch besser und irgendwann dann beherrsche. Innerhalb des Studiums kann es geschehen, dass den Studierenden ein bedeutendes Projekt nicht gelingt. Der Weg ist unter Umständen länger, und die-

231

Marlis Roth / Stephan Krumbiegel / Gerhard Schumm

se Realität künstlerischer Arbeit darf das Studium nicht ausklammern.

MR: Vor diesem Hintergrund finde ich es wichtig, über den einzelnen Film als eine Spur der Arbeit zu reden und ihn nicht mit der Arbeit an sich gleichzusetzen. Dann kann ich Filme auch jeweils als eine Fragestellung oder einen Versuch sehen, der vielleicht zu etwas geführt hat, vielleicht auch zu nichts. Aber er ist Teil eines Ganzen und nicht singulärer Beweis für Begabung oder Versagen. Der erste Film, den ich in meinem Studium gemacht habe, ist gut angekommen, da hatte ich Glück. Dann hab ich den zweiten gemacht und der fiel komplett durch, das war für mich ein Desaster. Ich dachte, das war's jetzt, ich kann das gar nicht und jetzt ist es bewiesen. Wenn man den einzelnen Film als Versuchsaufbau in einem Erkenntnisprozess sehen würde, könnte man ihn besser einordnen.

SK: Wie macht Ihr das eigentlich mit den Filmbeispielen in Euren Lehrveranstaltungen?

MR: Ich finde es wichtig, bei den Filmbeispielen, die ich zeige, zu benennen, worin ich persönlich die Stärke sehe. Es kann sein, dass das auch eine Generationsfrage ist. Es könnte sein, dass die heutigen Studierenden etwas anderes in Film suchen als ich. Darüber muss man ins Gespräch kommen. Manchmal sitze ich zehn Leuten gegenüber, von denen vielleicht drei ähnlich wie ich empfinden oder neun oder vielleicht auch niemand, das variiert sehr.

SK: Ich bin sogar enttäuscht, wenn sie es nicht so ähnlich empfinden wie ich und werfe es ihnen insgeheim vor.

GS: Ich schütze mich davor, Filme im Unterricht zu zeigen, die mir wichtig sind, die so sehr zu meinem Leben gehören, dass ich sie auf eine Insel mit Steckdose mitnehmen würde. Film ist nicht nur etwas Professionelles. Montage besitzt sowohl hochspezialisierte als auch allgemeine Aspekte. Mit den allgemeinen Aspekten meine ich, dass es beim Montieren eben nicht nur ums arbeitsteilige, montagespezifische Detail geht, sondern dass beim Montieren immer auch der Film als Ganzes verhandelt wird und man mit seiner Persönlichkeit dafür einsteht. Bei diesem Aspekt steckt im Montieren viel (Ko-)Autorenschaft. Ich habe den Eindruck, dass den Studierenden der arbeitsteilig spezialisierte Teil oft sympathisch ist. Er wirkt professionell. Man meint, auf der sicheren Seite zu stehen. Dass man beim Montieren sehr ins Mikroskopische eines Films geht, dass man im Framebereich arbeitet oder über ausgebuffte Kenntnisse digitaler Workflows verfügt, sind zum Beispiel solche Momente. Allgemeine Fähigkeiten wie Problemhöhe, Erfahrungs- und Erzähldichte, lebhafte Neugierde, das ist ein Bereich der Montage, der im Alltag eines Menschen angesiedelt ist und in persönlichen Erfahrungen gründet. Studierende müssen sich anfangs manchmal erst überwinden, mit ihrer ganzen Persönlichkeit anzutreten. Das Standard-Bild vom Montageberuf enthält diesen Aspekt kaum. Man schlägt ihn vorschnell der Regie zu. Aber Montage ist nahezu ein Teil menschlicher Lebenstätigkeit. Selbst wenn man Essen zubereitet, kann man den Prinzipien der Montage nachgehen und studieren, wie man Material auswählt, wie man Anordnungsmöglichkeiten erkundet, variiert, vergleichend überprüft und Entscheidungen trifft. Aber sagt mal, sprechen wir hier nicht ein wenig vornehm? Montage ist Kunst. Sie ist aber auch eine Möglichkeit, Geld zu verdienen ...

SK: Ich erlebe es selbst in der Praxis. Die technischen Ansprüche, die der Beruf stellt, sind zeitgebunden. Wann war ich selbst am

Montage lehren

Schnittplatz am schnellsten? Wann habe ich das jeweils aktuelle System wirklich beherrscht? Natürlich als ich am meisten praktisch geschnitten habe. Jeden Tag, und außerdem unter einem gewissen Druck. Ich denke, man wird den technischen Herausforderungen des Berufs gerecht, solange man sie mit einer erworbenen Routine anbieten kann. Und unterschiedliche Berufsrealitäten verlangen nach unterschiedlichen Routinen. Nur wie viel davon soll ein Montagestudium abdecken? Ein künstlerisches Filmstudium, das sich darin erschöpft, die Mediengegenwart in einem Werkstattzyklus nacheinander abzuhandeln, also Unterrichtsblöcke zu den verschiedenen Medienformaten als Herstellungsmodule anbietet, mag ich mir gar nicht vorstellen. Diese Versuche sind nie mehr als eine Simulation. Sie bleiben Modelle einer nachgestellten Wirklichkeit, die schnell veralten.

Filmhochschulen funktionieren nur bedingt wie Produktionsstätten. Es kann ihnen nicht darum gehen, Produktionsabläufe zu optimieren. Sie haben den Auftrag, künstlerische Freiräume zu geben. Und dabei bedienen sie sich im besten Fall des gesamten vorhandenen technologischen Arsenals, alten wie neuen Techniken. Es ist allerdings deutlich, welch wichtige Rolle Technik in der Außenwirkung einer Hochschule spielt. Wie wir wissen, werden technologische Neuheiten zu einem guten Teil von den Studierenden in das Studium getragen. Sie schleppen als erste das neueste Kameramodell an, wollen nur noch mit diesem oder jenem Standard arbeiten. Die Frage ist, für wie wichtig wir das im Studium halten. Oder: Wie zentral ist das Kriterium, ob die Leute nach dem Studium als Editor(inn)en arbeiten, für eine Bewertung seiner Inhalte? Ein Unterricht kann die technischen Aspekte des Berufs jedenfalls niemals an erste Stelle rücken. Es gibt ebenso wichtige Aspekte der Tradition, des Experiments und des Spiels, sozusagen der »Unprofessionalität«. Wir leben nur leider heute in einer Zeit, in der sich diese vermeintliche Unprofessionalität beständig rechtfertigen muss.

MR: Professionalität hat ja die unterschiedlichsten Facetten. Wenn sich die Studierenden dazu entschieden haben, ein künstlerisches Studium zu machen, dann empfinde ich es zum Beispiel als meine Aufgabe, Arbeiten anzuregen, die ihnen den Weg in die Künstlersozialkasse erleichtern. Da wird ja sehr präzise der Anteil an der Autorschaft nachgefragt. Wenn sie eigenständige künstlerische Arbeiten öffentlich präsentiert haben, ist das Standing den KSK-Anforderungen gegenüber ein anderes, als wenn sie »nur« in arbeitsteiligen Zusammenhängen gearbeitet haben – ob wir das gerechtfertigt finden oder nicht. Wir dürfen nicht so tun, als gebe es ein Berufsleben mit Festanstellungen, auf das wir die Studierenden nur gut vorbereiten müssten und dann laufe alles problemlos. Ich mache mit jeder Seminargruppe regelmäßig freie Arbeiten, also Arbeiten, bei denen die Studierenden ihr Material selbst finden oder drehen, montieren, installieren etc. Ich ermutige zu radikal subjektiven Arbeiten, weil ich der festen Überzeugung bin, dass nur radikale Subjektivität stimmige Filmsprache hervorbringen kann. Mit radikaler Subjektivität ist weder Ruppiges noch Egotrip gemeint, sondern die präzise Aufmerksamkeit für die eigene Beziehung zu einem Bild, einem Ton, einem Gedanken oder einem Thema.

Präzise Aufmerksamkeit für die eigenen Wünsche zu entwickeln, das halte ich für zentral und das ist unglaublich schwer und angefochten. »Was habe ich zu sagen? Was will ich sehen? Was will ich zeigen?« sind – wenn sie ernsthaft und ehrlich gestellt werden – tatsächlich mutige Fragen, die in Filmzusammenhängen viel zu schnell durch »Wer will das sehen?« ersetzt werden. Die-

Marlis Roth / Stephan Krumbiegel / Gerhard Schumm

se ängstliche Haltung schwächt den Film enorm. Es braucht also Mut und darüber hinaus braucht es Geduld – ein weiterer Punkt, der heutzutage nicht en vogue ist, dass etwas Zeit brauchen könnte. Diesen Fragen nahezukommen ist auch die Vorbedingung für fruchtbare Kooperation. Der Sinn von Teamarbeit besteht ja nicht darin, dass Viele schneller erledigen, wofür Einer lange gebraucht hätte, sondern das Viele etwas schaffen, worauf Einer nicht hätte kommen können.

GS: Steuert für Dich der Wunsch auch die Details der Montagearbeit? Also z.B.: Ich habe am Abend etwas rausgeschnitten. Ich teste am nächsten Morgen, ob ich nicht doch den Wunsch habe, es zu sehen.

MR: Wenn ich sage »präzise die eigenen Wünsche angucken«, dann geht es mir um die Frage: »Was haben wir eigentlich zu erzählen?« Denn das, was ich zu erzählen habe, könnte ich, je nachdem, wie ich darauf schaue, zum Beispiel unglaublich banal oder privat finden. Ich muss also lernen, mich dem Banalen und dem Privaten zuzuwenden, denn das sind tatsächlich die Grundlagen dessen, was wir zu erzählen haben. Ich muss das Vertrauen entwickeln, dass meine intensive Zuwendung etwas Nicht-Banales daraus macht. Woher nehme ich die Stärke zu glauben, dass das, was ich erzählen möchte, erzählenswert ist? Warum meine ich, dass das für Euch interessant sein könnte? Ich kann einfach unterstellen, dass es Euch interessiert – oder es muss mir egal sein. Aber die Frage ist immer latent vorhanden. Es ist eine echte Anstrengung, die Wünsche wirklich ernst zu nehmen und nicht etwas »Großes« an ihre Stelle setzen zu wollen, weil der Kern dessen, was ich zu sagen habe, mir klein vorkommt. Ich finde, daran kranken eine Menge Filme, vielleicht deutsche mehr als zum Beispiel englische.

Neulich hat ein Student begeistert den anderen zitiert: »Ich habe keine Ahnung, warum diese Einstellung drin ist, aber sie muss drin sein.« Das wirklich zu empfinden ist nicht so leicht, aber man kann es lernen. Als bloßer Spruch nützt einem der Satz nichts. In einer Seminargruppe, in der die Studierenden gerade ganz freie Filmarbeiten entwickeln, hat beim letzten Treffen fast jede von Phasen heftigster Zweifel erzählt. An einem Tag bist du ganz zufrieden, am nächsten findest du alles fad und belanglos. Ich finde wichtig, darüber zu sprechen, dass diese gemeinen Schwankungen zu unserer Arbeit dazugehören. Es gibt in dieser Situation nicht wirklich jemanden, den du fragen kannst, bzw. ich kann nach deinem Empfinden fragen, aber damit kläre ich das Problem meiner eigenen Empfindung noch nicht. Das erleben Studierende auch bei Sichtungen: Sie fragen zehn Leute, hören fünf verschiedene Urteile – und dann müssen sie immer noch selbst entscheiden.

SK: Du sprichst von den Mechanismen einer Filmsichtung. Ich erlebe bei den Studierenden in letzter Zeit ein übergroßes Bedürfnis nach Bewertung. Und es irritiert mich. Dieses andauernde Messen wollen: Ist es gut – ist es schlecht? Kommt es an – kommt es nicht an? Was funktioniert – was weniger? Natürlich darf ich mich ihnen als Lehrender nicht plump verweigern oder mich arrogant zurücklehnen. Ich versuche aber beständig, es ihnen auszureden, weil ich aus eigener Erfahrung weiß, dass wirkliche Qualität außerhalb einer allzu ausschweifenden öffentlichen Überprüfung entsteht. Die Infragestellung einer Arbeit darf ihre tatsächliche Qualität nicht gefährden, indem sie sie an den falschen Stellen einer Korrektur unterwirft. Unter Umständen wird durch Sichtungen das, was eigentlich die Stärke eines Films ist, abgeschliffen und nivelliert. Zeigen die Studierenden ihre Arbeiten zu früh oder

Montage lehren

zu oft, wie sollen sie dann für sich selber Sicherheit gewinnen? Wie sollen sie ihr eigenes Urteil schärfen?

Es gehört zu den schwersten Dingen, sich während langer Prozesse immer wieder selbst zu überprüfen. Fragen nach außen mögen schnelle Antworten geben, aber sie helfen einem nicht, die wirkliche Herausforderung einer komplexen künstlerischen Arbeit auszuhalten. Nämlich sie durchzustehen und für sich selbst wirklich zu Ende zu denken. Ausdauer ist auch eine Art der Kreativität. Und Sicherheit hilft mir später, die Kritik zu überstehen, der meine fertigen Arbeiten immer ausgesetzt sein können. Jedenfalls kann ich die Studierenden durch mein eigenes Beispiel nicht von ihrem Bedürfnis nach Bewertung abbringen. Ich selber zeige meine Arbeiten häufig erst, wenn sie schon sehr weit gediehen sind. Nicht, weil ich die Kritik daran scheue. Im Gegenteil, meine Arbeiten fordern die Kritik häufig heraus. Die essayistische dokumentarische Form, die ich am liebsten montiere, hat sehr subjektive Züge. Und Subjektivität betont gerade die Auseinandersetzung mit dem Betrachter, nicht die Bestätigung durch ihn. In einer Sichtung suche ich also nach einer zielgerichteten Kritik zu Stellen im Film, die für mich selbst noch infrage stehen. Bin ich noch zu tief im Prozess, ist das Ergebnis angreifbar, und ich muss mich mit Kritik befassen, die mich zu dieser Zeit nicht interessiert. Eine Sichtung sollte möglichst unter den richtigen Vorzeichen und zu einem gut gewählten Zeitpunkt geschehen. Montieren erfordert so viel Geduld und Ausharren, da müssen die Fragen für eine Sichtung sehr präzise zu Ende gedacht sein. Sonst kann man wenig aus den Antworten gewinnen.

GS: Mir selbst genügt zur Überprüfung meiner Arbeit morgens der erste Blick auf das, was ich am Vortag gemacht habe und anschließend die Sichtung des Materials auf der Leinwand, die ja noch mal einen ganz anderen Blick ermöglicht. Ich bin eher jemand, der selbst überprüfen und nicht überprüfen lassen will.

SK: Marlis, Du sagst, dass Studierende in ihrer eigenen Arbeit einen Wert empfinden sollen – aber muss ich nicht davon ausgehen, dass das gegeben ist? Sie haben sich für ein Studium an einer künstlerischen Hochschule entschieden. Ist für unser Auswahlverfahren nicht eines der wichtigsten Kriterien, ob ein Standing gegenüber den eigenen Ideen spürbar wird?

MR: Stimmt, grundsätzlich haben die Studierenden, die wir auswählen, die Fähigkeit, dem Eigenen Ausdruck zu verleihen. Aber das Studium konfrontiert sie mit anderen Sichtweisen, sie sind zunehmend den Kategorien »Erfolg«/»Misserfolg« ausgesetzt und gleichzeitig sollen sie die eigene Filmsprache finden und festigen. Da ist es schwierig, den richtigen Weg zwischen Eigensinn und Austausch zu finden. Es kann passieren, dass man mit seiner Arbeit allein steht, dass zunächst niemand mitfühlt oder versteht. Wie will man wissen, ob dann ein Beharren nur dem Ego oder doch dem Film dient? Diesem Unterschied auf die Spur zu kommen ist wichtig. Aber niemand garantiert dir, dass ein Beharren nach bestem Wissen und Gewissen dann auch die Zustimmung der anderen bekommt. Es ist eben nicht nur ein Spruch, dass es Richtig und Falsch nicht gibt.

SK: Wie stehen wir überhaupt zu den Filmbetreuungen? Wenn wir einzelne Projekte länger begleiten und mehrmals sichten.

GS: Ich halte das Entwickeln von Fragen bei Filmbetreuungen für aufwendiger und ergiebiger als die Produktion von ungefragtem Sprechen. Ich habe für Betreuungen

235

Marlis Roth / Stephan Krumbiegel / Gerhard Schumm

drei Leitsterne, die ich zwar nie erreiche, die mir aber eine Orientierung geben. Vor der Betreuung treffe ich mit den Studierenden Vereinbarungen, wie die Betreuung stattfinden soll:

– Methode »Fragenstellen«. Der Film, den ich im Moment betreue, ist z.B. für meinen Kopf zu groß. Er wirkt auf mich in charmanter Weise verstörend. Während ich ihn sehe, vergesse ich schon, was ich eben gesehen habe. Mein Vorschlag an die Studentin war: »Überlegen Sie sich Fragen, die im Arbeitsprozess Ihrer Montage entstanden sind.« Meiner Meinung nach produziert die Montagearbeit jede Menge Fragen. Diese Fragen herauszukramen, macht Sinn. Nach der Sichtung kann ich präzise befragt werden. Unter anderem erzähle ich auf Nachfrage den Studierenden den Film von vorne nach hinten bild- und tongenau nach. Das kann z.B. verdeutlichen, was ich vergessen habe.

– Methode »Silent body«. Ich frage bei den Studierenden zuvor nach, ob ihre Arbeit noch eine ganz empfindliche Pflanze ist. Wenn das so ist, schlage ich vor, dass ich nur schaue und nichts dazu sage. Durch mein Sehen und Schweigen entsteht bei den Studentinnen und den Studenten eine Art innere Öffentlichkeit, eine andere Wahrnehmung der eigenen Arbeit. Ich bin dann so etwas wie ein Katalysator. Die Zeigenden müssen intensiv darauf achten, was ihnen bei diesem Öffnungsvorgang neu auffällt. Psychische Projektion ist eine enorm produktive Kraft.

– Methode »Durchfragen«. Ich versuche konsequent, hartnäckig und manchmal auch konfrontativ Sätze mit Fragezeichen zu machen. Ich achte darauf, ob beim Antworten leeres Sprechen auftaucht. Dann frage ich gleich noch mal.

MR: Lustig, wie unterschiedlich die Methoden sind. Ich empfinde die Einladung bereits als Frage, meine Sicht mitzuteilen. Meine Aufgabe ist dann, möglichst präzise davon zu sprechen, was mir bei diesen Bildern und Tönen durch den Kopf geht – was immer das ist. Ich habe ein Urteil, ich denke mir was, ich habe bestimmte Gefühle und ich bin da, um sie anzusprechen. So geht es mir auch, wenn ich zu Sichtungen einlade. Ich hüte mich davor, den Reichtum möglicher Reaktionen durch Fragen oder Absprachen einzuschränken. Würden Studierende mich bitten, nur zu gucken und nichts zu sagen, wäre das natürlich auch o.k. – ich habe das zwar noch nie erlebt, aber ich könnte mich darauf einlassen. Ich wäre aber nicht gerne diejenige, die das vorschlägt. Ich komme erst einmal als die, die ich bin, mit all meinen Empfindungen und der Fähigkeit etwas darüber mitzuteilen.

GS: Ich denke: Montieren dauert oft so lange, man wohnt so sehr im Material, dem muss der Gesprächsprozess gewachsen sein. Er muss eine Detailliertheit haben und zugleich den gesamten Film in seiner zeitlichen Ausdehnung und Abfolge erfassen. Schwierig. Kaum erreichbar.

MR: Aber bei einer Sichtung wirst Du ja nicht zum Montageprozess gefragt, oder? Du sollst ja nicht mitmontieren.

GS: Am Material soll ich tatsächlich nicht mitmontieren, jedoch mental, imaginierend schon. Was mir die Studierenden zeigen, schaue ich mir ja nicht so an, wie ich mir sonst Filme im Kino oder Fernsehen anschaue. Ich studiere die Filme bei Betreuungsgesprächen unter dem Blickwinkel des Montierens, also unter dem Aspekt der Eingriffsmöglichkeit und Veränderbarkeit. Mein kombinatorisches Montagedenken ist gefragt. Die Montage von Material gründet auf den kombinatorischen Fähigkeiten unserer Vorstellungskraft. Inneres Montieren ist allerdings zu großen Teilen ein Denken direkt in Bildern und Tönen. Das ist in jedem Fall ein Denken, aber nicht unbedingt ein inneres Sprechen. Trotzdem sprechen wir. Es sind Betreuungsgespräche.

SK: Betreuungsgespräche sind Teil eines Verstehensprozesses. Ich glaube, es kommt sehr auf den Zeitpunkt an, zu dem eine Betreuung einsetzt. Wenn Studierende mir ihre Arbeit präsentieren, versuche ich als erstes zu klären, ob sie überhaupt ein Problem mit ihrer Arbeit haben. Will heißen, ob etwas Grundsätzliches am Film infrage steht. Das kann ihre Arbeitsbeziehung betreffen, die Ausgangslage des Materials oder inhaltlich-formale Fragen. Jedenfalls etwas, das den Film in seiner Aussage und Wirkung tatsächlich bedroht. Wenn das nicht der Fall ist, kann ich ihnen gerne meine Meinung zu diesem oder jenem Detail sagen. Wir können aber auch damit aufhören, denn der Film hat im Grunde kein Problem.

Ein Beispiel: Eine Regie-Montage-Paarung zeigt mir ihren Spielfilm. Aus dem, was ich sehe, wird deutlich, dass es ein Missverhältnis zwischen dem Thema, das die Regie bearbeiten will und dem, was der Film aus sich heraus zeigt, gibt. Das Thema ist zu groß, der Anspruch an Konflikt und Drama erschlägt den Film und verdeutlicht eher seine Schwächen als seine Stärken. Die Form passt nicht zum Inhalt. Wir sprechen ausführlich darüber und die Bedenken der Studierenden bestätigen meine Sicht von außen. Zur nächsten Sichtung vier Wochen später präsentieren sie einen Montageansatz, der das bisher gezeigte Missverhältnis zwischen Thema und Ausdruck ins richtige Maß setzt. Getragen von Montageideen haben sie ihre Probleme innerhalb der einzelnen Szenen entweder gelöst, überdeckt oder auch nur herausgekürzt. Sie haben das allzu dominante Thema des Films etwas in den Hintergrund und dafür das Formale nach vorne geschoben. Ihr Ansatz mag nicht meinem Geschmack entsprechen, aber sie haben ihr Grundproblem gelöst. Form und Inhalt gehen in einer gelungenen Variante auf.

Zu diesem Zeitpunkt kann ich mich aus der Beratung zurückziehen. Sie haben eine Sprache gefunden, den Film zu schließen. Ich bin also da, um Gefahren zu thematisieren und Denkmodelle anzubieten. Dabei spielen Fragen des dramaturgischen Verlaufs in meiner montagegeprägten Sichtweise oft eine untergeordnete Rolle. Wichtiger sind die Kräfteverhältnisse innerhalb des Films: in Bezug auf Thema, Figuren, Inszenierung, Idee, Witz, Spannung, Form etc. Wann ist der Film noch zu offen? Bietet er zu viel Spielraum? Wieso wirft er so viele Fragen auf? Warum verliere ich den Zuschauer? Eines der Grundprobleme ihrer Arbeiten ist doch, dass die Filme etwas behaupten, das nur für sie selbst wirklich lesbar ist, dem die Brücke zum Zuschauer fehlt, die zu bauen eine der grundsätzlichen Aufgaben von Montage wäre. Der persönliche Geschmack ist eine Unterkategorie in der Entscheidungslinie.

MR: Mit der fehlenden Brücke beschreibst Du ein Problem, auf das ich als Betrachterin in jedem Fall hinweisen muss. Gleichzeitig ist es eines, wonach die Studierenden nicht hätten fragen können, weil sie ja davon ausgingen, dass alles lesbar war. Ich sehe allerdings den Sinn dieser Gespräche nicht vorrangig in der Problemlösung. Es kann passieren, dass die Studierenden kein Problem hatten, ich aber eines habe und es ihnen mitteile. Genauso kann es passieren, dass ich ein Problem, das mir geschildert wird, gar nicht als solches empfinde. Fraglich, ob ich dann zu dessen Lösung beitragen sollte. Für mich steht bei diesen Gesprächen erst einmal der Austausch von Sichtweisen im Vordergrund.

Marlis Roth / Stephan Krumbiegel / Gerhard Schumm

GS: Was fragst Du im Vorfeld dieser Beratungen? Was bremst Du ab? Ich finde diese Verabredungen zu Beginn der Arbeit interessant.

MR: Ich frage nichts und ich bremse nichts ab.

GS: Also Du fragst auch nicht, in welchem Zustand der Film ist? Manchmal kriegt man einen fertigen Film zu sehen, an dem gar nichts mehr gemacht werden kann.

MR: Sicher, manchmal sagen Studierende einem vorher etwas zum Film oder sie wollen etwas ganz Bestimmtes klären. Aber wenn nicht, dann setze ich mich, nehme wahr, was kommt und rede über genau diese Wahrnehmung.

GS: Fragst Du, in welchem Stadium sich die Montagearbeit befindet? Fragst Du, wie schützenswert der Film ist?

MR: Wenn es keine Auskunft zum Stadium gibt – was selten vorkommt, dann frage ich auch nicht nach. Vielleicht entdecke ich zum Beispiel in vermeintlicher Rohheit etwas ganz Feines und Erhaltenswertes. Ich kann zu Mustern etwas sagen, so wie ich zum fertigen Film etwas sagen kann. Wie hilfreich das jeweils ist, entscheidet letztendlich mein Gegenüber. Als schützenswert empfinde ich jedes Stadium der Arbeit, als empfindliche Pflanze, wenn Du so willst. Aber ich habe nicht das Gefühl, das Gespräch deshalb besonders absichern zu müssen. Ich habe nicht die Sorge, mit dem, was ich sage, etwas zu zerstören. Ich mache sehr deutlich, dass mein Urteil subjektiv ist und ich versuche ehrlich aber nicht verletzend zu sein.

GS: Wie stehst Du zum Ablauf einer Betreuungssituation? Wie geht es dann weiter?

MR: Dann sag ich: »Ich freue mich über eine weitere Einladung.«

GS: Und wie nimmst Du dann die Änderungen auf? Gibt es da nicht oft narzisstische Probleme?

MR: Ja, manchmal muss man feststellen, dass der Film, den man selbst vor Augen hatte, von den Studierenden ganz anders weiterentwickelt wurde. In so einem Fall kann ich noch einmal thematisieren, dass mir jetzt bestimmte Aspekte abhanden gekommen sind, dass sie mir fehlen. Wenn sie aber den Macherinnen nicht fehlen, dann soll es so sein.

GS: Ich denke gerade an einen Film, der nach meinem Gefühl von Schnittversion zu Schnittversion schrittweise entstellt, abgeschliffen, abgeflacht und portionsweise auf Informationsvorgabe und Allgemeinverständlichkeit getrimmt wurde. Zu Beginn war er hochspannend und am Ende war er nur noch robust.

MR: Hast Du dem Studenten das gesagt?

GS: Ja. Aber der Verlustprozess war für mich eigentlich unfassbar. Andererseits hatte der Student auch einen »Gewinn«, denn der Film wurde gesendet.

MR: Das ist im besten Fall eine tolle Erfahrung. Der Film wurde zwar gesendet, aber es hat immerhin einen gegeben, der ausgesprochen hat: »Schade, die Intensität ist raus.«

SK: Erlebt Ihr das auch? Bei manchen Studierenden kommt es mir so vor, als zweifelten sie während des ganzen Studiums an sich selbst. Wenn sie mir von Teamprojekten erzählen, für die sie angefragt wurden, überwiegen meistens die negativen Aspek-

Montage lehren

te. Als Folge davon springen sie von einer Absage zur nächsten. Wenn ich sie dann besser kenne, konfrontiere ich sie gerne mit der Frage: »Willst Du diese Arbeit wirklich machen?« Es gibt einen Teil Realität in der filmischen Arbeit, dem sie vielleicht gar nicht standhalten wollen. Das möchte ich mit ihnen klären. Zumindest solange sie über den Beruf nachdenken, den ich da draußen ausübe. Wollen sie als Editor in der Produktionswelt arbeiten, müssen sie viel Lebenszeit investieren, insbesondere bei der Montage, in der die Arbeitsprozesse so lange andauern können. Zuverlässigkeit, Dienstbarkeit und Fremdsteuerung sind Teile des Jobs. Künstlerische Autonomie gibt es nur in Teilen, jedenfalls muss man auch ohne sie auskommen können. Man wird in der Berufsrealität immer auch an seiner Treue gemessen, nicht nur an seinem Können. Man muss bereit sein, ein Projekt mitzutragen, auch wenn viele Aspekte sich nicht als das herausstellen, was vielleicht vorher erwünscht oder versprochen war. Und trotzdem alles geben.

MR: Ich denke man muss überlegen, worauf ein Studium vorbereiten soll, ob der Zweck eines Studiums überhaupt vorrangig in »Vorbereitung« besteht. Der Blick darauf scheint mir in der aktuellen Hochschuldiskussion sehr verengt. Selbst wenn die Absolvent(inn)en ihr Geld mit Werbung verdienen würden, bliebe es wichtig, sich im Studium mit ihnen über all das auseinanderzusetzen, was Film sein kann. Was Du beschreibst, ist die Notwendigkeit, Egoismus loszulassen, das ist in autonomer künstlerischer Arbeit ebenso wichtig wie in dem beruflichen Umfeld, von dem Du sprichst. Beide Arbeitsweisen geraten in Schieflage, wenn es um das Ego eines der Beteiligten geht und nicht um die Sache. Ich glaube unsere Aufgabe ist, für ein komplexes Studium zu sorgen und einen angemessen weiten Begriff von Hochschule zu vertreten. Unsere zum Beispiel ist eine staatlich finanzierte Einrichtung für Forschung und Lehre. Der Anspruch muss also über eine Berufsvorbereitung hinausgehen, wobei Beruf im künstlerischen Bereich ja in sehr unterschiedliche Richtungen gehen kann.

Anmerkungen

1 »Schuss-Gegenschuss«, engl. »shot-reverse shot«, bezeichnet ein auf Konvention basierendes Konzept beim Drehen und Montieren, das bei Dialogen und Blickwechseln jeweils korrespondierende Filmeinstellungen für wiederholtes Hin- und Hermontieren vorsieht.
2 »Cut away« bezeichnet eine konventionelle Festlegung bei der Filmaufnahme und Montage, bei der einzelne Einstellungen bereits beim Drehen als von der Handlung wegführend konzipiert werden und dann in der Montage so angeordnet werden, dass sie vom Zentrum einer Handlungssituation in deren Peripherie führen.

Marlis Roth, geboren 1964, lebt in Berlin. Sie studierte Film an der Hochschule für bildende Künste Hamburg. Ihr künstlerischer Schwerpunkt liegt im Bereich der Film-/Video-Installation. Seit 1997 lehrt sie Montage u.a. an den Hochschulen/Akademien in Potsdam, Magdeburg, Ludwigsburg und Bozen. Seit 2009 ist sie Professorin im Studiengang Montage der Hochschule für Film und Fernsehen »Konrad Wolf«, seit 2011 leitet sie das Institut für künstlerische Forschung der Hochschule.

Stephan Krumbiegel, geboren 1964. Studium der Medientechnik. Von 1991 bis 1996 Arbeiten als Editor und Ko-Regisseur, sowie als Aufnahme- und Produktionsleiter. Seit 1997 Konzentration auf die Filmmontage mit Schwerpunkt Dokumentar- und Spielfilm. Parallel zur Filmarbeit Lehre an der Filmakademie Baden-Württemberg und

Marlis Roth / Stephan Krumbiegel / Gerhard Schumm

Von links nach rechts: Stephan Krumbiegel, Marlis Roth, Gerhard Schumm (© Privat)

der DFFB. Seit 2007 Professor im Studiengang Montage an der Hochschule für Film und Fernsehen »Konrad Wolf«. Die Arbeit als Editor besteht fort. Lebt mit seiner Familie in Berlin.

Gerhard Schumm, geboren 1950. Studium der Filmregie und Psychologie. Promotion im Fach Philosophie. Lebt in Berlin. Seit 1973 Arbeit als Filmautor, Filmeditor und als Textautor. Dokumentar- und Experimentalfilme für verschiedene Fernsehanstalten. Lehre an verschiedenen Hochschulen (u.a. an der HfbK-Hamburg, UdK-Berlin, FHSS-Berlin, Freie Universität Berlin, Humboldt-Universität zu Berlin, Filmakademie Wien, Zelig-Bolzano, filmArche Berlin). Hochschullehrer an der Hochschule für Film und Fernsehen »Konrad Wolf«. Lehre und Forschung im Fach Schnitt. Buchveröffentlichungen u.a. *Der Film verliert sein Handwerk* und mit Hans J. Wulff *Film und Psychologie*.

Wie kann ich als Lehrender interessieren?
Hans Beller im Gespräch mit Béatrice Ottersbach

BO: Sie unterrichten seit 1981. Was hat Sie in diesen Jahren der Lehrtätigkeit am meisten geprägt?

HB: Es ist einmal die eigene Erfahrung, dass man das, was man lehrt, auch selbst begreifen und zwar richtig begreifen muss und die Themen, die einen interessieren, mit Beispielen unterfüttern muss. Daraus muss man etwas herausfiltern, was auch für andere interessant ist. Das bedeutet also: Als Lehrender muss ich interessieren, und wie mache ich das? Das ist der entscheidende Punkt. In meinen ersten Lehrjahren, von 1981 bis 1991, habe ich hauptsächlich alles aufgesaugt. Ich hatte das Privileg, an der Filmhochschule (HFF München) ständig Filme gucken und alles lesen zu können, was ich in der Bibliothek fand. Ich war ja Forschungsassistent neben der praktischen Tätigkeit als Dokumentarfilmer, und aus der Praxis konnte ich anderseits für die Lehre schöpfen. Der junge Theoretiker, der ich war, musste sich immer wieder in der Praxis behaupten und sich den Praxiskriterien stellen. Die große Veränderung kam erst nach 1991. Da fand bei mir der »digital turn« statt und das war natürlich ein einschneidendes Ereignis: Wir mussten begreifen, was das Überhandnehmen der digitalen Techniken alles verändert hat und wie sich das auf den Schnitt auswirkt. Ich habe Anfang 1993 das *Handbuch der Filmmontage*[1] herausgeben, als der digital turn mit seinen Folgen erst richtig wahrgenommen wurde.

BO: Was war für Sie das Erstaunlichste in dieser Zeit des massiven technischen Umbruchs?

HB: Dass Wesentliches davon unberührt geblieben ist. Der Übergang der Technik von analog zu digital war natürlich enorm. Die Veränderungen haben sich auf die gestalterischen Elemente ausgewirkt, die Schnitte wurden zum Beispiel immer schneller und man konnte mit viel mehr Tricks arbeiten sowie neue elektronische Effekte einsetzen – und das in hohem Tempo. Heute wird alles quasi online versendet und man braucht kein Kopierwerk mehr. Aber ich möchte an dieser Stelle sinngemäß die Fotografen Andreas Gursky und Thomas Ruff[2] zitieren, die in einem Interview über digitale Technik bei der Fotografie befragt wurden und antworteten: Uns fehlen bis jetzt noch die Worte für das, was wir machen. Das sagen zwei sehr kluge und reflektierte Künstler, die an der Kunstakademie in Düsseldorf lehren und große Praktiker sind. Ich stimme ihnen zu. Denn Begriffe für das zu finden, was zur Zeit die Praxis beeinflusst, das ist eine große Herausforderung. Allerdings läuft die filmische Theorie mit ihrer Sprache immer der Praxis hinterher. Die bringt Phänomene hervor, für die Wissenschaftler oder Lehrende dann die entsprechenden Worte finden müssen. Das ist eine ständige Herausforderung, weil sich da unaufhörlich etwas tut.

BO: Aber Sie sagen, dass diese Wandlungen keinen Zugriff auf das Wesentliche haben?

Hans Beller

HB: Natürlich nicht. Beim Film geht es um Emotionen, um Empathie. Wie wir von Walter Murch wissen, sind »51 Prozent des Schnitts eine Sache des Gefühls«[3]. Und diese Emotionen müssen richtig artikuliert und filmisch umgesetzt werden. Hier muss ich auch auf Ihr Interview mit Mathilde Bonnefoy in den *Filmschnitt-Bekenntnissen*[4] verweisen. Darin berichtet Bonnefoy über die Montage von Tom Tykwers Kinofilm HEAVEN[5], wie sie nach dem Picture-Lock, also nachdem der Schnitt für den Ton quasi versiegelt war, nochmals umgeschnitten hat, um die moralische Haltung der von Cate Blanchett gespielten Heldin prägnanter zu gestalten – die Szene, als ihr Vater sie zu ihrer Beziehung zu dem Polizisten befragt.

Die eigentliche Frage ist also nicht, wie man mit dem Schnittcomputer umgeht und welche Schnittfrequenz angewendet wird, sondern die Einfühlung in Figuren ist das Entscheidende. Die erwähnte Sequenz ist übrigens sehr ruhig geschnitten, obwohl die Schnittfrequenzen allgemein zugenommen haben. Man hat das Tempo rausgenommen und lässt etwas wirken, was mit Gefühlen zu tun hat. In dem Moment, in dem wir über Dramaturgie, Gestalterisches, Tempo, Timing, Pacing oder Rhythmus reden, sind wir bei Gefühlen. Die sind zwar auch vom Zeitgeist abhängig, aber man muss sich von Fall zu Fall eigens darauf einlassen und je nachdem umdenken.

BO: Bleiben wir bei den Veränderungen: Wie haben sich die Studenten in den letzten 20, 30 Jahren verändert?
HB: Die Studenten von heute befinden sich in einer Art ozeanischem Strudel. Sie sehen ja viel mehr, als man früher sehen konnte. Sie können sich im Jahr etwa 35.000 Filme auf den verschiedensten Fernseh-Kanälen anschauen und auf anderen Plattformen noch mehr. In meiner Generation wurden zwar auch viele Filme gesehen, aber man musste sich auf die Filme konzentrieren, die gerade liefen. Video gab es 1968 kaum und DVDs gab es noch nicht. Ich habe am Anfang meiner Lehrkarriere Filmgeschichte noch mit Zelluloid-Kopien unterrichtet. Heute ist es gänzlich anders, ich kann mir jeden Film jederzeit irgendwoher holen: Anybody sees any movie at any time at any place – das bringt die technologische Utopie, die zunehmend realer wird, auf den Punkt. Früher haben viele Leute den gleichen Film am gleichen Ort gesehen, das war Kino. Dann sahen viele einen Film an verschiedenen Orten, aber zur gleichen Zeit im Fernsehen. Heute kann jeder jeden Film an unterschiedlichen Orten zu unterschiedlichen Zeiten gucken. Und das prägt die Menschen natürlich und verändert die Rezeption. Daher sind Studierende im Aufnehmen und Verarbeiten gestalterischer Kompetenzen schon sehr weit. Sie haben bereits so viele Muster im Hinterkopf abgespeichert, dass sie aus dem Bauch entscheiden können. Das unterscheidet die heutigen Studenten von denen früherer Generationen. Unsere Aufgabe als Lehrende ist allerdings, ihnen die neuen und teilweise unbewusst aufgenommenen Muster zu verdeutlichen, damit sie darüber reflektieren, um dann souverän darüber verfügen zu können. Das hilft ihnen auch, sich in der heutigen Zeit einzusortieren.

BO: Können Sie dennoch den Studenten Hans Beller in den Studenten von heute erkennen?
HB: Ich war noch ein 68er-Student und hatte einen viel stärkeren theoretischen Wissensdurst. Die heutige Generation muss sich viel mehr mit Hard- und Software beschäftigen und das sind zeitfressende Prozesse. Die großen Konzerne schmeißen ja permanent Innovationen auf den Markt. Und das hält einen ganz schön auf Trapp. Mittlerweile hat ein 27-jähriger Student auch schon mal Angst vor 22-jährigen Studenten, weil die

Wie kann ich als Lehrender interessieren?

noch schneller mit gewissen Techniken umgehen können. Während unsereiner sehr viel gelesen, also einfach studiert und Filme geguckt hat, müssen die heutigen Montagestudenten sich mit neuen Technologien auseinandersetzen, um mithalten zu können. Und diese hören nicht auf sich zu verändern, zum Beispiel auch die Kameras, die inzwischen Computer sind. Hinzu kommt die zunehmende Fraktionierung von Genres, Formaten, Zielgruppen mit jeweils spezifischen Anforderungen und Quotenerwartungen. Und diese temporeiche Entwicklung wirkt sich natürlich auch auf die Ruhe aus, mit der man ein Projekt angeht oder angehen sollte. Der Zeit- und der Verarbeitungsdruck sind jetzt unvergleichlich stärker. Auch das muss ich in meiner Lehre berücksichtigen. Die Studenten sitzen nicht mehr in der Bibliothek, um sich auf Seminararbeiten vorzubereiten, sondern sie holen sich die Hintergrundinformationen aus dem Internet. Die »digital natives«, welche die Filmstudenten heute sind, gehen auch mit Informationsmedien in kognitiver und mentalitätsbezogener Weise anders um. Das müssen wir als Dozenten begreifen. Der gestiegene Zeitdruck lässt kaum einen ruhigen Nachmittag in der Bibliothek zu. Auch in der Filmbranche muss man immer mehr in immer kürzerer Zeit für immer weniger Geld abliefern – und das zeigt sich bereits im Studium.

BO: Sie sagten gerade, dass ältere Studenten Angst vor jüngeren Studenten haben. Spielt der Faktor Angst bei den Studenten eine große Rolle?
HB: Ja, Angst ist ein Faktor. Und das Vertrackte ist, dass darüber nicht richtig kommuniziert wird. Aber schauen Sie, wenn eine Editorin in einer Fernsehanstalt aus dem Mutterschaftsurlaub zurückkommt, gerät sie auch erst einmal in Panik. Die Geräte, mit denen sie vor ihrer befristeten Auszeit Filme geschnitten hatte, haben sich in der Zwischenzeit weiterentwickelt, da sind nicht nur die Menüleisten anders. Sie muss also neu eingeführt werden, sie braucht einen technischen Support, einen Coach, der ihr die neuen Entwicklungen erklärt. Während man früher wieder an den Schneidetisch ging und nahtlos wie in den Jahren davor weiterarbeitete, muss man sich heute sehr anstrengen, um Anschluss an die Technik zu finden. Dieser Druck fängt schon im Studium an. Deshalb schlucken Studenten schon mal Tabletten, um durchzuhalten.

Ich beschäftige mich auch mit Gesundheitsfragen, die ich in meinem Unterricht beiläufig zur Sprache bringe: Tabletten, Drogen oder dass man ausschlafen muss – einfach lebenspraktische Dinge. Ich sehe ja, wenn Studenten, die gerne bei mir im Unterricht sitzen, aus Erschöpfung einschlafen. Weil sie nachts gearbeitet haben, um Geld zu verdienen. Da greift der eine oder andere zu Tabletten, um sich aufzuputschen. Die Studenten machen sich übrigens auch untereinander Druck. Sie stehen im Konkurrenzkampf zueinander – und dieser Druck kommt nicht von den Lehrenden, sondern liegt auch an der Sorge um die materielle Existenz, bei einem Überangebot an Medienarbeitern.

BO: Wie wirken sich diese technischen Veränderungen auf Ihre Arbeit als Dozent aus?
HB: Ich muss mich auf dem Laufenden halten. Ich kann mich nicht auf CITIZEN KANE, DIE GROSSE ILLUSION oder DIE SPIELREGEL von Jean Renoir beschränken. Ich muss das Aktuellste einbeziehen und einen Bogen schlagen können. Diesen Ansatz habe ich, weil ich der Ältere bin, der Entwicklungen in einem größeren Zeithorizont überblickt. Deshalb bin ich überhaupt noch tätig, weil ich den Bogen zwischen dem Gewesenen und dem, was aktuell passiert, nachvollziehen

Hans Beller

kann. Es gibt eine Evolution innerhalb der Kinematografie: Alles wird immer schneller, ausdifferenzierter, komplexer, realistischer, drastischer, expliziter. Aber dem zugrunde liegen wiederum universelle Muster: Einfühlungsvermögen, Spannung und alle diese dramaturgischen Elemente. Die bleiben trotz allem die Basis. Das Geflecht dieser Abhängigkeiten will ich vermitteln. Was bringen die neue Technik, das veränderte Zeitgefühl, der Zeitgeist und die wechselnden Moden? Inwiefern haben aktuelle Entwicklungen mit der Tradition zu tun? Darauf Antworten anzubieten ist meine Aufgabe. Ich verstehe mich als Vermittler.

BO: Sie sehen sich also als Vermittler zwischen tradiertem Wissen und neuen Techniken?
HB: Klar! Denn die digitale Technik hat ja nicht die griechische Tragödie ersetzt. Allerdings muss man aber auch aufpassen, dass man nicht zum konservativen Reaktionär wird, der sagt: »Nach Aristoteles gibt es in der Dramaturgie nichts Neues.« Dieser Meinung bin ich überhaupt nicht. Natürlich kann ich heute Sachen gestalten, die früher undenkbar waren und damit neue Ausdrucksformen entwickeln. Ich muss als Lehrender wachsam bleiben. Zum Beispiel hat heute die Überbietungsspirale in Bezug auf den Schnitt, also das Diktat nach immer kürzeren Einstellungen, das Ende der Fahnenstange erreicht. Man entschleunigt wieder und macht gerade häufig »slowmo«, extreme Zeitlupe durch Highspeed-Kameras. Man sieht wieder langsame Bewegungen, die eine Zeit lang verpönt waren. Das muss ich wahrnehmen und die Studenten darauf hinweisen: »So, Leute, wir bewegen uns in eine andere Richtung. Wollt Ihr da mitmachen? Wollt Ihr einen Schritt bewusst anders gehen?« Und wir müssen uns den Fragen der Studenten stellen: »Werde ich damit Anerkennung erfahren oder einfach damit mein Geld verdienen können?« Die Qual der Wahl kann ich ihnen nicht abnehmen, denn es sind ihre Kontexte und ihre Inhalte, die nach Formen und ästhetischen Mustern verlangen. Es ist ein breites Zusammenspiel persönlicher und gesellschaftlicher Faktoren, in künstlerischer wie ökonomischer Hinsicht.

BO: Auf der Webseite der Filmakademie steht, dass die Montage-Abteilung der Filmakademie Studierende »vor einem Praxisschock« schützen will.
HB: Ich bin ja nicht der Praktiker *(lacht)*. Meine Kollegen Raimund Barthelmes, Clara Fabry-Gasser und Jens Klüber beispielsweise betreuen den praktischen Teil des Bereichs Montage/Schnitt der Filmakademie. Bei mir lernen die Studenten Analytisches und auch Historisches. Und ich mache auch dramaturgische Übungen mit ihnen. Ich bin also der Theoretiker, der die Praxis in den historischen Kontext setzt.

BO: Aber worauf möchten Sie, Hans Beller, die Editoren von morgen vorbereiten?
HB: Darauf, dass sie souveräner über verschiedene Modelle der gestalterischen Umsetzung eigener und fremder Ideen verfügen können. Ich gebe keine Don'ts and Must's vor. Mir geht es darum, dass die Studierenden über Begriffe verfügen, mit denen sie dann argumentieren können. Die editorische Kompetenz ist für mich wesentlich. Es geht ja nicht darum, dass jemand zwei Knöpfe drücken, zwei Bilder aneinanderreihen und Bilder und Töne organisieren kann. Hinter den Editing-Lösungen steht ein Mensch, der mit Intellekt und Emotion einen Film bearbeitet hat, der seine Kompetenz in der Auseinandersetzung mit einem Autor, einem Regisseur eingebracht hat. Ein Editor ist auch ein Lektor, er braucht eine editorisch herausragende Kompetenz. Er muss gliedern, kürzen. So wie Sie es nach diesem

Wie kann ich als Lehrender interessieren?

Gespräch machen werden. Das macht auch ein Editor. Er ist kein Erfüllungsgehilfe und bietet keinen Service – selbst wenn es in den Fernsehanstalten so gesehen wird.

Editorische Kompetenz heißt auch, dass die Studierenden mit einem größeren Selbstbewusstsein antreten als es der herabsetzende Begriff »Cutter«, der ein deutscher Anglizismus ist, zu beinhalten scheint. Mein Ziel ist zu vermitteln, dass man als Editor nicht nur schneidet, sondern auch montiert, organisiert und Entscheidungen trifft. Daraus speist sich meine identitätsstiftende Funktion im Kontext der Lehre.

Meine Rolle beinhaltet auch, immer wieder klarzumachen, dass es eine Vergangenheit und eine Zukunft gibt. Die Studenten müssen spüren, dass sie in ihrem Fach Teil einer Kontinuität sind, in der viele interessante Menschen spannende Dinge gemacht haben und machen. Ich habe z.B. keine generell intellektuellen Vorbehalte dem Hollywood-Kino gegenüber. Man muss nur differenzieren können. Mir geht es darum, dass die Studenten wissen, in welcher Tradition sie stehen und welche Möglichkeiten sie sich offen halten sollen. Die angehenden Filmemacher und Editoren müssen heutzutage Vieles beherrschen und dies auch noch oft gleichzeitig – also Multitasking-Talente sein.

BO: Suchen die Studenten das Gespräch über die Definition des Berufs oder kommen sie mit einer klaren Vorstellung davon, was ein Filmeditor ist?
HB: Das ist unterschiedlich. Die Studenten müssen ja, wenn sie sich an der Filmakademie bewerben, praktische Erfahrungen vorweisen können. Das verlangen die Statuten. Sie begreifen sich oft als Allrounder. Sie wissen: Je hochwertiger, je teurer eine Filmproduktion wird, desto arbeitsteiliger wird sie. Und je kleiner und bescheidener eine Firma ist, desto mehr Aufgaben muss der Editor übernehmen können. Das ist das

Paradoxe. Also einer, der in der Aktualität schneidet, muss Colour Grading machen. Er muss also die Farbkorrektur beherrschen, er muss Grafiken einfügen und sogar eine Mischung machen können und alles mögliche, was sonst bei einem großen Film arbeitsteilig unterschiedliche Leute machen. Die Studenten kommen also oft mit diesen Allrounder-Erfahrungen daher und haben bereits dies und das ausprobiert. Wir versuchen dahingehend identitätsstiftend zu sein, indem wir ihr Selbstbewusstsein stärken. Sie sollen sich nicht wie irgendein weisungsgebundener Handlanger herabgesetzt fühlen. Es sind ja keine Plattenleger, die weiße oder schwarze Kacheln verlegen, weil es der Innenarchitekt so will. *(lacht)*

BO: Sie und Ihre Kollegen sind, wie Sie vorhin erwähnten, von Digital Natives umgeben. Sind Sie Ihren Studenten technisch nicht weit unterlegen?
HB: Aber klar doch! Ich bin kein Editor und das erwarten die Studenten auch nicht von mir. Ich bin nicht der Techniker, der ihnen am Schnittcomputer den Weg erklärt. Das machen andere. Dafür gibt es eine Menge Profis an der Filmakademie.

BO: Sie sind ja von Hause aus nicht Editor, sondern Dokumentarfilmer. Aber Sie sind trotzdem Dozent für Montage. Warum?
HB: Weil ich das *Handbuch der Filmmontage* herausgegeben habe und weil ich über dieses Thema geforscht und einen Sinn fürs Praktische habe. Deswegen holen mich ARD, ZDF, ProSiebenSat.1 für Seminare.

BO: Aber was hat dazu beigetragen, dass Montage für Sie so ein wesentliches Thema ist?
HB: Es ist das, was den Film im Innersten zusammenhält. Für mich ist der Schnitt tatsächlich etwas Geheimnisvolles. Deshalb unterscheidet er sich meines Erachtens am

Hans Beller

stärksten von der Alltagswahrnehmung. Und deswegen hat Sir Alfred Hitchcock die Montage als »die einzige neue Kunst des 20. Jahrhunderts«[6] erklärt. Diese Sprünge durch Raum und Zeit, die man im Film herstellen und mit denen man manipulieren kann, sind einfach spannend. Darin steckt – neben dem Moment der Manipulation – auch der Moment der Kunstfertigkeit. Diese zwei Aspekte interessieren und faszinieren mich, weil ich dadurch etwas von der Welt begreife oder die Welt mir neu entgegenkommt. Das ist der Grund, warum ich mich so intensiv mit Schnitt beschäftige, obwohl ich nicht schneide. Ich glaube, Eisenstein hat auch kaum geschnitten. Das hat Alexandrow für ihn gemacht.

BO: Werden die Studenten dieses *Filmlehren*-Buch lesen?

HB: Meinen Sie, meine Schnittstudenten würden die *Filmschnitt-Bekenntnisse* lesen? Ich arbeite regelmäßig über Positionen zur Montage und zitiere stets aus diesem Buch. Aber ich staune auch immer, wie ignorant Studenten sein können. Das ist das Problem mit dieser potenziellen Verfügbarkeit aller Medien. Diese Generation sitzt vor dem PC/Mac und denkt, dass sie alles aus dem Netz erhält. Das ist natürlich Quatsch. Unsereiner, der ja verschiedene Arten und Ebenen des Informationsangebots kennt, kann das so strukturieren, dass daraus Wissen und Bewusstsein wird. Also versuche ich zu helfen und Strategien anzubieten, wie Informationen – auch aus dem Netz – genutzt werden können. Was ist relevant? Was ist nicht relevant? Welches Thema könnte man wie angehen?

BO: Sie haben erwähnt, dass sie auch Coach und Seminarleiter bei Fernsehsendern sind. Dort haben Sie es mit aktiven Profis zu tun. Inwiefern unterscheidet sich diese Arbeit von der Arbeit mit Studenten?

HB: Man muss zunächst die Editoren und Kameraleute von Redakteuren und Autoren unterscheiden. Redakteure und Autoren haben einen ziemlichen Tunnelblick auf ihre Formate. Da muss man manchmal eine Wirtschaftsredaktion oder ein Reisemagazin coachen *(lacht)*. Ich schaue mir ihre Geschichten und DVDs an und zeige ihnen, wo es hapert. Mein Vater war praktischer Arzt und Geburtshelfer und ich habe von diesem schwierigen Mensch den diagnostischen Blick geerbt. Ich sehe sofort, wo etwas »krankt«. Ich behaupte, die Hebammenkunst, die Mäeutik, zu beherrschen: Ich kann Leuten helfen, Dinge zu gestalten, sie auf die Welt zu bringen und bei filmischen Prozeduren das Gestalterische klarer zu artikulieren. Ohne Instanterklärungen und Universalantworten zu liefern, denn richtige Fragen und Antworten stecken in den Leuten selbst.

BO: Wie unterscheiden sich die Fragen der Profis von den Fragen der Studenten?

HB: Die Profis haben oft schon lange Durststrecken hinter sich, in denen sie sich kaum über aktuelle Entwicklungen ausgetauscht haben. Ich präsentiere ihnen unterschiedlichste Beispiele aus den diversen Anstalten und Redaktionen und zeige ihnen zum Beispiel, wie andere Leute mit Emotionen, Bildgestaltung und mit Schnitt umgehen. Ich versuche dann zu erläutern, warum man sich bei einem Film für langsame oder schnelle Einstellungen entschieden hat. Ich liefere sozusagen eine Horizonterweiterung auf aktuelle gestalterische Formen. Die Editoren und die Kameraleute sind damit sehr glücklich, denn sie müssen ja die unterschiedlichsten Formate bedienen können. Sie haben es mit sehr verschiedenen Autoren und Intentionen zu tun. Mit ihnen arbeite ich am liebsten, das ist vielseitig. Autoren und Redakteure muss man dem Format entsprechend engführender bearbeiten – und das ist schwieriger.

Wie kann ich als Lehrender interessieren?

BO: Aber können Sie Erkenntnisse aus den Seminaren mit Profis für Ihre Lehre an der Filmakademie nutzen?

HB: Das kann ich natürlich. Sie erwähnten vorhin den Praxisschock, den wir unseren Studenten ersparen wollen. Daher berichte ich meinen Studenten von meinen Erfahrungen in den Sendeanstalten: »Schau, heute ist das so, wenn man in einer Redaktion arbeitet. ›Formatbedingt‹, das sieht so aus.« Dann erwähne ich auch einen Begriff wie »Formatstalinismus«, der in den Gängen der Fernsehanstalten kursiert. Denn natürlich wird in den Redaktionen mit den Zähnen geknirscht, weil Formate eher als Raster fungieren, in die alles gepresst werden muss, ganz gleich, was dabei alles verloren geht.

Die Filmstudenten müssen diese Realität kennen. Sie müssen sich mit ihr auseinandersetzen, denn das Formatfernsehen breitet sich aus. Sie müssen für sich abwägen: »Mach ich da mit? Mach ich da nicht mit?« Wollen sie sich in einem Bread-and-Butter-Job darauf einlassen? Wollen sie parallel dazu ihre künstlerische Arbeit verfolgen oder sich ganz auf sie konzentrieren? Allerdings werden offene Strukturen immer seltener und somit wird ein Leben als freier Editor immer schwieriger. Das ist der Konflikt dieser Professionalisierung. Und bei den Privatsendern sind die Zwänge nicht geringer als bei den öffentlich-rechtlichen Sendern. Das sehe ich ja bei meinen Seminaren. Also zeige ich den Studenten auch, wie dort der dramaturgische Bogen immer wieder von Auflagen durchkreuzt wird. Sei es durch die Werbung oder weil ein quotenversprechender Promi immer wieder in den Mittelpunkt gebracht werden muss.

BO: Ist dies nicht auch etwas desillusionierend für die Studenten?

HB: Ich verstehe, was Sie meinen. Das ist natürlich eine heikle Sache. Man darf den jungen Menschen nicht die Hoffnung nehmen, indem man resignativ und kulturpessimistisch daherkommt. Sondern man muss über Dinge sprechen und auch die Frage in den Raum werfen: »Wollt Ihr, dass sich das alles so weiterentwickelt?« Ich stelle in den Sendern immer wieder fest, wie sehr die Mitarbeiter sich irgendwelchen Sachzwängen unterordnen und keiner ist so richtig glücklich damit. So entstehen die sogenannten »Scheißegal-Shots«. Das ist eine Einstellung, die mag der Kameramann nicht, die mag der Cutter nicht, die mag der Autor nicht, die mag auch der Zuschauer nicht – aber es gibt sie trotzdem!

Aber warum sollte diese Profession resignieren? Dagegen anzuarbeiten ist natürlich meine Intention. Da darf es auch ruhig experimentell zugehen, einfach ausprobieren, auch wenn es dann Ärger gibt. Das will ich und das spreche ich offensiv aus. Man muss im Fernsehen auch Neues wagen, dies nicht nur an die Filmhochschulen und Filmakademien delegieren und denen dann wiederum vorwerfen, sie würden am Markt vorbeiproduzieren. Nicht immer nur die Konventionen bedienen, sondern tatsächlich etwas Neues durch den Schnitt hervorholen. Den Studenten berichte ich z.B. auch von einer Streitdiskussionen in einer Magazinredaktion um eine 20-Sekunden-Totale zu Beginn eines Beitrages. Der Redakteur war aufgesprungen und meinte, es sei unmöglich – und dann war sie doch tatsächlich im Beitrag zu sehen. Ich versuche die Studenten auf solche Situationen vorzubereiten, indem ich ihnen Artikulations- und Argumentationshilfen gebe.

BO: Sie haben früher als Dokumentarfilmer gearbeitet. Sie drehen aber seit Ende der 90er-Jahre nicht mehr. Weil Sie keine Zeit oder keine Lust mehr hatten?

HB: Mein letzter Film ist 1999 entstanden: eine ARD-Collage über die Ikonografie des letzten Jahrhunderts: BILDER DES

Hans Beller

JAHRHUNDERTS – JAHRHUNDERT DER BILDER. Es hat sich so ergeben. Ich bin älter geworden und die Redakteure werden jünger. Früher waren meine Redakteure älter als ich, heute ist es umgekehrt. Und ich kann aufgrund meiner Erfahrung zugegeben auch etwas unbequem sein, denn ich sage geradeheraus: »Liebe Leute, wenn Ihr das so und so haben wollt, dann hat das die und die Konsequenz und das dauert so und so lang.« Ich kann Arbeitsprozesse sehr gut abschätzen und weiß, was an Schwierigkeiten auch finanzieller Natur auf einen zukommt. Ich bin frei von Wunschdenken und von Illusionen und das artikuliere ich, um nicht unbedarft in die Petersilie zu stolpern. Zudem habe ich nicht selbst produziert, sondern war immer freier Mitarbeiter der Fernsehanstalten – das wird im Dokumentarischen nicht sehr gut bezahlt. Ich verdiene besser, wenn ich über Filme rede als wenn ich sie mache, um es ganz ehrlich zu sagen. Und dann ist es auch eine Zeitfrage. Ich habe bis 1999 in der vorlesefreien Zeit Filme gemacht, aber das geht auf die Knochen, weil man keine Pause mehr hat. Multitasking ist manchmal ganz schön anstrengend, da man es mit verschiedenen Systemen, Institutionen und Leuten zu tun hat. Also habe ich die Lehre dem Filmemachen vorgezogen.

BO: Was war das schönste Erlebnis Ihrer Lehrtätigkeit?
HB: Es sind die jungen Leute, die im Unterricht vor mir sitzen. Manchmal gehe ich frühmorgens in die Akademie und denke: »Mein Gott! Jetzt schon wieder so ein ganzer Tag!« Aber dann sitzen die jungen Menschen da, schauen mich an und dann freue ich mich, sie zu sehen. Manche sind auch schwierig und dann muss man Dompteur sein. Und mal ist man Gärtner: Man ackert an der Filmakademie. Das Feedback, das ich bekomme, macht diese Arbeit natürlich sehr befriedigend. Ich arbeite relativ dialogorientiert mit den Studenten. In meinen Seminaren wird viel artikuliert und das ist eine kontinuierliche Freude. Ein besonderes Highlight ist es, wenn der eine oder die andere ganz groß rauskommt und dich später wiedersieht, dich umarmt und sich über das Wiedersehen freut. Man hat ja eine gemeinsame Geschichte. Es kommt immer wieder vor, dass ich eine Studentin, einen Studenten anrufe und ihr oder ihm gratuliere, weil ich ihre Filme gesehen habe. Und natürlich hält mich der Umgang mit den Studenten auf Trapp und hilft mir immer wieder, diese sehr komplexe Welt zu verstehen. Ich lese immer noch sehr viel und das, was ich daraus ziehe, vermittle ich meinen Studenten. Sie sind mir dafür dankbar, dass ich Ordnung in ihren Köpfen schaffe, dass ich Entwicklungen einsortiere. Das ist eine so befriedigende Tätigkeit. Sie hat auch etwas Therapeutisches im Angesicht der Not, die die Studenten damit haben, im vorhin erwähnten ozeanischen Strudel nicht unterzugehen. Ich bemühe mich, ihnen Planken unter die Füße zu schieben, damit sie zwischendurch verschnaufen können.

BO: Und gibt es Fragen von Studenten, die Sie nachhaltig beschäftigen?
HB: Sie werden staunen: Es sind seltener Fragen, die mein Fachwissen betreffen, sie beziehen sich eher auf meine Lebenserfahrung. Ich habe in einem Kalender folgenden Satz gelesen: »Die Menschen kümmern sich nicht um dein Wissen, wenn sie nicht wissen, was dich kümmert.« Ich weiß nicht, von wem dieser Satz stammt, aber es ist etwas Wahres dran.

BO: Was haben diese vielen Jahre der Lehre mit Ihnen gemacht?
HB: Die Auseinandersetzung mit jungen Menschen hält mich jünger und lebendiger.

Wie kann ich als Lehrender interessieren?

Ich habe ja drei Kinder, die heute im Alter meiner Studenten sind. Durch die Kinder war mein Leben auch immer eine Baustelle – und das ist eine vitale Sache. Manchmal hätte ich gerne meine Ruhe und möchte es auch gern deutsch ordentlich, aber mit den jungen Menschen fliegen einem die Sachen immer wieder um die Ohren und man muss sich ständig auf etwas Neues einstellen. Das sorgt für Überraschungen. An diesem Teil des Lebens der Studenten teilhaben zu können, empfinde ich als ein Privileg. Ja, wer mit Filmstudenten arbeitet, ist privilegiert. Denn da ist der ganze Mensch gefordert: Er muss ökonomisch denken, er muss sinnlich und intellektuell sein, er muss eine Bildung parat und er muss intakte Emotionen haben. Das ist alles im Filmemachen aufgehoben. Deshalb ist es für mich eine große Freude, mit diesen Menschen zu tun zu haben.

BO: Das ist doch ein schönes Schlusswort!
HB: Praktisch nach der Uhr. Just in Time, nach Ihrem Zeitfenster? Ich habe doch Taktgefühl! *(lacht)* Ich wusste immer, wann ein Film zu Ende sein muss.

BO: Lieber Herr Beller, ich danke Ihnen für das Gespräch.

Anmerkungen

1. Hans Beller (Hg.) : *Handbuch der Filmmontage*. München : TR-Verlagsunion 1993
2. Ulrike Knöfel: *Das mit der Wahrheit ist Quatsch*. Spiegel-Gespräch. In: *Der Spiegel*, 12.03.2012.
3. Michael Ondaatje: *Die Kunst des Filmschnitts: Gespräche mit Walter Murch*. München: Hanser 2008.
4. Béatrice Ottersbach / Thomas Schadt: *Filmschnitt-Bekenntnisse*. Konstanz: UVK 2009. Seite 80.
5. HEAVEN (Regie: Tom Tykwer, D/USA 2001).
6. In einem Interview der BBC anlässlich der Dreharbeiten von FRENZY in London.

Hans Beller (© Privat)

Hans Beller, geboren 1947. Nach seinem Studium an der Hochschule für Fernsehen und Film München von 1968–1971 absolviert er ein Psychologiestudium, das er mit einer Diplomarbeit über Filmwahrnehmung abschließt. Neben seiner Arbeit als Regisseur und Autor widmet er sich von 1981 an zunehmend der Lehre. 1991–1998: Dozent an der Filmakademie Baden-Württemberg für Filmgeschichte und Medientheorie. 1998–2001: Professor für Film an der Staatlichen Hochschule für Gestaltung Karlsruhe. 2001–2007: Professor für Fernsehpraxis an der Kunsthochschule für Medien Köln.

Seit 2007: Professor an der Filmakademie Baden-Württemberg mit Lehraufträgen zur Filmgeschichte, -analyse und -montage. Außerdem ist Hans Beller Trainingspartner und Coach von Fernsehschaffenden für die ARD, ZDF medienakademie sowie für BR, SWR, WDR, ZDF und ProSiebenSat.1.

Michaela Krützen

Mein Job ist Probleme zu machen, wo vorher keine waren

Michaela Krützen im Gespräch mit Béatrice Ottersbach

BO: Auf der Website der HFF steht: »Die Abteilung I vermittelt medienwissenschaftliche Grundkenntnisse, ohne die eine Ausbildung zu einem Medienberuf heutzutage unvollständig bleiben muss.« Was müssen sich angehende Studierende konkret unter Ihrem Unterricht vorstellen?
MK: Medienwissenschaft bedeutet Film- und Fernsehgeschichte, Analyse und Theorie, das sind unsere drei Grundbereiche. Geschichte nimmt den größten Raum ein. Jedes Semester im Grundstudium, also zwei Jahre lang, hört man Filmgeschichte bei mir – von 1895 bis 1980 – als traditionelle Vorlesung im Umfang von zwei Wochen.

BO: Was genau gibt es da zu sehen?
MK: Die Bandbreite ist groß – vom Kassenknüller wie SISSI bis zum Experimentalfilm. Aber ich führe auch viele Filme vor, die man in einer Vorlesung »Filmgeschichte« erwarten würde. Da läuft tatsächlich METROPOLIS. Als ich an die HFF kam, dachte ich: »Das kennen die Studenten alle schon. Wenn es um Expressionismus geht, kannst du nicht DAS CABINET DES DR. CALIGARI zeigen, sondern musst dir etwas anderes einfallen lassen.« Dann hat sich herausgestellt, dass ich die Filmkenntnisse angehender Studenten einer Filmhochschule völlig falsch eingeschätzt hatte. Ihre Kenntnisse fangen ungefähr 1994 ab PULP FICTION an, und alles, was davor liegt, ist für die meisten Erstsemester ein großes Nirwana. Das ist o.k., darauf kann ich mich einstellen. Das heißt, dass wir uns mit den Grundlagen der Filmgeschichte befassen müssen, z.B. wie erkennt man einen Film noir? Was wird da erzählt? Was bedeutet das heute? Das machen wir zwei Jahre lang, und dann gibt es in jedem Semester eine abschließende Klausur. Anwesenheitspflicht bei den Vorlesungen ist nicht gegeben – es reicht, wenn man die Prüfung besteht. Tatsächlich sind aber über 90 Prozent der Studenten da.

BO: Filmgeschichte ist also ein Pflichtfach?
MK: Ja, deshalb die Klausur. Im Hauptstudium decken dann zwei weitere Seminare die 80er- und 90er-Jahre der Filmgeschichte ab. In dieser Phase des Studiums haben wir es mit Studenten zu tun, die Vorkenntnisse haben. Daher wird der Stoff in einem Seminar vermittelt, das ohne Klausur abschließt.

BO: Und wie sieht es mit den beiden anderen Grundbereichen aus?
MK: Der zweite Bereich der Medienwissenschaft ist die Analyse. Wir veranstalten ein Filmanalyseseminar, in dem wir uns eine Woche vom Einzelframe – wir fangen mit einem Rubens-Bild an – zu komplexeren Formen weiterentwickeln, um am Schluss

Mein Job ist Probleme zu machen, wo vorher keine waren

Prof. Dr. phil. habil. Michaela Krützen, WS 2012/13

Film- und Fernsehgeschichte III (1945 - 1960): Übersicht

Di, 11.12.	Mi, 12.12.	Do, 13.12.	Fr, 14.12.	Mo, 17.12.	Di, 18.12.	Mi, 19.12.
Sitzung 01: Prolog: Deutschland im Jahre Null?	Double Indemnity (Frau ohne Gewissen), USA 1944, DVD (107), Original ohne Untertitel	Notorious (Berüchtigt), USA 1946 (97), DVD, OmU	09:30 – 11:15 Sitzung 07: Genre: Der deutsche Heimatfilm	Sitzung 09 (A): Schweden: Sjöström/ Stiller keine Pause vor dem Film	Primary, USA 1960 (53), DVD, Original ohne UT	Rashomon, Japan 1950 (88), DVD, OmU
Die Mörder sind unter uns, 1945, DVD, (Ausschnitte)				Smultronstället (Wilde Erdbeeren), Schweden 1957 (90), DVD, OmU		
Sitzung 02: Trümmerfilm	Sitzung 04: Film Noir	Ca. 11:30 Sitzung 06 (A): Autor: Alfred Hitchcock	Ca. 11:30 Sissi, BRD 1955, BluRay, (105)	Sitzung 09: Schweden: Bergman	Ca 10:45 Sitzung 11: Der Aufbruch in das „Direct Cinema"	Ab 11:15: Sitzung 13: Rashomon Gast: Prof. Dr. Lisa Gotto, Köln
Kurze Mittagspause ca. 12:30 – 13:15	Mittagspause Ca. 13:00 – 14:00	Mittagspause ca. 13:15 – 14:15	Mittagspause ca. 13:15 – 14:15	Kurze Mittagspause ca. 13:15 – 14:15	Kurze Mittagspause ca. 12:15 – 13:00	Mittagspause ca. 12:30 – 13:30
Sitzung 03 (A): Neorealismus keine Pause vor dem Film	Die Todesmühlen, 1945 (22) Nuit et brouillard (Nacht und Nebel, 1955 (31), DVD Original mit englischen (!) Untertiteln	Sitzung 06 (B): Autor: Alfred Hitchcock keine Pause vor dem folgenden Film	Un chant d'amour (Ein Liebeslied), Frankreich 1950; Scorpio Rising, USA 1964, u.a.	(Kurz-)Sitzung 10: Jacques Tati – eine sehr kurze Einführung	Der Untertan, DDR 1951 (109), **FILM**	Sitzung 14: TV: USA 1950-1955
Roma, città aperta, (Rom, offene Stadt) Italien 1945, DVD (93 Min.), OmU				keine Pause vor dem Film		
Kurze Pause, dann: Sitzung 03 (B): Neorealismus **Ende ca. 16:45 Uhr**	Sitzung 05: Dokumentarfilme über den Holocaust		Ca. 14:45 Strangers on a Train (Der Fremde im Zug), USA 1951 (93) Gast: Johannes Wende, München	Ca. 14:45 Les Vacances de Monsieur Hulot (Die Ferien des Monsieur Hulot), F 1953 (110), DVD, OmU	Ca. 15:00 Sitzung 12: Nation 2: DDR Gast: Prof. Dr. Lorenz Engell, Weimar	Ca. 14:45 Rebel Without a Cause, USA 1955 (106), DVD, OmU
				Sitzung 08: Sex und Underground		Ca. 15:15 Sitzung 17: Epilog: Engel im Film Weihnachtsfeier: Glühwein, ggf. Gesang
						Sitzung 15: Hollywood in den fünfziger Jahren
						Sitzung 16: Die Anfänge der Nouvelle Vague
						Les quatre cents coups (Sie küssten und sie schlugen ihn), 1959 (97), DVD, OmU

Film- und Fernsehgeschichte 1945–1960 (© Michaela Krützen, HFF München)

Michaela Krützen

MULHOLLAND DRIVE in seiner Struktur zu analysieren. Das Seminar hat ein sehr hohes Tempo. Ich neige zu hohem Tempo. Wir haben wenig Zeit und die nutzen wir optimal aus. Es geht um 9:30 Uhr los und um 17 Uhr ist Schluss. Jeden Tag. Das dritte Element der Medienwissenschaft ist Filmtheorie, ein Seminar, das man im zweiten Semester besucht. Da werden die Klassiker der Film- und Fernsehtheorie gelesen: Wir marschieren 1916 mit Hugo Münsterberg los bis zu Gilles Deleuze in den 80er-Jahren. Bei der Fernsehtheorie bewegen wir uns von Marshall McLuhan bis zu Vilém Flusser. Dazu gibt es jeweils ein Buch, also einen Reader, den man lesen muss. Am Ende dieser Seminare steht eine mündliche Prüfung. Alles wird also geprüft.

BO: Das ist noch recht schulisch, oder?
MK: Das ist universitär. Die Studenten haben eine mündliche Prüfung über Theorie zum Vordiplom, sie haben eine Klausur zur »Einführung« oder sie haben Proseminare, die bei uns »Aufbaukurse« heißen, in denen sie ihre erste wissenschaftliche Arbeit schreiben. Das findet im dritten Semester statt. Da versuchen die Studenten zum ersten Mal eigene Texte zu entwickeln. Die Logik ist: Fragen stellen in der Einführung, Texte lesen im Lektürekurs und Schreiben im Aufbaukurs. Im Prinzip verbringen die Studenten jedes Semester drei Wochen bei mir. Und zwar alle. Der koreanische Kamerastudent und die Drehbuchstudentin mit einem Magister in Ethnologie.

BO: Wie alt sind diese Studenten in etwa?
MK: In den letzten zehn Jahren lag das Durchschnittsalter bei 23. Die Spannbreite reicht von 19 bis 29. Demnach muss ich einen Unterricht anbieten, der den Studenten, der direkt von der Schule kommt, nicht überfordert und denjenigen, der schon einen Magister hat, nicht unterfordert. Das ist der Kniff an der Sache, aber es geht ganz gut.

BO: Und wie viele sind es?
MK: 47 im kommenden Wintersemester. Ich kann Ihnen heute schon sagen: Am 2. Dezember gebe ich für das erste Semester die Einführung in die Medienwissenschaft und die erste Sitzung heißt »Was ist eine Theorie?« Da sitzen alle 47 und wir befassen uns mit den Grundlagen des Fachs. Und wenn sie diese erste Woche geschafft haben, bekommen sie ein Buch dazu. Danach kommen zwei Wochen Filmgeschichte. Die Weihnachtsvorlesung ist am 20. Dezember um 15:30 Uhr und lautet »Engel im Film«. Anschließend gibt es Glühwein.

BO: Diese jungen Menschen kommen zur HHF, um Filme zu machen. Ist es nicht ein bisschen schwierig, sie für diese Fächer zu motivieren?
MK: Durchaus. Wenn Sie an der HFF bestehen wollen, dürfen Sie nicht normalen Universitätskrempel anbieten: zum Beispiel Referate verteilen und den Studenten alles überlassen ... Sie müssen hier um Aufmerksamkeit kämpfen, sonst gehen Sie ein. Da habe ich Kollegen aus der Wissenschaft gesehen, die verzweifelt sind. Sie müssen die Studenten begeistern, und das ist manchmal schwer. Ich gebe mir nach den Seminaren immer selbst eine Note. Man merkt ja, ob der Funke übergesprungen ist oder nicht. Im letzten Semester gab es z.B. eine Sitzung mit dem Thema »Britischer Dokumentarfilm der 30er Jahre« und mich rührt der Film HOUSING PROBLEMS sehr an. Ich kann mich auch wirklich für das Thema begeistern. Aber ich habe mir hinterher eine Drei gegeben, denn ich war echt schlecht. Ich habe es nicht geschafft, die Studenten zu begeistern. Dann schreibe ich neben die Note, was ich verbessern könnte, welche Ausschnitte ich beim nächsten Mal auswählen sollte. Im

Mein Job ist Probleme zu machen, wo vorher keine waren

kommenden Semester ist Ingmar Bergman mein Problemkind, mit diesem Thema habe ich auch schon alles versucht. Inzwischen habe ich WILDE ERDBEEREN ausgesucht, weil der Film noch ein bisschen Fröhlichkeit vermittelt und wir im Wintersemester sowieso die 50er-Jahre durchgehen. Ich will einen neuen Ansatz versuchen, indem ich stärker auf die Schreibweise von Ingmar Bergman eingehe. Ich kann aber nicht sagen, ob es funktionieren wird. Es gibt immer wieder eine Vorlesung, mit der ich nicht zufrieden bin. Aber da neue Wege zu suchen macht ja auch den Reiz meines Berufes aus.

BO: Am Ende Ihres Buches *Dramaturgie des Films*[1] danken Sie auch den Studierenden mit dem Vermerk: »Für eine Filmwissenschaftlerin ist es eine ganz besondere Herausforderung, Filmpraktiker zu unterrichten.« Ist es das gerade Erwähnte, was Sie damit meinten?

MK: Ja. Ich würde heute nicht mehr an die klassische Universität zurückwollen. Ich hätte dann bestimmt mehr Zeit zum Forschen, weil das natürlich an der HFF leidet. Aber die Herausforderung, Leuten gegenüberzusitzen, die wissen, was sie für einen Beruf ergreifen wollen, die nicht IMM machen – irgendwas mit Medien –, das ist einfach etwas anderes. Da sitzt einer in der Vorlesung »Filmgeschichte«, der eigentlich findet, dass das alles alter Kram ist und auch noch schwarz-weiß. Den dazu zu bringen, dass er sagt: »Das war doch ein toller Film, ich habe das erst nicht so gesehen, aber jetzt entdecke ich etwas darin, das ich mitnehmen kann«, das ist die eigentliche Herausforderung für denjenigen, der lehrt. Was die Studierenden bei uns lernen, das schafft keine kurzfristigen Erfolgserlebnisse, das zahlt sich langfristig aus. Oft können die Studenten erst nach dem Diplom einsortieren, was sie alles gesehen haben. Sie müssen sich als Dozent da vorne richtig anstrengen,

Kraft in den Raum pumpen und sagen: »So, hier! Das ist faszinierend oder das ist kontrovers!«, um die Leute zu fesseln.

BO: Wissen die Studenten denn, was sie wollen?

MK: Ja, sie wollen z.B. Kamerafrau werden oder Drehbuchautor. Das ist ihr Ziel, daran arbeiten sie und haushalten entsprechend mit ihrer Zeit. An der HFF sind Sie als Medienwissenschaftler sozusagen der Musik- und Tonlehrer, Sie haben das Nebenfach, das ist auch ganz richtig so. Im Mittelpunkt steht das Filmemachen und ich muss meinen Teil dazu beitragen, dass die Studierenden auch lernen zu formulieren, zu denken, zu analysieren. Aber das bedeutet, dass ich hier nicht der »Star« bin. An der klassischen Uni sind Sie mit einer Filmgeschichtsvorlesung ganz weit vorne. An der HFF müssen Sie immer kämpfen – und das ist gut, das ist verdammt gut. Ich übe den Beruf seit 25 Jahren aus, ich habe mit 23 Jahren angefangen zu unterrichten. Seit 25 Jahren erkläre ich jedes Jahr einmal McLuhan, und das immer noch mit Begeisterung. Aber nur deshalb, weil ich plötzlich sehe, wie Studenten »Ach ne, so!« denken. Das ist der Kniff an der Sache. Und dieses »Aha« bekommen Sie an der HFF ganz anders als anderswo. Wenn Sie es kriegen, kriegen Sie es großartig.

BO: Und Sie schreiben sich wirklich selbst Noten nach dem Unterricht?

MK: Ich schreibe mir nach jeder Sitzung eine Selbstkritik und mache mir am Rand mit dem Stift ein Häkchen: »Das hat gesessen«, »Das hat nicht gesessen«. Wenn die Spannung im Raum nachlässt, dann merken Sie das sofort. An der Filmgeschichte nimmt das ganze Grundstudium teil, das sind rund 100 Studenten. Also schreibe ich mir auf, wann es unruhig wird oder an welcher Stelle eines Films der eine oder andere eingeschlafen ist. Wann holen die Studenten ihr Handy

253

Michaela Krützen

raus, versuchen zu simsen oder fangen an zu schwätzen? Ich versuche herauszufinden, was da passiert. Es gibt Tricks, mit denen man eine Spannung vor einem Film erzeugen kann. Es funktioniert aber nicht immer. OSSESSIONE von Visconti habe ich einmal völlig gegen die Wand gefahren: Als Teaser habe ich gesagt, sie sollten bei der Eröffnungsszene darauf achten, wie die erotische Stimmung hergestellt wird. Das ist ein sehr erotischer Einstieg und alle haben tatsächlich aufgepasst. Aber es war auch dumm von mir, denn sie haben erwartet, dass es so weitergeht. Doch die anfängliche Erotik schlägt in Verzweiflung um und die Protagonisten stehen im letzten Teil sozusagen tatenlos in der tristen Landschaft rum. Das heißt, ich habe eine Erwartung aufgebaut, die nicht erfüllt wurde. Das darf ich nie wieder machen! Aber das herauszufinden macht Spaß. Ich liebe das Unterrichten, darum mache ich auch fast alles selbst …

BO: Arbeiten Sie nicht mit Assistenten?
MK: Doch, natürlich. Ich habe drei fantastische Assistenten, aber ich habe praktisch keine Lehrbeauftragten, anders als in anderen Abteilungen. Wenn die Studenten wissenschaftlich arbeiten müssen, teilen wir die Kurse in kleinere Gruppen auf. Das machen dann die Assistenten. Und die sind super. Ich habe Assistenten ausgewählt, die alle etwas anderes können als ich. Ich kann beispielsweise schlecht mit offenen Fragen im Seminar umgehen, ich bin sehr stark strukturiert, mein Unterricht hat einen Bogen und eine Dramaturgie. Meine Mitarbeiterin Miriam Jakobs hingegen blüht erst richtig auf, wenn es Trouble gibt, wenn sich alles dreht und wendet. Johannes Wende bringt weitere Komponenten ein, die ich nicht habe. Zum Beispiel ist der Experimentalfilm meine große Schwachstelle, dazu kann ich Ihnen keine zehn Sätze sagen. Aber er kommt von der bildenden Kunst und hat einen ganz anderen Zugang zum Experimentalfilm. Die Dritte im Bunde ist Judith Früh, sie ist die Fernsehfachfrau. Sie ist Soziologin von Haus aus. Das bringt auch noch einmal eine ganz neue Sicht auf Filme und Fernsehsendungen. Die Abteilung ist also so aufgebaut, dass die armen Assistenten meine Defizite ausgleichen müssen und den Studenten ein anderes, ergänzendes Angebot bieten. Ich hasse es, wenn die Assistenten eine Kopie des Profs oder nur Handlanger sind. Das sind sie hier nicht, sie lehren und forschen ganz eigenständig.

BO: Wenn Sie einen Unterricht mittelprächtig gelungen finden, können Sie sich darüber mit Studenten austauschen?
MK: Ich suche mir einige heraus und frage sie dann. Manchmal geben sie mir wertvolle Hinweise. Ich benutze z.B. Powerpoints nur, um Bilder zu zeigen und mithilfe dieser Bilder zu argumentieren. Dennoch hat mir ein Student einmal gesagt, dass meine Powerpoints so »neunziger« sind. Daraufhin habe ich sie mir angeschaut, und es stimmt. Ich habe schon in den 90ern mit Powerpoint angefangen und habe dann immer so weitergearbeitet, ohne jemals über die Ästhetik nachzudenken. Dabei müssen sich die Studenten viel mit Ästhetik beschäftigen. Diese Kritik war berechtigt. Also habe ich das geändert.

BO: Wie sieht denn die Zusammenarbeit mit den Studenten aus?
MK: Zum Semesterbeginn lerne ich alle Namen der Studenten – so gut ich kann. Ich weiß gleich im ersten Semester, wer sie sind und woher sie kommen. Ich könnte Ihnen also zu jedem einzelnen etwas sagen. Wenn einer schlechte Noten hat oder sich in der Zusammenarbeit wirklich schwer tut, gibt es Nachbesprechungen. Oder wenn einer z.B. die Sprache nicht gut beherrscht, treffen wir uns in Einzelsitzungen. Das geschieht natür-

Mein Job ist Probleme zu machen, wo vorher keine waren

lich bei der wissenschaftlichen Arbeit ganz intensiv, die Assistenten machen wirklich Einzelbetreuung. Das Thema der Arbeit, die Gliederung, ein Probekapitel werden face to face besprochen, wie bei der Filmproduktion. Am besten lerne ich die Studenten bei den ganzen Nebenveranstaltungen kennen, die wir anbieten, z.B. bei meinen freiwilligen Abendveranstaltungen.

BO Es ist also wirklich Ihre Leidenschaft?
MK: Natürlich. Sonst wäre ich ja hier falsch. Was will man als Professorin an der Filmhochschule, wenn man das Unterrichten nicht liebt?

BO: Glauben Sie, dass alle, die an Filmhochschulen unterrichten, das Lehren lieben?
MK: Wahrscheinlich nicht alle, aber dann tun sie mir Leid. Wenn man es nicht gerne macht, kann man nur unglücklich dabei sein. Das ist doch das Kerngeschäft. Mein Kerngeschäft ist nicht, dass ich in der Studienbeitragskommission sitze, wo ich mich auch einbringe. Das Kerngeschäft lautet: »Heute muss ich es schaffen, dass im Vilém-Flusser-Seminar die Frage ›Ist die virtuelle Welt nicht die bessere Welt?‹ kontrovers diskutiert wird.« Und wenn ich es schaffe, dass es im letzten Drittel der Sitzung, wenn alle die These verstanden haben, wirklich lebhaft zugeht, dann ist das ein guter Tag. Und wenn ich so nicht denken kann, was will ich dann an der Filmhochschule?

BO: Inwieweit lässt sich diese Medienwissenschaft nachher in den kreativen Prozess der Studenten einbinden?
MK: Ganz schlecht ist, wenn sie die medienwissenschaftlichen Inhalte eins zu eins umzusetzen versuchen. Also wenn sie sagen: »Super, jetzt war eine Nouvelle-Vague-Vorlesung, ich habe diese Filme gesehen und das mache ich jetzt auch.« Das passiert schon mal – und das ist natürlich ein großes Scheitern. Es gibt keinen direkten Verwertungszusammenhang von einer »Was ist ein Genre«-Sitzung und dem Entschluss »Ach toll, ich mache jetzt einen Piratenfilm.« Man merkt aber, dass sich im Hauptstudium etwas bewegt. Plötzlich sind die Studierenden in der Lage, bestimmte Texte zu lesen und Filme anders zu betrachten. Sie verstehen und sehen einfach mehr. Darum geht es. Sie wollen und sollen keine Wissenschaftler werden, von ganz, ganz wenigen Ausnahmen einmal abgesehen. Was sie aber von meinem Unterricht mitnehmen können, ist: Sie schauen einen Film an und sagen nicht nur: »Finde ich schwach«, »Finde ich krass«, sondern sie können sich ausdrücken, sich verständigen und einen anderen Blick annehmen. Also auf eine andere Art auf Filme schauen, als sie es vorher getan haben. Wenn es gut läuft, haben sie verstanden, dass der Kollege Slansky einen Film anders sieht als ich oder als der Kollege Gruber. Und sie begreifen, dass das richtig ist, dass sie nur davon profitieren können, wenn wir ganz andere Aspekte bei einem Film hervorheben.

BO: Muss man die Filmgeschichte kennen, um Filme machen zu können?
MK: Man muss überhaupt nicht, aber es ist sehr hilfreich. Die Filmgeschichte zeigt ja, dass die großen Filmemacher in der Regel sehr, sehr viele Filme gesehen haben. Wir wissen auch, dass sie ein historisches Bewusstsein haben, zumindest seit den 60er-Jahren. Das hilft, denn wenn man so viel gesehen hat, muss man nicht jeden Fehler selbst machen, den andere schon gemacht haben. Viele Filme zu sehen – das verändert. So über die Wochen und Monate kann man als Dozentin hier erleben, wie die Begeisterung für bestimmte Filme wächst.

BO: Und das können Sie tatsächlich bei den Studenten beobachten?

255

Michaela Krützen

MK: Ja. Der Professor, bei dem ich ganz am Ende meines Studiums noch Seminare besucht habe, Lorenz Engell von der Bauhaus Universität Weimar, ist ein starker Theoretiker, und er ist einer der wenigen Gäste, die ich einlade. Die Zugfahrt von Weimar nach München ist lang und er hat auch wirklich etwas anderes zu tun, als nach Bayern zu reisen. Aber er kommt gerne, weil er es liebt, dass unsere Studenten einen Film genau gesehen haben. Wenn er dann bei einer Einstellung nachhakt, kennen sie die Einstellung, die er meint. Und wenn er sich mal vertut, dann merken sie es gleich. Das heißt, sie sehen sehr genau hin – und das schulen wir. Ich sage ihnen ja nicht bewusst: »Passen Sie mal auf, gleich kommt der Schnitt so und so«, sondern sie entwickeln ein wirkliches Verständnis für Bilder. Und das beherrschen sie im Grundstudium weitaus besser als an der klassischen Uni. Das ist das Tolle. Mehr sehen, mehr verstehen. Darum geht es.

BO: Sie haben gerade Ihre Kollegen erwähnt. Wie arbeiten Sie zusammen?

MK: Wir sind ja nur sieben Professoren. In der Abteilung I bin ich, in der Abteilung II (Technik) ist Peter Slansky, in der III (Kino- und Fernsehfilm) ist Andreas Gruber, IV (Dokumentarfilm und Fernsehpublizistik) ist Heiner Stadler, V (Produktion und Medienwirtschaft) ist Manfred Heid, der nun in den Ruhestand geht, VI (Drehbuch und Dramaturgie) ist Michael Gutmann, VII (Kamera) ist Axel Block. Alle vollberuflich. Dann gibt es noch fünf Bereiche mit halben Professuren, die eine hervorragende Ergänzung leisten. Hier arbeiten zum Beispiel Doris Dörrie (creative writing), Dieter Kronzucker (Fernsehjournalismus) oder Christian Köster (Werbung). Wir haben eine Lehrplankonferenz, in der zunächst feste Time-slots, Zeitfenster, verteilt werden. Dann muss ich schauen, ob sich bestimmte Themen überschneiden. Es hat sich z.B. herausgestellt, dass Michael Gutmann über mehrsträngige Filme arbeitet. Das kommt bei mir in der Filmanalyse auch vor. Er nennt es aber »episodisch«, und es hat zwei Semester gedauert, bis wir diese Dopplung erkannt haben. Wenn es zu Überschneidungen kommt, dann sage ich den Studenten: »Was Ihr bei den Kollegen lernt, ist nicht der Weg, den wir hier gehen«. Wenn Michael Gutmann FRANKENSTEIN behandelt, redet er auch über Zuschauer, was ich gar nicht tue, denn ich bin keine Kommunikationswissenschaftlerin. Der Student muss wahrnehmen, dass Gutmann und ich unterschiedliche Aspekte erzählen. Um das zu vermitteln, muss ich grob wissen, was mein Kollege macht. Deshalb habe ich die Skripte von Michael Gutmann. Die stärksten Überschneidungen können bei der Dramaturgie entstehen. Ich sollte daher auch wissen, welche Filme Andreas Gruber als Beispiele auswählt, dann kann ich das in meinen Kursen thematisieren. So verweise ich zum Beispiel auf SONGS FROM THE SECOND FLOOR, wenn ich über Surrealismus spreche, weil ich weiß, dass er diesen Film sehr schätzt. Die geringste Überschneidung habe ich mit Peter Slansky, denn ich gehe bewusst wenig auf Technik in der Geschichte ein, damit wir nicht dasselbe erzählen. Außerdem kann Peter Slansky solche Zusammenhänge einfach viel besser darstellen als ich.

Kurz: Ich gehe einfach zu meinen Kollegen hin und frage, was sie machen. Und ich fühle mich von ihnen geschätzt, auch wenn sie mal sagen: »Wieso gibt es keine Vorlesung über Bertrand Tavernier? Nicht einer kannte Tavernier!« Recht haben sie, aber ich schaffe es nicht, das alles zu machen.

BO: Das ist wirklich ein kleines Team.

MK: Sehr klein. Bei uns darf keiner krank werden. In zwölf Jahren habe ich aber auch

Mein Job ist Probleme zu machen, wo vorher keine waren

nicht einmal erlebt, dass einer der Kollegen krank wurde.

BO: Alle sind leidenschaftliche Filmlehrende?

MK: Ja, das denke ich. Wir haben bestimmt unterschiedliche Vorgehensweisen und Schwerpunkte, und es gibt natürlich auch Streit, das soll auch so sein. Aber ich würde von keinem Kollegen sagen, dass er seine Sache nicht mit Begeisterung macht. Axel Block unterrichtet gewiss anders, als ich es tue, aber dass er das fantastisch macht, dafür lege ich meine Hand ins Feuer.

BO: Nicht nur die Professoren haben einen engen Terminkalender, auch die Studenten, oder?

MK: Das Grundstudium ist sehr dicht, wahrscheinlich zu dicht. Wir kesseln die Studenten ein, sie haben keine Freunde mehr, sie haben gar nichts mehr, sie können kaum »Pff« machen. Deshalb überlegen wir gerade, wie man das Grundstudium entzerren könnte. Es gibt halt diese Time-slots, und wenn man mit Begeisterung dabei ist, dann will man jede Minute dieser Zeitfenster füllen. Bei mir gibt es in den zwei Wochen nur einen freien Tag, damit die Studenten Zeit haben, für den Test zu lernen. Danach müssen sie sich auf andere Themen konzentrieren. So funktioniert das System.

BO: Wie erklären Sie sich, was Sie eingangs gesagt haben: Dass die Studenten, die hier ankommen, sich im Vorfeld so wenig mit den diversen Filmformen auseinandergesetzt haben?

MK: Weil sie sich mit anderen Dingen auseinandersetzen. Wenn man vier Staffeln BREAKING BAD guckt, was sie mit Sicherheit getan haben, können Sie sich ausrechnen, dass keine Zeit für Stummfilme bleibt. Ganz ehrlich, ich sehe am Abend auch lieber BREAKING BAD als einen Murnau-Film. Wenn da die DVDs im Regal stehen, das ist dann doch sehr verlockend. In den 70er-Jahren waren die Studenten froh, überhaupt etwas zu sehen. Aber heute ist alles da. Wenn man alles sehen kann, dann guckt man im Endeffekt weniger – eben weil man ja alles sehen kann. Wenn in der Kaulbachstraße[2] zwei Western gezeigt wurden, waren alle Studenten da, aber das war schon in Giesing nicht mehr der Fall.

Ich mache hier eine Abendveranstaltung, die heißt: »Kennst Du den schon?« – eine meiner vielen kleinen Spaßveranstaltungen. Die einzige Vorgabe lautet: »Zeige den anderen Studenten einen Film, von dem Du überzeugt bist, sie sollten den gesehen haben.« Das wird nicht beworben, aber es kommen trotzdem um die zehn Leute zusammen. Ich stelle einen Kasten Bier hin und wir schauen zwei oder drei Filme hintereinander, nicht wissenschaftlich, sondern wir quatschen einfach rum. Sie haben mich eben gefragt, wie der Kontakt mit den Studenten ist. Der findet auch bei diesem Reden statt, ohne dass man um Theorie bemüht ist. Das muss auch sein.

BO: Und versuchen Sie, den Studenten einen Filmkanon zu vermitteln?

MK: Ich mache zum Thema Kanon eine Sitzung mit dem Titel »Klassiker am Beispiel von CASABLANCA und CITIZEN KANE«. Wir diskutieren das Pro und Contra. Dann können die Studenten in der Klausur argumentieren, ob sie einen Kanon als sinnvoll erachten. Aber es gibt tatsächlich eine Sehnsucht danach.

BO: Nach einem Kanon?

MK: Es gibt eine Sehnsucht nach Noten, nach einem Kanon und nach klarer Einordnung der Filme, die in Filmgeschichtsbüchern immer erwähnt werden. Die Studierenden wollen wissen: »Welcher Film ist denn der Wichtigste?«, »Womit soll ich anfangen?«.

Michaela Krützen

Darauf muss ich auch eingehen. Ich kenne die Studenten ein bisschen. Wenn ich z.B. weiß, dass einer eher der Komödienfan ist, dann sage ich: »Fangen Sie doch mal mit ÜBER DEN DÄCHERN VON NIZZA an, dann amüsieren Sie sich, was ja wunderbar ist, anschließend sehen Sie DER FREMDE IM ZUG. Das ist ein ganz anderer Hitchcock.« Da ist eine Sehnsucht nach Orientierung. Oder sie fragen: »Frau Krützen, fallen Ihnen Filme ein, wo Mütter mit Töchtern schlimm streiten?« Dann empfehle ich GREY GARDENS von den Gebrüdern Maysles, in dem es um eine sehr spannende Mutter-Tochter-Beziehung geht, und merke, wie sie mit dieser kleinen Beute loslaufen. Später kommen sie zurück und sagen: »Nein, ich habe das aber anders gemeint, ich meinte eine kleine Tochter und nicht eine erwachsene Tochter.« Das heißt, sie suchen »trüffelschweinartig« nach Filmen, um ihr Thema besser zu verstehen. Das kommt relativ häufig vor.

BO: Und stehen Sie bei Fragen von Studenten auch mal im Regen?
MK: Klar. Bei älteren Filmen allerdings seltener.

BO: Was haben Sie von Ihren Studenten gelernt?
MK: Viel. Zum Beispiel mich von diesem »Wissenschaftler schreiben für Wissenschaftler« zu lösen. Ich schreibe Texte, von denen ich hoffe, dass filminteressierte, kluge Menschen sie gerne lesen. Ich habe mich sehr stark von einem Fachvokabular um des Fachvokabulars Willen entfernt und ich kämpfe um Verständlichkeit. Mittlerweile habe ich fünf Testleser, die alle keine Wissenschaftler sind und auch nichts mit Film zu tun haben, außer, dass sie gerne Filme sehen. Durch die Arbeit mit Studenten hat sich meine Haltung zur Filmwissenschaft sehr geändert. Heute frage ich mich viel konkreter: Wie kann ich Menschen, die THE SIXTH SENSE irgendwann einmal gesehen haben, mit meiner Analyse dazu bringen, genau hinzusehen? Wie schaffe ich es, Zuschauer zu Lesern zu machen? Die Perspektive, warum und für wen ich schreibe, ist eine andere. Das ist etwas, was ich aus meiner Tätigkeit hier mitnehme.

BO: Wann ist der Austausch mit den Studenten am intensivsten?
MK: Erstaunlicherweise eher im Einzelgespräch. Es kann auch auf dem Flur passieren, ganz informell. Ich bin sehr leicht zu erreichen und habe keine festen Sprechstunden. Schreibt man mir eine E-Mail, bekommt man innerhalb von 24 Stunden eine Antwort und einen Terminvorschlag. Jeder kann kommen und zwar egal womit: sei es »Ich bin schwanger«, »Ich muss arbeiten und Geld verdienen« oder »Wie kann ich mein Studium umorganisieren?«. Ich glaube, zu mir kommt man, weil ich sehr strukturiert und organisiert bin und entsprechend pragmatische Lösungen finde. Vielleicht bin ich daher weniger eine emotionale Stütze.

BO: Kennen Sie alle Filme, die an der HFF gedreht werden?
MK: Bei 120 Produktionen im Jahr kann ich nicht alle Filme kennen. Wenn es in meinen Kalender passt, bin ich bei den Abnahmen dabei. Ich schaue mir die Filme ausschließlich bei Abnahmen an und gehe nie zu Premieren, aus Prinzip. Abgesehen davon, dass es zu viele sind, bringt es nur Unmut, wenn ich auf der einen Premiere anwesend war und auf der anderen nicht: »Warum waren Sie denn nicht bei mir?«, heißt es dann. Das kann ich auch verstehen, diese Filme sind wie Babys. Es ist, als würde ich das eine Baby besuchen und das andere nicht. Außerdem bedeutet eine studentische Filmpremiere, dass man eine Viertelstunde zu spät anfängt, dann gibt es den Film zu sehen, der 14 Minuten dauert,

Mein Job ist Probleme zu machen, wo vorher keine waren

und anschließend 45 Minuten Teamvorstellung. Das ist enorm viel Zeit. Wer aber möchte, dass ich seinen Film analysiere, gibt mir die DVD und schreibt mir eine E-Mail mit der Bitte um einen Termin. Aber das will nicht jeder. Denn ich analysiere ihre Filme, wie ich MEMENTO analysieren würde. Und diesem analytischen Blick möchte man sein Baby nicht immer ausliefern. Ich sage dann nicht, ob der Film gut oder schlecht ist. Ich bin keine Filmkritikerin. Aber ich gehe mit meiner Analyse bis in die letzte Einstellung hinein. Mit Sicherheit gibt es auch Studenten, denen ich auf die Nerven falle, aber auch das ist in Ordnung.

BO: Sie begleiten die Studenten bis zum Diplom?
MK: Ja. Das Vordiplom ist nach zwei Jahren und dann kommt die große wissenschaftliche Arbeit, also die Diplomarbeit, die von den Assistenten betreut wird. Im 7. oder 8. Semester gibt es die Examenskurse, bei denen ich die Studierenden dann wiedersehe, und schließlich die Diplomprüfung – 45 Minuten. Für die Diplomprüfungen gibt es drei Themen, die ich mit Miriam Jakobs und Lisa Gotto zusammenstelle. Die Studenten verbringen je drei Tage abwechselnd bei uns Dreien. Im Wintersemester biete ich beispielsweise das Thema »Erinnerung« anhand von drei Filmen an. Wie wird in der klassischen Erzählung von Erinnerung gesprochen (CASABLANCA), in der Moderne (LETZTES JAHR IN MARIENBAD) und in der Nachmoderne (ETERNAL SUNSHINE OF THE SPOTLESS MIND)? Dazu gibt es ein dickes Buch mit Texten zum Thema Erinnerung – ein wilder Mix von neurobiologischer Erinnerungsforschung bis zu Marcel Proust. Miriam Jakobs und Lisa Gotto entwickeln jeweils andere Themen. Dann reden wir mit den Studenten – und bei den meisten ist inzwischen der Groschen gefallen. Plötzlich beherrschen sie diese Transferleistung, auf die wir ja hinauswollen, und finden eigene, spannende und neue Zusammenhänge. Dann begegnen Sie einem Studenten, der vor drei Jahren noch mit schlechter Laune da saß und absolut kein Interesse an Kracauer hatte, und Sie merken nun, wie er sich entwickelt hat. Dann geht man zwei Tage wie auf Wolken.

BO: Dort liegt also der Faktor Glück bei Ihrer Arbeit?
MK: Das ist wirkliches Glück. Das ist natürlich nicht immer so. Nach der dritten Kommissionssitzung möchte ich auch manchmal den Kopf auf den Tisch legen und weinen, wenn ich Prüfungsordnungen lesen muss. Kürzlich habe ich eine Promotionsordnung geschrieben. Das waren harte Wochen für mich, diese 19 Seiten mit der Kanzlerin zu entwickeln. Das mache ich alles, aber ich mache es nicht wirklich gerne. Und das frisst leider ein Viertel meiner Zeit. Doch Glücksmomente, wie ich sie gerade erwähnt habe, wiegen das zehnfach auf.

BO: Was erwarten Sie von Ihren Studenten?
MK: Dass sie denken. Schauen, lesen, denken.

BO: Und von Ihnen bekommen sie ...?
MK: ... Anregungen dazu, was sie schauen, was sie lesen und worüber sie nachdenken können. Wenn sie sich darauf beschränken, ist das betrüblich. Wenn sie sich nur das ansehen würden, was ich ihnen sage, pflichtschuldig, um Noten einzufahren: Das wäre traurig.

BO: Sie haben in früheren Jahren auch Filme gemacht. Warum haben Sie die Praxis aufgegeben?
MK: Weil ich darin schlechter bin als in dem, was ich jetzt tue. Ich hätte eine mittelmäßige Filmemacherin werden können.

Michaela Krützen

Der Weg war offen, ich habe einen abendfüllenden Dokumentarfilm gemacht. Er ist o.k., aber er ist nicht wirklich gut. Und ich habe genau gemerkt, warum er nicht wirklich gut ist – weil ich nämlich mit dem Kontrollverlust nicht umgehen kann. Das Filmemachen hat viel mit Kontrollverlust zu tun, mit der Lust, die man daraus gewinnt, dass die Dinge anders werden, als man sie sich vorher ausgedacht hatte. Das ist aber für mich keine Lust, sondern Belastung. Ich hätte mein Wesen sehr ändern müssen und ich hätte auch nicht gewusst, ob das Talent ausreicht, um dieses Berufsglück zu erleben. Also lasse ich Filme machen und erfreue mich an ihnen.

BO: Verstehen Sie sich als Forscherin?
MK: Lehren und Forschung sind meine zwei Standbeine. Sonst wäre ich unglücklich. Ich konzipiere im Februar den Unterricht für das Sommersemester und im August den für das Wintersemester. Das heißt, ich kann lediglich im März und im September meine eigenen Sachen schreiben. In meinem Kalender ist das fest getaktet. Im Vergleich zu vielen Kollegen an der klassischen Uni schreibe ich eher wenig. Ein Buch alle vier, fünf Jahre. Ich mache das sehr gerne, aber ich schreibe nicht schnell und brauche immer viel Zeit, um mich wieder reinzufinden. Zwei Monate im Jahr für das Schreiben, das ist nicht viel. Aber ich verbinde das auch mal mit Unterrichtsthemen. Eben habe ich Ihnen vom Seminar über Erinnerung erzählt. Das Buch, an dem ich gerade sitze, wird heißen: *Filmgeschichten, Klassik, Moderne, Nachmoderne*. Das ist der Versuch, die Filmgeschichte in drei Filmen zu erzählen. CASABLANCA, LETZTES JAHR IN MARIENBAD und ETERNAL SUNSHINE OF THE SPOTLESS MIND.

BO: Also gibt es eine Wechselwirkung zwischen Ihren beiden Berufsleben?

MK: Wenig, weil ich mich an der HFF doch sehr auf Übersichten und Grundlagenkurse konzentriere. Aber im Alter, habe ich mir schon ausgedacht, wenn ich mit 60 mit dem Unterrichten aufhöre, schreibe ich eine Filmgeschichte. Eine Filmgeschichte basierend auf den Vorlesungen, die ich halte. Stationen der Filmgeschichte in fünf Bänden, das wäre mein Ziel. Es gibt tolle Filmgeschichten, aber diese Vorgehensweise – einen Film rausgreifen, das Allgemeine daran erklären aber trotzdem analytisch genau auf den Film eingehen – das gibt es, glaube ich, so noch nicht. Das weiß mein Verlag aber noch nicht.

BO: Kann man sagen, dass Sie im Vergleich zu Ihren Kollegen eher eine Wissens- als eine Erfahrungsvermittlung betreiben?
MK: Erfahrungsvermittlung mache ich sicherlich nicht. Und Wissensvermittlung? Wissen spielt eine Rolle, denn dieses »Man muss nur wissen, wo man es nachschlägt« ist Unsinn. Man kann keine Frage stellen, wenn man nichts weiß. Aber mein Job ist, Probleme zu machen, wo vorher keine waren. Jeder weiß, was ein Autor ist. Ein Autor, klar, das ist der, der auf dem Buchdeckel steht. Wenn ich die Studenten aber 90 Minuten lang bearbeitet habe, haben sie ein Problem, weil sie plötzlich kontroverse Definitionen erkennen. Ich bin dazu da, Gewissheiten zu erschüttern. Eines der nettesten Geschenke, die ein Student mir gemacht hat, war ein T-Shirt mit der Aufschrift »I love problems«. Das stimmt. Man muss das Problem erkennen können, um überhaupt fähig zu sein darüber nachzudenken.

BO: Sie sprachen vorhin von der Diplomarbeit. Welchen Nutzen hat diese für Studenten, die Filme machen wollen?
MK: Dass sie in der Lage sind, eine Frage zu formulieren und sie zu beantworten. Ganz simpel. Dass sie auch wissen, was eine

Mein Job ist Probleme zu machen, wo vorher keine waren

Fußnote ist, wie man sie schreibt, dass man seine Quellen belegen muss, dass man dazu diszipliniert sein muss. Im Prinzip geht es darum: Ich bin in der Lage, mir eine Frage zu stellen, von der ich weiß, dass ich sie auch beantworten kann; ich finde einen Weg, sie zu beantworten; ich bin fähig Bücher zu suchen, die mir helfen diese Frage zu beantworten; ich kann eine Argumentationskette aufbauen und komme zu einem Ergebnis. Unsere Aufgabe ist, den Studenten zunächst einmal beizubringen, was eine gute Frage ist, dann eine beantwortbare Frage mit wissenschaftlicher Methodik anzugehen und sich konsequent und konzentriert mit dieser Frage zu beschäftigen.

BO: Ihre Abteilung gibt auch Hochschul-Schriftenreihen heraus.
MK: Genau. Meine Assistenten und ich forschen auch. Ich muss dazu sagen, dass ich in meiner Assistentenzeit sehr viel für das Institut und für meinen Professor gearbeitet habe. Er war super, ich schätze ihn sehr, und er hat mir alles ermöglicht. Aber ich habe meine Dissertation nur am Dienstag schreiben können. Ich hatte nur dienstags frei. Damals habe ich mir geschworen: Wenn ich mal Professorin werde, sollen meine Assistenten Zeit haben, ihre eigenen Sachen zu machen und zu forschen. Daran halte ich mich auch. Judith Früh erforscht zum Beispiel die Geschichte der HFF. Die Leserschaft ihres sehr schön gemachten Buchs wird über die Alumni der HFF und Kollegen von anderen Filmhochschulen nicht unbedingt hinausgehen. Da wird auch mal einer reinschauen, der sich für Wim Wenders oder Bernd Eichinger interessiert und sehen will, wie sie angefangen haben. Da muss man realistisch sein. Wir geben mit der »edition text + kritik« noch andere Bücher heraus und neuerdings auch eine Zeitschriftenreihe – »Filmkonzepte«, in Zusammenarbeit mir einer Kollegin von der Ludwig Maximilian Universität. Herausgeber sind junge Menschen, die den Credit brauchen. Das ist sozusagen meine Mission. Johannes Wende gibt den ersten Band heraus, über Sofia Coppola. Johannes Rosenstein, einer unserer Studenten, ist Spezialist für den afrikanischen Film und wird nächstes Jahr einen Band über einen afrikanischen Regisseur publizieren.

BO: Die Technologien und der Medienkonsum ändern sich. Gehen Sie mit Ihren Studenten auch auf solche Fragen ein?
MK: Natürlich, das muss man, wenn man Filmgeschichte betreibt. Es wäre fahrlässig zu vergessen, dass wir eigentlich dem Mann mit der Laterna Magica auf dem Rücken gleichen, der von Jahrmarkt zu Jahrmarkt zog und sich auch nicht vorstellen konnte, dass dieses Geschäft nicht ewig laufen wird. Das mache ich schon am Anfang des Unterrichts deutlich und sage, dass unser neues Gebäude im Museumsviertel steht. Und wenn wir nicht sehr aufpassen, vertreten wir genau das Museale. Wir müssen also in dem Bewusstsein Filme machen, dass das Kino nicht das Leitmedium ist. Das ist der Film schon seit den 50er-Jahren nicht mehr, seitdem es das Fernsehen gibt. Und in Konkurrenz zum Internet ändert sich jetzt noch einmal alles.

BO: Was ist denn eine angemessene Reaktion auf diese Herausforderung?
MK: Sollen wir aufhören, Filme als Langfilme zu realisieren? Ich meine nicht. Man hat auch nicht aufgehört Bilder zu malen, obwohl die Malerei schon sehr lange nicht mehr das Leitmedium ist. Man muss den Studenten aber deutlich machen, dass Filme nur einen kleinen Teil des Medienkonsums ausmachen. Wir können an der HFF auch nicht garantieren, dass jeder es schaffen wird, sein Geld mit dem Filmemachen zu verdienen. Ich wäre aber dagegen, hektisch neue Abteilungen zu gründen, um bei jeder neuen Entwicklung

261

Michaela Krützen

mitzuhalten. Dann würden wir verkennen, was unsere Kernqualifikation ist. Wir können die Studenten nur klug genug machen, damit sie in der Lage sind, auf Veränderungen zu reagieren. Meinen Studenten kann ich nicht sagen, wie die Medienwelt in fünf oder zehn Jahren aussehen wird. Wenn mir die Wissenschaft eines zeigt, dann ist es die Erkenntnis, dass man immer falsch liegt. Keiner weiß wirklich Bescheid. Ich kann die Studenten nur so schulen, dass sie selbst Schlüsse ziehen können. Ich kann sie also nur beweglich im Geiste machen.

BO: Das ist ein schönes Schlusswort. Ich danke Ihnen für das Gespräch, liebe Frau Krützen.

Michaela Krützen (© Hagen Keller)

Anmerkungen

1 Michaela Krützen: *Dramaturgie des Films: Wie Hollywood erzählt*. Frankfurt/Main: Fischer 2004.
2 Die HHF München war ab 1967 in der Kaulbachstraße angesiedelt und ist 1988 nach Giesing gewechselt – bevor sie 2011 ins Museumsviertel am Bernd-Eichinger-Platz einzog.

Michaela Krützen, geboren 1964. Studium der Theater-, Film- und Fernsehwissenschaft, Germanistik und Bibliothekswissenschaft an der Universität zu Köln, 1994 Promotion, 2001 Habilitation. Von 1989 bis 2000 wissenschaftliche Assistentin am Institut für Theater-, Film- und Fernsehwissenschaft in Köln und bis 1999 in der Medienpraxis tätig (u.a. Regie bei dem Film SHIVA UND DIE GALGENBLUME). 2001 übernimmt sie an der Hochschule für Fernsehen und Film (HFF) in München den Lehrstuhl »Kommunikations- und Medienwissenschaft«. Seit 2002 ist sie Vizepräsidentin der HFF und seit 2008 Vertrauensdozentin der Studienstiftung des Deutschen Volkes.

Monografien: *The Most Beautiful Woman on the Screen: The Fabrication of the Star Greta Garbo*. Frankfurt a.M., 1990; *Hans Albers: Eine deutsche Karriere*. Berlin, 1995; *Daily Soaps. Unterrichtsreihe zur Fernsehanalyse*. Köln, 1998. Sowie: *Dramaturgie des Films. Wie Hollywood erzählt*, 2004; *Väter, Engel, Kannibalen. Figuren des Hollywoodkinos*, 2007; *Dramaturgien des Films. Wie das andere Hollywood erzählt*, 2010 – alle Frankfurt a.M.

Angewandte Medienwissenschaften

Integration künstlerischer und wissenschaftlicher Perspektiven in Lehre und Forschung

Von *Gundolf S. Freyermuth*

»In the film school where I teach, critical studies are separate from production. They have their classes, we have our classes. To us, they are philosophers, airy, imaginative but impractical, of the mind. To us (at least to me), we are the practical ones, the worker bees who make things happen. In our ifs/UCLA collaboration this summer, we did things differently ...«
(Prof. Becky Smith, UCLA School of Theater, Film and Television[1])

Das Konzept der Angewandten Medienwissenschaften, das wir seit 2005 an der ifs internationale filmschule köln realisieren, reagiert auf ein doppeltes Ungenügen: erstens die traditionell mangelnde Verbindung und Vermittlung von wissenschaftlicher Lehre und künstlerischer Praxis nicht nur in der universitären, sondern eben auch in der Ausbildung an Kunst- und Filmhochschulen; zweitens die äußerst verzögerte Reaktion in der künstlerischen wie der wissenschaftlichen Lehre auf den Wandel und vor allem die Chancen, die spätestens seit der Wende zum 21. Jahrhundert aus dem eskalierenden Prozess medialer Digitalisierung resultieren.

In diesem Aufsatz werde ich Theorie und Praxis der Angewandten Medienwissenschaften in fünf Schritten beschreiben und begründen: die Herkunft der Konzeption (1. Ursprung: Persönliche Erfahrungen), die besondere Rolle, die medienhistorisches und medientheoretisches Wissen für die (film-)künstlerische Ausbildung und Praxis in der digitalen Kultur gewinnt (2. Theoretisches Konzept: Die Rolle der Medienwissenschaften), die zentralen Gegenstände und Themen (3. Inhaltliches Konzept: Das Fachgebiet), die Methoden der Lehre (4. Didaktisches Konzept: Lehrziele und Lehrpraxis) sowie Desiderate und Perspektiven für eine Weiterentwicklung der Angewandten Medienwissenschaften (5. Ausblick: Persönliche Hoffnungen).

1. Ursprung: Persönliche Erfahrungen

Was letztlich zur Konzeption Angewandter Medienwissenschaften und später zu deren konkretem Konzept führte, reicht mehr als drei Jahrzehnte zurück. Aus Gründen, die ich selbst nicht mehr recht nachvollziehen kann, entwickelte ich in meinen letzten Schuljahren den leicht skurrilen Berufswunsch, ein Romane und Drehbücher schreibender und vielleicht auch filmemachender Professor zu werden. In der Konsequenz studierte ich während der 70er-Jahre an der Freien Universität Berlin Allgemeine und Vergleichende Literaturwissenschaften; also aus

Gundolf S. Freyermuth

heutiger Sicht ein Vorläuferfach der Film-, Kultur- wie der Medienwissenschaften, die sich ja an deutschen Universitäten erst später, in den 80er- und 90er-Jahren etablieren sollten. Dabei konzentrierte ich mich auf das, was damals im Umkreis der Literatur als wichtige Medien wahrgenommen wurde: vorindustrielle und proto-cinematische Bildpraktiken wie Camera Obscura, Laterna Magica, Panorama und Diorama, Fotografie, vor allem aber Theater und Film sowie ein bisschen Radio- und Fernsehtheorie. Eins der ersten Seminare, die ich als studentischer Tutor abhalten durfte, galt dem Film Noir, meine Magisterarbeit schrieb ich zur Theorie des modernen Dramas, und eins der ersten Seminare, die ich als wissenschaftlicher Assistent anbot, beschäftigte sich mit Literaturverfilmungen.

Parallel zum Studium und dann zu meinen Recherchen für eine Dissertation begann ich literarisch zu schreiben, zunächst für Zeitschriften, etwa für das von Hans Magnus Enzensberger herausgegebene Kulturmagazin *TransAtlantik*, in dessen Redaktion ich 1981 schließlich eintrat. In dieser Zeit verfasste ich zusammen mit einem Freund auch ein erstes Spielfilm-Drehbuch, publizierte Kurzgeschichten und begann meinen ersten Roman. So spannend – und in den Augen vieler akademischer Freunde auch »abenteuerlich« – diese Parallelexistenz als einerseits Theoretiker und andererseits Autor und Redakteur war, so unbefriedigend erschien sie mir bald in intellektueller wie künstlerischer Hinsicht. Denn es war tatsächlich eine Parallelexistenz: Zwischen den Erfahrungen, die ich in meiner vielfältigen medienpraktischen Arbeit machte, insbesondere zwischen den Kenntnissen, die ich als Autor benötigte und mir aneignen musste, und der Art und Weise, wie in den Seminaren – denen, die ich als Student belegte, wie denen, die ich, das Erlernte reproduzierend, als Tutor und Assistent selbst abhielt – Literatur oder Film behandelt wurden, stellte sich so gut wie keine Verbindung her. Das eine schien grundsätzlich inkompatibel zu dem anderen; genauso, wie es die Regisseurin und Professorin Becky Smith ja nicht nur für die Verhältnisse an der UCLA Filmschule beschrieben hat.[2] In der wissenschaftlichen Auseinandersetzung und der künstlerischen Praxis waren die Begriffe und Denkweisen, die Perspektiven und das Herangehen nicht nur äußerst verschieden, sie verhielten sich zueinander bisweilen geradezu gegensätzlich und feindlich.

Mein wachsendes Unbehagen an dieser radikalen Trennung zwischen der Arbeit in den Medien und der akademischen Lehre über die Medien erreichte seinen Höhepunkt in den Jahren, die ich gleichzeitig als wissenschaftlicher Assistent an der FU und als Literatur- und Filmreporter für *stern* und *Tempo* arbeitete. Damals, Ende der 80er- und in den frühen 90er-Jahren, entwickelte ich erste Gedanken, wie sich die – nach meiner Erfahrung unnötige und beiden Bereichen hinderliche – Kluft zwischen künstlerischer Praxis und wissenschaftlicher Theorie überbrücken ließe. Ein literaturwissenschaftliches Institut schien jedoch nicht der richtige Ort – zu jener Zeit jedenfalls nicht[3] – für anwendungsorientierte Experimente, bei denen die künstlerische Praxis den Horizont der theoretischen Reflexion bildete. Am Ende meines Vertrags entschied ich mich daher gegen die Wissenschaft und für die Medien und zog mich kurz darauf in die USA, auf eine recht einsame Ranch zurück, um mich konzentriert dem Schreiben widmen zu können: Romane, Drehbücher, Sachbücher und, nach gewonnenem Abstand, auch die Dissertation.

Der Ruf an die ifs internationale filmschule köln, den ich dann Ende 2004 erhielt, verband sich mit der Aufgabe, für den damals gerade neu eingerichteten Bachelor-Studiengang Film

Angewandte Medienwissenschaften

ein medienwissenschaftliches Curriculum zu entwickeln. Das gab mir die Gelegenheit, die nach meinen Erfahrungen wünschenswerte Integration künstlerischer und wissenschaftlicher Perspektiven zu entwerfen und so weit als möglich zu realisieren.

Doch zu diesem Zeitpunkt war längst eine gänzliche neue Herausforderung, ein neues, zweites Ungenügen hinzugetreten: die Digitalisierung der Medien beziehungsweise die Art und Weise, wie Wissenschaft und künstlerische Ausbildung auf sie reagierten. Nach über zehn Jahren an der amerikanischen Westküste, in denen ich mich intensiv mit den kulturellen und künstlerischen Konsequenzen dieses epochalen Medienumbruchs beschäftigt hatte – in mehreren Hundert Artikeln, einem Sachbuch und, last but not least, der Dissertation –, erlebte ich es als eine Art Kulturschock, in welch hohem Maße Verweigerung und Widerstand die deutsche Auseinandersetzung prägte. Vieles, was einem damals in persönlichen Gesprächen und auch bei Podiumsdiskussionen an aggressiven Ängsten und hinhaltendem Sabotagewillen entgegenschlug, erscheint heute kaum mehr glaubhaft – ja, dank der Gabe selektiver Erinnerung, mit der unsere Spezies gesegnet ist, glauben es inzwischen selbst die meisten derer nicht mehr, die damals dergleichen vehement vertraten, etwa Zelluloid für ewig erklärten oder die vorübergehende Mode digitaler Vernetzung und Online-Distribution aussitzen wollten.

Aber auch in dieser Hinsicht hatte ich es mit der ifs glücklich getroffen. An der jungen Institution gab es so gut wie keine abgesteckten Reviere und Verfahrensweisen, die von Alteingesessenen wütend gegen jedwede Veränderung verteidigt wurden. Bei meinen neuen Professorenkollegen, die mehr oder weniger zeitgleich mit mir berufen worden waren und ihre eigenen Curricula entwickeln mussten, bei der Schulleitung, bei den Mitarbeitern – nahezu durchweg weckte das Potenzial, das

sich künstlerisch wie akademisch mit Digitalisierung und Vernetzung eröffnete, mehr Hoffnungen als Ängste, mehr Experimentierwillen als Verweigerung oder Blockade. Die Absicht einer sukzessiven Neukonzeptionierung der Lehre – sowohl des medienwissenschaftlichen Unterrichts selbst wie auch seines Verhältnisses zur praktischen Filmausbildung – mit dem Ziel einerseits einer stärkeren Integration, andererseits einer Schwerpunktsetzung auf digitale Medienkultur und Medienproduktion traf auf Ermunterung und Kooperationswillen.

2. Theoretisches Konzept: Die Rolle der Medienwissenschaften

In welch hohem Maße und mit welcher Nachhaltigkeit theoretische Reflexion und auch historische Kenntnisse die eigene kreative Praxis anleiten und über Krisen und Klippen hinweghelfen können, habe ich in meiner eigenen langjährigen Medienpraxis erfahren. Zentral für das Konzept der Angewandten Medienwissenschaft ist jedoch eine genauere Bestimmung des Verhältnisses von Theorie und Praxis. Für sie wiederum ist es notwendig, zwischen den situativen und historischen Praxen zu differenzieren, insbesondere zum einen zwischen der künstlerischen Praxis innerhalb und außerhalb von Ausbildungsinstitutionen und zum zweiten zwischen tradierten analogen Produktionsverhältnissen und den sich gerade erst formenden digitalen.

Die künstlerische Praxis innerhalb von Hochschulen kennzeichnen dabei im Gegensatz zur späteren Berufspraxis zweierlei Besonderheiten.[4] Erstens tritt im Kontext von Wissenstransfer, dem Erlernen nicht nur technischer Fähigkeiten, sondern ihrer kreativen Nutzung die Bedeutung des medialen Produkts zugunsten des Prozesses seiner Herstellung zurück. Zweitens bietet die Ausbildungssituation ökonomische wie kreative Freiräume – bis hin zum gefahr- und weit-

265

Gundolf S. Freyermuth

gehend folgenlosen Scheitern –, die lebensgeschichtlich recht einmalig sind. Nur wenn diese Chancen für experimentelles Denken und Handeln genutzt werden, stellen sich prägende und persönlichkeitsbildende Wirkungen ein. Beide Eigenheiten ausbildender Medienproduktion beinhalten im Vergleich zur späteren Berufspraxis ein erhebliches Mehr an (Selbst-)Reflexion, kritischer Analyse fremder wie eigener Werke sowie die Akkumulation eines soliden Grundlagenwissens über die Geschichte der Künste und ihre Theorien.

Zu einem ähnlichen Ergebnis – nämlich dass ein gesteigerter Bedarf an Know-how besteht, wie es die Medienwissenschaft bereitstellen kann – führt der Vergleich analoger und digitaler Medienproduktion. Auch beim Übergang von den überkommenen zu neuen Praxen, die meist allererst »just in time« zu erfinden und erproben sind, kommen theoretischer Reflexion und historischem Wissen besondere Bedeutung zu. Denn erst eine gründliche Kenntnis der Verfahren und Strukturen tradierter visueller, auditiver und audiovisueller Narrationen – die Vertrautheit mit den Erzähl- und Darstellungsweisen von Bildender Kunst, Theater, Film, Fernsehen, Video sowie insbesondere analogen und digitalen Spielen – erlaubt die eigene souveräne künstlerische Produktion im Bewusstsein von tradierten Mustern und in der Absicht, sie unter den gewandelten Bedingungen und gesteigerten Möglichkeiten digitaler und zunehmend transmedialer Medienproduktion kreativ zu modifizieren. Während die Funktion der Mediengeschichte sowohl für die Ausbildung künstlerischer Persönlichkeiten als auch für kreative Gestaltung in der professionellen Medienproduktion weitgehend akzeptiert scheint – etwa als Reservoir gelungener Problemlösungen, als Inspiration, als Rohmaterial eigenen Erzählens und Gestaltens –, pflegt gerade bei Praktikern, die ihre Ausbildung und berufliche Prägung noch gänzlich im Kontext der etablierten, mehr oder weniger lange bewährten analogen Verfahren erhielten, eine gewisse Skepsis gegenüber der Brauchbarkeit theoretischer Perspektiven vorzuherrschen. Insofern besteht, um das Konzept der Angewandten Medienwissenschaften zu begründen und ihre Rolle in der Ausbildung zu legitimieren, die Notwendigkeit, das Verständnis von Theorie und deren Leistungsfähigkeit darzustellen. Dabei ist nach deren Genesis und Geltung zu unterscheiden.

Historisch entstand, jedenfalls in der westlichen Moderne, die theoretische Reflexion der Künste – von Leon Battista Albertis *De Pictura* (1435)[5] bis zur jüngsten Videogametheorie, beispielsweise Jesse Schells einflussreicher Schrift *The Art of Game Design* (2008)[6] – wesentlich als Niederschlag von Praxen, als deren Analyse und kodifizierende Verschriftlichung. Diesen Umstand, dass kunsttheoretisches Denken als sedimentierte Praxis beginnt, demonstriert neben der theoretischen Auseinandersetzung mit der Fotografie auch die Filmtheorie. Im frühen zwanzigsten Jahrhundert setzte sie mit dem ein, was ich die »Theorie der Praktiker« nenne, etwa mit Schriften von Filmemachern wie Sergei Eisenstein oder Wsewolod Pudowkin.[7] Ihnen erst folgte die »Theorie der Theoretiker« nach. Deren frühe Protagonisten rekrutierten sich – nicht anders als zuvor in der Auseinandersetzung mit der Fotografie und heute wieder in der Auseinandersetzung mit Videogames – zunächst aus den älteren etablierten Wissenschaften, etwa aus der Philosophie, Kunstwissenschaft, Literaturwissenschaft, Soziologie, Psychologie. Ihre Schriften blieben denn auch den Perspektiven dieser Disziplinen in hohem Maße verpflichtet. Die beiden dafür in jeder Hinsicht besten Beispiele gaben in den 1930er-Jahren Rudolf Arnheims *Film als Kunst*[8] und Walter Benjamins *Kunstwerk*-Aufsatz.[9] In einem dritten Schritt formte sich dann nach der Jahrhundertmitte und

Angewandte Medienwissenschaften

vor allem von der Filmkritik ausgehend eine genuine Filmtheorie – hier ist vor allem an André Bazins *Qu'est-ce que le cinéma?*[10] und Siegfried Kracauers *Theory of Film. The Redemption of Physical Reality*[11] zu denken. Erst in ihrem Gefolge etablierte sich dann im letzten Jahrhundertdrittel die akademisierte Filmwissenschaft.

Während die Theorien der Praktiker, wie der Begriff anzeigt, von der künstlerischen Praxis ausgehen, dicht an ihr entlang operieren und sie letztlich direkt beeinflussen, in sie eingreifen wollen, setzt mit den Theorien der Theoretiker ein steter Prozess der Abstraktion ein. Das entfernt einerseits die theoretische Reflexion von der künstlerischen Praxis und insbesondere von ihrem je aktuellen Stand und ihren tagesspeziellen Problemen. Darin liegen andererseits aber auch die Vorteile dieser »theoretischen Theorien« beschlossen, ihre besondere Leistungsfähigkeit: Die Lösung von den unmittelbaren Anforderungen künstlerischer Praxis erlaubt Einsichten, die sowohl historisch weiter reichen – also die Gegenwart des jeweiligen Mediums mit seiner wie generell der Vergangenheit aller künstlerischen Produktion verbinden – als auch die Grenzen des Mediums wie des Medialen überhaupt transzendieren – also das Wissen über das einzelne Medium mit anderen Wissensbereichen verbinden, etwa von den anderen Medien, von eigenen und anderen Kulturen, von der Gesellschaft, Wirtschaft, den Naturwissenschaften usf. Beides, die historische Verortung wie der Anschluss an andere Felder theoretischer Reflexion, ist für avancierte ästhetische Produktion, für ein künstlerisches Schaffen, das über die gewerbliche Wiederholung des Bekannten und leidlich Erfolgreichen hinausgehen will, spätestens seit dem Eintritt in post-moderne Verhältnisse unabdingbar.

Konkret kann in der künstlerisch-wissenschaftlichen Ausbildung die Auseinandersetzung mit Theorie – mit den Theorien der Praktiker wie denen der Theoretiker – den Erwerb notwendiger ästhetischer Fähigkeiten auf dreifache Weise und mit zunehmendem Anspruchsniveau anleiten:

– Den Ausgangspunkt bildet ästhetische Reflexion im Sinne von »Aisthesis«, eine wissenschaftliche Praxis, die der Schulung bewusster sinnlicher Wahrnehmung dient und dazu auffordert, die Automatismen der eigenen Wahrnehmung zu hinterfragen und ästhetische Erfahrungen begrifflich zu explizieren.

– Solche Selbstreflexion befähigt dann zur ästhetischen Reflexion im Sinne von »Kritike«: zu einer wissenschaftlichen Praxis, die über die Vermittlung theoretisch-historischen Überblickswissens die ästhetische Urteilskraft schult und so – insbesondere durch Kontextualisierung und Historisierung – eine kritische Analyse und Beurteilung unterschiedlicher ästhetischer Produkte ermöglicht.

– In der Konsequenz gelangen die Studierenden von der ästhetischen Reflexion zur »Poiesis«, zu einer wissenschaftlich-künstlerischen Praxis der Anwendung also, einem theoretisch reflektierten künstlerischen Gestalten, das Inhalte wie Formen kritisch zu analysieren und die eigenen Erkenntnis in ästhetische Konzepte umzusetzen vermag.

Anders, wenn auch nicht minder konkret, stellt sich die Leistung medientheoretischen Wissens und medientheoretischer Reflexionsfähigkeit jenseits der künstlerisch-wissenschaftlichen Ausbildung im Kontext professioneller Medienproduktion dar:

– Auf kurze Sicht vermag Medientheorie, generell und insbesondere in Zeiten medialen Umbruchs, alltägliches Handeln anzuleiten, indem sie durch Einsicht in die spezifischen Qualitäten von Medien deren effektiveren und auch innovativen Gebrauch befördert.

– Mittelfristig kann sie taktisches Handeln befördern, indem sie die Analyse medialer

Gundolf S. Freyermuth

Entwicklungstendenzen ermöglicht und so die Prognose oder gar Antizipation sozialer wie institutioneller Bedürfnisse.
– Langfristig schließlich liefert sie Orientierung für strategisches Handeln, indem sie historisch fundiertes Reflexions- und Orientierungswissen bereitstellt, das zu ethischer wie ästhetischer Positionierung und damit lebensgeschichtlicher Planung ermächtigt.

3. Inhaltliches Konzept: Das Fachgebiet

Schon der analoge Film war und ist ein audiovisuelles Gesamtkunstwerk. »Die Literatur liefert epische und dramatische Vorlagen und dann Drehbücher. Die Bildenden Künste stellen – wie schon im Theater – Kulissen, Kostüme und Masken und prägen zusätzlich die Bildkomposition. Schauspielkunst und gelegentlich Tanz konstituieren die filmische Handlung. Musik deutet das Geschehen emotional aus. Von der Fotografie schließlich stammt die perspektivisch zugerichtete und raumzeitlich selektierende Aufnahmetechnik. ... Im Kontext der Filmproduktion verloren die zeitgenössischen Medien ihre Eigenständigkeit und verwandelten sich in zuliefernde Gewerke. Dabei formte sich gänzlich neu die analoge Filmkunst: als genuin intermediale, weil aus der Wechselwirkung unterschiedlicher Medien emergierende Erzählform.«[12]

Mit der Digitalisierung eskalieren nun inter- und vor allem transmediale Einflüsse auf die Filmproduktion. Im Übergang von der industriellen zur digitalen Kultur schwinden die zuvor technisch gesetzten Grenzen zwischen den Medien. Was analog schon durch die Inkompatibilität der Speicher- und Distributionsmedien getrennt war – Film, Fernsehen, Rundfunk sowie Print mit seinen medialen Varianten Buch, Zeitung, Magazin – verschmilzt digital in Produktion, Distribution und Rezeption; einerseits untereinander, andererseits auch mit neuen digitalen Ausdrucks- und Darstellungsformen wie etwa Videoblogs oder interaktiven Spielen. Über die bestehenden Spezialisierungen hinaus wächst in den traditionellen Medienbranchen – Print, Rundfunk, Film, Fernsehen – wie in den aufstrebenden digitalen Branchen das Bedürfnis nach einer entsprechenden, die analogen Mediengrenzen transzendierenden Kompetenz: der Fähigkeit, fiktionale wie non-fiktionale Inhalte transmedial zu initiieren, zu realisieren und aktualisieren.

Mehr denn je muss daher, wer heute – und in Zukunft – Filme machen will, zumindest rudimentäre Kenntnisse auch der anderen Medien besitzen und in der Lage sein, jene Brücken zu schlagen, die transmediale Produktions- und Distributionsweisen erfordern. Die Angewandten Medienwissenschaften sind entsprechend transdisziplinär ausgerichtet. Ihr Gegenstand sind prinzipiell alle Medien. Einschränkungen und Besonderheiten ergeben sich aus der Konzentration auf die Ausbildung von Filmemachern. Folgerichtig existiert an der ifs neben dem medienwissenschaftlichen ein gesondertes filmwissenschaftliches Curriculum, das disziplinär vertiefend Filmgeschichte und Verfahren der Filmanalyse vermittelt.[13] Insofern umfasst das interdisziplinäre Fachgebiet der Angewandten Medienwissenschaften die Geschichte und Theorie aller Medien und Künste mit Ausnahme der Geschichte und Theorie des analogen Films im engeren Sinne.[14] Diese anderen Medien und Künste aber werden stets im besonderen Hinblick auf ihre Bedeutung für und Wirkung auf lineare Audiovisualität betrachtet.

Ein thematischer Schwerpunkt liegt dabei auf dem Übergang von der analog-industriellen zur digital-virtuellen Medienkultur und den Konsequenzen dieses Prozesses für fiktionale wie non-fiktionale, lineare wie nicht-so-lineare Darstellungsformen. Unter-

Angewandte Medienwissenschaften

sucht werden im Einzelnen die vielfältigen ästhetischen Interdependenzen der Varianten filmischer Produktion in Konkurrenz zu und im transferierenden Austausch mit je anderen Medien, Künsten, Gattungen und Unterhaltungsgenres (u.a. Theater, digitale Spiele, virtuelle Welten, VR-Installationen, Radio, Literatur, Bildende Kunst, Musik). Großes Gewicht liegt dabei auf der Etablierung eines allen Studierenden gemeinsamen künstlerisch-wissenschaftlichen Fundaments an kulturellem, technologischem und ästhetischem Wissen, theoretischer Begrifflichkeit und analytischen Verfahren – nicht nur als Voraussetzung erfolgreicher Seminararbeit, sondern auch als Basis für eine medienästhetisch souveräne Autorschaft in der digitalen Epoche.

Inhaltlich folgt das medienwissenschaftliche Curriculum einer klaren Dramaturgie: Die Basismodule der ersten Studienhälfte (Semester 1–3) vermitteln Grundkenntnisse der Geschichte der Medien und Künste sowie ihrer Theorien. Die Module der zweiten Studienhälfte (Semester 4–6) untersuchen dann im historischen Querschnitt und medienübergreifend zentrale Problemfelder ästhetischer Produktion und Rezeption. Den Ausgangspunkt bildet im ersten Semester die Beschäftigung mit der Digitalisierung von Kunst und Kommunikation seit der Mitte des zwanzigsten Jahrhundert und deren Folgen für die Produktion, Distribution und Rezeption ästhetischer Werke.[15] Im zweiten und dritten Semester folgt die historisch-theoretische Weiterung und Vertiefung. Dabei geht es darum, den gegenwärtigen Medienumbruch im Kontext der neuzeitlichen Kultur-, Kunst-, Sozial- und Technikgeschichte zu verorten. Ausgehend von der frühneuzeitlichen Mechanisierung künstlerischer Produktion werden die ästhetischen und kulturellen Konsequenzen medialen Wandels über die Phase der Industrialisierung bis in die digitale Gegenwart verfolgt und dabei zentrale Ansätze diskutiert, ästhetische Produktion und ihren medientechnisch erzeugten Wandel theoretisch zu begreifen.[16]

Da sich das Potenzial zur eigenständigen, gezielten und leidlich steuerbaren Produktion wesentlich an der individuellen Befähigung misst, Visuelles zu erfassen – Strukturen und Konstruiertheit, Qualitäten und Wirkungen –, stellen praktische Sehübungen unbewusste – in unserer Kultur »natürliche« – Rezeptionsprozesse infrage und leiten zu bewusster(er) Wahrnehmung an. Vermittelt wird so neben kunst- und kulturgeschichtlichen Kenntnissen die Einsicht in den Wechselbezug von technischer Bildproduktion, audiovisueller Kultur und subjektiver Wahrnehmung: dass eben menschliches Sehen wie auch die mehr oder minder treuliche Reproduktion des Gesehenen mittels technischer Medien nicht das Resultat allein natürlicher – angeborener – Fähigkeiten sind, sondern Produkte vermittelter Kompetenzen, die im Prozess kultureller Sozialisation teils umstandslos erworben, teils in professioneller Schulung mühsam erlernt werden.

Die Arbeit in der zweiten Studienhälfte konzentriert sich auf Schwerpunktthemen, die im Kontext digitaler Medienkultur von besonderer Bedeutung scheinen. Im vierten Semester untersuchen wir die pervasive Praxis ästhetischer Adaptation.[17] Permanenter Medienwechsel, Überführungen in andere Genres und Medien oder Aktualisierungen an gesteigerte technische Möglichkeiten und gewandelte soziale wie ästhetische Bedürfnisse waren das Produktionsprinzip schon des analogen Kinos wie der modernen Massenkultur insgesamt.[18] Im Kontext digitaler Produktion gewinnen die Verfahren ästhetischer Transformation nun neue Gestalt und neues Gewicht. Geschahen analoge Adaptationen in der Regel in jahre-, oft jahrzehntelanger Sukzession – etwa vom Roman zum Theaterstück zum Film zur TV-Serie zum digitalen Spiel usf. –, so bildet sich mit der Durchset-

269

zung transmedialer Produktion die Praxis der Parallel-Adaptation aus, etwa der parallelen Produktion von Spielfilm und digitalem Spiel plus Online-Präsenz, Alternate Reality Game (ARG), Merchandising etc. Aus diesem digitalen Medienverbund – der transmedialen Integration einst analog getrennter Medien – resultiert die verstärkte Notwendigkeit, auditive, visuelle und audiovisuelle Erzählweisen und Darstellungsformen in ihrer inter- bzw. transmedialen Bezogen- und Verflochtenheit zu reflektieren. Das Modul endet mit einer Adaptationsübung, die den Studierenden Gelegenheit gibt, mit der Konzeption und Präsentation einer eigenen Adaptation medienpraktischen Einblick in die analysierten Adaptationsprozesse zu gewinnen.

Im Zentrum des fünften Semesters steht das medienhistorisch changierende Verhältnis von Faktischem und Fiktionalem, die Kombination von Finden und Erfinden, Reproduktion und Produktion, abbildender Dokumentation und inszenierender Konstruktion in der Herstellung narrativer audiovisueller Werke. Am Beispiel der Entstehung und Entwicklung dokumentarisch-fiktionaler Mischformen, sogenannter Faction bzw. Faktion, wird nachvollzogen, wie sich im Laufe des vergangenen Jahrhunderts mit neu aufkommenden Medien – analoger Film, Radio, Fernsehen, digitales Spiel, digitaler Film – der Grenzverlauf zwischen Realität und Fiktion stetig verschoben hat.[19] Im Fortschreiten von fotorealistisch-abbildenden zu hyperrealistisch-konstruierenden A/V-Erzählungen werden die Studierenden mit der Krise des industriellen Abbildparadigmas vertraut gemacht und angeleitet, die arbiträre Konstruiertheit und virtuelle Offenheit digital manipulierter oder generierter A/V-Produktionen zu erkennen und – gerade im Vergleich zu analogen Audiovisionen – als besonderes Potenzial aller im digitalen Transmedium existierenden Artefakte zu verstehen; als technische wie ästhetische Qualität.

Im sechsten und letzten Semester des medienwissenschaftlichen Curriculums begleitet der Unterricht die Arbeit der Studierenden an ihren Abschluss-Kurzfilmen. Analysiert werden zunächst die (audio-)visuellen Bilder, welche die neuzeitliche Menschheit in Kunst und Wissenschaft von sich selbst produziert hat – in Malerei und Medizin, auf der Bühne, in Fotografien und Comics, in fiktionalen wie non-fiktionalen Film- und Fernsehproduktionen, in analogen und digitalen Animationsfilmen, in interaktiven Spielen.[20] Das Wissen um den historischen Wandel ermöglicht es, die Vorläufigkeit auch des gegenwärtig geläufigen und noch von fotorealistischen Darstellungs- und Sehweisen geprägten Menschenbilds zu erkennen. Ziel ist es dabei, den Blick für die weitreichenden Modifikationen zu schärfen, die sich mit der Digitalisierung für die Darstellung des Menschen bzw. des Menschlichen in den A/V-Medien abzeichnen. Im abschließenden Teil des Moduls wenden die Studierenden, was sie am historischen Material über die neuzeitliche Entwicklung und Ausformung audiovisueller Menschenbilder lernten, auf die Analyse der – im Entstehen begriffenen – Abschlussfilme ihrer Kommilitonen und auch auf die eigene Arbeit an. In dieser Applikation historischer Einsichten und theoretischer Verfahren demonstriert das Modul den Studierenden das praktische Potenzial medienwissenschaftlicher (Aus-)Bildung für das eigene kreative Schaffen.

4. Didaktisches Konzept: Lehrziele und Lehrpraxis

Grundprinzip der Angewandten Medienwissenschaften ist die Verknüpfung wissenschaftlich-theoretischer mit künstlerisch-praktischen Kenntnissen und Fähigkeiten über unmittelbare medienpraktische Anwendung des medienwissenschaftlich Gelernten.

Angewandte Medienwissenschaften

Solche Praxisnähe will allerdings nicht langfristige Bildung durch kurzfristig effektives Job-Training ersetzen, sondern strebt gerade umgekehrt auf die nachhaltige Durchdringung unterschiedlicher Wissensformen und damit beider Bereiche künstlerisch-wissenschaftlicher (Aus-)Bildung. Solche Verzahnung von theoretischer Lehre und künstlerischer Produktion wird zum einen innerhalb des medienwissenschaftlichen Unterrichts angestrebt, zum zweiten auch über die Verbindung des wissenschaftlichen Unterrichts mit der künstlerischen Projektarbeit.

Innerhalb der medienwissenschaftlichen Module produzieren die Studierenden unter anderem:

– Wiki- oder Blogeinträge (statt individueller Hausarbeiten) und üben so die schriftliche Umsetzung des Gelernten statt in einsamem in kollaborativem Schreiben. Über die Anlage eigener Einträge ist jeweils die Korrektur, Ergänzung oder Kommentierung einer gewissen Zahl fremder Beiträge verpflichtend (Semester 1 und 3);

– Multimedia-Präsentationen zu gestellten Themenkomplexen (statt Referate, in Kleingruppen-Arbeit), wobei ein Minimum bestimmter medialer Elemente wie Filmausschnitte, Tabellen, interaktive Grafiken usf. vorgegeben sind (Semester 2 und 3);

– Theorieclips von drei bis fünf Minuten Dauer, die audiovisuell medienhistorische Sachverhalte oder medientheoretische Thesen darstellen und diskutieren (statt Referate; in Kleingruppen- oder auch individueller Arbeit). Technisch sind – nicht nur aus Kostengründen – dafür lediglich Prosumer-Mittel zugelassen, also Hard- und Software, wie sie durchschnittlichen Nutzern heute zu Gebote stehen (Laptop, Internetanschluss, Smart-Phone, Fotokamera, einfache Programme). Zu den Varianten, die im Laufe der vergangenen Semester produziert wurden, gehören selbstlaufende Animationen, die Text und Bild mischen (z.B. in Präsentationsprogrammen produziert); Smartphone-Filme, die geskriptete oder ungeskriptete Diskussionen dokumentieren; experimentelle Text-Ton-Clips (hergestellt etwa in Schnittprogrammen wie iMovie), Machinima, In-Game-Movies, Storyboard-Animationen, Cartoon-Animationen, Video-Chat-Aufzeichnungen (Semester 3 und 5);

– eigene Adaptationen im Unterricht besprochener, bereits adaptierter (Film-)Stoffe, wobei die Adaptationen strukturell den Seminarergebnissen entsprechend konzeptioniert und individuell präsentiert werden (Semester 4);

– vorbereitete (gescriptete) und inszenierte Panels, bei denen das in den Abschlussfilmstoffen präsentierte Menschen- bzw. Frauen- und Männerbild aus einer fingierten Zukunftsperspektive (z.B. 2050) und unter bestimmten Rollenvorgaben – z.B. Medienwissenschaftler, Zeitzeuge – analysiert und daraufhin befragt wird, inwiefern die Abschlussfilme in ihrer Menschendarstellung die Zeit und Gesellschaft ihres Entstehens dokumentieren oder kritisieren (Semester 6).

Zwei weitere wesentliche Verfahren, die unmittelbare Anwendung von Gelerntem zu initiieren, sind »peer instruction« und »peer grading«. »Homines dum docent discunt«, wusste bereits Seneca: »Beim Lehren lernen die Menschen.«[21] Studierende, die ihre Kommilitonen unterrichten, erleben es nicht anders: Sie stehen vor der Herausforderung, ihr eigenes Wissen zu vertiefen und in der Argumentation zu präzisieren. Praktisch geschieht »peer instruction« im Rahmen der oben erwähnten Multimedia-Vorträge sowie durch die Anleitung kleinerer Diskussionsgruppen, die ihre Ergebnisse später ins Plenum einbringen.[22] Eine ähnliche vertiefende und klärende Wirkung für das Wissen der Studierenden hat »peer grading«, die – nach vorgegebenen Maßstäben erfolgende – Aus- und Bewertung studentischer Arbeiten durch jeweils mehrere

Gundolf S. Freyermuth

Kommilitonen (wenn möglich anonym, also »double-blinded«).

Der unmittelbaren Anwendung erworbenen Wissens innerhalb des medienwissenschaftlichen Unterrichts korreliert zum zweiten das – organisatorisch nicht immer einfache – Bemühen um eine Verzahnung des wissenschaftlichen und künstlerischen Unterrichts. Praktiziert wird unter anderem:
– medien- und filmwissenschaftliche Vorbereitung von Drehwerkstätten;
– medien- und filmwissenschaftliche Betreuung von studentischen Projekten im Rahmen der sogenannten Laborphase, in der die Studierenden ihre Betreuer frei wählen können;
– medien- und filmwissenschaftliche Nachbereitung von Drehwerkstätten; z.B. durch die Moderation der Diskussionspanels bei den regelmäßig stattfindenden schulöffentlichen Präsentationen studentischer Filme, die in Drehwerkstätten oder auch für den Bachelor-Abschluss hergestellt wurden. Die Einbringung medien- und filmwissenschaftlicher Perspektiven und Fragestellungen sorgt dabei für ein Reflexionsniveau, das rein medienpraktische Fragen transzendiert.

Eine besondere Gelegenheit, das Konzept der Angewandten Medienwissenschaft auch außerhalb des regulären Bachelor-Betriebs zu erproben, ergab sich schließlich 2010 mit der bereits eingangs erwähnten gemeinsamen Sommerschule von ifs und UCLA. Das sechswöchige Projekt, inspiriert von dem Stummfilmklassiker MENSCHEN AM SONNTAG (1930), bei dem in gemischten deutsch-amerikanischen Teams vier semi-dokumentarische Kurzfilme hergestellt wurden, begann folgerichtig mit einer »akademischen Woche«, die von Medien- und Filmwissenschaftlern der ifs und der UCLA ausgerichtet wurde.[23] Becky Smith beschreibt, wie sie als betreuende Regieprofessorin diese für sie ungewohnte Integration von wissenschaftlicher Lehre und künstlerischer Projektarbeit erlebte:

»Our focus during the first week was on Billy Wilder, Fred Zinnemann, Edgar Ulmer and Robert and Curt Siodmak. ... we considered what it means to be an outsider, an immigrant, and an artist in a country where the language you work in is not your first language. We watched Billy Wilder films, PEOPLE ON SUNDAY of course, and the two he filmed in Germany (and on Hollywood soundstages) after the Second World War, ONE TWO THREE and FOREIGN AFFAIR. We watched Edgar Ulmer's DETOUR and Robert Siodmak's CRY OF THE CITY. We talked about cultural stereotypes, and why they are comic and ugly, truthful and ridiculous simultaneously. We talked about what PEOPLE ON SUNDAY tells us about the Berlin of 1929, and what it doesn't tell us. We talked about what it means to use documentary-style production values and to work with cast who are sometimes not professional actors. Edgar Ulmar was discussed in the context of how one can be highly imaginative in a narrative context with very little time to shoot, and very little money ...
I believe that the most interesting artists pose questions (consciously or unconsciously) – and their art is an attempt to answer those questions. The theoretical portion of our summer provided me with more stimulating questions than any amount of practical preplanning ever could. I, the pragmatist, had benefited enormously from just one week of musing, discussing, listening, experiencing larger questions.«[24]

Der Vorteil der Amalgamierung wissenschaftlicher und künstlerischer Perspektiven im Sinne der Angewandten Medienwissenschaft scheint insofern dreifach:
– Zum einen steigert sie das Potenzial zu theoretisch reflektierter Innovation.
– Zum zweiten befähigt erst die Kombination künstlerischer und wissenschaftlicher Kenntnisse zur Ausrichtung der eigenen ästhetischen Praxis in intellektueller Souveränität.

Angewandte Medienwissenschaften

– Zum dritten kann angesichts des gegenwärtigen Medienumbruchs und der aus ihm resultierenden verstärkten Vorläufigkeit gerade gültiger Verfahren, Praktiken und Gestaltungsweisen nur eine solche Kombination die Studierenden darauf vorbereiten, auf neue, kaum absehbare medientechnische wie medienästhetische Herausforderungen selbstständig, selbstkritisch und selbstbewusst zu reagieren.

»The long-term value of an education«, heißt es in der jüngsten Stanford-Studie zur »Undergraduate Education«, »is to be found not merely in the accumulation of knowledge or skills but in the capacity to forge fresh connections between them, to integrate different elements from one's education and experience and bring them to bear on new challenges and problems.«[25]

5. Ausblick: Persönliche Hoffnungen

Seit zwei, drei Jahren erfasst der Prozess der Digitalisierung das Ausbildungssystem mit zunehmender Wucht. Insbesondere ein Wandel der Rolle, die Hochschulen in der Netzwerkgesellschaft spielen, zeichnet sich ab; ein Wandel, der – ausgehend von den amerikanischen Elite-Universitäten – nicht minder radikal anmutet als die Veränderungen, die wir während der vergangenen zwei Jahrzehnte in der Filmproduktion erlebten. Stanfords Präsident John L. Hennessy etwa glaubt, dass Online-Lernen für Hochschulen vergleichbare Konsequenzen haben werde wie Downloads für die Musikindustrie: »There's a tsunami coming.«[26] Anant Agarwal, Präsident von edX, der mit 30 Millionen Dollar ausgestatteten Online-Initiative der Universitäten Harvard und MIT, meint, die Hochschulausbildung erwarte »the single biggest change in education since the printing press.«[27] Und Richard A. DeMillo, Direktor des Center for 21st Century Universities am Georgia Institute of Technology, stellt fest: »The higher-education market is reinventing what a university is, what a course is, what a student is, what the value is.«[28]

Nun ist es das Kennzeichen disruptiven Wandels, dass weder recht vorhersehbar ist, ob er überhaupt eintritt, noch wie er verlaufen und wo er enden könnte. Notwendig scheint mir allerdings unabhängig von allen Zukunftsprognosen – von Hoffnungen und Ängsten –, dass wir Lehrenden eine historische Perspektive auf das gewinnen, was wir praktizieren – in der Regel als modifizierende Replikation der Lehre, die wir einst selbst erfahren haben – und daher für selbstverständlich nehmen. Viele und gerade die Kritiker des Status quo verstehen die Verfahren und Methoden gegenwärtigen Unterrichts ja unter recht ahistorischer Perspektive als etwas, das sich seit einem Jahrhundert und länger nicht verändert habe: Der »classroom of today looks and functions much like the classroom of the 19th century – desks lined up in neat rows, facing the central authority of the teacher and a chalkboard (or, for a contemporary twist, a whiteboard or screen.)«, referiert Lisa Spiro, Direktorin des National Institute for Technology in Liberal Education Labs, diese verbreitete Sicht.[29] Im gleichen Sinne hat sich Sebastian Thrun, der renommierte Robotiker, Ex-Stanford-Professor und Begründer des Online-Learning-Start-Ups »Udacity« geäußert: »[M]iraculously, professors today teach exactly the same way they taught a thousand years ago! The university has been, surprisingly, the least innovative of all places in society.«[30]

Bei genauerer Betrachtung lässt sich jedoch erkennen, dass die Hochschullehre sehr wohl in den vergangenen Jahrhunderten eine stete Entwicklung durchmachte: In hohem Maße haben der technologische Entwicklungsstand und die aus ihm resultierende Organisation der durchschnittlichen Produktionsabläufe auch die kulturellen Vorstellungen vom Charakter kreativer wissenschaftlicher und künstlerischer Tätigkeiten geprägt.[31] Den sich wandelnden Vorstellungen entsprechend wurde dann die Ausbildung (um-)organisiert. Das persönliche, sozusagen »interaktive« Lehrer-Schüler-Verhältnis etwa, das in der frühen Neuzeit Wissenschaft wie Kunst dominierte, entsprach den Verhältnissen von Meister, Geselle und Lehrling in den mechanisch-handwerklichen Kleinbetrieben. Mit der Manufaktur und dem Ausbau staatlicher Verwaltung entstanden größere Künstlerwerkstätten, Akademien und Universitäten. Im Zuge der Industrialisierung wandelten sie sich dann von Klein- und Mittel- zu Großbetrieben, zu Studier-, Denk- und Lernfabriken. Die Massenhochschulen mit ihrem anonymen Betrieb und bürokratischen, die Studierenden passivierenden Lehr- und Prüfungsmechanismen, die seit den 70er-Jahren in Deutschland die Regel wurden, vollzogen so nach, was Industrie und staatliche Verwaltung vorgemacht hatten.

Kunst- und Filmhochschulen suchten im Vergleich dazu einen mittleren Weg: Während in der künstlerischen Projektarbeit so weit als – ökonomisch – möglich das vorindustrielle Meister-Schüler-Verhältnis beibehalten wurde, hatte die theoretische Instruktion, indem sie die Studierenden verschiedener Fachrichtungen vereinigte, in der Regel dem Vorbild des Massenstudiums zu folgen.[32] Dessen Praktiken orientierten sich jedoch an Bedürfnissen der industriellen Kultur – etwa der Verbreitung standardisierten, stets präsenten Wissens und der Ausbildung homogen geschulter Arbeitskräfte, die stets gleiche Produktionsabläufe, ob nun in der Fabrik oder der Traumfabrik, zuverlässig beherrschten. Unter den Bedingungen digitaler Kultur bestehen vergleichbare soziale und kulturelle Anforderungen immer weniger.

Insofern stellt sich weit jenseits aller Spekulationen, inwiefern das Fortschreiten scheinbar unaufhaltsamer Virtualisierungsprozesse – insbesondere der Ausbau globaler Breitbandvernetzung und deren Nutzung zu raumzeitlich entkoppelter Kommunikation und Interaktion – das Erziehungssystem und damit notabene auch die Ausbildung an Kunst- und Filmhochschulen mittel- und langfristig verändern werden, die Frage nach einer solchen Veränderung aus inhaltlichen Gründen: als Chance, endlich neue Verhältnisse herzustellen, wie sie in der künstlerisch-wissenschaftlichen Ausbildung im Grunde schon länger wünschenswert waren und nun unter den Bedingungen digitaler Kultur zunehmend realisierbar werden.

Drei Tendenzen, wie sich das sogenannte »digital scholarship« positiv im Sinne der Angewandten Medienwissenschaft auswirken könnte, lassen sich gegenwärtig erkennen:
– eine Individualisierung des Lernens und Personalisierung der Lehre durch deren Virtualisierung. Die Unterrichtung größerer Gruppen ähnelt dem Programm der Massenmedien darin, dass sie sich zwangsläufig auf den kleinsten gemeinsamen Nenner orientiert und fremdbestimmt erfahren wird. MOOCs wie Online-Lernen generell dagegen erlauben – über arbiträren Zugriff auf transmedial organisierte Unterrichtsfragmente wie z.B. wiederholbare Videolektionen, digitale Textbücher, interaktive Tests mit automatisiertem Instant-Feedback, P2P-Beratung in Chat-Groups usf. – ein Lernen, das selbstbestimmt nach eigenem Tempo, bestehendem Vorwissen und individuellen Fähigkeiten sowie orts- und zeitunabhängig fortschreitet. Eine Konsequenz für die Lehre besteht darin, dass sie in der Anleitung zum Eigenstudium mehr noch als heute, da wir ja auch schon Texte und Filme aus einem übergroßen Angebot selektieren, zu einem Prozess des Kuratierens wird, der kritischen Auswahl unter einem wachsenden Angebot an Online-Kursen bzw. deren Elementen.[33]

Angewandte Medienwissenschaften

– eine Hybridisierung des Lernens und Lehrens, wobei einerseits das vernetzte Eigenstudium einen höheren zeitlichen Anteil und ein größeres Gewicht erhält, andererseits die Präsenzzeit in der Hochschule – die zunehmend den wahren Wert (oder USP) der hochschulischen Ausbildung darstellen dürfte – weitgehend von reiner Wissensvermittlung freibleibt und damit Zeit gewonnen wird für den Transfer sogenannten »impliziten Wissens«, also nicht – oder noch nicht – kodifizierter Kenntnisse und Praktiken, die nur in direktem Austausch, interaktiven Übungen und Projektarbeit vermittelt werden können.[34] Eine Konsequenz solch hybriden Lernens wäre, dass sich – auf einer notwendigen Basis gemeinsamer Termini und Kenntnisse – als Folge der Individualisierung und Personalisierung der Wissensvermittlung eine für kreative Arbeit wünschenswerte größere Heterogenität innerhalb der Gruppen oder Jahrgänge herstellen würde.

– eine Intensivierung des sogenannten Metalernens (metalearning), definiert von John B. Biggs als »being aware of and taking control of one's own learning«.[35] Dieses bereits vor einem Vierteljahrhundert entwickelte Konzept gewinnt angesichts des Umstandes, dass ein Großteil des menschlichen Wissens online in Sekundenbruchteilen zur Verfügung steht, an gesteigerter Bedeutung. Wissenschaftliche (Aus-)Bildung musste bis vor kurzem wesentlich darin bestehen, als Grundlage für professionelles Arbeiten ein hohes Maß an historischen Fakten und theoretischen Konzepten so zu vermitteln, dass sie im Kopf bei Bedarf abrufbar war. Der Übergang zur Netzwerkkultur ermöglicht – und erfordert – nun, zumindest einen Teil der für Wissensakkumulation verwendeten Zeit in der Ausbildung dafür zu nutzen, Fähigkeiten zur Wissensgewinnung beziehungsweise für souveräne Wissensarbeit auszubilden, d.h. zur »On-demand-« und »Just-in-time«-Auffindung von Wissen und seiner kreativen Anwendung für die Gewinnung neuen, zuvor nicht vorhandenen Wissens.

Abschließend stellt sich die Frage, wie wir wohl am besten von der gegenwärtigen Praxis künstlerisch-wissenschaftlichen Unterrichts und speziell der Angewandten Medienwissenschaften zu einer Realisierung der drei beschriebenen Tendenzen zur Individualisierung und Hybridisierung des Lernens sowie zur Intensivierung des Metalernens kommen können. Hierfür scheint mir experimentelle, d.h. genuin künstlerisch-wissenschaftliche Forschung der Königsweg. Für sie allerdings gibt es bislang in Deutschland wenig Beispiele und Vorbilder (oder gar Finanzierungen). Während sich seit dem 19. Jahrhundert gesicherte Prozeduren und Praktiken wissenschaftlicher Forschung durchsetzten, wurde künstlerische Forschung – wie sie zwischen Renaissance und Aufklärung florierte – zunehmend marginalisiert, da sie ihrer Natur nach nicht den Standards detaillierter Vorplanung, Taylorisierung in der Durchführung und zuverlässiger Standardisierung in der Vermittlung entsprechen konnte, die sich mit der Industrialisierung der wissenschaftlichen und kommerziellen Forschung etablierten. Kennzeichen künstlerischer Forschung sind dagegen Experimente mit offenem Ausgang, kreatives Stochern im Unbekannten, eigensinnige Versuchsanordnungen, die den Zufall zulassen, Resultate, die ästhetischen Kriterien genügen.

Die Weiterentwicklung der Filmausbildung, ihre Anpassung an die gesteigerten Möglichkeiten und Erfordernisse digitaler Kultur, bräuchte somit heute in der Forschung dasselbe, was sie in der Lehre leisten will: die interdisziplinäre Integration wissenschaftlicher und künstlerischer, theoretischer und praktischer Methoden und Verfahren, Perspektiven und Ziele.

Gundolf S. Freyermuth

Anmerkungen

1. Becky Smith: »Pragmatism vs. Theory« – or Getting the Story Right. In: People on Sunday 2010 – Joint Summer School of the UCLA Film School and the ifs internationale filmschule köln, 26. Juli 2010, http://peopleonsunday2010.com/2010/07/26/%E2%80%9Cpragmatism-vs-theory%E2%80%9D-%E2%80%93-or-getting-the-story-right/. Auf der Website finden sich Details zu der gemeinsamen Sommerschule »People on Sunday 2010« von ifs und der School of Theater, Film and Television der University of California in Los Angeles. Zu den Erfahrungen, die wir dabei im Hinblick auf die Angewandten Medienwissenschaften machten, s. Kapitel 4 dieses Beitrags.
2. Zu Becky Smith siehe http://www.imdb.com/name/nm1205463/ und http://www.tft.ucla.edu/2011/09/faculty-becky-smith/
3. Seit dem WS 2003/04 gibt es an der FU Berlin einen Masterstudiengang Angewandte Literaturwissenschaft.
4. Der Umstand, dass ein wissenschaftlich-künstlerisches Studium auf die spätere Berufspraxis vorbereiten soll, steht zur Behauptung wesentlicher Unterschiede zwischen beiden nicht im Widerspruch. Die Ausbildung für die künstlerische Praxis ist das angestrebte Ergebnis, das idealiter mit dem Abschluss erreicht ist. Der Prozess hingegen, der zu diesem Ergebnis führt, ist mit ihm nicht identisch, sondern muss, weil dieses Ergebnis nur über die Formung künstlerischer Persönlichkeiten zu erreichen ist, notwendig und grundsätzlich anders gestaltet sein als die Berufspraxis selbst. So wenig eine Filmproduktion, wenn sie denn Erfolg haben will, eine Filmschule sein kann, so wenig hätte eine Filmschule Erfolg, die ihre Ausbildung nach dem Vorbild von Filmproduktionen betreiben wollte.
5. Deutsche Ausgabe: Leon Battista Alberti / Oskar Bätschmann: Über die Malkunst. 3., unveränd. Aufl. Darmstadt: WBG 2010.
6. Jesse Schell: The Art of Game Design: A Book of Lenses. Amsterdam, Boston: Elsevier / Morgan Kaufmann 2008; Kindle Edition.
7. Vgl. z. B. die deutschen Ausgaben: Lisa Gotto: Eisenstein-Reader: Die wichtigsten Schriften zum Film. Leipzig: Henschel 2011; Vsevolod Illarionovič Pudovkin: Die Zeit in Großaufnahme: Aufsätze, Erinnerungen, Werkstattnotizen. Berlin (Ost): Henschel 1983. Beide Autoren standen in Verbindung mit der weltweit ersten Filmhochschule, 1919 in Moskau gegründet; Pudovkin studierte dort ab 1920, Eisenstein wurde 1928 Professor. Für diesen Hinweis habe ich Lisa Gotto zu danken.
8. Rudolf Arnheim: Film als Kunst [1932]. München: Hanser 1975.
9. Walter Benjamin: Das Kunstwerk im Zeitalter seiner technischen Reproduzierbarkeit [1936]. Erste Fassung. In: W.B.: Gesammelte Schriften. Hg. von Rolf Tiedemann u. Hermann Schweppenhäuser. Frankfurt/Main: Suhrkamp 1991.
10. Deutsche Ausgabe: André Bazin: Was ist Film?[1958–1962]. Hg. von Robert Fischer., 2. Aufl. Berlin: Alexander 2009.
11. Deutsche Ausgabe: Siegried Kracauer: Theorie des Films. Die Errettung der äußeren Wirklichkeit [1960]. Frankfurt/Main: Suhrkamp 1973.
12. Gundolf S. Freyermuth: Intermediale Lektionen. Zur Eskalierung des Austauschs zwischen den Medien. In: Film-Dienst, 20. Januar 2011.
13. Entsprechende Spezialisierungen wären ergänzend zur Angewandten Medienwissenschaft in der Ausbildung Bildender Künstler, Musiker, Designer oder Game Designer usf. anzubieten.
14. In der Post-Zelluloid-Epoche verliert die kategoriale Trennung linearer Audiovisualität nach dem Ort der ursprünglichen oder primären Präsentation (Kino, Fernsehen, DVD, Web etc.) bekanntlich ihren medientheoretischen Sinn.
15. Modul »Audiovisuelle Kunst und Kommunikation in der digitalen Epoche« mit den beiden Teilen »Geschichte und Theorie der A/V-Digitalisierung«, »Geschichte und Theorie digitaler Vernetzung«.
16. Im zweiten Semester-Modul »Geschichte und Theorie der analogen Künste« mit den beiden Teilen »Schule des Sehens: Analoge Bilder und Blicke«, »Analoge Künste und ihre Theorien: Poetik, Ästhetik, Theorien analoger Medien«; im dritten Semester Modul »Geschichte der digitalen Künste« mit den beiden Teilen »Schule des Sehens: Digitale Bilder und Blicke«, »Digitale Künste und ihre Theorien: Medientheorie, Medienphilosophie, Visual Studies«.
17. Modul »Adaptation – Geschichte, Theorie, Praktiken« mit den drei Teilen »Theorie und

Angewandte Medienwissenschaften

Geschichte der Adaptation«, »Adaptation zwischen Medien, Kulturen, Epochen: Beispielanalyse einer Adaptationskette«, »Adaptationsübung«.
18 So handelt es sich bei der großen Mehrzahl aller Oscar-prämierten Spielfilme um Adaptationen. Vgl. z.B. »85 percent of all Academy Award-winning Best Pictures are adaptations«. Linda Seger: *The Art of Adaptation: Turning Fact and Fiction into Film.* New York: H. Holt and Co. 1992; Kindle Edition, loc. 115.
19 Modul »Fact – Fiction – Faction« mit den Teilen »Faction im analogen Film«, »Faction im analogen Fernsehen«, »Faction im digitalen Transmedium«.
20 Modul »Neuzeitliche Menschenbilder« mit den Teilen »Von Renaissance bis Postmoderne: Mechanische und industrielle Menschenbilder«, »Gegenwart: Digitale Menschenbilder«, »Analytische Übung: ›Unsere Menschenbilder‹«.
21 Lucius Annaeus Seneca: *Epistularum Moralium Ad Lucilium, Liber Primus* (65), http://www.thelatinlibrary.com/sen/seneca.ep1.shtml.(I, VII, 8). Die Passage wird häufig abgewandelt als »Docendo discimus« zitiert.
22 Das Bachelor-System verhindert leider – aufgrund hoher Arbeitsbelastung zu festgelegten Zeiten – den Einsatz älterer BA-Studierender für solche »peer instruction« während der ersten Semester eines neuen Jahrgangs, bevor also die neu anfangenden Studierenden selbst zu sinnvoller »peer instruction« befähigt sind. Um dennoch intensive Arbeit in kleineren Gruppen zu ermöglichen, setzen wir im ersten Studienjahr ifs-Alumni als Ko-Dozenten ein.
23 Beteiligt waren Prof. Dr. Lisa Gotto (ifs), Prof. Dr. Chris Horak (UCLA) sowie der Verfasser.
24 Smith»« 2010, a.a.O.
25 The Board of Trustees of the Leland Stanford Junior University: *The Study of Undergraduate Education at Stanford University (SUES).* Stanford:,Stanford University 2012, S. 13.
26 Zitiert nach Ken Auletta: *Get Rich U. There are no walls between Stanford and Silicon Valley. Should there be?.* In: *The New Yorker,* 30. April 2012, http://www.newyorker.com/reporting/2012/04/30/120430fa_fact_auletta
27 Zitiert nach Rebecca J. Rosen: ›*The Single Biggest Change in Education Since the Printing Press*‹. In: *The Atlantic,* 2. Mai 2012, http://www.theatlantic.com/technology/archive/2012/05/the-single-biggest-change-in-education-since-the-printing-press/256655/#
28 Zitiert nach Marc Perry: *Could Many Universities Follow Borders Bookstores Into Oblivion?.* In: *The Chronicle of Higher Education,* 7. März 2012, http://chronicle.com/blogs/wiredcampus/could-many-universities-follow-borders-bookstores-into-oblivion/35711. Vgl. auch die Umfrage des Pew Internet & American Life Project. Von »1,021 education experts and stakeholders including technology researchers, university directors, venture capitalists and Ivy League university professors« waren 60 Prozent der Ansicht, dass es kurzfristig – bis zum Jahr 2020 – zu nachhaltigen Veränderungen kommen werde. Janna Anderson / Jan Lauren Boyles / Lee Rainie: *The Future of Higher Education.* In: *Pew Internet & American Life Project* 2012, http://pewinternet.org/Reports/2012/Future-of-Higher-Education/Overview.aspx?view=all
29 Lisa Spiro: *Imagining the Future of the University.* In: *The Chronicle of Higher Education,* 15. März 2012, http://chronicle.com/blogs/profhacker/imagining-the-future-of-the-university/39021. Vgl. auch: »[F]or a millennium, the basic structures of how universities produce and disseminate knowledge and evaluate students have survived intact through the sweeping societal changes created by technology – the moveable-type printing press, the Industrial Revolution, the telegraph, telephone, radio, television, and computers.« Anderson/Boyles/Rainie 2012, a.a.O.
30 Zitiert nach Kevin Charles Redmon: *Professors without borders. Will online learning spell the end of universities?* In: *Prospect Magazine,* 28. Juni 2012, http://www.prospectmagazine.co.uk/magazine/online-universities-udacity-grand-challenge-david-stavens-dave-evans/. Thrun und zwei seiner Standford-Kollegen schrieben im August 2011 Online-Geschichte, als sie ihre Informatik-Kurse über das Internet zugänglich machten. Thrun gewann mit seinem Kurs weltweit 158.000 Teilnehmer, 23.000 schlossen ab. Unter den Top-ein-Prozent-Teilnehmern, die die Bestnote erzielten, war kein Stanford-Student. Thrun kündigte seinen Professoren-Vertrag und gründete das Start-Up »Udacity – 21st Century University«, das »massive online open courses« (MOOCs)

Gundolf S. Freyermuth

anbietet. – Eine konkurrierende MOOC-Unternehmung ist Coursera, von Thruns Stanford-Kollegen Andrew Ng und Daphne Koller gegründet. Der Initiative haben sich neben Stanford weltweit inzwischen mehr als ein Dutzend Elite-Universitäten angeschlossen, darunter Princeton, das California Institute of Technology, die Duke University, das École Polytechnique Fédérale de Lausanne, das Georgia Institute of Technology, die Johns Hopkins University, die Rice University und die University of California in San Francisco. Vgl. z.B. Steve Kolowich: *Into the Fray*. In: *Inside Higher Ed*, 17. Juli 2012, http://www.insidehighered.com/news/2012/07/17/uva-and-11-others-become-latest-plan-moocs

31 Diese Bemerkungen zur historischen Entwicklung der Hochschullehre übernehme ich leicht modifiziert Gundolf S. Freyermuth: *Das Prinzip Zufall*. In: *c't – magazin für computertechnik*, 5. Mai 2001.

32 Am Beispiel der ifs: Dem Fachunterricht in den Spezialisierungen/Gewerken, bei dem in der Regel weniger als zehn Studierende auf einen Fachprofessor kommen und der damit dem Meister-Schüler-Verhältnis folgt, steht der theoretische Unterricht gegenüber, der alle – gegenwärtig: sechs – Spezialisierungen/Gewerke eines Jahrgangs vereint und damit zu einem Verhältnis von Studierenden zu Lehrenden führt, das eher dem industriellen Modell entspricht.

33 Gegenwärtig finden sich bereits u. a. folgende kostenlose Angebote: MIT OpenCourseWare (http://ocw.mit.edu/index.htm); Khan Academy (http://www.khanacademy.org/), edx von Harvard, MIT und Berkeley (www.edx.org); TED Ed (http://ed.ted.com/) und am umfangreichsten iTunes U mit über 500 000 Gratis-Vorlesungen, u. a. von Stanford, MIT, Yale und der britischen Open University (http://www.apple.com/education/itunes-u/).

34 Dieser Wandel wird seit einigen Jahren unter dem Stichwort »flipping the classroom« sowohl in der schulischen wie der universitären Ausbildung diskutiert. Für eine Definition siehe z.B. http://www.flippedclassroom.com/help/definitions.php: »The flipped classroom is a model of teaching in which a student's homework is the traditional lecture viewed outside of class on a vodcast. Then class time is spent on inquiry-based learning which would include what would traditionally be viewed as a student's homework assignment.«

35 John B. Biggs: *The role of meta-learning in study process*. In: *British Journal of Educational Psychology* 55/1985.

Gundolf S. Freyermuth, Professor für Angewandte Medienwissenschaften an der ifs internationale filmschule köln und Ko-Gründungsdirektor des Cologne Game Lab. Zuvor freier Autor (drei Romane, elf Sachbücher, rund 500 Essays, Reportagen und Artikel, Arbeiten für Hörfunk, Film, Fernsehen). Forschungsschwerpunkte: Digitale Audiovisualität, Transmedialität, Games, Netzwerkkultur.

Jüngste Publikationen: WOLFGANG PETERSEN – BACK TO THE BOAT (Dokumentarfilm, USA 2011, Drehbuch und Regie), *Movies and Games: Audiovisual Storytelling in the Digital Age*. In: University of Theatre and Film Budapest (Hg.), *New Skills for New Jobs, New Skills for Old Jobs: Film and Media Schools in the Digital Revolution* (Budapest: S.Z.F.E., 2012), S. 21–39. Homepage: www.freyermuth.com.

Gundolf S. Freyermuth (© Privat)

Neue Medien in der Filmlehre

Von Inga von Staden

»Die letzten 50 Jahre des Kosmos der digitalen Medien sind vergleichbar mit den letzten 250.000.000 Jahren unserer Erdgeschichte. Erste Säugetiere entwickeln sich zu hochkomplexen Welten, welche wir mobil in unseren Hosentaschen oder modern, an einem Armband, mit uns tragen. Eine Online-Plattform wie Facebook hält sich 500.000.000 aktive Haustiere, von denen viele Freunde, aber keine Feinde sind. Der Homo Sapiens evolutioniert zum Homo Digitalus, der alles googled, während es keine weißen Flecken mehr auf unseren Karten gibt. Im Studienschwerpunkt ›Interaktive Medien‹ lernen wir die Schäfer, und nicht die Schafe, zu sein. Die Brückenbauer, Wegbereiter und Entdecker neuer, grüner Landschaften.« (Julian Jungel, Diplom 2013)

Wie das Zitat wunderbar blumig veranschaulicht, hat die Entwicklung digitaler Technologien die Medienlandschaft und damit den Kontext des Filmschaffens nachhaltig verändert. Eine neue, audiovisuelle Formatfamilie – Computerspiele – ist entstanden und mit ihr eine weitere, erfolgreiche Medienbranche. Computerspiele sind mit ihren Action-, Serious-, Casual-, Social Games und vielen anderen Genres so differenziert wie das Filmformat und mindestens so einnehmend. Sogenannte Gamer verbringen oft Stunden und Tage mit oder gar Monate in einem Spiel. Produktionsmittel wie Kameras oder Schnittsoftware sind erschwinglich billig geworden. Wir erleben die Demokratisierung der Medienproduktion und -distribution. Jeder, ob ausgebildeter Produzent oder Amateur, kann sich heute über das Internet direkt mit seinen Medienprodukten an ein Publikum wenden. Und die Entwicklung neuer und inzwischen mobiler Endgeräte erlaubt den vielfältigen Zugang zu diesen Medien überall und zu jeder Zeit.

Die Vielfalt attraktiver Medienformate, die Zunahme der Medienprodukte, die neuen Endgeräte und das Internet sowie der damit verbundene unbegrenzte und globale Zugang zu Medien hat das ursprünglich nationale Massenpublikum aufgebrochen. Es wird zunehmend aufwendiger, eine entsprechend große Anzahl an sogenannten Usern zu erreichen, um eine kommerzielle Medienproduktion zu rechtfertigen.

Inter-, Trans- und Crossmedia

Diese Entwicklungen zersetzen die bestehenden Wertschöpfungsketten in allen Medienbranchen, ob Film, Musik, Radio und Fernsehen oder Print. Neue Geschäftsmodelle bilden sich heraus, die wiederum die Neugestaltung der Prozesse im Development, in der Produktion sowie in der Distribution fordern. Das derzeit erfolgversprechendste Modell scheint die Konvergenz der vormals getrennten Fachgebiete zu sein. Sie wird mit einer Vielzahl von esoterisch anmutenden Begriffen umschrieben wie Intermedien, Cross-Media oder 360°. Der gängigste Begriff – Transmedia – war ursprünglich nur in der Kunstszene

Inga von Staden

bekannt, bis ihn der Medienwissenschaftler Henry Jenkins in seinem einflussreichen Buch *Convergence Culture* propagierte.

Transmedia bedeutet, es werden verschiedene Medienderivate aus einem Thema abgeleitet und als Medienpaket vermarktet. Dafür braucht es eine erste Entwicklungsphase – pre-development –, in der die Themenwelt ausgearbeitet und in einer sogenannten Bibel dokumentiert und visualisiert wird. Der Kanon kann dann an die verschiedenen Kreativteams vergeben oder lizensiert werden. Diese wiederum leiten daraus Geschichten ab, die in Drehbücher übersetzt, Aktionen, die in Game-Design-Dokumenten simuliert, oder Gespräche, die in Communities übertragen werden. Eine solche Content World kann eine fiktionale sein, wie sie George Lucas zu STAR WARS erfunden hat. Sie kann auch eine reelle sein, wie die Welt der Gorillas bei National Geographic. In diesem Fall gilt es sie zu erforschen und zu dokumentieren oder gegebenenfalls daraus eine Geschichte zu erdichten, wie es beim TATORT – die Fiktionalisierung der Welt der Kriminalpolizei – erfolgreich praktiziert wird.

Ist die Welt definiert und sind die verschiedenen, daraus hervorgehenden Formate und Applikationen absehbar, werden diese inhaltlich sowie dramaturgisch miteinander zu einer Medienarchitektur in Verbindung gesetzt. Hier zeichnen sich vielgestaltige Konstruktionen ab. Manche sind offener Natur wie die Medienarchitektur zu THE MATRIX – eine Transmedia World. Die Filme, das Game oder das Graphic Novel sind wie Fenster, durch die wir verschiedene Aspekte ein und derselben Welt schauen. Man muss nicht den Film gesehen haben, um das Game zu verstehen, auch wenn sie sich gegenseitig referenzieren.

In THE TRUTH ABOUT MARIKA wird die Medienarchitektur zu einer Transmedia-Storyline verschränkt. Die crossmediale Koproduktion des schwedischen Fernsehens (SVT) und der Company P wurde 2007 als Participation Drama lanciert. Eine junge Frau forderte das Publikum über verschiedene Medienkanäle dazu auf, sie bei der Suche nach ihrer verschwundenen Freundin zu unterstützen. Die Geschichte entfaltete sich in einer fiktionalen Fernsehserie, regelmäßigen Talkshows, Radiodiskussionen, Internetseiten, Missionen eines Online Games, in mobile Apps und Live Events. Im Rahmen einer Transmedia-Storyline beschäftigt sich der User mit mehreren Medienformaten gleichzeitig, um in einem festgesetzten Zeitraum die Geschichte als Ganzes zu erfahren.

Mit der Medienkonvergenz entstehen unter Einsatz von Filmmaterial neue, web-basierte Formate. Diese Hybridformate sind oft dokumentarischer Natur und Derivate oder Weiterentwicklungen eines Filmvorhabens. Ein beeindruckendes Beispiel ist HIGHRISE, ein mehrjähriges, multimediales Projekt der preisgekrönten Regisseurin Katerina Cizek, das die Lebenswelten in Hochhäusern untersucht. Für Dokumentarfilmer wird es zunehmend schwer, eine Vorfinanzierung für ihre Projekte aufzustellen. Außerdem erreichen sie über Kino und Fernsehen oft nicht die von ihnen erwünschten Zuschauer. So suchen sie nach neuen Wegen, im Internet ihre Geschichten erzählen zu können. Darin werden sie durch den deutsch-französischen Sender und Internetplattformbetreiber ARTE oder das National Film Board Canada (NFB) unterstützt.

Einige der oben beschriebenen Medienarchitekturen und Formate sind co-kreative Erfahrungen. Der User wird in die Entwicklung der Welt und die Produktion der Medienderivate einbezogen. Ein Beispiel dafür ist das finnische Projekt IRON SKY, eine Fiktion, in der sich die Nazis 1946 auf den Mond zurückziehen, um von dort in unserer nahen Zukunft einen Blitzkrieg gegen die USA zu starten. Die Community half bei der Entwicklung

Neue Medien in der Filmlehre

der Welt, des daraus abgeleiteten Films, der Games und der Graphic-Novel-Serie. Sie beteiligte sich darüber hinaus mit 1,5 Millionen Euro an der Finanzierung (Crowdfunding und -financing), mit Locationsuche und Fertigung von Special Effects an der Produktion (Crowdsourcing) sowie mit Viral Marketing an der Distribution. Der Film hatte 2012 Premiere auf der Berlinale.

Communities sollten, unabhängig davon wie stark sie in die Gestaltung und Umsetzung eines Projektes eingebunden werden, schon im Pre-Development als Teil einer Medienarchitektur geplant, in der Developmentphase aufgebaut und während der Produktion und Distribution erweitert und gepflegt werden. Diese Aufgabe wird vermehrt durch die Produktionsfirmen und nicht, wie noch bis vor kurzem üblich, vom Sender, Publisher oder Verleih wahrgenommen, denn nur das dem Inhalt nahestehende Team kann mit der Fan-Base die qualifizierten Gespräche führen. Community Manager sollten von Beginn an personell und im Budget eines Projekts verankert werden. Wie erfolgreich diese Strategie sein kann, zeigt RHYTHM IS IT. Boom Town Media baute zu seiner Dokumentation über die Jugend- und Sozialarbeit mit klassischer Musik und Tanz eine eigene Community auf. Der Film konnte sich über zwei Jahre in den deutschen Kinos halten.

Märkte, Fördermaßnahmen und andere Motivatoren

Es gibt eine Reihe von Faktoren, welche die transmediale Aufbereitung eines Stoffes interessant machen. Transmedia ermöglicht den Zugang zu mehreren Medienmärkten. Die Medienarchitektur ist die Planung dazu. Jedes Medienformat hat seinen Markt. Hätte der sich nicht etabliert, wäre aus dem Experiment kein Format entstanden. Ein Transmediateam muss die Spielregeln der unterschiedlichen Märkte kennen, um den

richtigen Ansprechpartnern die entsprechenden Produkte anbieten zu können. Wer zum Beispiel heute Online-Games entwickeln will, sollte wissen, wie in einem Spiel Micro-Payment-Systeme eingebettet werden und sich die Zusammenarbeit mit einem Publisher gestalten kann.

Ein Medienprodukt im Rahmen einer 360°-Produktion umzusetzen, ist um den Faktor Synergie billiger als es alleinstehend zu produzieren. So wurde National Geographic, die Stiftung zur Verbreitung von geographischem Wissen, zu einem internationalen Medienkonzern ausgebaut. Die Stiftung investiert in die Recherche eines Themas, also in die Entwicklung einer Content World, und stellt dem Forschungsprojekt von Beginn an ein Team von Medienexperten bei. Gemeinsam mit dem Wissenschaftler planen sie, wie die Forschung und ihre Ergebnisse am besten für die von National Geographic betriebenen Kanäle – Zeitschriften und Bücher, TV- und Radiosender, ein Museum und Amerikas größte eLearning-Plattform – medialisiert werden können.

Die Förderinstitutionen in Deutschland und Europa haben die Entwicklung der digitalen Medien aufgegriffen. Die meisten bieten inzwischen unterstützende Maßnahmen für interaktive oder crossmediale Projekte an. In einer transmedialen Produktion können unterschiedlichste Förder- und Finanzierungsinstrumente aktiviert werden. Sie können als Gegenfinanzierung für die schwer finanzierbaren Aspekte eines Projekts dienen. Beispielsweise kann man von einem Technologieförderfonds Mittel für die Entwicklung einer neuen Medientechnologie abrufen und diese auch für die Stoffentwicklung der Welt oder einer der Medienderivate einsetzen.

Wie oben beschrieben setzen sich besonders im Dokumentarfilm die Hybridformate durch. Das Filmmaterial wird mit Interaktivität, zusätzlichen Informationen oder

Inga von Staden

Echtzeitdatenvisualisierungen angereichert. Damit eröffnen sich einem heterogenen Publikum unterschiedliche funktionale, emotionale und kognitive Zugänge zu ein und demselben Thema, wie das Projekt MONDE ARABE bei ARTE zeigt. Das Thema kann so auf verschiedenen Plattformen und mithilfe von Social Media vermarktet werden.

Immer mehr Sender und Verlage sind daran interessiert Medienpakete einzukaufen, um den zunehmend vielgliedrigen Markt mit einem Stoff besser durchdringen zu können. Über die verschiedenen Formate können unterschiedliche Zielgruppen adressiert werden. Und die Medienprodukte dienen der gegenseitigen Cross Promotion. Diese Strategie hat sich für Content Brands wie *Harry Potter* als sehr effektiv erwiesen.

Zuschauer werden im Mediengeschehen zunehmend aktiv. Damit eröffnet sich Kreativen eine neue Finanzierungsquelle, denn die Bereitschaft der User wächst, sich auch an der Finanzierung von Produktionen über Crowdfunding-Plattformen wie Kickstarter (USA) oder StartNext (Deutschland) zu beteiligen.

Die jüngeren unter ihnen sind Digital Natives, also mit und in den digitalen Medien groß geworden. Sie nehmen die ursprünglich durch unterschiedliche Trägermaterialien bedingte Abgrenzung zwischen den Formaten oft gar nicht mehr wahr. Sie können bei einem Stoff, der vielleicht nur als Film gedacht war, zu transmedialisierenden Akteuren werden. Letztendlich sind es genau diese formelle Freiheit und der Spaß an der künstlerischen und intellektuellen Herausforderung, die Transmedia so spannend machen.

Teams, Prozesse und Verträge

Es ist noch zu früh, um Berufsprofile zu präzisieren. Doch zeichnen sich eine Reihe von Funktionen ab, die in einem transmedial arbeitenden Team besetzt werden sollten. So braucht es einen Creative Producer, der inhaltlich so involviert ist, dass er oder sie die Medienarchitektur mitgestalten kann, denn über diese ergibt sich der Zugang zu den verschiedenen Märkten. Ein Content Director verantwortet die Recherche zur Welt sowie die Ausformulierung in einer Content Bible. Er oder sie begleiten die Übertragung des Kanons in ein Medienformat durch den jeweiligen Experten wie Drehbuchautor oder Game Designer. Ein Art Director liefert die audiovisuelle Interpretation zur Bibel und unterstützt ihre Deklination über die verschiedenen Medienformate hinweg. Ein Technical Director trägt mit seinem technischen Wissen zur Übersetzung des Inhalts in verschiedene Medienformate bei und beaufsichtigt die Entwicklung von Soft- und Hardware zur Umsetzung geplanter Effekte oder Funktionalität. Schließlich braucht es, wie oben beschrieben, einen Community Manager, der die Strategie zum Aufbau und der kontinuierlichen Pflege einer Fan-Base entwickelt und durchführt.

Das Transmediateam verantwortet die Entwicklung und Verwaltung der Content World, darüber hinaus organisiert es die Kommunikation auf der transmedialen Meta-Ebene mithilfe von entsprechenden Dokumenten und internetgestützten Arbeitsplattformen. Die Erfahrung zeigt, dass es sinnvoll ist, sich regelmäßig mit den Verantwortlichen der verschiedenen Kreativteams zu treffen, um formatspezifische Entwicklungen zu besprechen, die Produktionsabläufe miteinander zu synchronisieren oder gemeinsam nächste Schritte zu planen. Mitglieder eines Transmediateams müssen oft auf zwei Kommunikationsebenen gleichzeitig agieren, wenn sie auch Teil des Kreativteams sind, das eines der Medienderivate produziert.

Transmediaprojekte sind komplex. Sie sollten mit einem Team nach dem Prinzip Collecti-

Neue Medien in der Filmlehre

ve Leadership angegangen werden. Das heißt, jeder verantwortet seinen jeweiligen Bereich, aber alle arbeiten zusammen am Projekt als Ganzem. Das multidisziplinäre Team muss zu einer gemeinsamen Haltung finden, um beim Stoff den einzigartigen und spannenden Fokus herauszuarbeiten. Das erfordert ein hohes Maß an Kommunikations- und Kooperationsbereitschaft. Auch muss ein rechtlicher Rahmen definiert werden, der eine gemeinsame Urheberschaft beschreiben kann. Derzeit gibt es Versuche, den Lösungsansatz Creative Commons, der durch die Open-Source-Bewegung in der Softwarebranche ausgearbeitet wurde, auf die Medien zu übertragen. Solche Überlegungen sind spätestens dann notwendig, wenn wie bei IRON SKY die Fan-Base in den Kreativprozess eingebunden werden soll.

Eine plattformübergreifende Produktion aufzusetzen bedeutet viele Besuche auf Veranstaltungen der unterschiedlichen Medienbranchen, um sich dort mit den formatspezifischen Experten auszutauschen. Entwickelt sich aus dem Austausch eine Beziehung, gilt es, diese vertraglich zu regeln. Hier wird mit verschiedenen Modellen experimentiert wie mit der klassische Lizenzierung. Das Franchising-System sieht eine mehr oder weniger strenge Qualitätskontrolle vor. Die crossmediale Koproduktion führt unterschiedliche Formatexpertisen zusammen. Beim Open-Content-Prinzip wird die Welt als Gemeingut veröffentlicht und die Erlöse aus den daraus abgeleiteten kommerziellen Medienderivaten mit den Urhebern geteilt.

Interaktive Medien @ Filmakademie

Damit wären wir bei der Lehre der neuen Medien angekommen. In den vergangenen Jahren wurden Fakultäten an Kunstschulen oder technischen Fach- und Hochschulen eingerichtet. Sie bilden unter einer unüberschaubaren Vielzahl an Begriffen zum Mediengestalter oder -informatiker für die Werbebranche und den Dienstleistungssektor aus. Es wurden auch Privatschulen gegründet, die sich ganz der Lehre neuer Medien widmen. Die in Berlin und Frankfurt angesiedelte Games Academy beispielsweise bildet nur Nachwuchs für die Videospielindustrie aus.

Vor dem oben dargestellten Hintergrund der Medienkonvergenz ist es sinnvoll, digitale Medien auch an Filmschulen zu verankern. Filmschulen bewegen sich in einem Spannungsfeld zwischen dem Anspruch, Meister für etablierte Medienformate mit einem entsprechend hohen Differenzierungsgrad zu qualifizieren und diese gleichzeitig auf eine Zukunft vorzubereiten, in der ein beschleunigter Technologiewandel kontinuierlich neue Formate hervorbringt. Die Lehre digitaler Medien kann dabei helfen, das Filmschaffen in einen zukunftsorientierten Kontext zu setzen. Im Gegenzug kann die an Filmschulen gelehrte Tradition der Stoffentwicklung und -produktion in die Kreation neuer Medien übernommen werden, um sie inhaltlich zu fundieren. Der Studienschwerpunkt Interaktive Medien wurde im Jahr 2007 an der Filmakademie Baden-Württemberg eingerichtet. Ziel ist, die Berufschancen der Absolventen zu verbessern sowie ihre Gründungsvorhaben zu diversifizieren, indem die Studenten an die plattformübergreifende Arbeit in multidisziplinären Teams herangeführt werden.

»Die Medienbranche lebt heute von mobilen Plattformen wie Smartphones und Tablets, was nicht bedeutet, dass andere Plattformen aussterben. Dennoch sind die einzelnen Medien ›nur noch‹ ein Teil eines großen Ganzen. Mit Spannung habe ich die letzten Jahre diese Entwicklung beobachtet.(...) Als Produktions-Studentin freue ich mich darüber, nicht nur produktionsspezifisches Wissen vermittelt zu bekommen, sondern auch inhaltliche und technische Inhalte, welche mir helfen mein Team besser zu führen, mich zu einem besseren Producer machen und mich zudem auf den Wandel der Branche optimal vorbereiten.« (Franziska Remmele, Diplom 2013)

Für die plattformübergreifende Arbeit in multidisziplinären Teams braucht man die anderen Disziplinen. Deshalb werden im Studienschwerpunkt eigens Studenten zu Spezialisten für Games, Mobile Content, Community Architektur und Medien im Raum ausgebildet. In anderen Worten: die Studenten der Interaktiven Medien werden dazu befähigt, in die Computerspielindustrie, das multimediale Verlagswesen, die Agenturszene oder Telekommunikationsbranche einzusteigen. Über das eigene Lehrangebot hinaus haben sie Zugang zu einem breiten Angebot an Lehrveranstaltungen anderer Abteilungen, die in Fachbereiche wie Dramaturgie, Drehbuchschreiben, Filmgestaltung, Kameraführung, Animationstechniken oder Filmproduktion einführen. Das wiederum eröffnet ihnen auch die Möglichkeit, in der Film- und TV-Branche zu arbeiten, in transmedialen Teams mitzuwirken oder eigene, crossmediale Projekte aufzusetzen.

»Während des Studiums konnte ich Kontakte zur Film- und Games-Industrie aufbauen, Gleichgesinnte kennenlernen, an interessanten Projekten mitwirken, Medien-Studios in und um Deutschland besuchen und vor allem meinen kreativen Horizont erweitern. Ich fühle mich (...) sicher im Umgang mit den verschiedensten Medien sowohl als Kreativer als auch als Unternehmer.« (Beren Baumgartner, Diplom 2011)

Wenn es so einfach wäre ...

Eine neue Disziplin an einer gestandenen Schule einzurichten ist an sich schon eine Herausforderung. Es dauert seine Zeit, bis sich die Studenten gegenseitig akzeptieren und ein neuer Studienschwerpunkt integriert werden kann. Daraus ergibt sich das nächste Problem: Denn die Projektarbeiten stehen von Beginn an im Vergleich mit denen der etablierten Abteilungen. Diese gewinnen bereits auf internationalen Festivals Preise oder setzen gar kommerzielle Produktionen für Kino und Fernsehen auf. Das sind hohe Standards, die da gesetzt werden. Es ist für »die Neuen« nicht leicht, sich in so einem Umfeld zu behaupten, schon gar, wenn der Rest der Schule noch nicht versteht »was die bei den Interaktiven Medien eigentlich so machen«. Dann stellt die Zielsetzung der Filmakademie einen hohen Anspruch. Wie unterrichtet man Studenten, sich in einer Disziplin auszuzeichnen, ohne dabei zu Fachidioten zu werden? Auf der anderen Seite: Wie bildet man sie dazu aus, plattformübergreifend zu denken, ohne dass sie zu oberflächlichen Generalisten verkommen?

Eine weitere Aufgabe ist die Zusammenarbeit in multidisziplinären Teams. Wer es geschafft hat, an der Filmakademie angenommen zu werden, will sich der Entwicklung des eigenen, künstlerischen Ausdrucks widmen. Die Studenten sind oft nicht willens, in interdisziplinären Workshops und Projekten »über den Tellerrand schauen« zu müssen. Wie überzeugt man sie davon, sich trotzdem auf diese Erfahrungen einzulassen? Die Produktion digitaler, interaktiver Medien bedeutet immer auch eine Softwareentwicklung. Dafür braucht man die kreative Zusammenarbeit mit Medieninformatikern. Diese wiederum stellen eine ganz eigene Spezialisierung in der Welt der Informationstechnologie dar. Wo findet man solche Experten für studentische Teams? Und wie vermittelt man zwischen einem IT-ler, der in Funktionen und Algorithmen denkt, und dem Künstler, der sich in die Untiefen des menschlichen Seelenlebens versenkt?

Medien dienen dem Dialog mit dem Zuschauer oder User. Wie führt man junge Men-

Neue Medien in der Filmlehre

schen, die sich selbst noch finden wollen, an die Auseinandersetzung mit den Bedürfnissen ihres Gegenübers heran? Eine ergreifende Geschichte zu erzählen ist schon schwer genug. Wie unterstützt man die Studenten darin, bei der Arbeit im multidisziplinären Team sowie bei der Ausarbeitung und Umsetzung einer Medienarchitektur nicht den Bezug zur künstlerischen Intention und dem eigentlichen Stoff zu verlieren?

Wie eingangs beschrieben sind Transmediaprojekte komplex. Nicht nur Studenten sind manchmal von ihrem Vorhaben so überwältigt, dass sie aus der Konzeptschleife nicht ins Produktionsstadium finden. Wie stellt man sicher, dass Projekte nicht zu umfangreich werden? Und wie gestaltet man die Projektbetreuung für ein Experiment, zu dem es noch wenig Erfahrungswerte gibt?

Schließlich ist da noch meine ganz persönliche Herausforderung. Als ich die ersten Gespräche mit Bewerbern führte, wurde mir schlagartig bewusst, dass ich Opfer des »Moore'schen Gesetzes« geworden war. Die Entwicklung der Technologie unterliegt demnach einer potenzierten Beschleunigung. Das macht es inzwischen schier unmöglich, alle Trends und Entwicklungen im Blick zu behalten. Hinzu kommt, dass ich noch in einer analogen Medienwelt groß geworden bin. Ich habe mir zwar als Vermittlerin im Paradigmenwechsel eine gewisse digitale Expertise angeeignet. Diese haben meine zukünftigen Studenten als »Digital Natives« aber gar nicht nötig. In anderen Worten, sie wissen oft sehr viel besser Bescheid als ich. Wie geht man damit um, sich wie ein Fossil im eigenen Fachbereich zu fühlen?

Grundstudium, Quereinsteiger und Kooperationen

Da sich die Filmakademie als Meisterschule aus dem Bologna-Prozess herausnehmen darf, durchlaufen noch alle Studenten ein allgemeines, zweijähriges Grundstudium und spezialisieren sich erst während des darauf aufbauenden Projektstudiums in Abteilungen wie Drehbuch, Dokumentarfilm, Kamera, Animation oder Interaktive Medien. Die Studenten der Interaktiven Medien lernen die Studenten der anderen Abteilungen kennen und werden in die Grundlagen des Filmschaffens eingeführt. Das erleichtert später die abteilungsübergreifende Arbeit und Kommunikation im Projektstudium.

Darüber hinaus werden auch Quereinsteiger direkt in das Projektstudium der Interaktiven Medien aufgenommen. Sie bringen eine andere Vorbildung wie Kunst, Medienwissenschaften, Informatik, Elektrotechnik, Musik oder ähnliches mit. Dadurch wird der Studienschwerpunkt selbst interdisziplinär und die Studenten können untereinander vom breiten Wissensspektrum profitieren.

Studenten der Interaktiven Medien wählen im Projektstudium zwischen der konzeptionellen (Transmedia / Games Director), produzentischen (Transmedia / Games Producer) sowie gestalterischen Vertiefung (Transmedia / Games Artist). Sie bringen sich als solche in Projekte anderer Abteilungen der Filmakademie ein. So entwickelten Studenten der Interaktiven Medien im Rahmen des Animationsprojektes GLOBOSOME von Sascha Geddert ein erfolgreiches Spiel für den Appstore. Oder sie rekrutieren in ihrer Funktion Studenten aus anderen Abteilungen für die eigenen Projekte. Das Team um das Adventure Game *Inner World* arbeitete zusammen mit Studenten der Abteilungen Motion Design sowie Filmmusik + Sounddesign.

»Nicht nur die fachlichen Inhalte waren es, die mich im Studium bei Interaktive Medien weitergebracht haben. Gerade das hohe Maß an Eigenverantwortung führte dazu, dass ich wertvolle Erfahrungen in den unterschiedlichen Fachbereichen sammeln konnte. Dabei

Inga von Staden

wurden wir stets mit allen nötigen Mitteln und einer sehr guten Organisation in unserem Tun unterstützt.« (Stephan Konegen, Diplom 2012)

Der Technical Director für das Projekt *Inner World* kam über eine Kooperation mit der Hochschule Ravensburg-Weingarten. Es wäre für eine Filmschule vermessen, Medieninformatiker ausbilden zu wollen. Dazu braucht man einen fachgerechten Kontext sowie eine erfahrene Betreuung. Vorausgesetzt man kann die Lehrpläne synchronisieren, ist eine Kooperation mit einer anderen Hochschule nicht nur sinnvoll, sondern kann auch sehr fruchtbar sein. Das Team zu *Inner World* beispielsweise gründete zu Ende des Studiums gemeinsam aus.

Lehrmethoden und Facebook Groups

Einige der oben erwähnten Herausforderungen werden schon durch die Struktur des Studiums aufgefangen. Für andere müssen dezidiert Lehrmethoden gefunden werden.

Integration

Ich komme zurück auf die Integration. Der Studienschwerpunkt bietet im Rahmen des Grundstudiums eine allgemeine Einführung zu den neuen Medien und ihre Bedeutung für das Filmschaffen. Auch hilft, dass die Filmakademie viermal im Jahr zu einer gemeinsamen Pflichtveranstaltung aufruft. Auf dem »Aka-Pitch« präsentieren sich die Studenten gegenseitig ihre Vorhaben. So bekommen alle einen Überblick zu den Projekten, die an der Filmakademie stattfinden, und lernen die Arbeit der unterschiedlichen Abteilungen besser kennen.

Standards

Am Ende sind es jedoch die erfolgreichen Produktionen, die gegenüber den Studenten anderer Abteilungen sowie draußen in der Fachwelt zählen. Wie gesagt sind die durch die Filmakademie gesetzten Standards hoch. Hinzu kommt, dass die Projekte der Interaktiven Medien sehr vielseitig sind. Es hat sich gezeigt, dass diesem Problem nur mit einer entsprechend umfassend aufgestellten Gruppe von Mentoren für beispielsweise Content Worlds, Game Design- und Programmierung, Produktionsmanagement, Konzept und Kalkulation zu Medien im Raum, mobile Apps oder Community Architektur begegnet werden kann. Die Termine mit den Experten aus der Praxis finden in Form von Teamgesprächen statt, um das dort vermittelte Wissen möglichst breit zu platzieren. Sie sind fester Bestandteil der Lehre, denn die Wissensvermittlung in Verbindung mit der Praxis ist effektiver als ein rein theoretischer Frontalunterricht.

Einige der Mentoren werden zu den Semesterendpräsentationen oder Diplomprüfungen eingeladen, um die Projektarbeiten im Vergleich mit den geforderten Standards am Markt oder in der Kunst zu bewerten. Sie begleiten die Studenten über das Projektstudium hinweg, unterstützen sie darin auf Konferenzen und Messen wie der Quo Vadis oder GamesCom, helfen Kontakte in die jeweilige Branche zu knüpfen, beraten bei Gründungsvorhaben und propagieren die Projektarbeiten in der Fachwelt. Das unterstützen wir mit einer Website, auf der die Studenten sich und sie ihre Projekte vorstellen.

Ich habe die interessante Beobachtung gemacht, dass, wenn man die Projektarbeiten im Rahmen der Lehre in Teams organisiert, sich die Qualität der Projekte in einer Ausbildungseinrichtung von Jahr zu Jahr steigert. Um das zu fördern, teile ich die Studenten im ersten Semester des Projektstudiums zur Mitarbeit an einer Diplomarbeit ein. Das gibt ihnen die Möglichkeit, vom Projektteam zu lernen, von Beginn an den Mentorenterminen beizusitzen und sich

Neue Medien in der Filmlehre

früh mit den Anforderungen einer Diplomarbeit auseinanderzusetzen.

Spezialisierung

Außerdem werden die Studenten ihren Interessen entsprechend zur Mitarbeit an der Diplomarbeit eingeteilt, um diese gleich einmal zu testen. Abgesehen von den Teamgesprächen finden regelmäßig Einzelgespräche statt, um die Studenten darin zu unterstützen, für sich die richtige Spezialisierung zu finden. Hier wird besprochen, wie sie sich über die Pflichtveranstaltungen hinaus einen eigenen Lehrplan zusammenstellen, welche Literatur oder außerschulischen Veranstaltungen für sie interessant sein können oder welche Art von Projektarbeiten noch in ihrem Portfolio fehlt.

Im zweiten Jahr des Projektstudiums werden sie dazu verpflichtet, sich in die Referentenbetreuung einzubringen – sowohl für die Lehrveranstaltungen der Abteilung wie auch auf der FMX, einer internationalen Konferenz zu Animation, Special Effects und Games, die jährlich in Stuttgart stattfindet. Das gibt ihnen die Möglichkeit, mit Experten aus aller Welt den persönlichen Kontakt aufzunehmen, um sich auch mit ihnen zu beraten. Das erleichtert später das so viel gepriesene Networking.

Produktion

Unabhängig von der Spezialisierung erstellen alle Studenten im ersten Semester des Projektstudiums eine Medieninstallation mit der Fristsetzung, sie auf einer öffentlichen Veranstaltung wie der oben angeführten FMX auszustellen. Das zwingt sie, ein Konzept machbar zu gestalten und rechtzeitig in die Produktion zu gehen.

Medieninstallationen zeichnen sich dadurch aus, dass man nicht nur die Medialisierung des Inhaltes, sondern auch das Interface selbst, also die Form, konzipieren muss, um eine Idee zu vermitteln. Mit dieser Arbeit üben die Studenten eigens Rahmenbedingungen festzulegen, also jenseits der Endgeräte von Apple oder Sony zu denken – »Thinking out of the Box«.

Auf der Veranstaltung stellen sich dann die Studenten direkt dem Feedback der User. Wenn die Usability einer interaktiven Medienapplikation nicht stimmt, ist ein noch so schönes Konzept zum Scheitern verurteilt. Dieses lässt sich einzig und allein durch wiederholte Tests mit der Zielgruppe ermitteln. Man kann Studenten nicht früh genug von der Notwendigkeit überzeugen, jede noch so kleine Funktion während der Produktionsphase so lange zu testen, bis sie sich intuitiv bedienen lässt.

Interdisziplinarität

Haben die Studenten abteilungsintern geübt, für die neuen Medien zu konzipieren und zu produzieren, werden sie in sogenannten Content Labs mit den Studenten anderer Abteilungen (wieder) zusammengeführt. Diese Workshops stehen entsprechend ihrer Konfiguration unter einem Motto. Zum Beispiel heißt das Content Lab mit Studenten der Abteilungen Animation und Interaktive Medien sowie den Medieninformatikern der Hochschule Ravensburg-Weingarten »360° Fiction«, denn hier werden fiktionale Welten erfunden.

Ziel der Content Labs ist, in multidisziplinären Teams Content Worlds zu entwickeln, daraus mögliche Medienderivate abzuleiten und diese untereinander zu einer sinnvollen Medienarchitektur zu verknüpfen. Die Studenten können die drei bis vier Tage als Denk-, vor allem aber als Kommunikationsübung verstehen oder, wenn sie wollen, im Team das Konzept weiter ausarbeiten und produzieren. Dabei werden die Teams von den entsprechenden Abteilungen, Mentoren des Studienschwerpunkts Interaktive Medien sowie der kooperierenden Hochschule unterstützt. Aus den Content Labs sind bis dato

287

Inga von Staden

eine Reihe Projekte hervorgegangen, einige davon wurden bis zur Diplomarbeit betrieben und führten danach in eine Gründung oder Anstellung.

»Das Nummer 1 Learning für mich: Vernetztes Denken. Dies gilt im Bezug auf Kooperationen – denn jeder Konkurrent ist gleichzeitig ein potenzieller Partner. Und noch mehr gilt es für den Content. Denn handelt es sich nicht um eine einzelne Geschichte, sondern um eine Ableitung aus einem großen Ganzen – einem Content-Universum (Kreativer Kern, Charaktere, Backstories, Regeln etc. ...), das zuvor definiert wurde –, so eröffnet und fördert diese Betrachtungsweise stets Schnittstellen für Erweiterungen und vor allem für eine crossmediale Auswertung.« (Michael Kassner, Diplom 2012)

Die Labs werden jeweils von einem Referenten geleitet, dessen Arbeit in allen Abteilungen anerkannt wird; in anderen Worten, zu dem alle Teilnehmer einen Bezug finden können. Nur so lassen sich auch alle Teilnehmer davon überzeugen, dass diese Veranstaltung ihrem Kerninteresse dient und nicht nur ein lästiger Nebenschauplatz ist. Darüber hinaus werden Produzenten, Festivalbetreiber oder Distributoren eingeladen, um anhand von Fallbeispielen die Bedeutung der Medienkonvergenz für ihre Praxis darzustellen.

Da die Studenten der Interaktiven Medien im Gegensatz zu ihren Kommilitonen mehrere Content Labs durchlaufen, wird in jedem Workshop auch eine andere Methode vermittelt. Während im Content Lab »360° Fiction« Kreativmethoden im Vordergrund stehen, wird im Content Lab »360° Non-Fiction« die formatunabhängige Stoffentwicklung gelehrt und in StoryWorlds werden die Parameter einer World Bible vermittelt. Die Methoden sind nicht nur für den Einzelnen anwendbar, sondern unterstützen auch die Kommunikation im Team.

Dialog

An der Filmakademie finden abgesehen von den Content Labs eine Reihe interdisziplinärer Unterrichtsblöcke statt. Ein solcher interdisziplinärer Unterrichtsblock dient derzeit der Heranführung an den Dialog mit dem zunehmend aktiven User. In der Softwareentwicklung und dem Produktdesign stehen nicht mehr so sehr die Funktion und Form, sondern vor allem die Bedürfnisse des Anwenders im Fokus. Es nennt sich »human-centered design«. Übersetzt in die Welt der Medien bedeutet das, sich beispielsweise als Produzent mit den Mediennutzungsgewohnheiten der anvisierten Zielgruppe auseinanderzusetzen. Sonst tappt man wie die Öffentlich-Rechtlichen in die Falle, mit einem Vorabendprogramm – beispielsweise TÜRKISCH FÜR ANFÄNGER – junge Zuschauer in einem Zeitfenster adressieren zu wollen, in dem diese nicht die Muße haben fernzusehen.

Medienschaffende verwechseln die Beschäftigung mit dem User gerne mit quantitativen Marktforschungen, wie sie von den Medienkonzernen praktiziert werden. Diese sind tatsächlich nicht besonders inspirierend und bei zunehmend fragmentierten Zielgruppen auch oft nicht mehr sehr aussagekräftig. Um mit einer Geschichte einen sinnstiftenden Dialog initiieren zu können, muss man sein Gegenüber als Individuum mit eigenen Ängsten und Sehnsüchten begreifen. Dafür werden sogenannte Culture Probes erarbeitet, über die man mit Vertretern der Zielgruppe in den kreativen Diskurs tritt. Das können Wegwerfkameras sein, um den Alltag zu dokumentieren, oder Tagebücher mit humorvoll gestalteten Fragen zu Leben, Ansichten und Interessen der Probanden. Studenten sollten lernen, den direkten Kontakt mit dem von ihnen gewünschten Publikum aufzunehmen, um ihre Stoffe zielgerichtet zu entwickeln und, wie oben erläutert, die Anwendbarkeit ihrer Ideen zu testen.

Expertise

Abgesehen von der Medieninstallation gibt es zu den weiteren Projektarbeiten keine formellen Vorgaben. Die Studenten werden im Rahmen ihres Projektstudiums dazu verpflichtet, an einigen Lehrveranstaltungen teilzunehmen, in den Content Labs ihre transmedialen Kommunikationsfähigkeiten auszubilden und dazu angehalten, sich durch ein Projekt auf eine interaktive Disziplin zu spezialisieren. Dabei sind sie frei in ihrer Wahl, was für einen Stoff sie für welches Format entwickeln. Diese formelle Freiheit soll der Gefahr vorbeugen, in überholten Denkmustern verhaftet zu bleiben, also den experimentellen Charakter des Studienschwerpunktes sichern.

> »Dauerhaft versorgt mit Eindrücken und Inspirationen aus unterschiedlichsten Bereichen wurde mir der Freiraum gelassen mich auszuprobieren und eine eigene Haltung zu entwickeln. Ich habe gelernt hinter die Dinge zu blicken, ein Interesse auch für ungewöhnliche Verknüpfungen zu entwickeln, den Kern einer Sache aufzuspüren und am Ende das Konzept selbstbewusst zu präsentieren und zu vertreten.« (Jens Merkl, Diplom 2010)

Die Studenten haben oft das bessere Gespür für die aktuellen Entwicklungen und Trends. Ich habe ihnen lediglich die Routine in der Gestaltung von Prozessen oder die Übung mit der interdisziplinären Arbeit im Team voraus. Und ich weiß um die geplatzten Blasen digitaler Medienträume. Inzwischen verstehe ich mich nicht mehr als Expertin, die eine Richtung vorgibt, sondern als begleitender Coach. Meine Aufgabe ist, einen Studenten darin zu unterstützen, seine Interessen und Fähigkeiten in eine Disziplin zu überführen.

> »Sicherlich ist klar, wer Lehrender und wer Student ist, aber der Lehrende muss sich auf die Projekte und die Studenten so sehr einlassen, dass das letztendlich keine Rolle mehr spielt. Es geht nur noch um das Projekt selbst. Ich hatte nie das Gefühl, dass ein Lehrer unsere Projekte von oben herab delegiert hat. Vielmehr nahmen sie die Rolle von Supervisoren ein.« (Jasmin Srouji, Diplom 2012)

Jeder Student bringt eine gewisse Expertise mit und eignet sich im Verlauf des Studiums entsprechend seiner Interessen ein besonderes Wissen an. Auf Anraten eines Mentors gründeten wir eine geschlossene Facebook Group. Daran sind Studenten, Absolventen sowie Mentoren beteiligt. Indem wir die Kommunikation der Studenten untereinander fördern, schärfen wir ihren Blick für die größeren Zusammenhänge. Außerdem ist das »peer-to-peer-learning« für die Wissensvermittlung viel effektiver als ich es nur über einen Lehrplan bewerkstelligen könnte. Die Facebook Group ist inzwischen auch für mich eine der wichtigsten Ressourcen geworden was spannende Marktentwicklungen, Projekte, Events oder Artikel und Vorträge angeht.

Die Studenten haben sich selbst zweimal im Monat einen festen Abend für Treffen eingerichtet, um sich auszutauschen. Ich sorge lediglich dafür, dass diese Tradition weitergeführt wird, indem ich jedes Jahr Verantwortliche für die Organisation benenne. Der »Interactive Tuesday« ist nicht nur bei den Studenten beliebt, er wird inzwischen auch von Produzenten und Medienunternehmen wahrgenommen, die sich dort kreativen Input von den Studenten für ihre Ideen und Projekte holen können. In manchen Fällen findet ein Projekt bei einem Studenten so viel Interesse, dass es zu einer Zusammenarbeit mit der Filmakademie in Form einer Koproduktion oder Drittmittelproduktion kommt. So entstehen auch Netzwerke, auf die die Studierenden als Absolventen zurückgreifen können.

Inga von Staden

Innovative Lernkultur

Mizuko Ito beobachtete für die MacArthur-Stiftung das partizipatorische Verhalten von Jugendlichen auf Social-Media-Plattformen. Aus den Ergebnissen ihrer dreijährigen Studie leitet sie drei Phasen ab, die sie »hanging out, messing around and geeking out« (abhängen, rumspielen, spezialisieren) nennt. Ähnlich wie es Douglas Thomas und John Seely Brown in ihrem Buch *A New Culture of Learning* beschreiben, beobachte ich diesen Prozess auch an der Filmakademie. Ich unterstütze sie gezielt durch virtuelle und physische Maßnahmen.

Die erste Phase findet automatisch auf dem Hof der Filmakademie und in den Ludwigsburger Kneipen statt. Hier hat ein Campus in einer Kleinstadt gegenüber Filmschulen in Metropolen wie Berlin entscheidende Vorteile. Um sicherzustellen, dass sich die Studenten abteilungsübergreifend kennenlernen, um dann miteinander abhängen zu wollen, führen wir sie immer wieder über interdisziplinäre Lehrveranstaltungen zusammen. Pausen, in denen Thomas Schadt, Leiter der Filmakademie, zur »Fröhlichen Wurst« einlädt oder informelle Einführungsabende, um auf die Content Labs einzustimmen wie sie der Studienschwerpunkt Interaktive Medien organisiert, bilden weitere Zeiträume für das lockere Gespräch. Hier finden sich gemeinsame Interessen und zündende Ideen.

Die zweite Phase wird durch konzeptionelle Übungen in den Content Labs und ähnlichen Workshops unterstützt. Sie sind Refugien, in denen die Studenten ungezwungen rumspielen und formatunabhängig Ideen weiterentwickeln können. Diese müssen immer wieder, teils gegen den Willen der Studenten und auch noch im letzten Studienjahr eingerichtet werden. Sie schützen die Studenten vor den Ansprüchen schnelllebiger Medienmärkte, aber auch vor ihren eigenen Ansprüchen an die Perfektion.

Denn in der dritten Phase sind die Studenten für eine spielerische und experimentelle Haltung oft nicht mehr zu gewinnen. Gehen sie einmal mit einer Idee in die Produktion, bekommen sie den Tunnelblick. Sie spezialisieren sich auf das anvisierte Format und ihre Funktion im Team. Das brauchen sie, um ein Projekt in die Fertigstellung zu treiben. Genauso müssen sie aber auch lernen, davon Abstand zu gewinnen, um die Produktion im richtigen Kontext zu sehen.

Diesen Prozess versuche ich auch für mich in der Studienplanung zu verinnerlichen. Dank der Seminare, die ich gebe, und Vorträge, die ich halte, komme ich mit Experten verschiedener Fachbereiche zusammen und habe die Möglichkeit, mich mit Lehrern an anderen Hochschulen auszutauschen. Dadurch bekomme ich viele Inspirationen, die ich zurück an die Filmakademie trage. Dort entwickeln wir gemeinsam mögliche Lehrszenarien und probieren sie auch gerne an und mit unseren Studenten aus.

Und wenn man dann anfängt, das in einem Artikel zu beschreiben, oder auf Konferenzen zu präsentieren, dann ist man auch schon in der Phase des »geeking out«. Die Kunst ist, sich hin und wieder zu den Schafen auf die grüne Wiese zu setzen, um mit dem Denken ganz von vorne anzufangen.

Referenzen

Henry Jenkins, Convergence Culture, NYU Press (August 1, 2006)
Content- und Story Worlds: http://www.story worldconference.com/ehome/index.php?eventid=33551&tabid=53719&
National Geographic: http://www.nationalgeographic.com/
STAR WARS: http://www.swtor.com/community/
TATORT: http://tatort-fans.de/
THE MATRIX: http://thematrix101.com/
THE TRUTH ABOUT MARIKA: http://www.youtube.com/watch?v=iX_ZJkwvKR8

Neue Medien in der Filmlehre

HIGHRISE: http://highrise.nfb.ca/
IRON SKY: http://www.ironsky.net/
European Game Support Systems, Media Desk Denmark (2011)
Technologieförderung der Berliner Senatsverwaltung: http://www.ibb.de/desktopdefault.aspx/tabid-230/
MONDE ARABE: http://monde-arabe.arte.tv/de/
Harry Potter: http://harrypotter.wikia.com/wiki/Harry_Potter
Kickstarter: http://www.kickstarter.com/
StartNext: http://www.startnext.de/
Digital Native: http://www.pbs.org/wgbh/pages/frontline/digitalnation/extras/digital_native.html
Bundesverband der Community Manager: http://www.bvcm.org/
Collective Leadership: http://www.theinnovationcenter.org/what-we-do/collective-leadership/collective-leadership
Creative Commons: http://creativecommons.org/
Franchizing in Media: http://www.convergenceculture.org/weblog/derek_johnson/
Games Academy: http://www.games-academy.de
Medieninformatik: http://www.medieninformatik.de/
Angewandte Informatik an der Hochschule Ravensburg-Weingarten: http://www.hs-weingarten.de/web/bachelorstudiengang-angewandte-informatik
Das Moor'sche Gesetz: http://www.mooreslaw.org/
Studienschwerpunkt Interaktive Medien: http://interaktive-medien.animationsinstitut.de
FMX: www.fmx.de
Human Centered Design: http://www.ted.com/talks/david_kelley_on_human_centered_design.html
peer-to-peer-learning: http://www.cdtl.nus.edu.sg/success/sl37.htm
Mizuko Ito: http://www.itofisher.com/mito/
MacArthur-Stiftung: http://www.macfound.org/
Douglas Thomas und John Seely Brown, A New Culture of Learning (2011)

Inga von Staden (© Privat)

Inga von Staden studierte Landwirtschaft in Israel und Film in New York. Sie arbeitete als Autorin und Redakteurin für Fernsehproduktionen und verantwortete die Durchführung von Konferenzen und Kulturveranstaltungen, bis sie 1995 in die digitalen Medien als Konzepterin und Produktionsleiterin für Games, Multimedia- und Internetapplikationen wechselte. 1999 machte sie sich als Medienberaterin unter dem Namen projectscope (www.projectscope.de) selbständig. Seit 2000 initiiert sie Lehrangebote an Filmhochschulen und leitet Seminare für internationale Fortbildungseinrichtungen. Von März 2004 bis Juni 2007 baute sie für das Medienboard Berlin-Brandenburg die Koordination Neue Medien – Games, Mobile und Internet – als Schnittstelle zwischen Privatwirtschaft und öffentlicher Hand auf. 2009 absolvierte sie ihre Coachingausbildung am South African College for Applied Psychology.

Sie ist Kuratorin für Transmedia bei der FMX, der internationalen Konferenz für Animation, Spezialeffekte, Games und Transmedia, Gutachterin für das Technologieförderprogramm ProFIT der Berliner Senatsverwaltung über die Investitionsbank Berlin und Gutachterin für die kulturelle Förderung von Medienprojekten durch das Schweizer Bundesamt für Kultur.

Andrea Gschwendtner

Twist to Product[1]: Klimaschutz und Nachhaltigkeit

Ein Förderprojekt mit Filmstudierenden an der ifs

Von Andrea Gschwendtner

Das Förderprojekt »Virale Clips für Klimaschutz und Nachhaltigkeit« an der ifs internationale filmschule köln ist etwas vollkommen Neues. Zum ersten Mal findet während drei Semestern ein Seminar zum Thema Werbung und digitale Kommunikation statt. Studierende der Filmregie und des Kreativ Produzierens arbeiten erstmalig mit Dramaturgien für 30–60 Sekunden und lernen dabei, Argumentationen für Werbebotschaften zu entwickeln. Für die Kamerastudierenden sind Stilfragen in der visuellen Umsetzung eines Werbefilms, Production Value und sogenannte Key Visuals einige der zentralen Themen.

Neuartig ist auch das Ziel des Förderprojektes selbst: »Junge Filmstudierende erforschen digitale Werbekommunikation mit dem Ziel, ungewöhnliche fiktionale Filmclips für die Themen Klimaschutz und Nachhaltigkeit zu entwickeln. Die Clips sollen positive Gefühle bewirken und eine virale Verbreitung (hohe Klickraten) im Internet erreichen. Zielgruppen sind junge Internetsurfer zwischen 14 und 20 Jahren, die Entscheider von morgen. Mit gezielter Strategie werden die Clips auf hochfrequentierten Plattformen und in relevanten Netzwerken platziert, damit sie von möglichst vielen ›gefunden‹ werden. Die von mir entwickelten Projektziele, die ifs als Projektträgerin, die Leitung des Projektes durch mich sowie das Netzwerk der ifs mit Partnern aus der Branche überzeugen die Sponsoren.[2] Die Zusage für die finanzielle Förderung des Projektes wird erteilt. Was die Studierenden motiviert, sich parallel zum Studium für eine fast zwei Jahre lange Mitarbeit im Projekt zu entscheiden: Persönliches Engagement für den Klimaschutz und die Chance, während des Studiums für die eigene Referenz eine zusätzliche Produktion im Werbefilmformat realisieren zu können.

Charakter und Ziele des Förderprojekts erfordern eine Laborsituation und Mut zum Experiment. Hier gibt es keinen klassischen Werbekunden, der konkret Kommunikationsziele und Kernbotschaften in einem Briefing formuliert hätte. Stattdessen steht ein unüberschaubarer Themenkomplex »Klimaschutz und Nachhaltigkeit« als Gegenstand für neuartige Werbekommunikation im Raum. Die Studierenden übernehmen sowohl die Perspektiven von Auftraggeber und Werbeagentur als auch Produktion und Regie.

Diese Arbeitsweise repräsentiert ein grundlegendes Konzept des Studiums an der ifs: Jede/r Student(in) ist unabhängig

Twist to Product: Klimaschutz und Nachhaltigkeit

 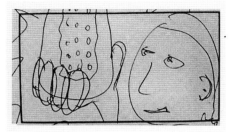

Entwürfe Shootingboard VICIOUS PERVERT (© Simon Dolensky)

vom eigenen Fachschwerpunkt (Gewerk) im Selbstverständnis und aus der Haltung als Filmemacher(in) und Künstler(in) am kreativen Prozess einer Filmherstellung beteiligt. In dieser Zusammenarbeit aller Gewerke entstehen zahlreiche fruchtbare Auseinandersetzungen.

Werbespots im Internet – Entertainment und Botschaften für Zielgruppen

Auf der Grundlage von viral erfolgreichen kommerziellen sowie Non-Profit-Werbespots evaluieren die Studierenden die wirksamen Faktoren für hohe Klickraten und Verbreitung von Spots im Internet. Dramaturgische Mittel wie Rätselspannung, Verfremdung, Steigerung, extreme Gegensätze, Überraschung, Verblüffung, Erschrecken, Erotik und Spiel mit verschiedensten Filmgenres funktionieren als Auslöser für die Weiterempfehlung, geben den Impuls für Watch and Share[3]. Im Seminar werden Modelle aus der Kommunikationspsychologie über Motivation, Partizipation und das Bewirken von Verhaltensänderung diskutiert und ausgewertet. Die Studierenden lernen zu entschlüsseln, wie in den Werbespots Witz und schwarzer Humor, Übertreibung, Aufbrechen von sozialen Normen, Tabubrüche und Überschreiten von Schamgrenzen inszeniert sind – alles hochwirksame Anreize für Tell a Friend, das heißt Weiterempfehlung im Netz. Die Filmstudent(inn)en erkennen die werbliche Strategie KISS in guten Spots und merken sehr schnell, warum eine Story nicht funktioniert. Wenn Werbeclips inhaltlich als Serie gestaltet sind, ist die Chance auf hohe Klickraten größer als für einzelne Clips. Beim Prinzip der Serie lockt den User die Vorfreude auf Fortsetzung bereits bekannter Settings und neue Überraschungen. Die Werbebotschaft einer Clipserie erhält wiederholte Aufmerksamkeit über einen längeren Zeitraum.[4] Auf viral erfolgreiche und umstrittene Werbespots erfolgen oftmals

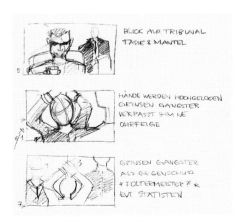

Ausschnitt Shootingboard BAD FELLAS (© Martina Di Lorenzo)

Andrea Gschwendtner

```
TREATMENT: MAFIA (Stand 27.11.11) - SYNOPSIS
Nacht. Die Hafengegend einer Großstadt. Eine Lagerhalle. Ein Mann mit angstverzerrtem
Gesicht wird von zwei Gangstern in Anzügen auf einen Tisch gefesselt. Er blickt sich
panisch um. Die Halle wird nur von Kerzen und einer brennenden Mülltonne erhellt.
Noch weitere Gangster stehen um den Tisch herum. Auf einem Stuhl sitzt ein älterer
Herr mit einer Sonnenbrille, in der sich die Flammen spiegeln, in seiner Hand ein Stock
mit silbernem Knauf. Der Boss. Der Boss gibt ein kleines Zeichen mit seiner Hand,
worauf sich ein besonders kräftiger und großer Mann aus der Gruppe löst und auf den
Gefesselten zu geht. Er reißt ihm das Hemd auf, wobei Tätowierungen zum Vorschein
kommen, wie sie in Maffia Kreisen üblich sind. Der Gangster lacht erkennend, dann
befestigt er mit Krokodilklemmen Drähte an den Brustwarzen des Gefesselten und
legt schadenfroh einen großen Schalter um. Der Gefesselte kneift die Augen zusammen,
entspannt sich jedoch schnell, als er merkt, dass keine Stromstöße ihn quälen. Absolute
Stille. Er beginnt schon siegessicher zu lächeln, als der Gangster laut durch die Finger
pfeift. Schnitt zum Dach der Lagerhalle. Auf einem Stuhl sitzt ein weiterer Gangster und
liest eine Zeitung im Schein des Mondes. Als er das Pfeifen hört, faltet er in Ruhe seine
Zeitung zusammen und geht zu einem Windrad. Er löst die Sperre des Rades, worauf es
sofort beginnt sich zu drehen. Sobald es sich in Bewegung gesetzt hat, hören wir den
Gefesselten von unten schreien. Der Gangster setzt sich wieder und widmet sich seiner
Zeitung. Ist ein Windstoß besonders stark, wird auch das Schreien lauter.
Einblendung Claim und Landingpage.

REFERENZEN
Three Kings (David O' Russell 1999)
RocknRolla (Guy Ritchie 2008)
Once Upon A Time In The West (Sergio Leone 1968)
Eastern Promises (David Cronenberg 2007)
```

Treatment BAD FELLAS (Arbeitstitel »Mafia«; © Markus Wulf)

Reaktionen und Parodien in Clipform, was die Spanne der Beachtung verlängert[5]. Verbotene Spots finden nach der Entfernung aus offiziellen Kanälen verstärkte Aufmerksamkeit durch die illegale Verbreitung im Netz. Werbespots, die dem User Interaktionen und Spiel ermöglichen, gilt gesteigertes Augenmerk.[6]

Briefing und Ziel der Innovation

Für die Entwicklung eines Briefings werden Rechercheergebnisse resümiert. Zunächst legen die Studierenden fest, was sie nicht in ihren Werbespots verwenden wollen: Darstellung von Klimakatastrophen und bedrohliche Zukunftsszenarien, Schockwirkungen, Tipps für klima- und umweltschützendes Verhalten im Alltag, Belehrungen und erhobener Zeigefinger. Forschungen über Gesundheitskampagnen zeigen, dass Warnungen und abschreckende Beispiele keine Verhaltensänderung bewirken. Folgendes Briefing entwickeln die Studierenden für die neuen Werbespots: Mit verblüffenden und humorigen Wendungen (Twists in the Tale) Lebenssituationen aus der zukünftigen Welt erzählen, die Vergnügen und Spaß versprechen. Die Storys der Clips sollen dazu verlocken, in der klimageschützten Welt leben zu wollen, am besten sofort. Laune auf klimaschützendes Verhalten wird geweckt, denn es bedeutet keine Spaßbremse, sondern Komfort und Lebensfreude. Die Studierenden wollen in ihren Clips folgende Muster und Emotionen einsetzen: Spiel mit verschiedenen beliebten Filmgenres, schwarzer und absurder Humor, verblüffende, überraschende und starke Twists.

Stoffentwicklung – eine herausfordernde kreative Reise

Nun startet die Stoffentwicklung für acht Werbespots: Neuland für die Student(inn)en. War bisher die Stoffentwicklung für studentische Filmprojekte ein freier Prozess ohne Vorgaben, so heißt es nun, ein schwammiges Thema mit Humor, Überraschung und verblüffenden Twists in den Griff zu bekommen – mit der Maßgabe: »Keep it simple and stupid«. »Wie anders« man kreativ an Stoffentwicklung für Werbespots arbeitet, lernen die Studierenden in Workshops. Sie fantasieren über Köln als Vorzeigestadt des Klimaschutzes – wie lebt man da im Alltag? Es entstehen bildhafte Vorstellungen zu neuen Lebenssituationen. Über Zufallsbegriffe werden Slogans entworfen und mithilfe eines Rankings samt szenischer Ideen ausgewählt. Angeregt durch die Auswahl entwickelt jede(r) Student(in) drei eigene Clipideen und stellt sie vor. Ein erster, größerer Ideenpool entsteht. Die kreative Power der Studierenden entfaltet sich in weiteren Brainstorming-Runden. Zur Inspiration wird mit Versatzstücken viral erfolgreicher Clips experimentiert: mit eigenen Ideen kombiniert, Twists abgewandelt, Situationen verfremdet. Jeder noch so kleine Impuls kann Kern für *die* gute, tolle Idee bedeuten: Kinderspiele der Politiker, Sturz durch Zeit und Raum, Kälbchen im Supermarkt, Mordsmöbel, Nackte im Lokal, Solarspiegel-Sunset, Zugfahren mit Wasser, »Fang die Zukunft!«, Riot in den Ölnationen, »Mama, was ist Wald?«, Flashmobs der kleinen Taten, »Opa gibt den Löffel ab – Recyceln bringt's!«

Das Schwierigste ist tatsächlich, die im Briefing definierten Ziele zu erreichen. Das heißt: Clipideen ohne schreckliche Szenarien, weg von Bedrohlichem, ohne die Argumentation »erhobener Zeigefinger« und Appelle. Wie kann man mit Werbespots zum Klimaschutz verlocken, wie positive Gefühle und Verhaltensänderung anstoßen?

Konfliktbrennpunkt: Interessen eines Auftraggebers

Im Gespräch zwischen Studierenden und mir als Projektleiterin wird deutlich, dass die Arbeit im Förderprojekt künstlerische Forschung bedeutet. »Trial and Error«, Teilerfolge und auch Scheitern sind zentrale Anteile des Prozesses. Ein solcher Freiraum ist durch Erfolgs- und Finanzierungsdruck in der Branche kaum möglich. Erfolgsdruck behindert die Laborsituation: eine wichtige Erkenntnis für Projektleitung und Studierende. Ein Experiment mit dem Ziel, etwas Neues zu entwickeln, haben die Finanziers zugesagt und dabei das Risiko akzeptiert, dass Ergebnisse vorher nicht absehbar sind und dass es keine Garantie für Erfolg gibt. Die Studierenden fordern also, dass man ihnen zutraut, sich in dieser neuen Erfahrung auszuprobieren und den Prozess dabei weiterzuentwickeln. Die Bedingungen der Auftragskommunikation (Werbebranche, Marketing, PR) empfinden sie deutlich als Druck. Ihr Ziel ist es, die Balance zwischen der Freiheit im Studium und den professionellen Rahmenbedingungen zu halten. Das Krisengespräch führt zur Klärung, das Vertrauen zwischen Studierenden, Projektleitung und Lehrenden kann sich neu aufbauen. Man einigt sich auf stärkere Transparenz und größeres Bewusstsein über den Charakter des Experiments, verbunden mit dem Risiko zu scheitern.

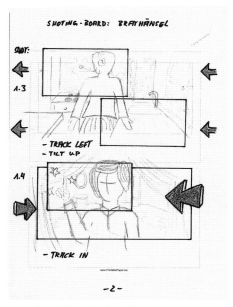

Ausschnitt Shootingboard WICKED WITCHES (© Florian Pley)

Andrea Gschwendtner

Ausschnitt Shootingboard SAMARA'S EVIL SPIRIT (© Felix Tonnat)

»Die Bösen und der Klimaschutz« – ein innovatives serielles Webformat

Das Finish in der Stoffentwicklung beginnt mit einem ernüchternden Resümee: Der Pool der Ideen ist mittlerweile sehr groß. Aber ausgereifte Clipideen, die begeistern und die man unbedingt sofort drehen will, sind noch nicht dabei. Man rekapituliert: Was wollen wir? Was soll als Ergebnis herauskommen? Gemeinsam mit einem Werbeprofi arbeiten die Studierenden in zwei Intensiv-Workshops weiter an ihren Ideen. Wunschziel: eine Clipserie entwickeln, die einen verbindenden roten Faden hat. Schlagwortzettel aller bisherigen Clipideen stecken an Pinnwänden. Der Dozent schlägt »Vehikel« das heißt thematische Felder vor: berühmte Szenen aus großen Filmen, aus Literatur, Theater, klassische Themen aus Sagen/Märchen; beliebte TV-Serien; Wenn die Natur »weg« wäre (Titanic ohne Eisberg, Robin H. ohne Woods); bekannte Songs, Aberglaube, Vorurteile uvm. Zahlreiche Ideen werden spontan produziert. Alles, was schon mal angedacht, ausgesprochen und gefühlt war, bleibt präsent, verwandelt sich und bekommt über ungewöhnliche Kombinationen plötzlich neuen Sinn. Mehr als 70 Clipideen werden in Schlagworten an Pinnwände geheftet. Die Studierenden ordnen sie nach Ähnlichkeiten und checken die Ideen mit Blick auf das Briefing und die festgelegten Dramaturgien. Es kristallisieren sich mehrere starke Kernideen heraus, aber es sind zu viele. Kill your Darlings – man muss sich von geliebten Ideenbabys trennen! Sieben gute Stoffe und vier tragfähige Konzepte für Clipserien liegen nun als Rohdiamanten auf dem Tisch. In Gruppen, zu zweit, zu dritt wählt man eine Clipidee oder ein Serienkonzept aus und arbeitet daran. Ein letztes, entscheidendes Ranking mittels Punktevergabe:

Das Konzept für die Clipserie DIE BÖSEN macht das Rennen. Die Hauptfiguren, alle klischeehaft böse Charaktere, verbinden die acht Clips zur Serie: Hexen, Mafiosi, Bankräuber, Perverse, Horrorgeist, Tod, Bösewicht aus JAMES BOND und Terroristen. Bemerkenswert ist, dass der erste zündende Gedanke zu dieser Clipserie bereits in der Anfangsphase der Stoffentwicklung auftauchte. Es war der böse Wolf, der tiefgründig gesinnungsgewandelt sein Leben nach dem Motto »Heal the World« auf »Bio« und aktiven Klimaschutz umstellt, aber dennoch Wolf bleibt und Rotkäppchen und die Geißlein frisst. Dieses Konzept hat viele Kreativrunden in mehreren Varianten durchlaufen, ist nie verworfen worden und zeigt sich jetzt als tragfähiges Ergebnis. DIE BÖSEN sind allen weit voraus im Praktizieren von Klimaschutz. Ganz schnell haben sie begriffen, dass erneuerbare Energien und Ressourcenschonung die wichtigen Voraussetzungen sind, um auch in Zukunft ihre bösen Ziele erreichen zu können. Als Seriendramaturgie legen die Studierenden Twists to Product fest: Die überraschenden und verblüffenden Wendungen in den Taten

Twist to Product: Klimaschutz und Nachhaltigkeit

Daten		Bild / Cast	Ausstattung/VFX/Kostüm,Maske/Sonstiges	Aufwand (inkl. Umbau)	Drehzeit
#20	Totale, statisch		Ausstattung: Segway	30 min	Umbau/Aufbau
Bösewicht lacht auf Staumauer			VFX: Solarpanells, Windräder, Bullauge + rotes Licht. Eventuell ein helles und ein dunkles Bild der Szene.		Drehzeit 19:00-19:30 h
			Kostüm/Maske:		
Motiv 2: Staumauer		Rainer Laupichler	Sonstiges: Einstellung wird einmal bei Dämmerung und einmal bei Nacht gedreht. Dazwischen wird die Kamera gelockec.		
#21 01 Sek.	Halbtotale, statisch		Ausstattung: Segway	1 h	Umbau/Aufbau 19:30-20:00 h
Bösewicht lacht auf Staumauer			VFX: -		Drehzeit 20:00-20:30 h
			Kostüm/Maske:		
Motiv 2: Staumauer		Rainer Laupichler	Sonstiges:		
#22 03 Sek.	Nahe, statisch		Ausstattung: Segway	45 min	Umbau/Aufbau 20:30-20:45 h
Bösewicht lacht auf Staumauer			VFX: -		Drehzeit 20:45-21:15 h
			Kostüm/Maske:		
Motiv 2: Staumauer		Rainer Laupichler	Sonstiges: starkes Unterlicht		
9 Sekunden (+30 Sekunden)				Abbau Ankunft Köln	21:15h-21:45 h 22:45 h

Ausschnitte Shootingboard RUTHLESS SUPERVILLAIN (© Lino Rettinger, Janosch Götze)

der Bösen führen direkt zu Aspekten von erneuerbaren Energien und nachhaltigem Umgang mit Ressourcen. Hoher Spannungsaufbau gleich am Anfang der Spots, Spiel mit Genre-Elementen, schwarzem Humor und Sozialcodes sowie Production Value werden als Anreize für die virale Verbreitung vereinbart. Jede(r) Regiestudent(in) entwickelt das Treatment für eine Clipidee aus der Serie. Es wird in Feedbackrunden mit Dozenten an dramaturgischen Raffinessen gefeilt, dann beginnt die Drehvorbereitung.

Herausforderungen beim Produzieren

In Übungsfilmen haben die Studierenden schon mehrfach Erfahrung in Produktions- und Drehpraxis gesammelt. Dennoch begegnet ihnen nun viel Neues, da das Producing einer Werbefilmproduktion – die Schritte von erster Kalkulation über Drehbeginn bis Produktionsabschluss – sich von einer Spielfilmproduktion unterscheidet. Budgetgrenzen gibt es auch hier, aber die Limits für das gesamte Timing, also für Vorbereitung, Drehzeit und Endlänge der Clips selbst, sind bei Werbefilmen deutlich enger gesetzt. Schlüssige und finanzierbare Regiestatements zu allen produktionellen Faktoren des Treatments sind Bedingung für tragfähige Kalkulationen. Hierfür und bei Motivsuche, Vertragsverhandlungen, Casting und Kostüm werden die Produktionsteams von Profis aus der Branche unterstützt. In enger Zusammenarbeit zwischen Kamera- und Regiestudierenden werden alle Faktoren des Treatments für die visuelle Dramaturgie, Kamerastil und Lichtdramaturgie diskutiert. Ein exaktes Shootingboard muss vor Drehbeginn stehen. Mit Beratung von Profikameraleuten aus der Werbung entsteht die dramaturgisch-visuelle Auflösung der Treatments in einzelne Einstellungen.

Andrea Gschwendtner

Blickperspektiven, Kamerabewegungen, technischer Support für speziellen Look und Visual Effects werden genau geplant und gezeichnet.

Konfliktbrennpunkt: Produktionsbudget

Kämpfe rund ums Geld werden bei jeder der Produktionen gefochten. Die Studierenden fragen schnell nach Aufstockung des Produktionsbudgets. Die betreuende Werbeproducerin fordert jedoch, professionell innerhalb des Budgets zu bleiben, in den Planungen Machbarkeit zu erreichen und für besonders kostspielige und/oder sehr aufwendige Wünsche »Plan B« anzusteuern. Tatsächlich gibt es ein Reservebudget: eine Gesamtsumme für alle acht Produktionen. Das wissen die Studierenden. Sie teilen diese Summe durch acht und meinen selbstverständlich, dass ihnen diese Summe zustehe. Die Bedingungen für die Zuteilung dieser zusätzlichen Gelder sind jedoch andere: Je nach Komplexität und Aufwand eines Clips kann es erforderlich sein, einzelnen Produktionen in sehr unterschiedlicher Höhe Zusatzbudget zuzuschießen. Dies muss jedoch von mir und der betreuenden Producerin genehmigt werden. Was in vielen Fällen auch passiert. Einige Beispiele dafür: Spezialoptiken, Leichtkran, aufwendiges Szenenbild, zusätzlich notwendige Fahrzeuge für Team/Stab, hohe Motivmiete, höhere Catering- und Reisekosten aufgrund zusätzlicher Drehtage und großen Teams, höhere Kosten für umfangreicheren Cast uvm.

Eines der Teams verlangt eine Aufstockung um mehr als die Hälfte seines Produktionsbudgets. Dies kann nicht bewilligt werden. Die Studierenden äußern Zweifel an den Verhältnismäßigkeiten in der Gesamtkalkulation und kritisieren die Umgehensweise der Projektleitung mit dem Projektbudget. Sie fordern komplette Transparenz. Zur Klärung des Konflikts lege ich den Studierenden die gesamte Projektkalkulation offen. Nachvollziehbar werden die umfangreichen Faktoren einer solchen Kalkulation wie zum Beispiel Zeit, Arbeitsschritte und Prozesse in verschiedenen Projektphasen, zahlreiche Kostenarten, differenzierte Reservesummen für Lehre, Produktion und Postproduktion, Budget für Webpagekonzeption und -umsetzung, für Events und einiges mehr.

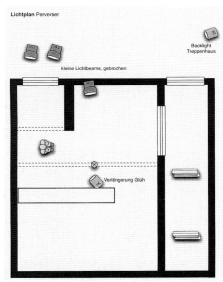

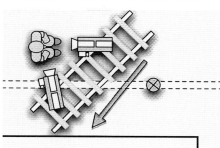

Lichtplan und Floorplan VICIOUS PERVERT (© Simon Dolensky, Fabian Klein)

Twist to Product: Klimaschutz und Nachhaltigkeit

Dreharbeiten der Viralen Clips VICIOUS PERVERT, MAD THIEVES, WICKED WITCHES (linke Spalte), SAMARA'S EVIL SPIRIT, DARK REAPER, RUTHLESS SUPERVILLAIN (Fotos von Niko Lambertz, Kai Urban, Benjamin Mennes, Stefan Laudage)

Nach dem Krisengespräch finden die Produktionsbesprechungen wieder Bodenhaftung. Produktionsvorbereitungen und Dreharbeiten sind fortan geprägt von konstruktiver Zusammenarbeit, sowohl was den Weg zu künstlerisch-gestalterisch tragfähigen Lösungen betrifft als auch bei Kämpfen um Zusatzbudgets. Alle antizipierten Notwendigkeiten für finanzielle Reserven treffen in Varianten ein und können finanziert werden, beispielsweise zwei zeitlich getrennte Drehphasen statt nur einer, Verpflichtungen externer Profis zur Ergänzung der Crews an zentralen Funktionen, Kostendeckung für Schäden usw.

Andrea Gschwendtner

Drehvorbereitung, Dreh und Postproduktion

Große Herausforderungen ergeben sich bei der Akquisition für die Besetzung von Teampositionen in den technischen, produktionellen und künstlerischen Stäben der Drehteams. Mit Verhandlungsgeschick, mithilfe der weitverzweigten Branchennetzwerke der ifs und nicht zuletzt aufgrund des Themas »Klimaschutz« gelingt es den Studierenden, erfahrene und inspirierte Profis für die Dreharbeiten zu gewinnen, die ihr Know-how für das Gelingen der Clips sponsern.

Rahmen und Arbeitsprozess des Förderprojekts ähneln zu großen Teilen der Realität im freien Markt der Werbebranche. Ein Unterschied ist allerdings eklatant: Den Freiraum für die eigene Kreativität, der trotz allen Trainings von professionellem Wissen und Erfahrung im Fokus des Studiums steht, muss man sich danach ganz hart neu erarbeiten.

Im Prozess der Postproduktion erschafft der/die Editor(in) bei der Bearbeitung des gedrehten Bild- und Tonmaterials die Montagedramaturgie. Die tatsächliche Erzählung entsteht in intensiver Zusammenarbeit zwischen Regie und Editor(in). Komplexes Sounddesign gibt den Bildern große Tiefe und Gefühl. Im Dialog mit Regie und Kamera werden vom Editor verantwortlich Grading und Tonmischung geplant und vorbereitet. Coloristen und Mischtonmeister geben den Werbespots abschließend das finale Sounddesign und die endgültige visuelle Gestalt.

Strategien der Veröffentlichung (online und offline)

Die Clipserie wird über eine Landing Page online gehen. Dort sind alle Teammitglieder, Sponsoren und Partner vertreten sowie eine Vernetzung zu weiteren Inhalten/Institutionen. Die URL erscheint am Ende jedes Clips. Domain-Name und Claim der Serie werden inhaltlich-sprachlich verknüpft, um die Auffindbarkeit zu steigern. Mit externen Beratern wird die Strategie für ein gestütztes Seeding der Clipserie entwickelt: ein spezielles Verteilerprofil, Auswahl von Portalen (YouTube, Clipfish, Vimeo, MyVideo uvm.) und Netzwerken im Bereich Social Media (Facebook, Twitter, Weblogs u.ä.). Parallel zur Webpräsenz wird die Clipserie auch in Begleitung von Studierenden und Dozenten auf Fachtagungen, Kongressen und Workshops von Institutionen rund um Klimaschutz (Forschung, Kommunikation, Technologie u.ä.), in Bildungseinrichtungen und Schulen präsentiert.[7]

Schatzkiste und offene Wünsche

In der Schatzkiste aus der Stoffentwicklung liegen noch einige sehr gelungene und wertvolle Rohdiamanten für eine Fortsetzung der Clipserie. Die Storys zum Beispiel zum Thema kinetische Energie, Erdwärme, Biogas und Solarenergie machen spielerisch und humorvoll Laune auf Klimaschutz.

Über den Erfolg der Clipserie werden vor allem Internetuser und Live-Publikum entscheiden. Sponsoren, Presse und Fachleute aus der Branche werden Feedback geben, ob es den Studierenden gelungen ist, etwas Neues zu entwickeln. Auf diese hochspannenden Momente arbeitet das Kreativteam der Filmstudierenden an der ifs seit fast zwei Jahren hin: Maureen Adlawan, Simon Dolensky, Nora Housseyn, Levin Hübner, Anna Kohlschütter, Annik Kreuels, Anne Maschlanka, Lino Rettinger, Florian Ross, Fabian Wallenfels, Markus Wulf.

Glossar

Auflösung: Grundlage des Shootingboards – Umsetzung von Drehbuch bzw. Treatment in einzelne Einstellungen, Kamerabewegungen, Blickperspektiven.

Twist to Product: Klimaschutz und Nachhaltigkeit

Auftragskommunikation: Gesamter Geschäftsbereich der Kommunikationsbranche, innerhalb dessen zielgerichtete Kommunikation für einen Auftraggeber hergestellt und veröffentlicht wird, z.B. Werbung, Imagekommunikation, Marketing, PR u.a.

Brainstorming: Kreativtechnik: freies Assoziieren zu Begriffen, Objekten oder anderen Vorgaben mit dem Zweck der Ideenfindung.

Briefing: a) Kundenbriefing: In der Planungsphase einer Werbekampagne erhält die Agentur vom Auftraggeber alle Informationen über Markt, Konkurrenz, Kundenfirma, Produkt, Zielgruppe, Format, Budget, Kommunikationsziele, Werbebotschaft etc. für die Umsetzung einer Auftragskommunikation (siehe oben); b) (Internes) Agenturbriefing: Aufgabenstellung für die Mitarbeiter der Agentur aufgrund des Kundenbriefings (http://wirtschaftslexikon.gabler.de)

Cast: Alle Schauspieler, welche die Rollen in einem Film darstellen (verkörpern).

Colorist(in): Experte(in) für Colorgrading.

Editor(in): Erschafft die endgültige dramaturgische und erzählerische Fassung eines Films durch die Bearbeitung und Montage des gedrehten Bild- und Tonmaterials.

Entertainment: Unterhaltung (Film, Fernsehen, Internet uvm.).

(Film-)Crew: Gesamtes Team einer Filmproduktion (künstlerischer und technischer Stab, Produktionsstab).

Filmgenres: z.B. Kriminalfilm, Western, Melodram, Science Fiction, Agentenfilm, Horrorfilm, Psycho-Thriller.

Flashmobs: Über digitale Kommunikationskanäle verbreitete Aufrufe zu gemeinsamen Aktionen an bestimmten (oft öffentlichen) Orten zu einer verabredeten Zeit.

Gewerke: Alle am Prozess einer Filmherstellung beteiligten Bereiche, z.B. Drehbuch, Produktion, Kamera, Regie, Special Effects, Sound usw.

Grading oder auch Colorgrading: Digitale Bildbearbeitung von Filmbildern, d.h. Korrektur von Farben und Lichtbestimmung zur Erreichung gezielter »Looks«.

Innovation: Entwicklung einer Neuerung: neue Prozesse, Produkte, Verfahren (in Wirtschaft, Technik, Gesellschaft u.a.).

Key Visuals: Einprägsame Bilder, sogenannte Schlüsselbilder, die meist durch starke visuelle Symbole und überraschende Kombinationen von Bildinhalten dem Zuschauer im Gedächtnis bleiben (Nonnen trinken Afri Cola; Lila Kuh auf Almwiese).

KISS: Strategie in der Werbekommunikation: »Keep it simple and stupid«. Werbebotschaften müssen einfach und schnell erfassbar sein, dürfen nur wenige Informationen enthalten, die jedoch schlüssig verknüpft sind und auf direktem Weg zur Lösung führen.

Landing Page: Zu einem Produkt oder einer Kommunikationskampagne erstellter Internetauftritt, oft als Teil eines größeren Internetauftritts von Unternehmen oder Institutionen. Bei Viralen Filmclips wird die URL der dazugehörenden Landing Page zumeist am Ende des Clips eingeblendet.

Non-Profit: Institutionen, deren Geschäfte nicht auf wirtschaftlichen Erfolg ausgerichtet sind.

Production Value: Künstlerische Gestaltung und aufwendige technische Umsetzung von Filmbildern mit besonders hoher visueller Qualität und Faszination für den Zuschauer (Special- und Visual Effects, Stunts, Pyrotechnik, besondere Drehorte, Kamerabewegungen, Kostüm u.ä.), z.B. der Production Value von JAMES BOND-Filmen. Um Production Value zu erreichen, ist meist ein großes Budget erforderlich. Allerdings kann durch raffinierte technische und gestalterische Lösungen für die

Umsetzung von außergewöhnlichen visuellen Ideen Production Value auch ohne hohes Budget erreicht werden.

Ranking: Anordnung von Objekten nach Präferenz in einer Rangreihenfolge.

Riot: Aufstand, Aufruhr.

Seeding bzw. Seedingstrategie: Strategie zur gezielt gestreuten Internetveröffentlichung von z.B. Werbespots auf Videoplattformen, in Social Media, Blogs und potenziellen Peergroups.

Setting(s): Dramaturgie: Konstellation von fiktiven Figuren, deren Charakter und Konflikte, Milieu und Schauplätzen der Handlung.

Shootingboard (siehe Beispiele in diesem Text): Filmablauf in gezeichneter Form – Darstellung der gestalterisch-visuellen Umsetzung eines Treatments bzw. Drehbuchs mit allen Informationen zum Bildinhalt und dessen technischer Umsetzung.

Slogan: Möglichst einprägsamer, aufmerksamkeitsstarker Werbetext zu Produkt, Dienstleistung – z.B. einer der bekanntesten und ältesten Slogans »... und läuft, und läuft, und läuft ...« (VW) oder »... die zarteste Versuchung, seit es Schokolade gibt« (Milka).

Sounddesign: Herstellung einer komplexen Tongestaltung eines Films (räumliche Atmosphären, Originalton, Sprache, Geräusche, Effekte, Musik).

Special Effects: Spezialeffekte, die vor der Kamera mittels Technik, Chemie und präparierten Gegenständen inszeniert werden (z.B. Stunts, Explosionen, Maske).

Tell a Friend: Vgl. *Watch and Share*.

Timing: Gesamter Produktionszeitplan aller Arbeitsphasen einer Werbefilmproduktion.

Tonmischung: Das Sounddesign eines Films entsteht in der Prostproduktion über die Kombination von verschiedenen Toninformationen auf zahlreichen Spuren. Für die Endfassung eines Films werden alle Töne über ein Mischpult zu einem Master zusammengeführt.

Treatment (siehe Beispiel in diesem Text): Schriftliche Beschreibung einer Filmhandlung.

Twist in the Tale: Dramaturgischer Wendepunkt in der szenischen Erzählung eines Werbespots.

Twist to Product: Dramaturgischer Wendepunkt in einem Werbespot, der direkt mit dem zu bewerbenden Produkt verbunden ist, sowohl visuell als auch in der szenischen Handlung. Oftmals wird dabei der Nutzen des Produkts inszeniert.

User: Anwender, Person, die das Internet nutzt.

Virale Filmclips: Filmclips, die im Internet auf Videoplattformen implementiert sind. Solche Produktionen werden z.T. nur für ihren Einsatz im Web professionell produziert und von Werbetreibenden und Unternehmen ins Netz gestellt. Ebenso werden Spots aus TV-Programmen parallel im Internet implementiert. Eine dritte Gruppe Viraler Clips besteht aus User-generated Content, d.h. dem Upload von entweder kopierten TV-Programminhalten oder von Usern selbst produzierten Filmclips.

Virale Verbreitung von Filmclips und Werbespots im Internet: Hier werden Begriffe aus der Medizin für das Ausbreiten von Epidemien und Viren auf die Prozesse der Verbreitung von Content im Internet übertragen. Eine epidemische, d.h. rasch exponentiell ansteigende Verbreitung wird als viral bezeichnet. Zwei verschiedene Prozesse können zu hohen Klickraten führen:

a) strategisch gestützte Implementierung auf Videoplattformen, in Facebook, Blogs, Twitter und Adressierung ausgesuchter Peers (Multiplikatoren);

b) selbstständige Verbreitung der Clips über Weiterempfehlung Tell a Friend, Watch and Share.

Twist to Product: Klimaschutz und Nachhaltigkeit

Visual Effects: Computergenerierte Spezialeffekte, Bildbearbeitung in der Postproduktion einer Filmproduktion, zumeist durch Kombination von real gedrehten und computergenerierten Bildanteilen.

Watch and Share: Prozess der Weiterleitung von Hinweisen auf Internetinhalte und Links per E-Mail, Chat oder über Social Media zwischen Privatpersonen.

Anmerkungen

1 Erläuterungen zu Fachbegriffen siehe Glossar.
2 KlimaKreis Köln GmbH und ProÖko Servicegesellschaft mbH.
3 Erläuterungen zu Fachbegriffen siehe Glossar.
4 Beispiele für Clipserien: Hornbach, MAC und PC, Axe, Heineken, Nutella, Renault, Ricola, Zalando, T-Mobile Flashmobs uvm.
5 Ein Beispiel: Im Rahmen der Kampagne »Campaign for Real Beauty« veröffentlichte Dove den viralen Werbespot EVOLUTION. Der Clip erreichte mehrere Millionen Klicks und erhielt 2007 den »Cyber Lion« in Cannes (Grand Prix für Virales Marketing). Es wurden zahlreiche Parodien zu diesem Clip als *user generated content* produziert, z.B. SLOB EVOLUTION, die ebenso hohe Klickraten erhielten und wiederum zurück verwiesen auf den ursprünglichen Werbespot von Dove.
6 Ein Beispiel: Tipp-Ex veröffentlicht 2010 die interaktive Clipserie NSFW. A HUNTER SHOOTS A BEAR und erreicht damit über 20 Millionen Klicks. Genau zu deren 2-jährigem Geburtstag in 2012 wird im Youtube Channel »Tippexperience«, eine neue interaktive Clipserie veröffentlicht: HUNTER AND BEAR'S 2012 BIRTHDAY PARTY, die hohe Beliebtheit erzielt (bisher 10 Mio. Klicks).
7 Link der Clipserie im WWW: mean-but-green.de (Onlineveröffentlichung 22.11.2012); Ebenso sind Informationen zum Projekt auf den Webpages der ifs internationale filmschule köln, der KlimaKreis Köln GmbH und der ProÖko Servicegesellschaft mbH zu finden.

Andrea Gschwendtner (© Privat)

Andrea Gschwendtner ist Projektleiterin an der ifs internationalen filmschule köln und lehrt dort »Digitale Kommunikation und Werbung«. Zuvor leitete sie als Professorin vier Jahre den Studiengang »Film und Fernsehen« an der Macromedia Hochschule der Medien in Köln. Sie ist Lehrbeauftragte an zahlreichen Hochschulen z.B. in Berlin, München, Zürich. Bis 2006 war sie als Gastprofessorin an der Universität der Künste und als Beauftragte für Weiterbildung an der Hochschule für Film und Fernsehen Potsdam tätig. Dort promovierte sie in Film- und Medienwissenschaften. Andrea Gschwendtner studierte Dokumentarfilm und Fernsehpublizistik an der Hochschule für Fernsehen und Film in München und war als Filmemacherin, Editorin und Dramaturgin in der Film- und Medienbranche tätig.

Danksagung

Viele Menschen waren an den vorliegenden *Filmlehren* beteiligt. Ohne sie alle wäre dieses Buch nicht zu Stande gekommen.

An erster Stelle danken wir den 33 Autor(inn)en, die uns ihre Zeit, ihre Gedanken und ihr Vertrauen geschenkt haben. Uns ist bewusst, dass die Zeit, die wir ihnen für das Schreiben eingeräumt haben, unverschämt knapp bemessen war.

Maria Grohme-Eschweiler, unsere Lektorin, hat das Buch mit großzügigem Engagement, mit so viel Geduld und vor allem mit wachsamen Augen begleitet. Vielen Dank, liebe Maria!

Heide Schwarze hat das Buch seitens der Filmakademie von den ersten Überlegungen an tatkräftig begleitet. Ihr Rat und ihre Unterstützung sind stets wirksam und ein erfreulicher Austausch. Vielen Dank! – auch an Fenja Schnizer (Pressestelle der Filmakademie).

Wir möchten Monika Bremen und Marieke Steinhoff bei der ifs für ihre Mithilfe danken, Juli Schymik bei der DFFB, Annegret Langhans und Julia Diebel bei der HFF Potsdam sowie Gabrielle von Schlieffen bei der HHF München.

Das Transkribieren von Interviews ist immer ein langwieriger und mühsamer Prozess. Wir danken dem »Praktikanten Festival« der Filmakademie Baden-Württemberg, namentlich Ayca Arabaci, Eva Grau, Philipp Neuweiler, Julia Simros, Aleksandra Todorovic, Anna Wentsch, die sich eines Großteils der aufgezeichneten Gespräche angenommen haben.

Den zahlreichen Studierenden/Alumnis, die sich mit Statements, Fotomaterial, Dokumenten oder als Gesprächspartner für Interviews in diesem Buch eingebracht haben, danken wir ebenso.

Béatrice Ottersbach, Thomas Schadt